경제학 공부

경제는 어떻게 움직이는가?

김영식

박영사

"경제는 어떻게 움직이는가?" 이는 경제학의 가장 기본적인 질문이면서 가장 심오한 화두이기도 하다. 우리가 일상생활을 영위하면서 기본적으로 해결해야 할 의식주 문제가 바로 경제문제로 출발한다. 그러나 우리는 현실경제의 움직임을 제대로 파악하기 어렵고, 정확하게 예측하기도 어려우며, 이미 발생한 경제문제도 완벽하게 해결하기 어렵다. 어려운 것은 현실경제뿐만 아니라 경제학 공부도 마찬가지다. 일단 분량이 너무 많고 이해하기 어려운 용어와 원리 또는 원칙들이 너무 많이 등장한다. 그렇지만 경제학 공부를 먼저 하지 않으면, 현실경제를 이해하기가 더 어렵고 나름대로의 대응도 불가능하다.

본서는 일반인과 경제학을 전공하지 않는 대학생들이 경제학 공부를 쉽게 할 수 있도록 경제원리를 중심으로 집필하였다. 따라서 경제학을 전공하는 학생이나, 학교를 졸업하고 바쁜 직장 생활을 하면서 잊어버렸던 경제학 이론을 다시 공부하고 싶은 직장인들이 읽어도 안성맞춤이라고 할 수 있다.

서점에는 우수한 '정통 경제학 교과서'들이 많다. 그리고 '일반인들을 위한 경제학' 책들도 많다. 그러나 '정통 경제학 교과서'는 일반인들이 접근하기가 두렵고, '일반인들을 위한 경제학' 책들은 대부분 금리, 환율 등 경제지표 중심으로 설명하고 있어 경제학을 종합적으로 공부할 수 없으며, 지표 중심의 책을 읽고 나서도 '정통 경제학 교과서'를 쉽게 읽어 내려가지 못하는 단점이 있다.

따라서 본서는 경제학원론의 모든 분야를 종합적으로 다루면서도 간결하고 용이하게, 그리고 1 → 2 → 3 … 으로 표시하여 논리적으로 설명하여 경제의 작동원리를 쉽게 배우고, 본서를 읽은 후 '정통 경제학 교과서'를 쉽게 읽어 내려갈 수 있도록 집필하였다.

본서는 일반인들이 하루에 1~2시간을 투자하여 매일 1장씩 읽으면, 3주 만에 경제학의 기본원리를 터득할 수 있도록 편집하였다. 이미 경제학을 공부한 독자들은 하루에 1~2시간을 투자하면 1주일 이내로 모두 읽을 수 있는 분량이다. 바쁜 직장 생활 속에서 경제학 마인드를 부활시키고 싶은 직장인들도 적게는 4~5일, 많게는 3주를 투자하면 어렴풋한 경제학원론의 내용을 새록새록 재생시킬 수 있는 분량과 내용이라고 할 수 있다. 그리고 대학교 강의용으로 사용한다면, 1학기에 미시경제와 거시경제를 모두 끝내기에 알맞은 분량이다.

"경제는 어떻게 움직이는가?" 본서는 모두 6편 20장으로 구성되어 있다. 제1편 경제학원리에서는 경제학의 정의, 기본과제, 중심용어를 설명하고, 경제원리를 일목요연하게 정리하여 경제전체의 움직임을 한눈에 파악할 수 있도록 하였다. 제2편 경제의 기본모형에는 경제 전반에 흐르는 작동원리를 먼저 공부하는 것이 도움이 될 것이라는 관점에서 수요−공급모형, 경제순환모형, 비용−편익분석모형을 설명하였다.

그리고 제3편부터 제6편까지는 주제별로 구분하여 경제의 작동원리를 설명하였다. 제3편에서는 소비자−생산자−정부−해외부문의 4개 경제주체들에게 적용될 수 있는 행동원리를 하나하나 설명하였으며, 제4편에서는 생산물시장−생산요소시장−화폐 및 금융시장−외환시장의 4개 시장 종류별로 작동원리를 설명하였다. 또한 제5편에서는 국가경제−총수요·총공급모형−인플레이션과 실업−경기변동과 경제성장−경제정책을 설명하였으며, 마지막으로 제6편에서는 국제수지−개방경제의 균형과 경제정책을 설명하였다.

저자는 31년 동안 현실경제에서 체득한 실물경제와 금융 경험을 활용하여 본서를 집필한 만큼 경제학 교과서와 현실경제 간 괴리가 발생하지 않도록 노력하였다. 따라서 본서는 다른 경제 관련 서적과는 다른 몇 가지 차별적인 특징을 갖고 있다.

첫째, 작동원리 중심으로 서술하였다. 수요와 공급의 작동원리, 한계원리, 시장원리, 무역원리, 금리결정 메커니즘, 재정정책 및 화폐정책의 작동원리, 환율 메커니즘, 개방경제원리 등 수많은 작동원리를 1 → 2 → 3 ⋯ 으로 자세히 설명하여 '경제는 어떻게 움직이는가?'를 이해할 수 있도록 하였다.

둘째, 본서는 미시경제학과 거시경제학을 아우르는 통합적 사고가 가능하도록 집필하였다. 미시경제학과 거시경제학에서 공통적으로 등장하면서도 서로 다른 개념으로 사용되는 용어들, 예컨대 자본, 투자, 생산물시장, 화폐시장 등의 용어들을 본문 또는 각주에서 자세히 설명함으로써 미시와 거시를 동시에 이해할 수 있도록 하였다. 물론 미시−거시를 통합하다 보니, 일반인에게는 조금 어려울 수도 있지만, 현실경제에서는 미시−거시를 구분하지 않기에 통합적 사고가 오히려 바람직하다고 생각한다.

셋째, '수요곡선의 숨은 의미', '국제수지 균형에서 유념해야 할 사항' 등과 같이 단순한 이론 설명에 그치지 않고 이론에 내재되어 있는 또 다른 의미를 끄집어냄으로써 경제이론을 확실하게 이해하고, 경제이론의 현실경제 활용도를 높이려고 노력하였다.

넷째, 본서에서는 동일한 내용을 여러 번 반복 설명하는 형태를 취하고 있다. 중요한 개념이거나 어려운 내용을 여러 장에서 반복 설명함으로써 독자들이 충분히 이해할 수 있도록 하였다. 예컨대 한계분석법은 제1장, 제3장, 제5장, 제6장 등에서, 누출−주입 이론은 제4장과 제14장에서, 저축−투자 이론은 제4장과 제14장, 제19장에서 반복 설명하고 있다.

다섯째, 국민경제와 국가경제, 자중손실, 경제적 이익 등 평소 어렵거나 혼란스러운 용어들도 쉽게 이해할 수 있도록 본문 또는 각주에서 자세히 설명한 것도 본서의 특징이다.

본서의 목차를 보면, 미시경제학과 거시경제학 이론이 순차적으로 정리되어 있지 않아 약간 혼란스러울 수 있다. 예컨대 제3장 수요−공급모형(미시경제), 제4장 경제순환모형(거시경제), 제5장 비용−편익분석모형(미시경제) 등과 같이 미시경제학과 거시경제학 이론들이 혼합되어 있다. 저자의 의도는 현실경제에서는 미시와 거시를 구분하지 않으므로 경제학 공부를 하면서 처음부터 미시와 거시를 통섭하려는 노력이 오히려 경제전체를 이해하는 데 훨씬 유용할 것이라는 시각에서 목차와 같이 배치하였다.

따라서 본서를 공부하는 방법은 두 가지가 있을 수 있다. 첫 번째는 제1장부터 20장까지 차근차근 읽고 내려가는 정통적인 방법이다. 저자의 의도를 충분히 이해하고 경제전체를 파악하는 데 도움이 될 것이다.

그러나 만약 혼란스럽고 다소 어렵다면, 미시경제학과 거시경제학을 구분하여 공부하는 방법도 있다. 미시경제학을 먼저 공부하고 거시경제학을 나중에 공부하는 것이다. 미시경제학은 제1장−제2장−제3장−제5장−제6장−제7장−제8장−제10장−제11장이며, 거시경제학은 제4장−제14장−제15장−제12장(화폐 및 금융시장)−제16장(인플레이션)−제17장(경기변동)−제18장(경제정책)−제9장(해외부문)−제13장(외환시장)−제19장(국제수지)−제20장(개방경제)이다.

또한 본서의 장점은 각 장을 분리하여 읽더라도 아무런 문제가 없도록 중요한 내용을 반복적으로 설명하고 있다는 것이다. 따라서 제1장부터 제20장까지 순차적으로 공부하지 않고 독자들이 필요한 부분만 선택하여 읽어도 이해하는 데는 아무런 문제가 없으리라 생각된다.

저자 서문

　　본서를 집필하면서 많은 분들이 도움을 주었다. 제일 먼저 감사를 드려야 할 분은 동서울대학교 유광섭 총장님과 김태룡 학과장님이다. '경제의 이해'라는 과목을 중국비즈니스학과 학생들에게 강의할 수 있는 기회를 주셔서 그 강의록을 바탕으로 『경제학 공부 – 경제는 어떻게 움직이는가?』를 집필하게 되었다. 집필 모티브를 던져 주신 두 분께 감사를 드린다.

　　그리고 본서의 내용은 물론 문장 수정, 오탈자 교정까지 세심하게 지적하여 준 강수빈, 강한호, 김우연, 김유리, 김형기, 노소담, 변현수, 서문선, 서영만, 윤찬영, 이유나, 이재연, 조태영, 한진욱에게 감사를 드린다. 특히 이재연 박사와 한진욱 석사(현재 유학 중)는 본서 내용의 큰 흐름을 수정하고 세부 내용을 알차게 많은 조언을 해 주었다. 감사를 드린다.

　　아울러 본서가 세상의 빛을 볼 수 있도록 생애 첫 출판의 부족함을 큰 마음으로 수용하여 주시고 졸작을 역작으로 만들어 주신 박영사 안상준 대표이사님과 임재무 상무님, 김한유 대리님 그리고 세밀한 내용 수정을 해 준 황정원 님께 심심한 감사의 말씀을 드린다.

　　마지막으로 필자가 오늘의 모습으로 존재하도록 절차탁마를 아끼지 않으신 아버님과 어머님, 그리고 모든 가족들에게 본서를 헌서(獻書)하고자 한다.

2019년 10월

집무실에서 金 英 植

제3편   경제주체별 행동원리

| 제5편 | 거시경제의 기본원리 |

제6편 개방경제의 작동원리

PART

01

들어가기

경제학원리

CONTENTS

'경제는 어떻게 움직이는가?'
제1편에서는 경제학의 중심이론에 대하여 공부한다. 경
제학이란 어떤 학문인가? 경제학 전체를 아우르는 기본
적인 개념과 용어를 이해하고 경제 전반에 흐르는 작동
원리를 한눈에 파악할 수 있도록 공부한다.

CHAPTER 01

경제학의 본질

01 경제학의 정의와 과제

(1) 경제학의 정의: 경쟁과 선택의 학문

모든 사람들은 누구나 태어나서 죽을 때까지 치열한 경쟁을 하면서 살아간다. 어떻게 사는 것이 바람직한 삶인가? 더 많은 행복을 위하여, 더 인간다운 삶을 위하여, 나아가 이웃·민족·지구촌 사랑과 자아실현을 위하여 각자 나름대로 최선을 다하면서 살아가고 있다.

그러나 우리 주변의 환경은 녹록하지 않다. 일자리를 구하기도 어렵고 힘들게 벌어들인 소득은 생활을 영위하기에 충분하지 않다. 현실세계는 우리가 가늠하기에 경쟁이 너무 치열하고, 이해관계도 상충되며, 한 치 앞도 예측할 수 없을 정도로 복잡하고 변화무쌍하다.

철학자 사르트르Jean Paul Sartre는 "인생은 B와 D 사이의 C이다"라고 했다. 모든 인간은 태어나서Birth 죽을 때까지Death 복잡다단한 세계 속에서 끊임없이 선택Choices을 하게 되며, 그 선택에 의해 자신의 인생이 훨씬 행복해지기도 하지만, 훨씬 복잡하게 엮여지기도 하고 다른 사람들의 인생에 커다란 영향을 미치기도 한다.

우리의 삶이 치열한 경쟁 속에서 결정되는 무수히 많은 선택들의 연속이라면, 왜 경쟁과 선택을 하는 것인가? 경쟁의 원인은 무엇보다도 인간의 무한한 욕망 때문일 것

CHAPTER 01 경제학의 본질 3

[그림 1.1] 경쟁과 선택

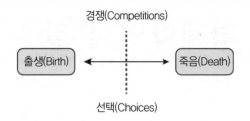

이다. 경쟁하여 얻고자 하는 물질은 제한되어 있지만, 인간들의 끝없는 탐욕 때문에 지구촌 곳곳에서 예나 지금이나 치열한 경쟁이 발생하고 있는 것이다.

일단 경제문제에 국한시켜 보자. 주어진 자원은 유한하지만, 얻고자 하는 욕망은 끝이 없다. 더 많이 얻고자, 더 좋은 것을 획득하고자 사람들은 경쟁과 선택을 하고 있는 것이다. 치열한 경쟁과 선택은 비단 개인 차원의 경제문제에만 한정되는 것이 아니라 오히려 기업·정부·해외부문에서 더 치열하고 더 중요하게 다루어진다.

기업과 정부의 경쟁과 선택사례를 외국을 중심으로 살펴보자. 먼저 기업의 사례이다. 핀란드 기업 노키아Nokia의 성공과 실패사례는 너무나 유명하다. 노키아는 1865년 제지회사에서 출발하여 1898년 고무회사와 합병하였으며 1912년 케이블·전자회사를 설립하였다. 1960년부터 무선통신 사업을 추가하였으며 1992년에는 고무, 제지, 펄프, 가전 등의 사업부문을 정리하고 이동전화와 정보통신 사업에 집중한 결과, 마침내 세계적인 이동통신 회사로 거듭난다. 노키아는 1998년 모토로라를 누르고 세계 1위 휴대폰 기업이 되었다. 핀란드의 국민 기업으로 불리었고, 많은 세계인들로부터 칭송을 받았으며 경이로운 성공사례는 많은 교과서에서 연구대상으로 소개되었다.

그러나 삼성전자와 애플의 스마트폰이 등장하면서 노키아는 1998년부터 13년 동안 차지하였던 휴대전화 세계 1위의 영광을 뒤로 하고 2013년 마이크로소프트사에게 매각된다. 1865년에 태어나 무수히 많은 성공적인 선택을 통하여 마침내 세계 1위가 되었지만, 한순간의 잘못된 선택으로 막을 내리게 된 것이다. 그러나 노키아는 현재 또 다른 선택을 통하여 재도약을 준비하고 있다. 아마 부활할 날이 멀지 않았으리라 생각한다.

이번에는 정부의 사례를 살펴보자. 영국은 한때 '해가 지지 않는 대영제국'이었으며 지금도 세계경제 강국 중 하나다. 성공사례가 무수히 많겠지만, 여기서는 실패한 사례 하나를 소개하고자 한다.[1]

---

1 McConnell 외(2013년), 『경제학의 이해』, 생능출판사.

산업혁명이 영국에서 처음 태동하였듯이 자동차 엔진도 영국에서 제일 먼저 발명되었다. 그럼에도 불구하고 영국은 왜 자동차 강국이 되지 못하였을까?

자동차를 가장 먼저 개발한 영국의 런던 시내에 자동차가 달리기 시작하면서 많은 사람들은 신기함에 흥분을 감추지 못하였지만, 마차를 끌고 다니는 사람, 마차와 관련된 일을 하는 사람들은 자동차의 등장을 싫어했다. 왜냐하면 그들은 직장을 잃을 가능성이 있었고, 자동차가 빨리 다니면 다칠 위험도 있었기 때문이다.

그들은 달리는 흉기(자동차)를 규제해 달라고 의회에 청원하였다. 이에 빅토리아 여왕 시절, 영국 의회는 '붉은 깃발법'Red Flag Act을 만들었다. 자동차가 달릴 때 세 사람의 운전사가 있어야 하고, 시내 최고속도를 시속 2마일(3.2㎞) 이내로 제한하며, 자동차 구입자에게는 무거운 세금을 부과한다는 내용이었다.

세 사람의 운전자 중 한 사람은 앞에서 붉은 깃발을 들고 마차를 타고 가면서 자동차가 지나간다고 외치는 사람, 한 사람은 맨 뒤에 따라오면서 자동차가 지나갔다고 외치는 사람, 한 사람은 운전하는 사람이다. 그리고 속도를 시속 3.2㎞로 제한한 이유는 사람들이 보통 시속 4㎞로 걷기 때문이었다.

'붉은 깃발법'이 30년 이상 시행되는 동안 자동차 제조회사들은 더 이상 영국에 머물 이유가 없어져 유럽 대륙으로 건너가 벤츠, BMW, 폭스바겐, 볼보를 만들었다. 이후 독일·프랑스·스웨덴 등 유럽국가의 자동차 산업이 꽃을 피우는 사이에 영국의 자동차산업은 쇠퇴의 길을 걸었다. 이는 정부의 정책 선택 하나가 얼마나 중요한가를 보여 주는 사례로 널리 알려져 있다.

영국은 현재 유럽연합(EU) 탈퇴를 의미하는 브렉시트Brexit 여부를 선택하는 기로에 서 있다. 성공한 사례가 될까? 실패한 사례가 될까? 귀추가 주목된다고 할 수 있다.

[그림 1.2] 경제학의 정의

요약하면, 모든 사람이나 기업은 물론 국가는 태어나서 죽을 때까지 치열한 경쟁 속에서 끊임없는 선택을 한다. 치열한 경쟁과 선택은 '자원의 희소성'과 '인간의 무한한 욕망' 때문에 발생한다. 경제학은 자원의 희소성이라는 제약 속에서 더 나은 삶을 위하여 경제주체들이 전개하는 치열한 경쟁과 합리적인 선택을 연구하는 학문이다. '경제는 어떻게 움직이는가?' 본서에서는 경제 전반에 발생하는 경쟁과 선택의 문제를 경제주체별, 시장 종류별 그리고 거시경제와 개방경제에서 작동원리를 중심으로 하나하나 살펴보고자 한다.

(2) 경제학의 과제

경제학자 새뮤얼슨Paul A. Samuelson은 경제학의 과제를 "무엇을, 어떻게, 누구를 위하여"라는 세 가지 문제로 정리하였다.[2]

첫째, 어떤 상품을 얼마나 많이 생산할 것인가? 희소한 자원을 어떤 상품을 생산하는 데 사용할 것인가에 관한 문제로서 생산물의 종류와 수량을 결정하는 문제이다. 인간의 욕망을 채워 줄 수 있는 상품은 한두 가지가 아니다. 어떤 상품을 생산할 것인가? 상품선택의 우선순위는 무엇인가? 기업은 많이 팔릴 수 있는 상품, 소비자들이 구매하기를 희망하는 상품을 선택하여 이익이 극대화되는 양만큼 생산할 것이다. 이와 같이 생산물의 종류를 선택하고 생산량을 결정하는 문제는 자원배분의 문제로서, 이를 효율성efficiency 기준이라고 한다.

둘째, 어떻게 상품을 생산할 것인가? 어떠한 자원과 어떠한 생산기술을 사용하여 생산할 것인가? 생산자들은 끊임없이 기술을 개발하고 생산비 절감을 위하여 경영능력을 발휘하고 있다. 주어진 자원으로 최대량을 생산하는 최대생산원칙maximum production rule을 찾고, 동일한 생산량이라도 최소비용으로 생산하는 최소비용원칙least cost rule을 찾는다. 이와 같은 생산방법의 선택문제도 자원배분과 관련된 문제이며 효율성 기준이 적용된다. 효율성은 최소비용으로 최대효과를 얻고자 하는, 경제학의 가장 일반화된 원칙 중의 하나이다.

셋째, 누구를 위하여 상품을 생산할 것인가? 생산된 상품은 가격을 기꺼이 지불하고자 하는 소비자에게 판매되겠지만, 만약 돈이 없어 구매할 수 없는 소비자가 있다면 어떻게 할 것인가? 정부는 경제적 불평등을 해소하기 위하여 소득 재분배, 사회보장제도 등 여러 가지 정책을 사용하고 있다. 이와 같은 생산물의 분배와 관련된 문제는 형평성equity의 문제라고 할 수 있다.

---

2 새뮤얼슨(2012년), 『새뮤얼슨의 경제학』, 유비온.

[그림 1.3] 경제학의 5대 과제

1. 무엇을 얼마나 생산할 것인가? ┐
2. 어떻게 생산할 것인가? ┘ ─ 자원배분의 효율성
3. 누구를 위하여 생산할 것인가? ── 소득분배의 형평성
4. 거시경제정책을 통한 경제적 안정 ── 경제성장과 물가안정
5. 대외경제의 안정과 확대 ── 국제수지 균형

경제문제는 비단 위의 세 가지에 국한되지 않는다. 우리는 거시경제에서 흔히 "세 마리 토끼를 한꺼번에 잡을 수 없다"라는 말을 자주 듣는다. 세 마리 토끼란 경제성장, 물가안정, 국제수지 균형을 말한다. 따라서 경제학의 네 번째 과제는 경제성장과 물가 안정을 통하여 거시경제의 안정을 도모하는 것이다. 거시경제의 안정은 경기변동 과정 에서 나타나는 실업과 물가상승을 최소화하여 국민들의 피해를 최소화하면서 경제가 지속적으로 성장하여 국민들을 행복하게 만든다.

다섯 번째 과제는 대외경제의 안정과 확대이다. 국제수지 균형과 환율의 안정, 우 호적인 무역환경 조성과 세계무대에서 우리나라 지위 향상 등 국민들의 대외경제활동 영역을 확대하는 것이다. 국경 없는 무한경쟁 시대에서 어떻게 하면 우리나라의 경제 규모를 키우고 경제적 이익을 확대할 수 있을까 하는 것이 경제학의 마지막 과제이다. 특히 우리나라와 같은 소규모 개방경제체제 국가에게 대외경제의 안정과 확대는 더욱 중요하다.

(3) 경제체제 – 시장이냐 정부냐

경제체제란 경제문제를 해결하기 위하여 각국이 채택하고 있는 경제제도와 방식 을 말하며, 크게 전통경제체제, 시장경제체제, 계획경제체제, 혼합경제체제로 구분된다.

전통경제체제traditional economy system는 과거로부터 내려온 전통과 관습, 습관에 의 하여 경제가 운용되는 체제를 말한다.

시장경제체제market economy system는 '시장을 내버려 두라, 시장에 맡겨 놓으면 모 든 경제문제는 저절로 해결된다'라고 주장하는 자유방임주의laissez faire 체제이다. 자유 로운 경제활동과 사유재산권을 보장하고 공정한 경쟁의 룰만 제공하면 인간들은 더 많 은 돈을 벌기 위하여 합리적인 선택을 하게 되고 그러한 과정 속에는 '보이지 않는 손'invisible hand이 작동하여 모든 경제문제는 저절로 해결된다는 아담 스미스Adam Smith

의 『국부론』에 근거한다. 특히 생산수단의 개인 소유를 인정하는 자본주의에 기반을 둔다는 측면에서 자본주의 경제체제라고도 한다. 요약하면, 시장경제체제는 자본주의에 기반을 두면서 경제주체들이 시장에서 자유경쟁을 통해 시장원리에 따라 경제활동을 하도록 보장하여 가격메커니즘에 의해 자원이 배분되는 경제체제를 말한다.

반면에 **계획경제체제**planned economy system는 경제운용을 개인과 시장에 맡겨 놓으면 개인의 지나친 이기심 발로와 시장의 불안정성으로 빈부격차가 심화되고 자본가 중심의 체제가 되므로 정부가 적극적으로 개입하여 계획·통제·관리하여야 한다는 경제체제이다. 개인의 사유재산을 허용하지 않고 국가가 모든 생산수단을 소유한다는 측면에서 사회주의 경제체제라고도 한다. 요약하면, 계획경제체제는 경제적 자원을 사회적 소유로 하는 사회주의에 기반을 두면서 국가계획에 의해 생산·분배하여 시장의 불완전성과 경제문제를 해결하는 체제를 말한다.

[표 1.1] 경제체제의 비교

분류 기준		경제체제
생산수단의 소유	개인 소유	자본주의 경제체제
	국가 소유	사회주의 경제체제
경제운용방식 (자원배분방식)	관습과 전통	전통경제체제
	시장원리(시장가격)	시장경제체제
	정부의 계획과 명령	계획경제체제
	시장원리와 정부의 계획·명령의 혼합	혼합경제체제

시장경제체제와 계획경제체제는 모두 장단점을 가지고 있으므로 서로의 장점을 살리면서 단점을 보완한 체제가 혼합경제체제이다. **혼합경제체제**mixed economy system에는 시장과 정부의 역할을 혼합한 수정자본주의와 시장사회주의가 있다. **수정자본주의**revised capitalism는 자본주의체제의 단점을 극복하기 위하여 정부의 개입을 어느 정도 인정하는 경제체제이다. 1930년대 대공황이 발생한 이후 케인즈 경제이론이 적용되면서 정부개입이 본격화되었다. 시장친화적이며 기업친화적인 제도는 그대로 유지하면서 경제문제를 정부의 미세조정fine tuning으로 보완한다는 논리이다. 최근 소득격차 심화, 경제 불안정성 증대, 인구 고령화 등으로 복지국가welfare state로서 정부의 역할 요구 증대에 부응하고 있다.

반면에 **시장사회주의**market socialism는 시민친화적people friendly인 체제이다. 생산수단의 국가 소유제도는 그대로 유지하면서 사회주의체제의 단점을 보완하기 위하여 부분적으로 사유재산제도 인정, 이윤제도 도입, 민간에 의한 의사결정 등을 통하여 시장원리에 의한 자원배분을 어느 정도 인정한다. 1960년대 동유럽부터 시작하여 1970년대 말 중국으로 확산된 시장사회주의는 시장기능을 허용하되, 시장 낙오자들에게 최소한의 인간다운 삶을 보장하고 재교육과 훈련을 통하여 시장에 다시 복귀할 수 있도록 도와주어야 한다는 논리이다. 자원배분의 효율성 관점과 함께 국민들의 사회적 통합 관점을 중요시한다.

02 경제학의 중심개념

(1) 경제주체와 객체

경제주체

경제활동의 주체에는 가계, 기업, 정부, 해외의 4개 부문이 있다. 가계부문은 소비활동의 주체로서 노동, 자본 등 생산요소를 기업과 정부부문에 제공하여 소득을 얻고, 생산물시장에서 재화와 서비스를 소비하면서 **효용극대화**를 추구한다.[3] 가계소비가 국민소득에서 차지하는 비중이 미국의 경우 70% 내외, 우리나라의 경우 50% 내외를 차지할 정도로 가계소비는 국민경제에서도 중요한 역할을 한다.[4]

기업부문은 생산활동의 주체로서 근로자를 고용하여 일자리를 제공하며, 재화와 서비스를 생산하여 생산물시장에 공급하면서 **이윤극대화**를 추구한다. 생산을 위한 기업의 투자지출은 우리나라 국민소득의 30%를 차지하고 있으며, 벌어들인 이윤은 경제주체들에게 소득으로 분배한다. 기업의 이윤분배는 가계소득의 원천이 되므로 기업부문은 곧 국민경제 존립의 원동력이 된다.

---

3 경제학 교과서에 효용극대화, 이윤극대화, 비용극소화, 손실극소화 등과 같이 '극대화'와 '극소화'라는 용어가 자주 등장한다. 극대화maximization란 어떤 조건하에서 최대값을 찾는 것을 말하며, 극소화minimization란 어떤 조건하에서 최소값을 찾는 것을 말한다. 그리고 극대화와 극소화의 개념을 합친 개념을 최적화 optimization라고 한다.

4 2017년 우리나라 국민소득은 민간소비 48.1%, 투자 31.1%, 정부지출 15.3%, 순수출 5.5%로 구성되어 있다.

[그림 1.4] 경제주체의 종류와 역할

가계	• 노동 제공 → 월급 → 물건 구입 + 예금 + 납세 (생산요소 공급) (소득) (소비) (저축) (조세)	• 소비활동의 주체 • 효용극대화
기업	• 생산요소(노동, 자본, 토지) → 상품 → 판매 → 이익 분배 (투자) (생산) (비용, 배당, 유보)	• 생산활동의 주체 • 이윤극대화
정부	• 개인·기업 세금 → 경제활동의 준거 제공, 경제정책 (조세) (법 제정, 감시·감독) (재정·금융정책)	• 재정활동의 주체 • 사회후생 극대화
해외	• 다른 나라의 개인, 기업, 정부 → 수출입(무역활동)	• 무역활동의 주체 • 자국이익 극대화

정부는 재정활동의 주체로서 국민들로부터 세금을 걷어 국방, 외교, 치안, 교육 등 민간부문이 제공할 수 없는 공공 서비스를 생산하고, 소득분배의 불균형을 개선하기 위하여 누진세, 사회보장제도 등을 도입한다. 또한 경제주체들이 시장에서 공정하게 경쟁할 수 있도록 경제활동의 룰을 만들고 감시·감독하며 적절한 경제정책을 통하여 **사회후생 극대화**를 도모한다.[5]

해외부문은 우리나라와 대외거래를 수행하는 다른 나라의 가계, 기업, 정부를 말한다. 무역활동의 주체로서 수출입 거래를 통하여 **자국이익 극대화**를 추구한다. 최근 개방경제체제에서 재화의 수출입은 물론 금융, 법률 등 모든 서비스업에 이르기까지 대외거래의 영역은 날로 확대되고 있으며, 경쟁은 더욱 치열해지고 있어 자국의 이익 확대를 위한 각국 정부의 힘겨루기는 더욱 격화되고 있다.

경제객체

경제활동의 객체는 재화와 서비스를 말한다. 가계가 소비하는 대상이면서 기업이 생산하는 최종생산물과 생산과정에 투입되는 중간재가 바로 재화와 서비스이다.

재화goods는 책, 스마트폰, 컴퓨터, 자동차 등과 같이 사람들의 욕구를 충족시켜 주는 유형의 생산물을 말하고, 서비스services는 대학교수의 강의, 의사의 진료, 변호사의 법률자문, 음악가의 연주, 스포츠 관람 등과 같이 사람들의 욕구를 충족시켜 주는 무형의 생산물을 의미한다.

---

5 사회후생social welfare이라 함은 사회 구성원들이 누리는 만족도의 합계, 즉 사회 전체의 만족도를 말한다.

재화는 공짜로 얻을 수 있느냐 없느냐에 따라 자유재(또는 무상재)와 경제재로 구분한다. 공기, 햇빛 등과 같이 공급량이 많아 아무런 대가 없이 얻을 수 있는 재화를 '자유재'라고 하고, 재화가 희소하여 대가를 지불하여야 얻을 수 있는 재화를 '경제재'라고 한다.

경제재는 다시 소비자들의 욕구 충족에 사용되는 '소비재'consumption goods와 다른 재화의 생산에 사용되는 '자본재'capital goods 그리고 소비재와 자본재 생산과정에서 원료나 부품으로 사용되는 '중간재'intermediate goods로 구분된다.

[그림 1.5] 경제객체의 종류

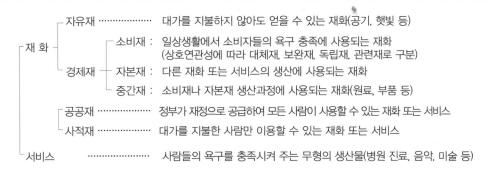

소비재는 상호 연관성을 기준으로 대체재, 보완재, 독립재로 구분된다. 대체재 substitute goods는 쌀과 빵, 외제 차와 국산 차 등과 같이 어느 한 재화의 소비가 증가하면 그만큼 소비가 감소하는 다른 재화를 말한다. 통상적으로 대체재는 어느 한 재화의 가격이 상승하면 다른 재화의 가격은 상대적으로 저렴해져 소비가 늘어나는 특성이 있는데, 이를 대체관계라고 하고, 소비가 늘어나는 효과를 대체효과라고 한다.

보완재complementary goods는 컴퓨터와 마우스, 음식과 소스 등과 같이 상호 보완관계가 존재하여 어느 한 재화의 소비가 늘어나면 다른 재화의 소비도 늘어나며, 한 재화의 가격이 상승하면 두 재화 모두 소비가 감소하는 특성을 갖는다. 그 밖에 독립재 independent goods는 책과 설탕, 자동차와 컴퓨터 등과 같이 서로 아무런 연관이 없어 소비할 때 아무런 영향을 주지 않는 두 재화를 말한다.

한편 재화와 서비스는 소유권에 따라 공공재와 사적재로 구분된다. 공공재public goods는 모든 사람이 사용할 수 있도록 정부가 재정으로 공급하는 재화와 서비스를 말하며, 사적재private goods는 대가를 지불한 사람만 이용할 수 있는 재화와 서비스를 말한다.

(2) 경제학의 주요용어

자원의 희소성

우리는 우리의 욕망을 충족시킬 만큼 풍족하게 모든 재화를 생산하거나 소비할 수 없다. 자원이 부족하기 때문이다. 여기에서 자원이라 함은 넓은 의미에서 인간 생활에 필요한 모든 재화와 서비스를 말하며, 좁은 의미에서는 생산과정에 투입되는 생산요소(노동, 자본, 토지)만을 지칭한다.

'자원의 희소성'이라는 제약은 경제주체들로 하여금 재화를 생산·분배·소비할 때 합리적인 선택을 하도록 만든다. 합리적인 선택은 비용 대비 높은 효과를 추구하는 행위이다. 모든 경제주체들이 치열한 경쟁 속에서 합리적인 선택을 하면, 그 결과 경제 전체적으로 자원이 효율적으로 배분된다.[6]

기회비용과 매몰비용

우리가 합리적인 선택을 통하여 어떤 재화와 서비스를 선택하면, 반드시 다른 것을 포기하여야 한다. 서로 상충관계trade off가 존재하기 때문이다. 우리가 어떤 선택을 할 때 다른 것을 포기하여야 하는 대가를 **기회비용**opportunity cost이라고 한다. "세상에 공짜는 없다" 또는 "공짜 점심은 없다"라는 말은 모든 선택에는 항상 기회비용이 존재한다는 것을 의미한다.

예컨대 '정훈'이가 주말에 아르바이트를 할 것인지, '미영'이와 영화 관람할 것인지를 고민하다가, 영화 관람을 선택했을 때 드는 비용은 단순히 영화 관람비만 생각하기 쉬운데, 경제학에서는 영화 관람으로 포기하여야 하는 아르바이트 소득까지도 비용으로 생각한다. 이것이 바로 기회비용이다.

기회비용을 계산할 때 유의해야 하는 점이 세 가지가 있다. 첫 번째는 기회비용이 어떤 것을 선택할 때 포기하는 것들 중에서 가장 가치가 큰 것을 의미한다는 것이다. 예컨대 '정훈'이가 주말에 선택할 수 있는 대안은 영화 관람(A), 아르바이트(B), 공부(C), TV 시청(D), 게임(E)이라고 할 때 우선순위는 1순위 A, 2순위 B, 3순위 C 등이라고 가정하자. 합리적인 선택은 당연히 A를 선택하는 것이다. 이때 기회비용은 2순위 B의 비용만을 말한다. 포기하는 B, C, D, E의 비용 모두를 합한 것이 아니라는 것이다.

---

6 **자원배분의 효율성**이란 재화와 서비스의 생산과정에서 생산에 필요한 자원들이 최적으로 배분되는 상태를 말한다. 자원이 배분되는 과정에서 가격이 효율적으로 배분되도록 만든다. 이러한 가격의 기능을 '보이지 않는 손'이라고 한다. 가격의 기능이 제대로 작동하면 자원배분의 효율성이 달성되지만, 제대로 작동되지 않아 자원이 효율적으로 배분되지 않은 상태를 **시장실패**라고 한다.

두 번째는 협의의 기회비용과 광의의 기회비용을 혼동하지 않는 것이다. 협의의 기회비용은 '포기하는 것들 중에서 가장 가치가 큰 것'을 의미하며, 광의의 기회비용은 '명시적 비용 + 암묵적 비용'을 의미한다. 비용에는 회계 장부에 나타나는 비용(명시적 비용)과 회계 장부에 나타나지 않는 비용(암묵적 비용)이 있다. 기회비용을 계산할 때 명시적 비용과 암묵적 비용을 모두 포함하는 것이 광의의 기회비용 개념이다. 앞의 사례에서 명시적 비용은 영화 관람권 구입비용(A)이며, 암묵적 비용은 아르바이트 소득(B)이므로 광의의 기회비용은 'A + B'가 된다. 어떤 선택을 할 때 광의의 기회비용을 고려하는 것이 경제학적 접근방법이다.[7]

세 번째는 매몰비용sunk cost은 포함되지 않는다는 것이다. 매몰비용은 '이미 지출하여 다시 회수할 수 없는 비용'으로 기회비용을 계산할 때 '엎질러진 물'은 고려하지 말라는 것이다. 예컨대 '정훈'이는 주말에 '미영'이와 영화 관람을 하기로 약속하고 예매하였으나, 갑자기 부모님이 상경하여 마중을 나가야 할 때 포기하여야 하는 영화 관람권은 기회비용이 아니라 매몰비용에 해당된다(물론 영화 관람권의 환불은 불가능하다는 것을 전제로 한다).

합리적인 선택

자원의 희소성으로 인해 우리는 제한된 자원 범위 내에서 최대의 효과를 얻는 합리적인 선택을 필요로 한다. 보통 합리적rational이라 함은 어느 한쪽으로 치우치지 않고, 객관적이면서 논리적으로 모든 상황을 파악하고 현명한 결론을 내리는 사고 또는 행동방식을 말한다. 합리적인 사람, 합리적인 판단이라고 할 때 이러한 의미로 사용된 것이다.

경제학에서 합리적인 선택이라 함은 경제적인 측면[8]에서 여러 대안 중에서 최선의 대안을 선택하는 것을 말한다. 즉 동일한 비용이라면 이득을 최대화하는 방법을, 동일한 이득이라면 비용을 최소화하는 방법을 선택하는 것을 말한다.

합리적인 선택은 두 단계로 이루어진다.[9] 첫 번째 단계는 여러 대안 중에서 최선

---

7 광의의 기회비용은 제7장 생산자 행동원리에서 구체적인 사례와 함께 자세히 설명한다.

8 경제학을 공부하다 보면, '경제적'이라는 용어가 자주 등장한다. '경제적'이란 '경제학적인 관점에서', '경제학 또는 경제학자들이 말하는'의 의미이다. 예컨대 경제적 비용, 경제적 잉여, 경제적 이윤, 경제적 순손실, 경제적 유인 등이다. 경제학적인 관점에서 분석한 대표적인 예가 기회비용이다. 따라서 기회비용을 경제적 비용이라고도 한다.

9 크루그먼은 경제적 결정을 '양자택일'either or의 결정과 '수량 선택'how much의 결정 그리고 매몰비용이 있을 때의 결정으로 구분하여 설명하고 있다. Krugman·Wells(2017년), 『크루그먼의 경제학』, 시그마프레스.

의 대안을 선택either or하는 단계로서 주로 비용 – 편익분석방법이 사용된다. 적정 대안이 선택되면, 두 번째 단계는 '얼마나 많이'how much라는 적정 수량을 결정하는 단계로서 주로 한계분석방법이 사용된다.

비용 – 편익분석

'비용 – 편익분석'은 비용과 편익의 크기를 비교하여 최적의 대안을 선택하는 방법이다. 여기서 비용cost은 어떤 대안을 선택할 때 지불하여야 하는 대가, 즉 (광의의) 기회비용을 말하며, 편익benefit은 어떤 대안을 선택할 때 얻는 이득 또는 만족도를 말한다.[10] 대안이 하나일 때 편익이 비용보다 크면 선택하고, 편익이 비용보다 작으면 선택을 보류하면 된다. 대안이 여러 개일 때는 순편익net benefit(편익과 비용의 차이)이 가장 큰 것을 선택하면 된다. 자세한 내용은 제5장 비용 – 편익분석모형에서 설명한다.

한계분석

여러 대안 중에서 하나가 선택되면, 다음 단계는 '얼마만큼'이라는 적정 수량을 결정하는 단계이다. '얼마만큼'how much의 결정은 한계분석marginal analysis방법을 따르면 된다. 여기서 '한계'marginal라 함은 추가분 또는 증가분을 의미한다.

한계분석의 이해를 돕기 위하여 사례를 살펴보자. [표 1.2]는 '민준'이가 사과를 구입할 때 느끼는 만족도와 구입비용을 나타낸 것이다. 사과 가격이 1,000원이라고 할 때 첫 번째 사과를 구입하였을 때 얻는 총만족도는 2,000이고 증가되는 만족도는 2,000이며, 총비용은 1,000원이다. 두 번째 사과를 구입하였을 때 총만족도는 3,400이며 증가되는 만족도는 1,400이다. 그리고 총비용은 2,000원이며 증가되는 비용은 1,000원이 된다. 세 번째 사과를 구입하였을 때 총만족도는 4,400이며 증가되는 만족도는 1,000이다. 그리고 총비용은 3,000원이며 증가되는 비용은 1,000원이 된다.

총만족도, 총비용, 증가되는 만족도, 증가되는 비용을 비용 – 편익분석의 용어로 바꾸면, 총만족도는 '편익'이 되고 총비용은 '비용'이 된다. 그리고 증가되는 만족도는 '한계편익'이며, 증가되는 비용은 '한계비용'이다. 즉 한계편익(MB)marginal benefit은 재화 1단위를 추가 소비할 때 증가하는 만족도를 말하며, 한계비용(MC)marginal cost은 재화 1

---

10 비용 – 편익분석에서 편익은 만족도를 의미하며 효용과 동의어다. 그러나 효용utility은 어떤 상품을 소비할 때 느끼는 주관적인 만족도를 말하며, 편익benefit은 주관적 만족도를 금전으로 환산한 것이라는 점에서 다르다. 예컨대 어떤 소비자가 어떤 상품을 1만원을 지불하고 구입할 때, 1만원이라는 만족을 느끼므로 편익의 크기는 1만원이 된다. 그리고 개인의 효용 또는 편익을 합계한 사회 모든 사람들의 효용 또는 편익을 사회후생 또는 사회적 후생social welfare이라고 한다.

[표 1.2] 한계분석 사례 (단위: 원, 단위)

구입량	총만족도 (편익, A)	증가되는 만족도 (한계편익)	총비용 (비용, B)	증가되는 비용 (한계비용)	순편익 (A - B)
0	0	0	0	0	0
1	2,000	2,000	1,000	1,000	1,000
2	3,400	1,400	2,000	1,000	1,400
3	4,400	1,000	3,000	1,000	1,400
4	5,200	800	4,000	1,000	1,200

단위를 추가 소비할 때 증가하는 비용을 말한다. 그리고 **순편익**net benefit은 편익과 비용의 차이를 말한다.

앞의 사례에서 '민준'은 사과를 몇 개 구입하는 것이 합리적인 선택이 되는가? 사과 2개를 구입할 때 한계편익은 1,400이며 한계비용은 1,000이므로 추가 구입하면 순편익이 증가한다. 그리고 사과 4개를 구입할 때 한계편익은 800이며 한계비용은 1,000이므로 소비를 줄이면 오히려 순편익이 증가한다. 따라서 '민준'은 사과 3개를 구입할 때 최대만족을 얻게 된다.

한계편익 > 한계비용 → 추가 소비
한계편익 < 한계비용 → 소비 축소
한계편익 = 한계비용 → 균형(최대만족, 가장 합리적인 선택)   (식 1.1)

이와 같이 재화 1단위를 추가 소비할 때 얻는 한계편익이 추가 지불하는 한계비용보다 크면 소비를 늘리는 것이 바람직하고, 한계비용이 한계편익보다 크면 소비를 줄이는 것이 바람직하다. 결국 '한계편익 = 한계비용'일 때 가장 효율적이며 최대의 만족을 주는 선택이 된다.

이와 같이 한계편익과 한계비용의 크기를 비교하여 적정 수량을 결정하는 원리를 한계원리라고 하고, 이와 같은 분석방법을 한계분석법 그리고 한계분석에 의한 결정을 한계결정이라고 한다.

경제학에서 '합리적인 판단은 한계적으로 이루어진다', '합리적인 선택은 한계비용과 한계편익의 비교로부터 시작된다', '한계를 고려하지 않는 오류' 등으로 표현된다. 한계분석방법은 생산자 또는 소비자들이 생산량과 소비량을 결정할 때 사용되는 방법으로 제6장 소비자 행동원리와 제7장 생산자 행동원리에서 구체적으로 설명한다.

배분과 분배 및 재분배

경제학 교과서에서 왕왕 사용되면서 혼동하기 쉬운 용어 중 하나가 배분과 분배이다. 배분allocation은 생산에 필요한 자원을 각 생산과정에 투입하는 행위를 말한다. 예컨대 효율적인 자원배분이라고 하였을 때 자원의 희소성으로 제한된 자원을 시장에서 가격이 제일 높은 재화 생산에 먼저 투입하는 행위를 말한다.

분배distribution는 생산과정에 참여한 사람들에게 생산에 기여한 대가를 나누어 주는 행위를 말한다. 예컨대 소득분배는 생산과정에서 생산요소(노동, 자본, 토지)를 제공한 가계들에게 기업의 이윤을 나누어 주는 행위를 말한다.

재분배redistribution는 한 부문에서 다른 부문으로 자원이 이전되는 행위를 말한다. 예컨대 소득의 재분배라고 하였을 때 소득분배의 불평등을 해소하기 위하여 정부가 조세 등을 통하여 조달한 재원을 국민들에게 다시 분배하는 것을 말한다.

효율성과 형평성

효율성, 효과성, 형평성, 공평성, 공정성의 경제용어도 정의를 내리기 매우 어렵지만,[11] 본서에서는 다음과 같이 정의하고 사용하고자 한다.

효율성efficiency은 최소비용으로 최대의 효과를 얻거나, 현재의 상황이 너무 좋은 상황이므로 더 이상 개선될 여지가 없는 상황을 의미한다. 특히 두 번째 의미는 후생경제학에서 파레토 효율성Pareto efficiency이라고 하는데, 다른 사람의 후생welfare을 감소시키지 않고서는 어떤 사람의 후생도 증가시킬 수 없는 상태를 말한다. 보이지 않는 손이 작동하는 완전경쟁시장의 균형점에서 자원이 효율적으로 배분된다고 알려져 있다.

반면, 효과성effectiveness은 목표의 달성 정도를 의미한다. 효율성이 비용이 얼마나 들어갔느냐 하는 투입의 문제라면, 효과성은 정해진 목표를 얼마나 달성하였느냐 하는 결과의 문제라고 할 수 있다.

형평성equity은 현재 처해진 상황이나 개인적인 차이를 감안하여 분배하는 것을 말하며, 가난한 사람에게 낮은 세금을 부과하고 부유한 사람에게 높은 세금을 부과하는 것이다. 공평성equality은 가난하든 부유하든 사람들의 현재 상황과 관계없이 동일하고 균등하게, 어느 한곳으로 치우치지 않게 대우하는 것을 말한다. 공정성fairness은 모든 사람들에게 동일하게 기회를 부여하거나 운영기준을 원칙에 맞게 규칙대로 적용하는 것을 말한다.

---

11 효율성, 효과성, 형평성, 공평성, 공정성의 개념 정의도 어렵지만, 영어의 한국어 번역도 어렵다. 본서에서는 효율성efficiency, 효과성effectiveness, 형평성equity, 공평성equality, 공정성fairness으로 번역하여 사용하고자 한다.

조세와 관련하여 효율성, 효과성, 형평성, 공평성, 공정성 용어를 적용해 보자. 효율성은 최대한 많은 세금을 저비용으로 징수하는 것이며, 효과성은 연초 설정한 과세목표를 달성하는 것이며, 형평성은 고소득자에게는 높은 세율을 부과하고 저소득자에게는 낮은 세율을 부과하는 것이며, 공평성은 동일한 소득을 얻는 사람에게는 동일한 세율을 부과하는 것이며, 공정성은 세법에 따라 원칙대로 과세하고 원칙대로 징수하는 것을 말한다.

유인(인센티브)

많은 경제학 교과서에서 '사람들은 경제적 유인에 따라 행동한다', '사람들은 주로 인센티브에 반응하고, 자신의 편익을 증가시키는 방향으로 행동한다'와 같이 유인의 원리를 강조한다. 경제학에서의 유인incentive이란 사람들로 하여금 경제적 행동을 하도록 동기를 유발하는 금전적·비금전적인 자극을 의미한다.[12] 따라서 경영학에서 이야기하는 인센티브보다 조금 더 포괄적이다. 경영학에서는 직원들의 행동을 자극하기 위하여 지급되는 기본급 이외의 금전적 보상(추가급, 성과급)만을 의미한다.

경제적 유인에는 긍정적 유인과 부정적 유인이 있다. 긍정적 유인은 사람들의 금전적·비금전적 이득이 증가하도록 함으로써 어떤 행위를 더 하도록 장려하는 자극을 말하고, 부정적 유인은 금전적·비금전적 손해가 증가하도록 함으로써 어떤 행위를 덜 하도록 억제하는 자극을 말한다. 은행이 고객들의 인터넷 거래를 장려하기 위하여 은행 창구보다 인터넷 뱅킹을 이용할 때 추가 금리를 주는 것은 긍정적 유인에 해당되고, 흡연 인구를 줄이기 위하여 담뱃값을 인상하는 것은 부정적 유인에 해당된다.

미시경제학과 거시경제학

경제학은 크게 미시경제학, 거시경제학, 화폐금융론, 국제경제학, 재정학, 계량경제학, 노동경제학, 경제사 등으로 구분된다. 그러나 경제학의 양대 산맥은 미시경제학과 거시경제학이라고 할 수 있다.

미시경제학은 개별 경제주체들의 행동원리를 분석하는 학문이다. 경제를 구성하는 경제주체들(가계, 기업, 정부, 해외부문)이 어떻게 의사결정을 하고 어떻게 상호작

---

12 일반적으로 경제적 유인은 가격, 임금, 이윤, 보조금, 조세, 벌금 등 금전적 보상과 관련된 것만을 지칭하지만, 최근 기업의 사회적 책임이 강조되면서 기업의 의사결정에 비금전적인 요소(자선, 사회복지사업, 사회공헌 등)가 미치는 영향은 날로 증가되고 있으므로 비금전적인 자극도 경제적 유인에 포함하는 것이 바람직하다.

용하는지를 연구하는 분야이다. 주로 시장기능에 의한 자원배분과 시장에서 작동되는 가격기구를 연구한다는 측면에서 가격론price theory이라고도 한다. 가격과 거래량의 관계를 분석하는 수요 − 공급모형이 이용된다.

거시경제학은 국민경제 전체의 작동원리를 분석하는 학문이다. 국민소득, 경제성장, 실업, 물가 등과 같이 거시경제 지표나 정부의 재정·통화정책을 연구하는 분야로 국민소득론income theory이라고도 한다. 물가와 국민소득의 관계를 분석하는 총수요 − 총공급모형이 주로 이용된다.

미시경제와 거시경제는 서로 밀접하게 연결되어 있다. 흔히 '나무와 숲'으로 이들의 관계를 표현하는데, 나무는 미시경제를, 숲 전체는 거시경제를 의미한다. 실제 국민경제의 움직임은 수많은 개인들과 기업들의 의사결정이 효율적으로 이루어진다는 미시경제적 기초를 전제로 하고 있으며, 최근 미시경제적 접근에 토대를 둔 거시경제 연구가 활발하게 진행되고 있을 만큼 미시경제학과 거시경제학은 상호 밀접하게 연계되어 있다.

(3) 빈출 용어

한계와 평균

한계marginal는 추가적인additional의 뜻으로 Δ(delta)로 표시된다. 한계편익은 1단위를 추가 소비할 때 추가로 얻은 만족도를 말하며, 한계비용은 1단위를 추가로 소비할 때 추가로 드는 비용을 의미한다. 평균average은 $\frac{\text{자료 전체의 합}}{\text{자료의 개수}}$으로 대개 산술평균을 의미하며, 평균비용은 1단위당 드는 비용을 의미한다. 계산하는 방법은 [그림 1.6]에서 보는 바와 같이 '한계'는 $\frac{\Delta Q}{\Delta L}$로 계산하거나 곡선 상의 한 점에서의 접선 기울기로 측정한다. 그리고 '평균'은 $\frac{Q_0}{L_0}$으로 계산하거나 곡선 상의 한 점과 원점을 잇는 직선의 기울기로 계산한다. 한편 가중평균weighted average은 가격 또는 거래량 등을 포함하여 산출한 평균을 말한다. 예컨대 물가지수는 여러 재화의 가격을 산술평균 $\left(\frac{P_1 + P_2 + \cdots P_n}{n}\right)$한 것이 아니라 각 재화의 가격과 거래량을 포함하여 산출한 가중평균 $\left(\frac{P_1 Q_1 + P_2 Q_2 + \cdots P_n Q_n}{Q_1 + Q_2 + \cdots Q_n}\right)$이다.

[그림 1.6] 한계 개념과 평균 개념

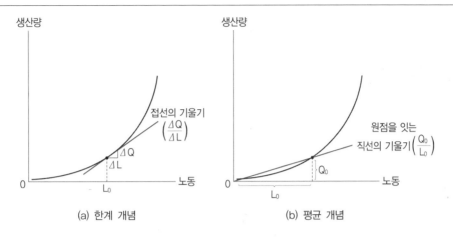

유량과 저량

유량flow은 일정기간 동안 측정한 값을 말하며 수요량, 공급량, 국민소득, 수출, 수입, 소비, 생산, 당기순이익 등이 유량변수에 속한다. 저량stock은 특정시점에 측정한 값을 말하며 통화량, 외채규모, 외환보유액, 총자산, 총부채 등이 저량변수에 해당된다.

단기와 장기

경제학에서 단기short run, short term와 장기long run, long term의 개념은 분야에 따라 서로 다른 의미로 사용된다. 생산함수와 생산비함수에서 단기는 여러 생산요소 중에서 하나의 생산요소만 변화되는 짧은 기간을 말하며, 장기는 모든 생산요소가 변화되는 긴 기간을 말한다. 또한 완전경쟁시장에서 단기는 초과이윤이 발생하더라도 새로운 기업이 진입하기 어려운 짧은 기간을 말하며, 장기는 기업의 진입 및 퇴출이 가능할 정도로 충분히 긴 기간을 말한다. 거시경제에서 단기는 가격과 임금이 변화할 수 없는 짧은 기간을 말하며, 장기는 가격과 임금이 신축적으로 변화할 수 있는 긴 기간을 말한다.

명목과 실질

명목nominal변수는 당해연도의 물가 또는 가격을 적용하여 측정한 변수를 말하며, 경상current변수라고도 한다. 명목임금, 명목소득, 명목GDP, 명목이자율, 경상가격 등이 대표적인 예이다. 실질real변수는 기준연도의 물가 또는 가격을 적용하여 측정한 변수를 말하며, 불변constant변수라고도 한다. 당해연도의 물가상승분이 제외되어 실질적인 가치를 나타내며 실질임금, 실질소득, 실질GDP, 실질이자율, 불변가격 등이 대표적인 예이다. 거시경제학에서 주로 실질변수가 사용된다. 왜냐하면, 거시경제의 문제를 정확하게 판단하여 경제정책을 수립하여야 하므로 물가상승분을 제거한 실질변수를 사용한다.

절대와 상대

절대absolute가격은 현재 시장에서 거래되는 재화 1단위의 가격을 말하며, X재 가격(P_x), Y재 가격(P_y)과 같이 시장가격을 의미한다. 반면에 상대relative가격은 시장에서 거래되는 두 재화 가격의 비율을 말하며, $\dfrac{P_y}{P_x}$와 같이 교환비율을 의미한다.

독립변수와 종속변수

'다른 조건이 모두 같다면'Ceteris Paribus, 어떤 값(x)이 변화함에 따라 다른 값(y)이 변화하는 관계가 있을 때 y는 x의 함수라고 하며, $y = f(x)$로 표시한다. 앞의 변수(x)를 독립변수, 뒤의 변수(y)를 종속변수라고 한다. 본서에서는 독립변수와 종속변수를 합하여 내부변수라고 부르고, '다른 조건'을 외부변수라고 부르고자 한다.

내생변수와 외생변수

어떤 경제모형에서 모형 내부에 포함된 변수를 내생변수endogenous variable라고 하고, 모형 외부에 설정된 변수를 외생변수exogenous variable라고 한다. 외생변수는 경제모형을 설명할 때 외부의 값으로 주어진다. 따라서 내생변수와 외생변수를 앞의 독립변수와 종속변수와 혼동하면 안 된다.

양(+)의 관계와 음(−)의 관계

x값이 증가할 때 y값도 증가하면, 두 변수 x와 y는 양의 관계 또는 正(+)의 관계가 있다고 한다. 반면에 x값이 증가할 때 y값이 감소하면, 두 변수 x와 y는 음의 관계 또는 否(−)의 관계가 있다고 한다. 양 또는 음의 관계와 정비례 또는 반비례 관계를 혼동하여서는 안 된다. 정비례 또는 반비례란 x값과 y값이 서로 비례적으로 변화하는 관계를 말한다. 예컨대 x값이 2배, 3배 증가할 때 y값도 2배, 3배 증가할 때 정비례 관계가 있다고 말하고, x값이 2배, 3배 증가할 때 y값이 $\dfrac{1}{2}$, $\dfrac{1}{3}$로 감소할 때 반비례 관계가 있다고 말한다.

체증과 체감

체증(遞增)한다는 것은 점점 더 크게 증가(체증적 증가)하거나 점점 더 크게 감소(체증적 감소)하는 것을 의미하며 수확체증, 한계비용체증 등으로 사용된다. 체감(遞減)한다는 것은 점점 더 작게 증가(체감적 증가)하거나 점점 더 작게 감소(체감적 감소)하는 것을 의미하며 수확체감, 한계생산체감, 한계효용체감 등으로 사용된다. 예컨대 [그림 1.7] (a)에서 +1, +2, +3 등과 같이 증가하는 규모가 점점 커질 때 체증적 증가라고 하고, -1, -2, -3 등과 같이 감소하는 규모가 점점 커질 때 체증적 감소라고 한다. 그리고 +4, +3, +2 등과 같이 증가하는 규모가 점점 작아질 때 체감적 증가라고 하고, -4, -3, -2 등과 같이 감소하는 규모가 점점 작아질 때 체감적 감소라고 한다. 이를 그래프로 표현하면 그림 (b)와 같다. 체증할 때 그래프는 가팔라지고, 체감할 때 그래프는 완만해진다.

[그림 1.7] 체증과 체감의 세부설명

+1 +2 +3 +4 10,11,13,16,20, …	체증(체증적 증가)
-1 -2 -3 -4 20,19,17,14,10, …	체증(체증적 감소)
+4 +3 +2 +1 10,14,17,19,20, …	체감(체감적 증가)
-4 -3 -2 -1 20,16,13,11,10, …	체감(체감적 감소)

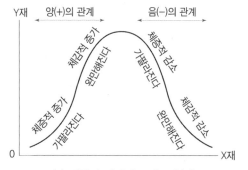

(a) 증가 규모와 감소 규모   (b) 체증과 체감의 그래프 형태

03 경제학의 역사

고전학파와 신고전학파

오늘날의 경제학은 산업혁명이 발생한 18세기 중엽, '경제학의 아버지' 아담 스미스Adam Smith로부터 출발한다. 아담 스미스는 정부의 간섭이 없으면 시장에서 '보이지 않는 손'invisible hand에 의해 자원배분이 효율적으로 이루어지며, 국가 간 자유로운 교역이 국부를 증진시킨다는 새로운 이론을 제시하였다. 그의 자유시장 원리는 이후 세이, 리카도, 맬서스, 밀 등과 함께 고전학파를 형성하였다.

이후 멩거, 왈라스, 제본스 등은 경제학의 첫 번째 혁명인 **한계혁명**을 일으키며 신고전학파 시대를 열었다. 그들은 한계효용, 한계생산, 한계비용 등 한계marginal 개념을 통하여 경제 현상을 분석하는 새로운 관점을 제시하였다.

그리고 마셜, 피구, 피셔 등은 신고전학파의 연구영역을 미시경제학에 국한하지 않고 거시경제학으로 넓혔다. 특히 마셜Alfred Marshall은 "경제학은 인간의 일상적인 삶을 연구하는 학문"이라고 정의하고 경제학도들은 "차가운 머리와 따뜻한 가슴"cool heads but warm hearts을 가져야 한다고 주장하였다.

이와 같은 고전학파 경제학은 "공급이 스스로 자신의 수요를 창출한다"라는 세이의 법칙, 시장의 보이지 않는 손, 자유방임, 가격의 신축성, 정부개입을 최소화하는 작은 정부 등에 의하여 시장은 신속히 균형에 도달한다는 시장청산이론 등 현대 경제학의 근간을 만들었다.

케인즈학파

고전학파와 신고전학파의 경제이론은 1929년 10월 뉴욕의 주식시장 붕괴로부터 시작된 세계경제의 대공황을 해결하지 못하면서 한계에 이르게 된다. 공급이 스스로 수요를 창출하며, 시장이 모든 경제문제를 해결한다는 고전학파 이론에 대하여 "시장을 믿고 기다리면 장기적으로 우리는 모두 죽는다"라는 명언을 던지면서 나타난 경제학자가 바로 케인즈John Maynard Keynes이다.

케인즈는 1930년대 세계 대공황의 타개책으로 시장에 모든 것을 맡겨 놓아서는 안 되며, 필요하다면 정부가 시장에 개입하여야 한다는 '보이는 손'과 큰 정부를 주장하였다. 이와 같은 케인즈의 주장은 미국 루스벨트 대통령의 '뉴딜 정책'에 반영되면서 대성공을 보인 이후 30년 동안 경제학의 주류로 자리 잡았다. 이러한 케인즈의 경제이론을 경제학의 두 번째 혁명, **케인즈혁명**이라고 한다.

[그림 1.8] 경제학의 역사

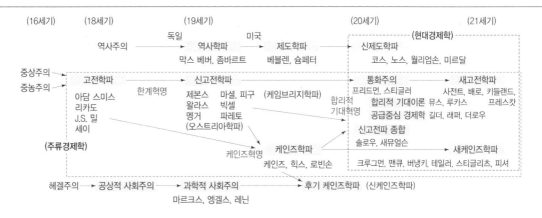

통화주의와 신자유주의

1940년대 후반 이후 프리드먼Milton Friedman이 '통화공급이 경제활동에서 제일 중요한 결정'이라는 통화주의를 주장하면서 1950년대 후반부터 1970년대 초까지 케인즈학파와 통화주의자들의 끝없는 논쟁이 전개되었다. 케인즈학파가 재정정책의 중요성을 강조했다면, 통화주의는 화폐의 중요성을 강조했다.

프리드먼의 경제관은 개인의 합리성에 대한 믿음에서 출발하여 개인의 자유를 보호하고 시장기능을 최대한 살리는 작은 정부여야 한다는 고전학파적 이념을 기본으로 하고 있으며 이후 합리적 기대이론, 효율적 시장이론 등으로 발전해 나갔다.

그리고 1960년대 후반부터 나타난 인플레이션과 1970년대 석유파동과 스태그플레이션은 케인즈학파를 퇴조시키고 통화주의, 신자유주의, 공급중시 경제학, 새고전학파 등 고전학파적 접근방법을 재등장시켰다.

신자유주의는 프리드먼과 스티글러G. J. Stigler를 중심으로 한 시카고학파에 의해 강조되었다. 시카고학파는 정부역할 축소와 시장경쟁 확대를 표방하였고, 자유무역 확대, 규제 완화, 공기업 민영화 등을 주장하였다. 통화주의와 시카고학파의 이론과 정책은 1980년대 영국 대처리즘과 미국 레이거노믹스의 근간이 되었으며, 이로부터 작은 정부와 규제 완화가 대세가 되었고 신자유주의 물결이 강력해지기 시작했다.

신자유주의는 1991년 소련 붕괴를 계기로 미국 중심의 세계화와 더불어 전 세계로 확산되어 1990년대와 2000년대 미국경제의 호황을 이끌었다. 그러나 2008년 서브프라임 모기지론subprime mortgage loan에 의해 글로벌 금융위기가 발생하자 그 대단원의 막을 내리게 되었다.

시카고학파는 '기대·예상'expectations의 개념을 거시경제학에 도입하면서 세 번째 경제혁명, 합리적 기대혁명을 일으켰다. 모든 사람들은 각자 보유한 정보를 활용하여 합리적인 경제행위를 하므로 정부의 시장 개입은 사람들의 의사결정을 변화시키지 못한다는 내용이다. 이른바 정부의 개입 정책은 효력이 없다는 '정책의 무력성 명제'이다. 합리적 기대학파는 거시경제의 이론을 미시이론화하였다고 하여 '고전학파 거시경제학으로의 복귀' 또는 '새로운 고전적인 거시경제학'으로 표현되고 있다.

이로써 1965년 프리드먼이 "We are all Keynesians now"라고 했던 케인지언들의 황금시대는 1980년 "모든 경제학자들은 케인지언이라고 부르면 화를 낸다"라고 하면서 '케인즈 경제학의 죽음'the death of Keynesian economics을 선언한 루카스에 의해 종말을 고하게 된다.

새고전학파와 새케인즈학파

최근 경제학계는 크게 새고전학파와 새케인즈학파로 양분된다. 새고전학파New Classical School는 합리적 기대학파와 실물경기변동이론 학자들이며, 새케인즈학파New Keynesian School는 기존의 케인즈학파 주장을 계승하면서 합리적 기대이론을 반영한 이론이다.

새고전학파는 1960년대 후반부터 활발해진 합리적 기대이론을 거시경제학에 접목하는 움직임을 말한다. 이들은 시장 불균형이 발생하면 신축적인 가격 조정과 합리적인 기대에 의하여 즉각적으로 균형상태에 도달하는 '시장청산이론'을 기본으로 한다. 고전학파이론이 가격의 신축성을 전제로 한다면, 새고전학파는 고전학파 이론에 불확실성과 합리적 기대를 추가한 이론이라고 할 수 있다. 또한 이들은 실물부문이 경기변동을 일으키며, 통화량과 같은 명목변수들은 아무런 영향력이 없으므로 통화량 조정과 같은 총수요정책은 효력이 없다는 '실물경기변동이론'을 제기하였다.

반면에 새케인즈학파는 1980년대 이후 주류에서 밀려난 케인즈학파의 이념을 승계하여 가격 경직성의 원인을 분석하고 새고전학파의 합리적 기대를 수용한 학자들이다. 이들은 2008년 글로벌 금융위기가 발생하면서 시카고학파의 한계가 나타나자 다시 부각되었다.

새케인즈학파는 정보의 불완전성이 존재하므로 새고전학파의 완전경쟁적 시장구조와 가격의 신축성은 비현실적이며 오히려 불완전한 시장구조와 명목임금·가격의 경직성이 보다 현실적이므로 케인즈의 재정정책과 통화정책이 여전히 유효하다는 주장을 펼치고 있다.

경제의 작동원리

01 경제의 작동 메커니즘

"오늘 우리가 맛있는 저녁 식사를 하고 행복한 저녁을 보낼 수 있었던 것은 푸줏간, 양조장, 빵집 주인의 자비심 덕분이 아니라, 그들이 자신의 이익을 위하여 맛있는 고기와 포도주, 빵을 만들었기 때문이다." 소비자인 우리는 행복한 저녁을 위하여 각자 다른 분야에서 하루 종일 애써 번 돈으로 고기와 포도주와 빵을 구입하였을 뿐이다. 이는 아담 스미스의 『국부론』에서 시장경제의 한 단면을 설명하는 사례 중 하나다.[13]

그렇다. 우리는 매일 아침에 일어나서 밤에 잠잘 때까지 각자 맡은 바 열심히 일할 뿐이다. 각자 '자신의 이익'self-interest에 충실하면, '보이지 않는 손'에 의하여 조화를 이루면서 시장경제는 원활하게 움직이고 사회 전체적으로 사회후생은 극대화된다는 것이 아담 스미스의 시장경제론이다.

때론 시장 방해꾼이 시장 질서를 어지럽히면, 정부는 공정한 게임 룰을 제정하고 집행하여 시장의 효율성을 관리하고, 경제주체들이 더 큰 해외시장에서 활발하게 경제행위를 할 수 있도록 정부는 해외경제 영토를 확장하려고 노력한다.

경제주체들의 활발한 경제활동은 '국민경제'라는 큰 틀을 형성하게 된다. 국민경제는 4개 부문의 경제주체들이 4개의 시장에서 이루어지는 경제활동으로 이루어진다.

---

13 최임환 역(2014년), 『국부론』, 사단법인 올재.

4개 부문은 가계부문, 기업부문, 정부부문, 해외부문이며, 4개 시장은 생산물시장, 생산요소시장, 금융시장, 해외시장을 말한다.

경제주체들은 국민경제라는 큰 틀 안에서 '자신의 이익'을 좇아 경제활동을 충실히 하려는 본성을 갖고 있다. 가계는 효용극대화를, 기업은 이윤극대화를, 해외부문은 무역이익 극대화를 추구하면, 시장은 수요와 공급의 법칙에 의하여 조화를 이루면서 경제주체들의 이익이 극대화된다.

경제주체들의 활발한 경제활동은 국민경제의 큰 틀 안에서 총수요와 총공급으로 나타난다. 경제주체들의 크고 작은 이기심이 총수요의 확대로 나타나 경기를 과열시키기도 하고, 총수요의 부족으로 경기를 침체시키기도 한다. 정부는 국민경제 관리차원에서 필요할 경우 다양한 경제정책을 집행하여 국민 모두가 행복하도록 노력한다.

이와 같은 경제의 움직임 이면에는 자원의 제약이 있어 주어진 제약 속에서 최대의 성과를 얻기 위한 경제원리가 작동된다. 자원의 희소성, 기회비용, 비용-편익분석, 한계분석 등 무수히 많은 경제원리가 작동하고 있다. 그리고 어떤 국가는 '간섭하지 마라. 그대로 내버려 두라'라는 시장경제체제를 채택하고 있는가 하면, 어떤 국가는 국가의 계획과 명령에 따라 움직이는 계획경제체제를 채택하고 있다.

본서는 '보이지 않는 손'이라는 윤활유에 의해 움직이는 시장경제체제를 분석한다. 시장경제가 어떻게 움직이는지를 경제의 기본원리, 경제주체별 행동원리, 시장 종류별의 작동원리, 거시경제의 기본원리, 개방경제의 작동원리 등으로 구분하여 하나하나 짚어 보고자 한다.

02 경제의 작동원리

(1) 경제의 기본원리

우리의 경제활동에는 제일 먼저 '자원의 희소성'이라는 제약조건에 봉착하게 된다. 제한된 자원 속에서 어떻게 하면 우리의 행복을 극대화시킬 수 있을까? 우리는 최선의 선택을 하려고 노력한다. 선택과정에서 다수의 경제주체들이 거래조건을 조율하는 '시장'이 형성되고 시장에서 경제주체들은 각자의 이익을 극대화하기 위하여 한 치의 양보도 없이 치열하게 경쟁한다.

경쟁의 근저에는 합리적인 선택이 존재한다. 합리적인 선택은 "세상에 공짜는 없다"라는 기회비용이 감안되고, 최소비용으로 최대효과를 얻는 효율성 원리가 작동된다. 최대효과를 얻기 위하여 비용 – 편익분석과 한계편익 – 한계비용을 비교하는 한계분석법이 동원된다. 그리고 효율성을 높이기 위하여 유인이 제공되며, 더 큰 이익을 얻기 위하여 비교우위분야에 특화하고 다른 나라와 무역을 한다. 정부는 경제주체들이 시장경쟁을 전개하는 데 장애물이 없도록 제도를 마련하고 법을 집행한다.

경쟁의 결과, 다른 참여자들의 후생을 감소시키지 않고서는 어느 참여자의 후생도 증가시킬 수 없는 상황, 즉 경제적 효율성을 달성하게 된다. 시장 참여자 모두 만족하는 최적화optimization 상태가 되고, 사회적 잉여가 최대가 되며, 효율적인 자원배분이 이루어진다.

이와 같이 시장경제체제는 경제주체들의 자유롭고 창의적인 경제활동을 최대한 보장하지만, 태어나면서부터 경제적으로 불평등하거나 개인의 능력 차이로 경제적 불평등현상이 발생할 경우 정부는 이를 해소하려고 노력한다. 정부는 시장실패를 보완하고 국민 모두가 기본적인 경제생활을 하도록 복지국가로서의 역할을 수행한다.

[그림 2.1] 경제의 작동원리

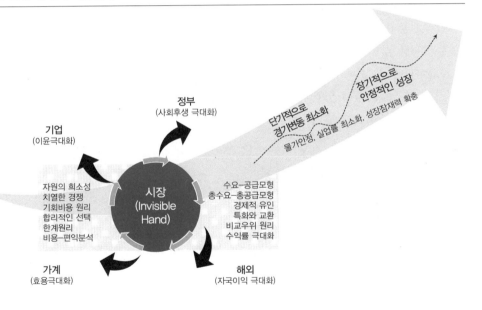

(2) 경제주체 및 시장의 작동원리

시장메커니즘이 작동하는 경제활동에는 4개의 시장이 있으며, 4개 부문의 경제주체들이 움직이고 있다.

4개 부문의 경제주체들은 자신의 이익을 극대화하기 위하여 움직인다. 가계는 벌어들인 소득을 적절히 분할하여 소비와 저축을 한다. 소비는 효용극대화원칙을 추구하고, 저축은 수익률 극대화원칙을 추구한다. 기업은 노동, 자본, 토지 등 생산요소를 구입 또는 임대하여 최소비용으로 최대생산하는 생산요소의 최적배합조건을 선택하고, 최대량을 생산하기 위하여 비용을 극소화하는 생산방식을 추구하며 이윤극대화원칙에 따라 생산하고 판매한다. 이익금은 근로자와 투자자에게 분배하고 사회적 책임을 완수하기 위하여 노력한다. 정부는 국민들로부터 세금을 받아 소비자로서 정부구매를 하고, 투자자로서 고속도로 등 사회간접자본(SOC)을 건설하며, 경제 조율자로서 다양한 경제제도를 제정·관리하면서 사회후생의 극대화를 도모한다. 해외부문은 다른 나라와 무역활동을 하면서 자국이익 극대화를 추구한다.

경제주체들의 의사결정은 시장을 통하여 나타난다. 생산물시장에서는 재화와 서비스의 교환이 수요와 공급의 법칙에 따라 움직이는 수요 - 공급모형이 적용된다. 생산물시장에는 완전경쟁시장, 독점시장, 과점시장, 독점적 경쟁시장이 존재한다. 완전경쟁시장의 균형점에서 생산자와 소비자의 이익이 극대화되며, 자원배분은 더 이상 개선이 불가능한 수준으로 효율성이 달성된다. 그러나 독점시장 등 불완전경쟁시장은 완전경쟁시장보다 공급량이 적거나 가격이 높아 자원배분이 효율적으로 이루어지지 않으므로 정부는 불완전경쟁시장의 단점을 줄이기 위하여 다양한 정책을 사용한다.

생산요소시장은 재화나 서비스를 생산하기 위하여 투입되는 노동, 자본, 토지, 기업가정신 등 생산요소가 거래되는 시장으로 수요 - 공급모형에 따라 거래되며, 임금, 이자, 지대, 이윤이 결정되어 분배된다.

금융시장에서는 실물경제 지원을 위하여 자금이 여유가 있는 자금잉여부문으로부터 자금부족부문으로 자금이 이전되고, 수익률 극대화원칙에 따라 수익률을 좇아 세계 방방곡곡으로 자금이 이동되면서 수수료 수입과 이자 수익 등 금융산업 자체의 부가가치를 창출한다.

외환시장은 단순한 환전뿐만 아니라 수익률 극대화원칙에 따라 주식시장 - 채권시장과 함께 '금융의 삼각형'을 형성하여 주가 - 금리 - 환율이 더욱 복잡하게 움직인다. 환율은 각국의 경제 기초여건(펀더멘털)에 의하여 결정되지만, 주가 - 금리와 결합되어 결정되기도 하며, 경상수지, 물가 등 경제지표에 영향을 미치기도 한다.

(3) 거시경제와 개방경제의 작동원리

개별 경제주체들과 개별 시장은 국민경제라는 하나의 큰 틀을 형성하여 큰 틀 안에서 '생산 → 분배 → 소비 → 생산 → 분배 → 소비…'라는 국민경제 순환을 한다. 개별 경제주체들과 개별 시장이 잘 작동되려면 국민경제라는 큰 틀이 잘 관리되어야 한다. 국민경제는 끊임없이 변동하면서 움직인다. 단기적으로 '확장 → 후퇴 → 수축 → 회복'의 경기변동을 반복하면서 장기적으로 국민소득의 장기추세선을 따라 움직인다.

정부는 국민경제가 장기적으로 안정적인 경제성장을 할 수 있도록 성장동력을 확충하고, 단기적으로 성장과 후퇴라는 경기변동을 최소화하여 과도한 인플레이션을 억제하고 실업률을 최소화하여 국민들의 삶이 행복할 수 있도록 다양한 경제정책을 수립하고 집행한다. 따라서 거시경제에 있어서 정부의 역할은 미시경제에서의 역할보다 더 중요해진다. 특히 글로벌 경쟁시대를 맞이하여 국민경제의 안정은 물론 해외로 경제영토를 넓히고 자국의 이익이 극대화되도록 대외경제의 안정과 확대가 필요하다.

거시경제와 개방경제에는 총수요 – 총공급모형이 적용된다. 총수요 – 총공급모형에는 국민소득 균형, 누출 – 주입 균형, 저축 – 투자 균형이 작동하며, 이를 관리하는 정부정책으로 총수요정책과 총공급정책이 작동하고, 중앙은행의 통화정책과 정부의 재정정책 그리고 환율정책이 작동한다.

정부는 가능하면 '세 마리의 토끼'를 한꺼번에 잡고 싶지만, 물가안정과 완전고용과 국제수지 균형은 현실적으로 동시에 잡기 어려운 과제이다. 정부는 세 마리의 토끼를 한꺼번에 잡기 위하여 재정정책과 통화정책, 환율정책을 적절하게 조합하여 대내외 균형을 동시에 달성하려고 노력한다.

'경제는 어떻게 움직이는가?' 경제학 공부의 완성은 개방경제의 작동원리를 공부하였을 때 비로소 이루어진다. 그리고 세계경제라는 큰 울타리 속에서 우리나라 해외경제 영토가 날로 신장되어 우리나라가 세계의 으뜸국가가 될 때, 아울러 다른 나라를 원조하고 다른 나라와 더불어 지구촌의 지속 가능한 발전을 위하여 노력할 때 우리나라 국민들의 행복은 극대화된다.

경
제
의

기
본
모
형

CONTENTS

'경제는 어떻게 움직이는가?'
제2편에서는 경제 전반에서 널리 적용되는 기본모형에
대하여 공부한다. 미시경제 전반에서는 '수요 – 공급모
형'과 '비용 – 편익분석모형'이 작동하고, 거시경제 전반
에서는 '경제순환모형'이 작동한다. 아울러 기본모형과
관련이 많은 탄력성, 소비자잉여와 생산자잉여 등에 대
해서도 공부한다.

03 수요 - 공급모형

01 수요

수요의 법칙과 수요곡선

수요demand란 일정기간 동안 소비자가 재화와 서비스를 구매하려는 의도를 말하며,[1] **수요량**quantity demanded은 소비자가 특정가격에 재화와 서비스를 구매하려는 수량을 말한다. 일반적으로 가격이 오르면 수요량이 줄어들고, 가격이 내리면 수요량이 늘어난다. 이와 같이 가격과 수요량 사이에 존재하는 음(−)의 관계를 **수요의 법칙**이라고 하며, 가격의 변화와 수요량의 변화를 그래프로 나타낸 것을 **수요곡선**이라고 한다. 수요곡선은 가로축(X축)에 수요량을, 세로축(Y축)에 가격을 표시한다.[2] 가격이 하락할수록 수요량이 증가하므로 수요곡선은 우하향한다.

---

1 수요의 개념을 정확히 파악하는 것이 중요하다. 수요란 재화와 서비스에 대한 단순한 욕구가 아니라 구매력이 동반된 욕구를 말한다. 케인즈는 이를 유효수요라고 하였으며, 코틀러Phillip Kotler교수는 단순한 욕구가 '욕구needs → 욕망wants → 수요demands → 상품products → 교환exchange → 거래transaction → 시장market'의 단계를 거쳐 구체화된다고 하였다.

2 X재의 소비량을 Q_x, X재의 가격을 P_x라고 하였을 때 수요함수는 $Q_x = f(P_x)$가 된다. 여기서 P_x를 독립변수, Q_x를 종속변수라고 한다. 그리고 수요함수는 P_x 이외에 Y재 가격(P_y), 소득(I) 등의 영향을 받으므로 X재의 수요함수는 $Q_x = f(P_x, P_y, I, \cdots)$으로 표현할 수 있다. 단, P_x 이외의 다른 변수는 일정하다고 가정한다.

[그림 3.1] 수요곡선

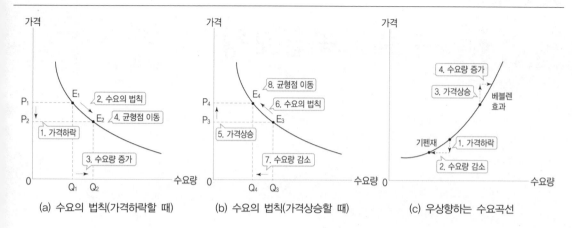

(a) 수요의 법칙(가격하락할 때) (b) 수요의 법칙(가격상승할 때) (c) 우상향하는 수요곡선

　[그림 3.1]은 두 종류의 수요곡선을 보여 준다. 그림 (a)와 (b)는 전형적인 수요곡선으로 우하향하며 수요의 법칙이 적용된다. 그림 (a)에서 가격이 P_1에서 P_2로 하락하면 수요의 법칙에 의거 수요량은 Q_1에서 Q_2로 증가하고 균형점은 E_1에서 E_2로 이동한다. 반대로 그림 (b)에서 가격이 P_3에서 P_4로 상승하면 수요의 법칙에 의거 수요량은 Q_3에서 Q_4로 감소하고 균형점은 E_3에서 E_4로 이동하므로 수요곡선은 우하향하는 형태를 갖는다.

　그러나 그림 (c)는 우상향하는 형태이다. 우상향하는 형태는 기펜재, 베블렌효과 그리고 장래 가격을 예측하는 소비행태에서 발견할 수 있다.

　기펜재Giffen goods는 19세기 아일랜드 지방에서 감자의 가격이 하락하자 그동안 신물이 나 있는 상황에서 구매력이 늘어나 감자의 소비가 줄어들고 고기의 소비가 늘어난 것과 같이 가격이 하락하면 오히려 수요량이 감소하는 열등재를 말한다.

　베블렌효과Veblen Effect는 가격이 상승하는데도 불구하고 오히려 그 재화의 수요가 늘어나는 현상으로, 과시하기 위하여 명품을 구입하는 것과 같이 주로 특정계층의 허영심과 과시욕이 나타나는 소비행태를 말한다.

　또한 장래 가격을 예측한 수요곡선은 시장에서 "가격이 더 오르기 전에 사자"라는 말과 같이 호재를 갖고 있는 주식이나 공급량이 제한되어 있는 부동산의 선취매 또는 추격매수에서 쉽게 발견할 수 있다.

개별수요곡선과 시장수요곡선

개별수요곡선은 소비자 개인의 수요곡선을 말한다. 개별수요곡선에는 개별 소비자들의 소득수준이나 취향 등이 반영된다. 반면에 시장수요곡선은 시장에 존재하는 개별 소비자들의 수요곡선을 모두 합한 것으로 특정재화에 대한 시장 전체의 수요를 나타낸다. [그림 3.2]는 개별수요곡선과 시장수요곡선을 보여 준다. 그림 (a)는 다양한 형태의 개별수요곡선을 보여 주고 있으며, 그림 (b)는 시장수요곡선으로서 여러 형태의 개별수요곡선을 수평으로 합한 것이므로 개별수요곡선보다 기울기가 더 완만하다.

[그림 3.2] 개별수요곡선과 시장수요곡선

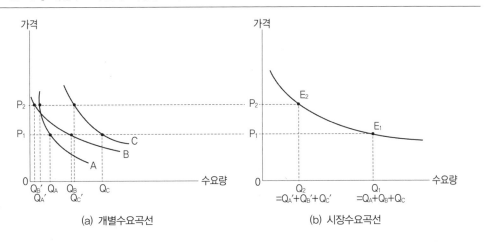

(a) 개별수요곡선   (b) 시장수요곡선

수요곡선 상의 이동과 수요곡선의 이동

수요곡선 상의 이동movement along the demand curve은 어떤 재화의 가격이 상승하여 그 재화의 수요량이 감소하거나, 어떤 재화의 가격이 하락하여 그 재화의 수요량이 증가하는 경우를 말한다. [그림 3.3] (a)는 수요곡선 상의 이동을 보여 준다. 현재 가격이 P_1일 때 소비량은 Q_1이다. 만약 가격이 P_1에서 P_2로 하락하면 수요량은 Q_1에서 Q_2로 증가하여 균형점은 수요곡선을 따라 E_1에서 E_2로 이동하게 된다. 그리고 가격이 P_1에서 P_3로 상승하면 수요량은 Q_1에서 Q_3로 줄어들어 균형점이 E_1에서 E_3로 이동하게 된다. 이와 같이 어떤 재화의 가격이 변화함에 따라 수요량이 변화하여 균형점이 곡선 상에서 움직이는 것을 수요곡선 상의 이동이라고 한다.

[그림 3.3] 수요곡선 상의 이동과 수요곡선의 이동

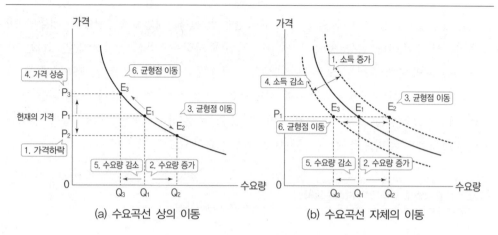

(a) 수요곡선 상의 이동   (b) 수요곡선 자체의 이동

　　반면에 수요곡선의 이동shift of the demand curve은 수요곡선 자체가 왼쪽 또는 오른쪽으로 이동하는 경우로서 어떤 재화의 가격 이외의 다른 변수들이 변화할 때 나타나는 현상이다. 수요곡선은 재화의 가격변화와 수요량의 변화 관계라고 설명하였는데, 만약 그 재화의 가격 이외의 다른 변수, 예컨대 소비자의 소득, 다른 재화의 가격, 소비자들의 선호도, 인구 등이 변화하면 수요곡선 자체가 이동하게 된다.

　　그림 (b)는 수요곡선의 이동을 나타낸다. 만약 소비자의 소득이 증가하면 수요곡선은 오른쪽으로 이동한다. 왜냐하면 어떤 재화의 가격(P_1)은 동일한데, 갑자기 소득이 증가하면 소비할 여력이 증가하므로 수요량이 늘어나 균형점은 E_1에서 E_2로 이동하기 때문이다. 그리고 만약 소득이 감소하면 수요곡선은 왼쪽으로 이동하게 된다. 왜냐하면 재화의 가격이 동일하더라도 소비할 여력이 줄어들어 재화의 수요량이 감소하여 균형점은 E_1에서 E_3로 이동하기 때문이다.

　　수요곡선 상의 이동을 **수요량의 변화**라고 하며, 수요곡선의 이동을 **수요의 변화**라고 한다. 귀찮게 수요곡선 상의 이동과 수요곡선의 이동 그리고 수요량의 변화와 수요의 변화를 왜 구분하는 것인가? 소매상의 경우 수요곡선을 이동시킬 아무런 영향력이 없으므로 가격 조정을 통하여 수요량을 변화시키지만, 정부나 기업은 경제정책이나 매출전략을 변경하면 수요곡선 자체를 이동시킬 수 있기 때문에 이들을 구분하는 것은 경제학에서 매우 중요한 의미가 있다.

수요곡선의 숨어 있는 의미

수요곡선이 우하향하는 이유는 무엇인가? 지금까지 설명한 바와 같이 재화의 가격이 오르면 수요량이 줄어들고, 재화의 가격이 내리면 수요량이 늘어나는 수요의 법칙 때문이지만, 그 내면에는 다양한 의미가 담겨져 있다.[3]

먼저 수요곡선에는 대체효과와 소득효과가 작동하고 있다. 대체효과substitution effect란 어떤 재화의 가격이 하락하면 상대적으로 저렴해진 그 재화의 소비는 늘어나고, 상대적으로 비싸진 다른 재화(대체재)의 소비는 줄어드는 현상을 말한다. 소득효과 income effect는 어떤 재화의 가격이 하락하면 동일한 소득수준에서 구매력이 증가하므로 그 재화의 소비가 늘어나는 현상을 말한다. 따라서 재화의 가격이 변화하면 대체효과와 소득효과가 동시에 작동하여 수요량이 변화하는데, 수요곡선은 두 효과가 반영되어 있다는 것을 의미한다. 대체효과와 소득효과는 제7장 소비자 행동원리에서 자세히 설명한다.

수요곡선의 두 번째 숨어 있는 의미는 수요곡선이 소비자들의 가격선이라는 것이다. 가격은 원점에서 수요곡선까지의 높이이며, 수요곡선까지의 높이가 높아지거나 낮아짐에 따라 소비자들은 수요량을 조절한다. 따라서 수요곡선은 소비자들이 직면하는 가격선이라고 할 수 있다.

세 번째 숨어 있는 의미는 수요곡선이 '한계효용체감의 법칙'이 녹아 있는 곡선이라는 점이다.[4] 일반적으로 사람들은 어떤 재화를 추가 소비할 때 얻는 만족도가 클수록 더 높은 가격을 지불하려고 하며, 추가 만족도가 줄어들수록 더 낮은 가격을 지불하려고 한다. 수요곡선이 우하향하는 이유는 소비량이 늘어날수록 추가 만족도가 점점 줄어들어 낮은 가격을 지불하려 하기 때문이다. 여기서 추가 만족도란 한계효용을 말한다. 따라서 수요곡선에는 소비량이 늘어날수록 한계효용이 점점 줄어드는 한계효용 체감의 법칙이 반영되어 있다는 것을 알 수 있다.

넷째, 수요곡선은 한계편익(MB)marginal benefit 곡선을 의미한다. 편익은 가격을 지불할 때 얻는 이득을 말한다. 통상 '가격이 싸다 또는 비싸다'라고 하는 것은 소비자들이 느끼는 편익의 크기와 비교한 것이다. 편익이 크면 높은 가격을 지불하려고 하고, 편익이 작으면 낮은 가격을 지불하려고 한다. 따라서 수요곡선의 높이는 소비자들의 가격선이면서 소비자들이 1단위 소비할 때 추가적으로 얻는 이득의 크기와 같다. 여기

---

3 Arnold(2012년), 『경제학원론』, 박영사.

4 한계효용체감의 법칙이란 재화 1단위를 추가 소비할 때 느끼는 추가 만족도(한계효용)는 점점 줄어드는 현상을 말한다. 자세한 내용은 제7장 소비자 행동원리에서 배운다.

서 추가로 얻는 이득은 한계편익이므로, 수요곡선의 높이는 한계편익의 크기를 말한다. 따라서 수요곡선을 한계편익곡선이라고 부른다.

[그림 3.4] 수요곡선의 지불용의곡선

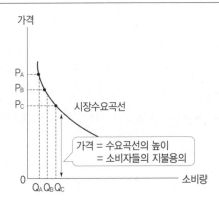

다섯째, 수요곡선은 소비자들의 지불용의willingness to pay곡선이다. 수요곡선이 개별수요곡선이라고 할 때 소비자들은 최초 소비할 때는 높은 가격을 지불할 용의가 있으나, 소비량이 점점 늘어날수록 추가되는 만족도가 낮아지므로 점점 낮은 가격을 지불하려고 한다. 또한 수요곡선이 시장수요곡선이라고 할 때 [그림 3.4]에서 소비자 A는 가격 P_A가 다소 높더라도 지불할 용의가 있고, 소비자 B는 가격이 P_B로 하락할 때 지불할 용의가 있으며, 소비자 C는 가격이 P_C로 하락하여야 지불할 용의가 있다는 것을 의미한다. 따라서 시장수요곡선은 소비자들이 기꺼이 지불하고자 하는 최고가격을 연결한 선이라고 할 수 있다. 또는 가장 높은 가격을 지불할 용의가 있는 소비자부터 판매하기 시작하여 점점 낮은 가격을 지불하고자 하는 소비자에게로 판매가 확대되는 것이라고 해석할 수도 있다.[5] 따라서 수요곡선은 소비자들의 지불용의곡선이라고 할 수 있다.

이와 같이 우하향하는 수요곡선에는 여러 가지 의미가 함축되어 있으며, 소비자들의 효용극대화라는 행동원리와 밀접하게 관련되어 있음을 알 수 있다. 이와 같은 여러 의미가 있는 수요곡선은 제7장 소비자 행동원리에서 구체적으로 도출한다.

---

5 수요곡선은 그 재화를 꼭 필요로 하는 사람, 즉 높은 가격을 지불할 용의가 있는 사람에게 먼저 배분되고 점차 낮은 가격을 지불할 용의가 있는 사람에게로 배분이 확대된다는 것을 보여 준다. 소비자들의 만족이 극대화되도록 생산하여 배분하는 것을 가격의 배분적 효율성이라고 한다.

02 공급

공급의 법칙과 공급곡선

공급supply이란 일정기간 동안 생산자가 재화와 서비스를 판매하려는 의도를 말하며, **공급량**quantity supplied은 생산자가 특정가격에 재화와 서비스를 판매하려는 수량을 말한다. 일반적으로 가격이 오르면 공급량이 늘어나고, 가격이 내리면 공급량이 줄어든다. 이와 같이 가격과 공급량 사이에 존재하는 양(+)의 관계를 **공급의 법칙**이라고 하며, 이를 그래프로 나타낸 것을 **공급곡선**이라고 한다. 공급곡선은 가로(X)축에 공급량을, 세로(Y)축에 가격을 표시한다.[6]

[그림 3.5] 공급곡선

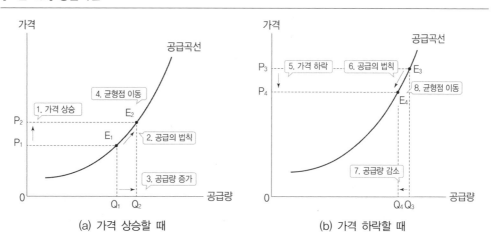

(a) 가격 상승할 때   (b) 가격 하락할 때

[그림 3.5]는 일반적인 공급곡선을 보여 준다. 가격이 P_1에서 P_2로 상승하면 공급의 법칙에 의거 생산자들이 공급하는 공급량은 Q_1에서 Q_2로 증가하여 균형점이 E_1에서 E_2로 이동하게 된다. 반대로 가격이 P_3에서 P_4로 하락하면 공급의 법칙에 의거 공급량은 Q_3에서 Q_4로 감소하고 균형점은 E_3에서 E_4로 이동하여 공급곡선은 우상향하게 된다.

---

6 X재의 공급함수는 $Q_x = f(P_x, P_y, F_1, F_2, T, P^e, \cdots)$ 으로 표현할 수 있다. X재의 공급량은 X재 가격(P_x) 이외에 관련재 가격(P_y), 생산요소의 가격(F_1, F_2), 기술수준(T), 장래의 예상가격(P^e) 등의 영향을 받는다. 그러나 X재의 가격과 공급량의 관계를 설명할 때 X재의 가격(P_x)과 공급량(Q_x) 이외의 다른 변수는 일정하다는 것을 가정한다.

그러나 우상향하지 않는 특이한 형태의 공급곡선도 있다. [그림 3.6] (a)와 같이 수직선 형태의 공급곡선이 있다. 예컨대 농산물 공급은 가격이 상승하더라도 단기간 내 공급량을 증가시킬 수 없으므로 공급이 제한된 수직선 형태의 공급곡선을 갖는다.

[그림 3.6] 공급곡선의 다양한 형태

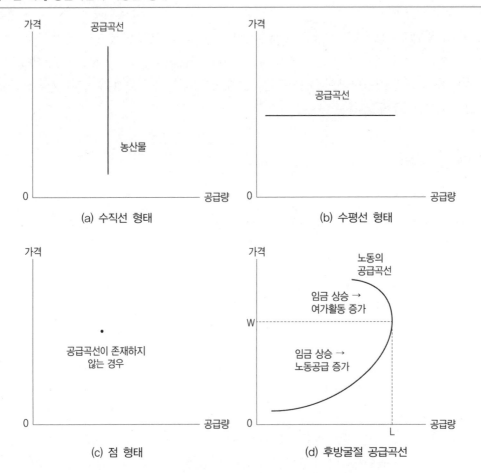

그림 (b) 수평선 형태의 공급곡선은 가격이 공급량과 관계없이 일정한 경우이다. 정부가 가격과 공급량을 통제하는 계획경제체제에서 찾아볼 수 있다. 그림 (c) 점 형태 는 공급곡선이 존재하지 않는 경우로서 계획경제체제에서 중앙정부의 지침에 따라 공 급량이 결정되거나 독점 공급자가 이윤극대화를 위하여 가격이 일정수준에 도달하지 않으면 공급하지 않는 경우에 나타난다.

또한 그림 (d) 후방굴절하는 형태는 노동의 공급곡선에서 찾아볼 수 있다. 노동자들은 임금이 일정수준 이하일 때 임금이 상승하면 근무시간을 늘리지만, 임금이 일정수준을 넘게 되면 일하는 것보다 여가를 선호하므로 노동공급을 줄이게 된다. 이와 같은 노동의 공급곡선을 후방굴절 공급곡선backward bending supply curve이라고 한다.

개별공급곡선과 시장공급곡선

개별공급곡선은 하나의 생산자가 가격의 움직임에 따라 변화하는 공급량을 연결한 곡선이다. 개별 생산자들은 재화를 생산할 때 고용하는 근로자 등 생산요소의 가격이나 기술수준 등이 다른 생산자와 달라 생산비가 모두 다르다. 따라서 개별 생산자들의 공급곡선은 모두 다른 형태를 갖는다. [그림 3.7] (a)는 서로 다른 형태의 개별공급곡선을 보여 준다.

반면에 시장공급곡선은 개별 생산자들의 공급곡선을 합한 것으로 시장 전체의 공급량을 나타낸다. 대개 시장공급곡선은 여러 형태의 개별공급곡선을 수평으로 합한 것이므로 그림 (b)와 같이 개별공급곡선보다 기울기가 완만하다.

[그림 3.7] 개별공급곡선과 시장공급곡선

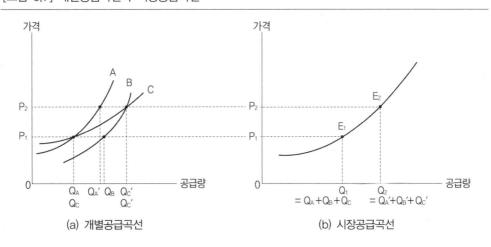

(a) 개별공급곡선　　　　　　　　(b) 시장공급곡선

공급곡선 상의 이동과 공급곡선의 이동

공급곡선 상의 이동movement along the supply curve은 어떤 재화의 가격이 상승하여 그 재화의 공급량이 증가하거나, 어떤 재화의 가격이 하락하여 그 재화의 공급량이 감소하는 경우에 발생한다. 현재 [그림 3.8] (a)에서 어떤 재화의 가격과 공급량이 P_1과 Q_1인 상황에서 가격이 P_2로 하락하면 공급량은 Q_1에서 Q_2로 감소하므로 균형점은 E_1에서 E_2로 이동하게 된다. 그리고 재화의 가격이 P_1에서 P_3로 상승하면 재화의 공급량이 Q_1에서 Q_3로 늘어나 균형점이 E_1에서 E_3로 이동하게 된다. 이와 같이 공급곡선 상의 이동은 어떤 재화의 가격이 변화함에 따라 그 재화의 공급량이 변화하는 것이므로 **공급량의 변화**에 해당된다.

[그림 3.8] 공급곡선 상의 이동과 공급곡선의 이동

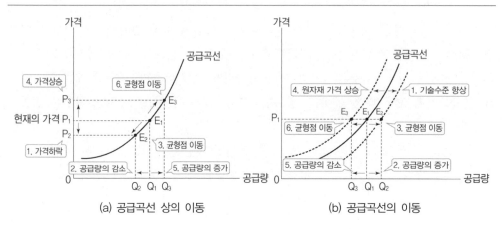

(a) 공급곡선 상의 이동   (b) 공급곡선의 이동

공급곡선의 이동shift of the supply curve은 공급곡선 자체가 왼쪽 또는 오른쪽으로 이동하는 경우로서 해당 재화의 가격 이외의 다른 요인, 즉 생산요소의 가격, 기술수준, 공급자의 수, 연관재의 가격, 장래의 예상가격 등이 변화할 때 나타나는 현상이다.

그림 (b)에서 기술수준이 향상되면 공급곡선은 오른쪽으로 이동하게 된다. 왜냐하면 기술수준이 향상되면 상품 1개의 생산비용을 하락하여 이윤이 증가하므로 생산자는 이윤 극대화를 위하여 더 많은 양을 생산하게 되어 공급곡선이 오른쪽으로 이동하게 된다. 이에 따라 동일한 가격수준에서 더 많은 양을 생산하게 된다. 그러나 만약 원자재 가격이 상승하면 공급곡선은 왼쪽으로 이동한다. 원자재 가격의 상승으로 생산비가 증가하게 되면, 생산자의 이윤이 하락하므로 이윤극대화를 위하여 생산량을 줄이게 되어 공급곡선이 왼쪽으로 이동하게 되고, 동일한 가격수준에서 더 적은 양을 생산하게 된다.

요컨대, 공급곡선의 이동은 해당 재화의 가격 이외의 다른 변수들이 변화할 때 나타나는 현상으로 **공급의 변화**에 해당된다.

공급곡선의 이동은 수요곡선의 이동과 마찬가지로 경제학에서 매우 중요하다. 정부에서 조세와 보조금 등을 결정할 때 공급곡선의 이동 크기를 사전에 시뮬레이션하여 결정하며, 생산자는 신상품을 판매할 때 공급곡선의 이동 크기가 판매가격을 결정하는 기준이 되기 때문이다.

공급곡선의 숨은 의미

공급곡선은 여러 가지 의미를 함축하고 있다. 첫째, 공급곡선이 우상향하는 이유는 생산자들이 이윤극대화라는 경제적 유인에 의해 행동하기 때문이다. 가격이 상승하면 단위당 이윤이 증가하므로 생산자들은 이윤극대화를 위하여 생산량을 늘리며, 가격이 하락하면 단위당 이윤이 감소하여 생산자원을 다른 재화의 생산에 사용하므로 생산량이 줄어든다.

둘째, 공급곡선은 생산자들이 직면하는 가격선이다. 앞에서 가격이 상승하면, 즉 공급곡선의 높이가 높아지면 생산량을 늘리고, 가격이 하락하면, 즉 공급곡선의 높이가 낮아지면 생산량을 줄이게 된다고 하였다. 따라서 공급곡선의 높이는 생산자들의 생산량을 늘리거나 줄이는 기준이 되므로 공급곡선은 생산자들의 가격선이라고 할 수 있다.

셋째, 공급곡선은 생산자의 한계비용(MC)marginal cost곡선을 나타낸다. 공급곡선의 높이에 따라 생산자들이 생산량을 늘릴 것인지 줄일 것인지를 결정한다고 하였는데, 실제로는 가격과 생산비를 비교하는 것이다. 생산자들은 손해를 보면서 생산할 수 없으므로 생산비와 판매가격을 비교하면서 생산 여부를 결정한다. 이때 생산비는 마지막 1단위를 생산할 때 증가하는 생산비, 즉 한계생산비를 말한다. 왜냐하면 한계원리에 따라 한계생산비가 판매가격보다 많으면(한계생산비 > 가격) 생산량을 줄이는 것이 이득이며, 한계생산비가 판매가격보다 적으면(한계생산비 < 가격) 생산량을 늘리는 것이 이득이 된다. 그리고 한계생산비와 가격이 일치(한계생산비 = 가격)할 때 이윤이 극대화되고, 공급량이 결정된다. 따라서 공급곡선은 한계비용곡선이 된다. 자세한 내용은 제7장 생산자 행동원리에서 배운다.

넷째, 공급곡선은 한계생산비체증의 법칙이 녹아 있는 곡선이다. 보통 재화의 생산량이 증가할수록 생산비용이 증가한다. 재화 1단위를 추가 생산할수록 생산비가 늘어나는 현상을 한계생산비체증의 법칙이라고 한다. 생산자들은 비용 증가 문제 때문에 판매가격이 상승하여야 재화를 추가 생산하게 되므로 공급곡선은 우상향하게 되며, 따라서 우상향하는 공급곡선에는 한계생산비체증의 법칙이 반영되어 있다는 것을 알 수 있다. 한계생산비체증의 법칙도 제7장에서 구체적으로 공부하게 된다.

다섯째, 공급곡선은 생산자들의 판매용의willingness to sell곡선을 의미한다. 공급곡선이 개별공급곡선일 경우 공급곡선의 높이는 개별 생산자의 한계생산비이므로 생산자들이 판매할 때 최소한 수취하고자 하는 금액7이면서 생산자들이 기꺼이 판매할 용의가 있는 최저가격이 된다.

---

7 이런 의미에서 공급곡선을 생산자들의 수취의사곡선willingness to accept이라고도 한다.

[그림 3.9] 공급곡선의 판매용의곡선

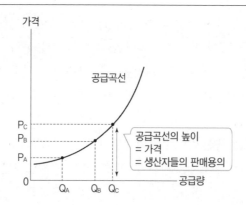

공급곡선이 시장공급곡선일 경우 [그림 3.9]에서 생산자 A는 가격 P_A가 다소 낮더라도 생산비가 보전되므로 판매할 용의가 있고, 생산자 B는 가격이 P_B로 상승하여야 생산비가 보전되므로 가격 P_B일 때 판매할 용의가 있다. 그리고 생산자 C는 가격이 P_C가 되어야만 판매할 용의가 있다. 따라서 시장공급곡선은 개별 공급자들이 최소한 수취하고자 하는 가격을 연결한 선이다. 환언하면, 공급곡선은 낮은 가격으로 판매할 용의가 있는 생산자부터 판매하기 시작하여 점점 높은 가격으로 판매할 용의가 있는 생산자에게로 판매가 확대된다는 것을 보여 준다.[8] 따라서 시장공급곡선은 생산자들의 판매용의곡선이라고 할 수 있다.

만약 시장상황이 좋지 않아 수요량이 감소하면, 한계생산비가 높은 한계생산자는 적자가 발생하므로 판매를 중단하게 되고, 시장상황이 호전되어 수요량이 증가하면 높은 비용으로 생산하는 생산자도 판매할 수 있게 된다. 결국 낮은 생산비로 생산할 수 있는 기업일수록 경쟁력이 높은 기업이라고 할 수 있다.

이와 같이 공급곡선은 생산자의 비용 측면과 밀접하게 관련되어 있는 것을 알 수 있으며, 제7장 생산자 행동원리에서 구체적으로 설명한다.

---

8 공급곡선은 가장 낮은 생산비용으로 생산하는 생산자의 재화부터 거래되고, 점점 높은 생산비용으로 생산되는 재화가 거래된다는 것을 보여 준다. 따라서 가장 낮은 생산비로 생산하는 생산자에게 생산자원이 먼저 배분되는데, 이를 생산적 효율성이라고 한다.

03 수요 – 공급모형의 균형

균형가격과 균형거래량

시장에서 구매하고자 하는 수요량과 판매하고자 하는 공급량이 일치하는 상태를 균형equilibrium이라고 한다. 균형상태는 특별한 외부 충격이 없는 한 균형을 유지하려는 경향이 있다. 균형점에서 형성되는 가격을 균형가격이라고 하고, 균형점에서의 거래량을 균형거래량이라고 한다.

[그림 3.10] 수요와 공급의 균형

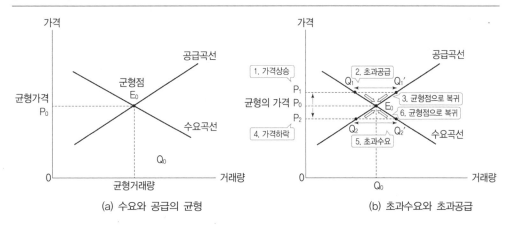

(a) 수요와 공급의 균형　　　　　　　　(b) 초과수요와 초과공급

[그림 3.10] (a)는 수요곡선과 공급곡선의 균형상태를 보여 준다. 두 곡선이 만나는 점 E_0에서 균형을 이루며, 균형가격은 P_0, 균형거래량은 Q_0가 된다. 균형가격에서는 소비자들이 구입하려고 하는 수량과 판매자들이 공급하려는 수량이 정확하게 일치한다. 균형가격에서 소비자들은 원하는 만큼 재화를 살 수 있고, 판매자들은 원하는 만큼 팔 수 있으므로 소비자와 판매자 모두 만족스러운 상태이다. 이러한 이유로 균형가격을 시장청산가격market clearing price이라고도 한다.[9]

초과공급 – 초과수요

[그림 3.10] (b)는 초과공급과 초과수요를 보여 준다. 현재 어떤 재화가 E_0에서 균형상태에 놓여 있으며 균형생산량은 Q_0, 균형가격은 P_0이라고 가정하자. 그런데 갑자기 가격이 P_1으로 상승하면, 수요량은 Q_1으로 줄어들고 공급량은 Q_1'로 늘어나게 된

9 Mankiw(2015년), 『맨큐의 경제학』, 한티에듀.

다. 따라서 $Q_1' - Q_1$만큼 **공급과잉**surplus 또는 **초과공급**excess supply이 발생하게 된다. 초과공급 상태에서는 기업의 창고에 재고가 쌓이게 되므로 공급자는 재고를 줄이기 위하여 가격을 내리게 된다. 즉 공급과잉은 가격하락압력으로 작용하여 가격이 하락하면 수요의 법칙에 따라 수요량이 증가하고, 공급의 법칙에 의거 공급량이 감소하여 결국 균형점은 다시 E_0로 돌아가게 된다.[10]

이번에는 가격이 P_0에서 P_2로 하락하는 경우를 살펴보자. 가격이 P_2로 하락하면, 공급량은 Q_2로 줄어들고, 수요량은 Q_2'로 늘어나게 되어 $Q_2' - Q_2$만큼 **물량부족** shortage 또는 **초과수요**excess demand가 발생하게 된다. 초과수요 상태는 공급자에게 가격을 인상하려는 유인으로 작용하게 된다. 결국 초과수요는 가격상승압력으로 작용하여 가격이 상승하고, 공급자는 공급의 법칙에 의거 공급량을 늘리게 되고, 수요자는 수요의 법칙에 의거 수요량을 줄이게 되어 결국 균형점은 당초의 균형점인 E_0로 복귀하게 된다.

균형점 이동: 수요곡선과 공급곡선의 이동 사례

현재 [그림 3.11] (a)와 같이 E_0에서 균형을 이루고 있으며 균형거래량은 Q_0, 균형가격은 P_0라고 하자. 만약 소비자들의 소득이 증가하게 되면 수요곡선 D_0은 오른쪽으로 이동(D_1)하게 된다. 당초 균형가격 P_0에서 초과수요가 발생하므로 가격상승압력을 받게 된다. 가격이 상승하면, 기업은 공급의 법칙에 의거 공급량을 늘리게 되고, 수요자는 수요의 법칙에 의거 수요량을 줄이게 되므로 결국 새로운 균형점 E_1에서 균형을 이루게 된다.

반면에 새로운 생산자가 진입하여 공급곡선이 S_0에서 S_1으로 이동하는 (b)의 경우를 살펴보자. 새로운 생산자의 진입으로 공급곡선이 S_0에서 S_1으로 이동하게 되면, 현재의 균형가격 P_0에서 초과공급이 발생하여 재고가 쌓이게 된다. 초과공급은 가격하락압력으로 작용한다. 생산자는 재고를 줄이기 위하여 가격을 낮추게 되고, 가격이 하락하면 수요자들은 수요의 법칙에 따라 수요량을 증가시키게 된다. 결국 가격은 초과공급이 해소되는 점 P_2까지 하락하게 되어 새로운 균형점 E_2에서 균형을 이루게 된다.

이번에는 수요곡선과 공급곡선이 모두 이동하는 사례를 그림 (c)를 통하여 살펴보자. 만약 우리나라 벤처기업이 새로운 에너지를 발명하고 모든 국민이 수혜자가 된다

---

10 왈라스는 가격이 변화하여 시장균형에 도달한다고 주장하였으며, 마셜은 수량이 변화하여 시장균형에 도달한다고 주장하였다. 이를 각각 왈라스적 조정Walrasian adjustment, 마셜적 조정Marshallian adjustment이라고 한다.

[그림 3.11] 균형점 이동

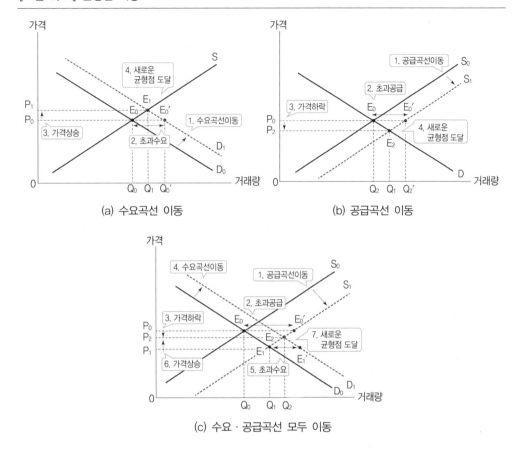

(a) 수요곡선 이동

(b) 공급곡선 이동

(c) 수요 · 공급곡선 모두 이동

고 가정하자. 먼저 공급곡선 S_0는 크게 오른쪽으로 이동(S_1)하게 되면, 현재 균형가격 P_0에서 초과공급이 발생하여 가격하락압력을 받게 된다. 그리고 수요곡선 D_0는 에너지 가격하락 및 장래 소득 증가 예상으로 오른쪽으로 이동(D_1)하게 되며, 가격 P_1에서 초과수요가 발생하므로 가격상승압력을 받게 된다. 결국 가격은 당초 P_0에서 초과공급과 초과수요가 해소되는 P_2까지 하락하게 되고, 거래량은 당초 Q_0에서 Q_2로 증가하게 되어 점 E_2에서 새로운 균형을 이루게 된다.

외부요인에 의하여 수요곡선과 공급곡선이 이동하여 균형점이 바뀔 때 가격과 거래량은 얼마나 변화하는가? 또한 새로운 균형점에 도달하는 시간은 얼마나 걸릴 것인가? 이는 모두 시장상황에 따라 달라진다. 시장거래량, 가격수준, 수요와 공급의 탄력성, 수요곡선과 공급곡선의 기울기 등에 따라 영향을 받게 된다.

일반적으로 거래량이 많을수록, 가격이 낮을수록, 초과수요량이 많을수록, 초과공급량이 적을수록 빨리 균형점에 도달한다. 거래량이 많은 주식시장은 수초 이내에 새로운 균형에 도달하지만, 거액이면서 공급량이 적은 아파트의 거래는 균형에 도달하는 시간이 많이 걸린다. 그리고 초과수요량이 많거나 공급이 제때 이루어지지 않을 때 가격변동 폭은 크다.[11]

특수한 균형이론: 거미집이론

거미집이론Cob web Theorem은 통계학자 에치켈M. J. Eziekel이 주장한 것으로 가격이 균형에 접근해 가는 동태과정을 설명한 것이다.[12] 가격과 거래량의 변동경로가 마치 거미집과 같은 형태로 움직인다고 하여 거미집이론이라는 이름이 붙여졌다.

거미집이론은 수렴형, 발산형, 순환형으로 구분된다. 먼저 [그림 3.12] (a) **수렴형 (안정형)**을 살펴보자. 현재 균형점 E_1(균형거래량 Q_1, 균형가격 P_1)에서 갑자기 공급량이 감소하여 Q_2만큼 공급될 경우 $Q_1 - Q_2$만큼 초과수요가 발생하게 된다. 초과수요는 가격상승압력으로 작용하여 가격이 P_2까지 상승하게 되면, 이번에는 공급량이 크게 증가하여 $Q_2 - Q_3$만큼 초과공급현상이 발생하게 된다. 초과공급현상은 가격하락압력으로 작용하여 가격은 P_3까지 하락하게 된다. 가격 P_3일 때 생산량은 다시 크게 감소하게 되어 $Q_3 - Q_4$만큼 초과수요가 다시 발생하게 된다. 초과수요현상은 가격상승압력으로 작용하여 가격은 P_4까지 상승하게 된다. 이와 같이 초과수요현상과 초과공급현상이 반복적으로 발생하면서 최종 균형점은 E에 접근하게 된다.

반면에 그림 (b) **발산형(불안정형)**은 수렴형과 다른 현상이 발생한다. 현재 균형점 E_1에서 균형을 이루고 있는데, 갑자기 공급량이 Q_2 수준으로 감소하게 되면 $Q_1 - Q_2$만큼 초과수요가 발생하게 된다. 초과수요현상으로 가격이 P_2까지 상승하게 되면, 이번에는 생산량이 크게 늘어나 $Q_2 - Q_3$만큼 초과공급이 발생하게 된다. 초과공급현상으로 가격은 당초 P_1보다 더 낮은 P_3까지 하락하게 되면, 생산량이 더 크게 감소하여 초과수요현상이 다시 발생하게 된다. 초과수요현상으로 가격은 P_2보다 더 높은 P_4까지 상승하게 된다. 이와 같이 초과수요현상과 초과공급현상이 반복적으로 발생하면서 최종 균형점은 당초 균형점보다 훨씬 벗어나게 된다.

그림 (c) **순환형**은 초과수요현상과 초과공급현상이 반복적으로 발생하지만, 새로운 균형점은 수렴하지도 발산하지도 않고 원래의 균형점으로 되돌아오는 경우이다.

---

11 Arnold(2012년), 『경제학원론』, 박영사.

12 거미집이론은 19세기 미국에서 옥수수와 돼지의 가격이 2년마다 오르내리는 특이한 현상에서 비롯되었다. 어느 해 옥수수 생산량이 증가하여 옥수수 가격이 폭락하면 돼지 사육이 크게 증가하였고, 돼지 사육이 증가하면 옥수수 사료가 부족하여 옥수수 가격은 폭등하는 현상이 반복되었는데, 이를 옥수수 - 돼지 사이클corn hog cycle이라고 한다.

[그림 3.12] 거미집 이론

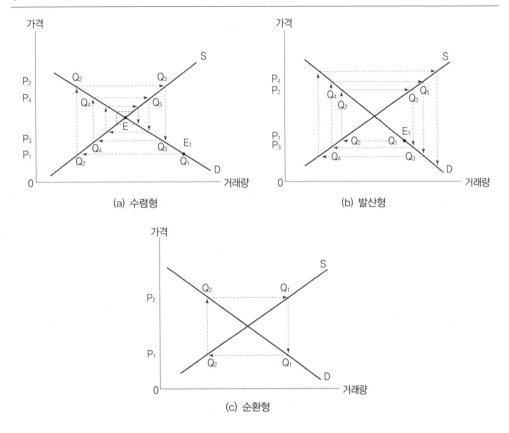

(a) 수렴형

(b) 발산형

(c) 순환형

위의 세 가지 유형이 발생하는 원인은 수요곡선의 기울기와 공급곡선의 기울기 차이에서 비롯된다. 수렴형은 공급곡선의 기울기 절대값이 수요곡선의 기울기 절대값보다 큰 경우에 발생하며, 발산형은 수요곡선의 기울기 절대값이 큰 경우에 발생한다. 순환형은 공급곡선의 기울기 절대값과 수요곡선의 기울기 절대값이 같을 때 나타난다.

여기에서 '공급곡선의 기울기 절대값이 수요곡선의 기울기 절대값보다 크다'라는 말은 무슨 의미인가? 다음 절 '탄력성'에서 자세히 설명한다.

거미집이론은 시간이 흐름에 따라 가격폭등현상과 가격폭락현상이 반복되면서 균형에 도달하는 과정을 설명한 것으로, 부동산과 농산물 가격의 변동현상을 설명하는데 유용하게 활용되고 있다. 부동산과 농산물의 경우 가격이 변동하면, 수요는 즉각 반응하지만 공급은 시차를 두고 반응하므로 가격은 폭등과 폭락을 주기적으로 반복하게 된다.

04 탄력성

(1) 수요의 가격탄력성

정의와 계산방법

우리는 '피부가 탄력적이다', '용수철처럼 탄력적이다' 등과 같이 일상생활에서 '탄력적'이라는 단어를 많이 사용한다. **탄력성**elasticity은 반발계수, 민감도 등과 비슷한 용어로 어떤 자극에 대하여 반응하는 정도를 말한다. 경제학에서 탄력성 개념은 매우 중요하다. 어떤 경제적 요인에 의하여 수요량 또는 공급량이 변화할 때 얼마나 변화할 것인지는 탄력성에 의해 결정되기 때문이다.

먼저 수요의 가격탄력성을 살펴보자. **수요의 가격탄력성**은 재화의 가격이 변화할 때 수요량이 얼마나 변화하는지를 나타낸다. 수요의 가격탄력성이 1보다 크면, 가격의 변화보다 수요량이 더 많이 변화한다는 의미로 '탄력적'이라고 표현한다. 만약 탄력성이 1보다 작으면 가격 변화율보다 수요량 변화율이 더 적어 '비탄력적'이라고 하며, 탄력성이 1이면 가격 변화율과 수요량 변화율이 동일하여 '단위 탄력적'이라고 한다.

탄력성은 수요량의 변화율을 가격의 변화율로 나누어 $\left(\frac{수요량의\ 변화율}{가격의\ 변화율} \right)$로 계산한다. 예컨대 어떤 재화의 가격이 10% 상승할 때 수요량이 20% 감소하면, 수요의 가격탄력성은 $\frac{20\%}{10\%}=2$가 되며 가격의 변화율보다 수요량의 변화율이 더 크므로 탄력적이라고 할 수 있다.

$$수요의\ 가격탄력성\ E_d = \frac{수요량의\ 변화율}{가격의\ 변화율} = -\frac{\frac{\triangle Q}{Q}}{\frac{\triangle P}{P}} = -\frac{\triangle Q}{\triangle P} \times \frac{P}{Q} \quad (식\ 3.1)$$

수요의 가격탄력성을 계산할 때 몇 가지 유의사항이 있다. 첫째, 수요량과 가격이 음(−)의 관계가 있으므로 탄력성 계산식에 (−)를 넣어 계산 값은 항상 (+) 값으로 만들어 준다. 따라서 탄력적($E_d > 1$), 비탄력적($0 < E_d < 1$), 단위 탄력적($E_d = 1$), 완전 탄력적($E_d = \infty$), 완전 비탄력적($E_d = 0$)이라고 표현할 때 모두 양(+)의 값을 갖는다.

둘째, 탄력성은 기울기와 다른 개념이다. 기울기는 변화의 크기를 비교$\left(\dfrac{\text{가격의 변화}}{\text{수요량의 변화}} = \dfrac{\triangle P}{\triangle Q}\right)$하는 것이며, 탄력성은 변화율의 크기를 비교$\left(\dfrac{\text{수요량의 변화율}}{\text{가격의 변화율}} = \dfrac{\triangle Q/Q}{\triangle P/P}\right)$하는 것이므로 서로 다르다.

셋째, 탄력성과 기울기는 서로 반비례하는 관계가 존재한다. 그 이유는 기울기 계산식 $\dfrac{\triangle P}{\triangle Q}$과 탄력성 계산식 $\dfrac{\triangle Q}{\triangle P} \times \dfrac{P}{Q} = \dfrac{1}{\text{기울기}} \times \dfrac{P}{Q}$에서 $\triangle P$와 $\triangle Q$의 분모와 분자가 서로 바뀌어 있기 때문이다. 따라서 기울기의 절대값이 크면 비탄력적이고, 기울기의 절대값이 작으면 탄력적이다. 우리가 흔히 기울기 값이 크면 탄력성 값도 클 것으로 생각하기 쉽지만, 오히려 반대라고 할 수 있다.

넷째, 수요곡선이 직선인 경우 기울기는 수요곡선 상의 모든 점에서 동일하지만, 탄력성은 모두 다르다. 세부내용은 탄력성과 기업의 총수입에서 설명한다.

수요의 가격탄력성을 결정짓는 요인

수요의 가격탄력성은 어떤 경우 탄력적이며, 어떤 경우 비탄력적인가? 먼저 대체재가 존재하면 탄력성 값이 크다. 두 재화가 대체관계가 있을 경우 어떤 재화의 가격이 상승하면, 상대적으로 저렴한 대체재를 구입하게 되므로 탄력성 값이 매우 크고 탄력적이 된다.

그리고 특정재화의 가격이 소득에서 차지하는 비중이 클수록 탄력적이 된다. 왜냐하면 가격이 조금만 상승하여도 소득에 미치는 영향이 크므로 민감하게 반응하기 때문이다. 또한 재화가 사치품일수록 가격변화에 민감하므로 탄력적이다. 그러나 필수품은 가격변화에 관계없이 소비량이 일정하므로 비탄력적이다.

그 밖에 가격변화에 대한 적응이 빠를수록 탄력적이다. 왜냐하면 소비자들이 가격변화를 충분히 인지하고 대체재를 찾거나 소비량을 변화시킬 대응력이 클수록 탄력적이기 때문이다. 대체로 탄력성을 측정하는 기간이 길수록 적응할 수 있는 시간이 충분하므로 탄력적이며, 탄력성을 측정하는 기간이 짧을수록 적응할 수 있는 시간이 부족하므로 비탄력적이 된다.

수요곡선의 형태와 탄력성의 관계

수요곡선의 형태에 따라 탄력성 값은 달라진다. 앞서 탄력성은 기울기와 반비례 관계가 존재한다고 설명하였다. 일반적으로 기울기가 클수록, 즉 그래프가 가파를수록 비탄력적이 되고, 그래프가 수직선일 때 탄력성 값은 0에 가까워진다. 반대로, 그래프가 완만해질수록 기울기 값은 작아지고 탄력성 값은 커지며, 그래프가 수평선일 때 기울기는 0에 가까워지고, 탄력성은 ∞에 가까워진다.

[그림 3.13] 수요곡선의 탄력성

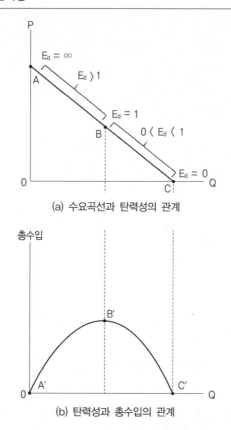

(a) 수요곡선과 탄력성의 관계

(b) 탄력성과 총수입의 관계

여기서 유념하여야 할 사항은 수요곡선이 직선이더라도 직선 상의 위치에 따라 탄력성 값이 달라진다는 것이다. [그림 3.13] (a)의 점 A에서 수요의 가격탄력성은 ∞이며, 아래로 내려갈수록 가격탄력성은 작아지며 점 C에서는 0이 된다.

그 이유는 무엇인가? 수요의 가격탄력성 계산식 $\frac{\triangle Q}{\triangle P} \times \frac{P}{Q} = \frac{1}{기울기} \times \frac{P}{Q}$에서 기울기

는 동일하므로 결국 탄력성은 $\frac{P}{Q}$의 값에 따라 달라진다. 즉 P 값이 클수록 또는 Q값이 작을수록 $\frac{P}{Q}$의 값은 커지므로 탄력적이 된다. 직선의 AB구간은 P값이 크고 Q값이 작으므로 탄력적인 구간이 되며, BC구간은 P값이 작고 Q값이 크므로 비탄력적인 구간이 된다. 그리고 점 A는 Q값이 0에 가까우므로 완전 탄력적이고, 점 B는 P = Q이므로 단위 탄력적이며, 점 C는 P값이 0에 가까워지므로 완전 비탄력적이 된다.

탄력성과 기업의 총수입

가격탄력성에 따라 총수입도 변화한다. [그림 3.13] (a)에서 AB구간은 탄력적인 구간이므로 가격이 조금 하락하더라도 판매량은 더 많이 늘어나므로 총수입은 증가한다. 그림 (b)의 A'B'구간이 된다. 또한 BC구간은 가격이 하락하더라도 판매량은 크게 늘어나지 않으므로 비탄력적인 구간이 되며, 총수입은 감소한다. 그림 (b)의 B'C'구간이 된다.

이번에는 계산식을 통하여 탄력성과 총수입의 관계를 살펴보자. 기업의 총수입은 가격(P) × 판매량(Q)이며, 수요의 법칙에 따라 가격과 판매량은 음(−)의 관계가 존재한다.

[그림 3.14] (a)에서 가격이 P_1일 때 총수입은 $P_1 \times Q_1$이며, 가격이 P_2로 하락하면 총수입은 $P_2 \times Q_2$가 된다. 따라서 총수입의 증감 여부는 '가격하락에 따른 총수입 감소분'(**가격효과**)과 '판매량 증가에 따른 총수입 증가분'(**수량효과**)의 크기에서 결정된다.[13]

[그림 3.14] 탄력성과 총수입 관계

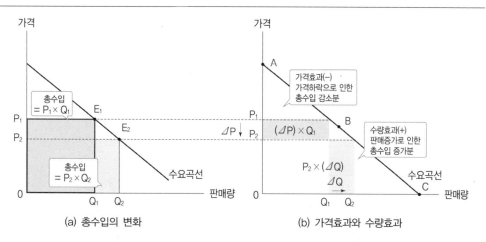

(a) 총수입의 변화   (b) 가격효과와 수량효과

---

13 Krugman · Wells(2016년), 『크루그먼의 경제학』, 시그마프레스.

그림 (b)에서 만약 현재 가격이 탄력적인 구간(AB구간)에 있으면 가격효과 < 수량효과이므로 총수입은 증가하며, 비탄력적인 구간(BC구간)에 있으면 가격효과 > 수량효과이므로 총수입은 감소하고, 단위 탄력적인 점 B에서 총수입은 극대화된다.[14]

이와 같이 수요의 가격탄력성은 가격의 변화에 따라 기업의 매출액이 얼마나 변화할 것인가를 예측할 수 있게 해 주므로 기업 경영자에게는 대단히 중요하다.

(2) 수요의 소득탄력성

수요의 소득탄력성income elasticity of demand은 소득수준(I)이 변화할 때 수요량(Q)이 얼마나 변화하는지를 나타내며, 계산방법은 다음과 같다.

$$수요의 \ 소득탄력성 \ E_I = \frac{수요량의 \ 변화율}{소득의 \ 변화율} = \frac{\frac{\triangle Q}{Q}}{\frac{\triangle I}{I}} = \frac{\triangle Q}{\triangle I} \times \frac{I}{Q} \qquad (식 \ 3.2)$$

대부분의 재화는 소득이 증가할 때 소비도 증가하므로 수요의 소득탄력성은 양(＋)의 값을 갖는다. 이러한 재화를 정상재라고 한다. 그러나 소득이 증가할 때 오히려 소비가 감소하는 재화도 있는데, 이런 재화를 열등재라고 한다. 열등재는 수요의 소득탄력성이 음(－)의 값을 갖는다. 그리고 필수품은 소득이 변화하더라도 소비량이 크게 변화하지 않으므로 비탄력적($0 < E_I < 1$)이며, 사치품은 소득이 변화할 때 소비량이 크게 변하므로 탄력적($E_I > 1$)이다.

(3) 수요의 교차탄력성

수요의 교차탄력성cross elasticity of demand은 Y재의 가격(P_y)이 변화할 때 X재의 수요량(Q_x)이 얼마나 변하는지를 나타내며, 계산식은 다음과 같다.

---

14 수식을 통하여 간단히 도출할 수 있다. 총수입 $TR = P \cdot Q$에서 Q에 대하여 미분하면 한계수입이 된다.

$$\frac{dTR}{dQ} = P(Q) + Q\frac{dP(Q)}{dQ} = P(Q)\left\{1 + \frac{Q}{P(Q)}\frac{dP(Q)}{dQ}\right\} = P\left\{1 + \frac{1}{\frac{dQ}{dP}\frac{P}{Q}}\right\} 이므로$$

한계수입 $MR = P\left(1 - \frac{1}{E_d}\right)$가 된다. 즉 $E_d > 1$이면 $MR > 0$이고, $E_d < 1$이면 $MR < 0$이고, $E_d = 1$이면 $MR = 0$(TR 극대)이 된다.

$$수요의\ 교차탄력성\ E_c = \frac{X재\ 수요량의\ 변화율}{Y재\ 가격의\ 변화율} = \frac{\dfrac{\triangle Q_x}{Q_x}}{\dfrac{\triangle P_y}{P_y}} = \frac{\triangle Q_x}{\triangle P_y} \times \frac{P_y}{Q_x} \quad (식\ 3.3)$$

두 재화(X, Y)가 서로 대체관계가 있을 때 Y재의 가격(P_y)이 상승하면 X재의 수요량(Q_x)은 증가하므로 수요의 교차탄력성은 양($+$)의 값을 갖는다. 그러나 두 재화가 서로 보완관계가 있을 때 어느 한 재화의 가격이 상승하면 다른 재화의 수요량은 감소하므로 수요의 교차탄력성은 음($-$)의 값을 갖는다. 만약 두 재화가 서로 관련성이 없는 독립재라면, 수요의 교차탄력성은 0의 값이 된다.

(4) 공급의 가격탄력성

정의와 계산방법

공급의 가격탄력성은 재화의 가격이 변화할 때 공급량이 얼마나 변화하는지를 나타낸다. 계산방법은 공급량의 변화율을 가격의 변화율로 나누어 계산$\left(\dfrac{공급량의\ 변화율}{가격의\ 변화율}\right)$한다.

예컨대 어떤 재화의 가격이 10% 상승할 때 공급량이 20% 증가하면, 공급의 가격탄력성은 $\dfrac{20\%}{10\%} = 2$이며 가격의 변화율보다 공급량의 변화율이 더 크므로 탄력적이라고 표현한다.

$$공급의\ 가격탄력성\ E_s = \frac{공급량의\ 변화율}{가격의\ 변화율} = \frac{\dfrac{\triangle Q}{Q}}{\dfrac{\triangle P}{P}} = \frac{\triangle Q}{\triangle P} \times \frac{P}{Q} \quad (식\ 3.4)$$

공급의 가격탄력성은 수요의 가격탄력성과 유사한 특징을 갖는다. 먼저 공급의 가격탄력성은 기울기와 다르다. 기울기는 가격의 변화량과 공급량의 변화량 간의 관계$\left(\dfrac{\triangle P}{\triangle Q}\right)$이며, 탄력성은 가격의 변화율과 공급량의 변화율 간의 관계$\left(\dfrac{\triangle Q/Q}{\triangle P/P} = \dfrac{\triangle Q}{\triangle P} \times \dfrac{P}{Q} = \dfrac{1}{기울기} \times \dfrac{P}{Q}\right)$이기 때문이다. 또한 기울기와 탄력성은 서로 반비례하는 관계가 존재하므로 기울기 값이 크면 탄력성 값이 작고, 기울기 값이 작으면 탄력성 값은 크다. 따라서 공급곡선의 그래프 형태가 가팔라질수록(기울기가 클수록) 비탄력적이 되고, 그래프 형태가 완만해질수록(기울기가 작을수록) 탄력적이 된다.

공급탄력성을 결정짓는 요인

공급의 가격탄력성은 어떤 경우에 탄력적이며, 어떤 경우에 비탄력적인가? 재화의 성격, 생산조건, 공급 경쟁정도, 재화의 보관 용이성, 생산기간 등에 따라 달라진다.

우선 재화의 성격에 따른 탄력성을 살펴보자. 가격이 상승할 때 공급량을 쉽게 증가시킬 수 있는 재화는 탄력적이고, 공급량을 쉽게 증가시킬 수 없는 재화는 비탄력적이다. 전자는 공산품이 해당이 되며, 후자는 골동품, 농산물, 아파트, 토지 등이 해당이 된다. 또한 공산품이더라도 생산요소를 쉽게 확보할 수 있으면 탄력적이 되며, 생산요소 확보가 어려운 경우에는 비탄력적이 된다.

그리고 생산비와 공급자 간의 경쟁정도도 영향을 미친다. 생산량이 증가할 때 생산비가 급격히 상승하는 재화는 비탄력적이 되고, 생산비가 완만하게 상승하는 재화는 탄력적이 된다. 공급자간 경쟁이 치열할 때도 가격변화에 민감하므로 탄력적이 된다.

아울러 생산자의 생산능력도 공급탄력성에 영향을 미친다. 생산자가 생산능력을 충분히 보유하고 있으면 쉽게 공급량을 증가시킬 수 있으므로 탄력적이며, 생산능력이 충분하지 않거나 가동률이 완전가동 수준이면 공급량을 쉽게 증가시킬 수 없으므로 비탄력적이 된다.

[그림 3.15] 공급곡선의 탄력성

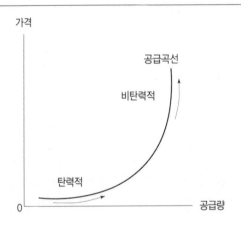

[그림 3.15]에서 우상향하는 공급곡선을 살펴보자. 생산량이 적은 초기에는 유휴 생산능력을 보유하고 있고 생산요소 확보가 용이하므로 탄력적이며, 점점 공급량이 증가하면서 노동과 공장 설비가 완전 가동하는 수준이 되면 생산요소 확보가 어려우므로 비탄력적으로 변화한다.

그리고 재화를 오랫동안 보관할 수 있거나 생산자가 가격변화에 대응할 시간이 충분할수록 탄력적이 된다. 완전가동 수준일 때 단기 공급탄력성은 비탄력적이지만, 장기적으로는 탄력적으로 변화한다. 왜냐하면 재화의 가격이 계속 상승할 것으로 예상한다면, 기업들은 장기적으로 새로운 공장을 건설하고 자본재를 추가 도입하여 공급량을 늘릴 수 있기 때문이다.

05 수요 – 공급모형의 응용

(1) 소비자잉여와 생산자잉여

소비자잉여

앞에서 수요곡선을 지불용의곡선 또는 한계편익곡선이라고 하였다. 소비자들은 재화를 구입하면서 기꺼이 지불하고자 하는 최고 가격(최대 지불용의가격)을 지불하려고 하지만, 실제 지불하는 가격은 이보다 훨씬 낮다. 왜냐하면, 생산자들은 '총수입 = 가격 × 판매량'에서 이윤극대화를 위하여 가격을 낮추더라도 더 많은 양을 판매하려고 하기 때문이다. 이와 같이 소비자가 기꺼이 지불하고자 하는 지불용의가격과 실제 지불하는 시장가격의 차이를 소비자잉여consumer's surplus라고 한다.

$$\text{소비자잉여} = \text{최대 지불용의가격} - \text{실제 지불한 가격(시장가격)} \qquad \text{(식 3.5)}$$
$$= \text{한계편익} - \text{한계비용}$$

소비자잉여는 비용 – 편익분석을 통하여 계산할 수도 있다. 소비자가 재화 1단위를 소비할 때 얻는 한계편익은 지불용의가격과 같다. 그리고 소비자가 실제 지불하는 시장가격은 소비자의 한계비용과 같다. 따라서 소비자잉여는 한계편익과 한계비용의 차이가 된다.[15]

---

15 Bernanke · Frank(2016년), 『버냉키 · 프랭크 경제학』, 박영사, 제3장, 제5장, 제6장에서 유보가격reservation price으로 설명한다. 소비자가 재화를 얻기 위하여 지불할 용의가 있는 최대금액(최대 지불용의금액)을 소비자의 유보가격이라고 하고, 생산자가 재화를 1단위 더 판매할 용의가 있는 최소금액(최소 판매용의금액)을 생산자의 유보가격이라고 한다. 유보가격이란 소비자와 생산자가 주관적으로 평가하는 가격수준을

이를 그래프를 통하여 분석해 보자. [그림 3.16]에서 소비자 A는 Q_A만큼 구입하면서 최대 지불용의가격은 P_A이지만 실제 지불한 가격은 P_0이므로 A의 소비자잉여는 $(P_A - P_0) \times OQ_A$이 된다. 소비자 B는 Q_AQ_B만큼 구입하면서 최대 지불용의가격은 P_B이지만 실제 지불한 가격은 P_0이므로 B의 소비자잉여는 $(P_B - P_0) \times Q_AQ_B$이 된다. 소비자 C의 경우도 마찬가지로 최대 지불용의가격은 P_C이지만 실제 지불한 가격은 P_0이므로 C의 소비자잉여는 $(P_C - P_0) \times Q_BQ_C$가 된다.

따라서 모든 소비자들의 소비자잉여를 합하면 시장 전체의 소비자잉여가 된다. 그림 (b) 시장수요곡선에서 소비자잉여를 계산하면, 소비자들이 지불하고자 하는 금액은 사각형 $OP_AE_0Q_0$의 면적이지만 실제 지불한 금액은 사각형 $OP_0E_0Q_0$의 면적이므로 소비자잉여는 삼각형 $P_0P_AE_0$의 면적이 된다.

[그림 3.16] 소비자잉여

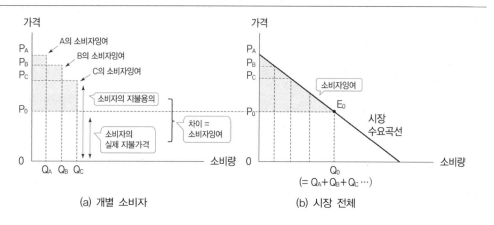

(a) 개별 소비자   (b) 시장 전체

생산자잉여

앞에서 공급곡선은 판매용의곡선 또는 한계생산비곡선이라고 설명하였다. 생산자들은 시장에 재화를 공급하면서 판매할 용의가 있는 최소가격(최소 판매용의가격)보다 실제 더 높은 가격을 받는다. 이와 같이 생산자가 최소한 받고자 하는 판매용의가격과 실제 수취하는 가격의 차이를 생산자잉여producer's surplus라고 한다.

말한다. 소비자들은 재화가격이 유보가격보다 높으면, 너무 비싸서 구매를 유보하게 되고, 생산자들은 재화가격이 유보가격보다 낮으면, 너무 싸서 판매를 유보하게 된다. 따라서 소비자잉여와 생산자잉여는 주관적으로 생각하는 가격(유보가격)수준과 시장가격의 차이가 된다.

$$생산자잉여 = 실제 \ 수취하는 \ 가격 - 최소 \ 판매용의가격 \qquad (식 \ 3.6)$$
$$= 시장가격 - 한계생산비$$
$$= 한계편익 - 한계비용$$

생산자들이 시장에서 최소한 수취하고자 하는 가격은 재화 1단위를 추가 생산할 때 드는 추가 비용(한계생산비)이 된다. 그 이유는 생산자들이 생산비만큼은 최소한 받아야 하기 때문이다. 그러나 생산자들이 시장에서 실제 수취하는 가격(시장가격)은 한계생산비보다 훨씬 높다. 따라서 시장가격과 한계생산비의 차이가 바로 생산자잉여이다. 생산자잉여는 시장에서 교환을 통하여 생산자가 얻는 이득이라고 할 수 있다.

또한 비용 - 편익분석에서도 생산자잉여를 계산할 수 있다. 생산자가 재화 1단위를 판매할 때 얻는 한계편익은 시장가격과 같다. 그리고 생산자가 재화 1단위를 생산할 때 드는 추가 비용은 한계비용이다. 따라서 생산자잉여는 한계편익과 한계비용의 차이가 된다.

이를 그래프를 통하여 설명하면 다음과 같다. [그림 3.17] (a)에서 생산자 A는 재화를 Q_A만큼 공급하면서 최소한 받고자 하는 금액이 P_A이지만, 실제 수취하는 금액은 P_0이므로 그 차액 $(P_0 - P_A) \times OQ_A$만큼 이득을 본다. 생산자 B와 생산자 C도 마찬가지다.

[그림 3.17] 생산자잉여

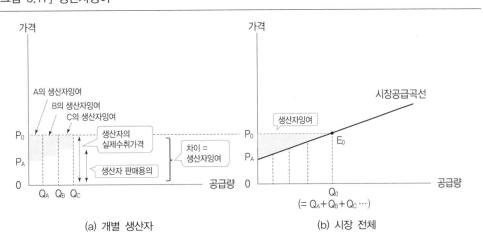

(a) 개별 생산자　　　　　　　(b) 시장 전체

시장 전체의 생산자잉여는 개별 생산자잉여의 수평 합이므로 그림 (b)에서 시장공급곡선의 위에 있는 삼각형 $P_0P_AE_0$가 된다. 즉 생산자들이 최소한 수취하고자 하는 금액은 사각형 $OP_AE_0Q_0$이지만 실제 수취하는 금액은 가격(P_0) × 공급량(Q_0) = 사각형 $OP_0E_0Q_0$이므로 생산자잉여는 삼각형 $P_0P_AE_0$가 된다.

사회적 잉여

소비자잉여와 생산자잉여의 합계를 사회적 잉여social surplus 또는 총잉여total surplus라고 한다.[16] 사회적 잉여는 시장 참여자인 생산자와 소비자들이 시장에서 경쟁과 교환을 통하여 얻게 되는 최대 이득이라고 할 수 있다.

완전경쟁시장에 참여하는 생산자는 시장에서 경쟁을 통하여 생산하고 판매하며, 소비자는 시장에서 경쟁을 통하여 소비할 때 사회적 잉여라는 이득을 자연발생적으로 얻게 된다. 이는 곧 시장경제체제의 우월성을 증명하는 근거가 될 뿐 아니라 현재까지 시장경제체제가 대부분의 국가에서 채택되고 유지되는 원동력이 된다.

요약하면, 시장경제체제에서 아담 스미스의 '보이지 않는 손'이 작용하고 시장이 효율적으로 작동될 때 자원배분이 효율적으로 이루어지며, 사회적 잉여는 극대화된다. 이를 **경쟁시장의 효율성** 또는 **경제적 효율성**이라고 한다.

[그림 3.18] 사회적 잉여

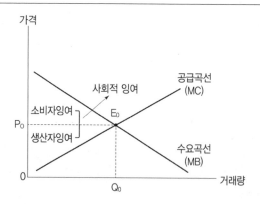

---

16 총잉여는 시장에 참여하고 있는 모든 소비자와 생산자들이 얻는 이득이라는 의미에서 **사회적 잉여**, 경제학적 측면에서 분석하였다고 하여 **경제적 잉여**, 사회 전체 후생이 극대화된다는 의미에서 **사회적 후생**, 편익에서 비용을 제외하였다는 의미에서 순편익 등으로 불린다.

(2) 가격메커니즘과 시장의 효율성

가격의 기능과 시장메커니즘

시장경제에서 수요 - 공급모형은 가격을 매개parameter로 하여 수요량과 공급량이 조정되면서 거래가 형성되고 시장균형을 찾아가는 과정을 설명해 준다. 가격의 매개기능은 정보 제공기능과 신호의 역할 때문에 발생한다. 가격의 정보 제공기능이란 가격에는 여러 가지 정보가 담겨져 있다는 의미이다. 우선 가격에는 시장상황이 반영되어 있다. 높은 가격은 자원이 희소하거나 수요자가 많다는 정보가 반영되어 있으며, 농산물 가격의 급등은 자연재해 발생으로 추가공급이 어렵다는 정보가 내재되어 있다.

그리고 가격에는 시장 참여자 또는 가격 설정자의 의도가 담겨져 있다. 공산품 가격에는 생산자의 이윤극대화 의도가 숨겨져 있으며, 수요곡선의 가격에는 소비자의 최대 지불용의, 공급곡선의 가격에는 판매자의 최소 판매용의가 담겨져 있다. 최고가격제도와 최저가격제도에는 정부의 정책적 의도가 숨겨져 있고, 담배가격이 높은 것은 금연하라는 의도가 포함되어 있다.

이와 같이 여러 가지 정보가 담겨진 가격은 신호signal의 역할을 수행한다. 경제주체들은 정보가 담긴 가격을 기준으로 의사결정을 한다. 재화의 가격이 오르면 소비자는 소비량을 줄이라는 신호로 받아들이고, 생산자는 이윤극대화를 위하여 생산량을 늘리라는 신호로 받아들인다. 생산자든 소비자든 가격의 정보전달 기능을 받아들여 가격의 높낮이에 따라 움직이며, 합리적인 의사결정을 하게 된다.

가격의 정보 제공기능과 신호의 역할은 결과적으로 자원을 효율적으로 배분하는 역할을 한다. 희소한 자원을 누구에게 할당하는가? 골동품의 경매에서 골동품은 가장 높은 가치를 부여하는 사람, 즉 최고가격을 지불할 용의가 있는 사람에게 돌아간다. 이러한 기능을 **가격의 할당기능**rationing function이라고 한다.

또한 희소한 자원을 어떤 용도로 사용되도록 배분하는가? 어떤 부문의 가격이 상승하면 물량이 부족하다는 신호로 작용하여 이 부문으로 자원이 이전되고, 가격이 하락하면 과잉생산의 신호로 작용하여 다른 부문으로 자원이 이전된다. 또한 생산비용이 가격보다 낮은 생산자에게 자원이 먼저 배분되고, 점차 가격이 상승하면 생산비용이 높은 생산자에게도 자원이 배분된다. 이와 같이 가격은 자원을 가장 효율적으로 사용하도록 배분한다. 이러한 기능을 **가격의 배분기능**allocative function이라고 한다.[17]

그뿐만 아니라, 가격은 시장의 균형을 잡아 주는 평형추 역할을 한다. 생산자와

---

17 Bernanke · Frank(2016년), 『버냉키 · 프랭크 경제학』, 박영사.

소비자의 합리적인 의사결정을 유도하여 균형상태에 도달하도록 하고, 균형상태에 도달하면 특별한 외부충격이 없는 한 균형을 유지하려는 경향이 있으며, 특별한 외부충격으로 시장이 불안정하게 되면 다시 균형을 찾아가도록 만들어 준다. 완전경쟁시장에서는 가격을 매개로 수요량과 공급량이 변화하면서 균형점으로 돌아오려는 복원력이 매우 강하다. 경쟁시장에서 초과수요나 초과공급이 빠른 속도로 해소되고 균형상태로 돌아가는 것을 **시장청산**market clearing이라고 하고 균형가격을 **시장청산가격**이라고 한다.

이와 같이 가격이 시장에서 수요량과 공급량을 자동적으로 조정하여 자원을 효율적으로 배분하는 원리를 **시장기구**market mechanism 또는 **가격메커니즘**price mechanism이라고 하며, 이러한 가격의 자율조정기능을 **보이지 않는 손**invisible hand이라고 한다.

시장의 경제적 효율성

시장메커니즘은 시장이 균형상태로 돌아오게 하는 복원력 이외에 사회적 후생을 극대화시키는 역할을 한다. 효율적으로 작동하는 경쟁시장에서 가격은 수요량과 공급량을 조정하여 시장이 균형상태로 돌아가게 할 뿐 아니라, 희소한 자원을 효율적으로 배분하게 하여 결과적으로 소비자잉여와 생산자잉여를 포함한 사회적 잉여를 극대화시킨다. 이를 경제적 효율성이라고 한다.[18]

경제적 효율성economic efficiency은 가격기능에 의하여 자원이 효율적으로 배분되어 모든 재화와 서비스가 사회적 잉여를 극대화하는 수준에서 생산되고 소비될 때 달성된다. 효율성이 증가하면 경제전체의 파이가 커져 모든 사람들의 후생이 증가하므로 효율성 제고는 경제학의 첫 번째 목표가 된다.

경제적 효율성에는 생산적 효율성과 배분적 효율성이 있다. **생산적 효율성** productive efficiency은 일정한 생산량을 가장 적은 비용으로 생산하거나 일정한 생산비용으로 최대량을 생산할 때 달성된다. 가장 낮은 가격으로 생산하는 생산자에게 생산요소를 먼저 배분하고, 한계생산비가 높은 기업에게는 나중에 배분한다는 것은 결국 경제 전체적으로 볼 때 생산 측면에서 효율성이 극대화된다는 것을 말한다. 제10장 생산물시장에서 구체적으로 설명한다.

배분적 효율성allocative efficiency은 소비자들에 대한 재화와 서비스의 배분도 효율적으로 이루어진다는 의미이다. 생산적 효율성이 달성된다고 하더라도 배분적 효율성이 달성되지 못하면 사회적으로 만족이 극대화되지 않는다. 경쟁시장에서는 소비자들이 가장 원하는 재화나 서비스를 생산자들이 먼저 생산하여 공급하고 있으며, 생산된 재

---

18 Hubbard · O'brien(2015년), 『Hubbard의 경제학』, 경문사.

화는 가장 높은 가격을 지불할 용의가 있는 소비자에게 먼저 공급되고 점차 낮은 가격을 지불하려는 소비자에게로 공급이 확대된다. 생산자들이 이윤극대화를 추구하는 과정에서 생산량을 확대하면 낮은 가격을 지불하려는 소비자들도 소비할 수 있으므로 소비자잉여가 극대화되고 배분적 효율성이 달성된다.

시장균형점에서 소비자들이 1단위 추가 소비할 때 얻는 한계편익과 추가로 드는 한계비용이 일치하므로 소비자잉여가 극대화되고, 배분적 효율성이 달성된다. 또한 시장균형점에서 생산자들이 1단위 추가 생산하는 데 드는 한계비용과 추가로 얻는 한계편익이 같으므로 생산자잉여도 극대화되고 생산적 효율성이 달성된다. 따라서 시장균형점은 생산적 효율성과 배분적 효율성이 동시에 달성되어 경제적 효율성을 달성하게 된다. 제10장 생산물시장에서 자세히 설명한다.

경제적 효율성의 판단 기준

경제적 효율성이 달성되었는지 여부를 판단하는 방법은 '한계편익 – 한계비용 비교법'과 '사회적 잉여 비교법'이 있다.

먼저 한계편익 – 한계비용 비교법을 살펴보자. 앞에서 수요곡선을 한계편익(MB)곡선, 공급곡선을 한계비용(MC)곡선이라고 하였다. 현재 [그림 3.19]의 점 E_0에서 균형을 이루고 있으며 균형가격은 P_0, 균형거래량은 Q_0라고 하자. 만약 Q_1만큼 생산할 경우 소비자들의 한계편익(MB)은 점 A가 되고 한계비용(MC)은 P_0이 된다. 따라서 MB > MC이므로 소비를 늘리는 것이 이득이다. 생산자들의 경우 한계편익(MB)은 P_0이 되고, 한계비용(MC)은 A'가 된다. 따라서 MB > MC이므로 생산을 늘리는 것이 이득이다. 즉 Q_1은 과소생산량이면서 과소소비량이 된다.

이번에는 Q_2만큼 생산한다고 할 때 소비자들의 한계편익(MB)은 점 B'가 되고 한계비용(MC)은 P_0이 된다. 따라서 MB < MC이므로 소비를 줄이는 것이 이득이다. 생산자들의 경우 한계편익(MB)은 P_0이 되고 한계비용(MC)은 점 B가 된다. 따라서 MB < MC이므로 생산을 줄이는 것이 더 이득이 된다. 즉 Q_2는 과다생산량이면서 과다소비량이 된다.

결국 점 E_0에서 생산하는 것이 사회적 잉여가 최대가 되며, 자원이 효율적으로 배분된다. 경쟁시장에서 점 E_0는 사회적 잉여를 최대로 만들어 줄 뿐 아니라 경제적 효율성을 달성하는 균형점이 된다.

시장가격과 균형가격 측면에서 분석하더라도 동일한 결론에 도달할 수 있다.[19] 이번에도 [그림 3.19]를 통하여 분석하여 보자. 현재 점 E_0에서 균형을 이루고 있다. 만

---

19 Bernanke · Frank(2016년), 『버냉키 · 프랭크 경제학』, 박영사.

약 시장가격이 균형가격 P_0보다 높은 P_1이 되면 생산자는 Q_2만큼 생산하려고 하지만, 소비자는 Q_1만큼 소비하려고 하므로 AB만큼 초과공급이 발생한다. 실제 거래량은 Q_1이므로 Q_1에서는 수요곡선의 높이(MB)가 공급곡선의 높이(MC)보다 훨씬 높으므로 한계편익(MB)이 한계비용(MC)보다 훨씬 크다. 따라서 추가 생산하면 사회적 잉여가 증가함에도 적게 생산하므로 Q_1은 과소생산량이 되며, 자원을 적게 활용하므로 사회적으로 손해를 보게 된다.

[그림 3.19] 한계편익 – 한계비용 비교법

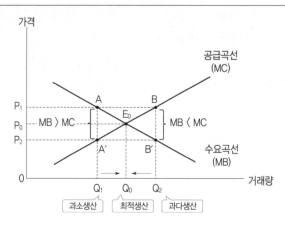

이번에는 시장가격이 균형가격 P_0보다 낮은 P_2가 되었다고 하자. 소비자들은 가격 하락으로 Q_2만큼 소비하려고 하고, 생산자들은 Q_1만 생산하려고 한다. 즉 A'B'만큼 초과수요가 발생한다. 실제 거래량은 Q_1이므로[20] 마찬가지로 한계편익(MB)이 한계비용(MC)보다 훨씬 크고, Q_1은 과소생산량이 되어 사회적으로 손해를 보게 된다. 요컨대 균형점 E_0에서 생산하고 소비하는 것이 사회적 잉여를 최대로 만들어 주며, 경제적 효율성에 도달하게 된다.

다음에는 [그림 3.20]을 통하여 **사회적 잉여 비교법**을 통하여 경제적 효율성 달성 여부를 판단하여 보자.[21] 현재 점 E_0에서 균형을 이루고 있으며 균형가격은 P_0, 균형거래량은 Q_0라고 하자. 만약 생산량이 그림 (a)의 Q_1이라고 할 때 소비자의 지불용의가격(P_1)보다 균형가격(P_0)이 낮아 소비자들은 추가 소비하려고 하지만 Q_1밖에 공급되지 않아 Q_1은

---

20 물론 실제 거래량이 Q_2가 될 수도 있다. P_2의 가격으로 판매한다면 Q_2만큼 판매할 수 있다. 만약 Q_2만큼 판매하면 이번에는 한계편익(MB)보다 한계비용(MC)이 훨씬 크다. 따라서 Q_2는 과다생산량이 되어 필요 이상으로 거래되므로 자원이 낭비되어 사회적으로 손해를 보게 된다.

21 Taylor · Weerapana(2010년), 『테일러의 경제학』, Cengage Learning Korea.

과소소비량이 되며, A만큼 소비자잉여 감소가 발생한다. 또한 생산자의 경우 최소 수취하고자 하는 가격(P₂)보다 실제 수취하는 가격(P₀)이 높아 추가 공급하려고 한다. 그러나 Q₁밖에 소비하지 않으므로 추가 공급할 수가 없으므로 Q₁은 과소생산량이 되며, B만큼 생산자잉여가 감소한다. 따라서 사회적 잉여는 (A + B)만큼 **자중손실**deadweight loss 22이 발생하여 사회 전체적으로 손해이며 Q₁은 비효율적인 생산량이 된다.

또한 그림 (b)에서 Q₂는 균형거래량 Q₀보다 많은 과다생산량이 된다. 생산자는 P₁만큼 수취하려고 하지만 실제 P₀밖에 수취하지 못하므로 C만큼 음(−)의 생산자잉여가 발생한다. 또한 소비자는 P₂을 지불하려고 하지만 실제 P₀을 지불하므로 D만큼 음(−)의 소비자잉여가 발생한다. 따라서 음의 소비자잉여와 음의 생산자잉여를 합한 크기만큼 자중손실이 발생하여 비효율적인 생산량과 비효율적인 소비량이 되며, 사회 전체적으로 자원이 낭비된다. 사회적 잉여는 (C + D) 부분만큼 줄어들게 되어 비효율적인 자원배분이 발생한다.

이와 같이 소비자와 생산자의 한계편익과 한계비용이 일치할 때 또는 소비자잉여와 생산자잉여의 합이 최대가 될 때 경제적 효율성이 달성된다. (완전)경쟁시장에서는 '보이지 않는 손'에 의해 도달하는 균형생산량 Q₀가 MB = MC를 충족시키는 효율적인 생산량이고, 자원배분 측면에서 사회적 잉여를 극대로 만들어 준다.

[그림 3.20] 사회적 잉여 비교법

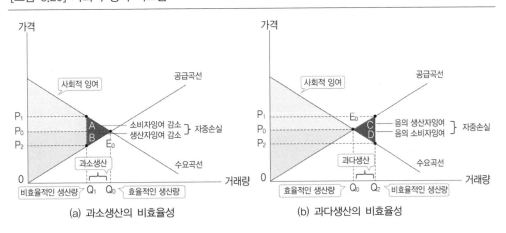

(a) 과소생산의 비효율성   (b) 과다생산의 비효율성

---

22 Deadweight Loss는 선박이나 철도의 적재 화물을 계산할 때 제외되는 자체 무게自重를 말한다. 자체 무게만큼 손실이 발생한다는 의미에서 **자중**自重**손실**, 없어진 무게라는 의미에서 **사중**死重**손실**, 생산자·소비자 어느 누구도 가져가지 못하고 사라진다는 의미에서 **사장**死藏**손실**, 경제학적 측면에서 잉여 감소분이라는 의미로 **경제적 순손실**, 경제학자 Arnold Harberger가 발견하였다고 하여 **하버거의 삼각형**Harberger's Triangle이라고도 한다.

그러나 생산량이 균형생산량보다 많거나 적을 때 그리고 가격이 균형가격보다 높거나 낮게 책정될 때 자원배분의 비효율성이 발생한다. '보이지 않는 손'이 작동하지 못하여 자원이 효율적으로 배분되지 못하는 상황을 **시장실패**market failure라고 한다. 시장실패는 불완전경쟁(독점, 과점), 외부효과, 공공재, 정보의 비대칭성 등으로부터 발생한다. 시장실패가 발생하면 사회 전체적으로 볼 때 희소한 자원이 효율적으로 배분되지 못하고 사회적 잉여가 줄어들며 자중손실이 발생하게 되므로 정부가 개입하게 된다. 시장실패와 정부의 역할은 제8장 정부부문 행동원리에서 구체적으로 설명한다.

(3) 정부의 가격규제와 시장균형

가격상한제

가격상한제price ceiling는 정부가 소비자를 보호할 목적으로 시장가격을 일정수준 이하로 유지하는 제도로서 최고가격제maximum price라고도 불린다. 대표적인 예는 분양가 상한제, 대출금리 상한제다.

가격상한제가 실시될 경우 시장균형점이 어떻게 바뀌는지 [그림 3.21]을 통하여 살펴보자. 그림 (a)에서 현재 균형점은 E_0이며 균형가격은 P_0, 균형거래량은 Q_0이라고 하자. 정부가 가격 P_1에서 가격상한제를 실시할 경우 수요자들은 가격이 하락하여 수요량을 Q_1로 늘리지만, 공급자는 공급량을 Q_2 수준까지 축소하게 된다. 결국 $Q_1 - Q_2$ 만큼 초과수요현상이 발생한다. 시장에서 상품을 구하지 못한 소비자들은 암시장에서 높은 가격 P_2으로 구입하게 된다.

[그림 3.21] 가격상한제 실시 효과

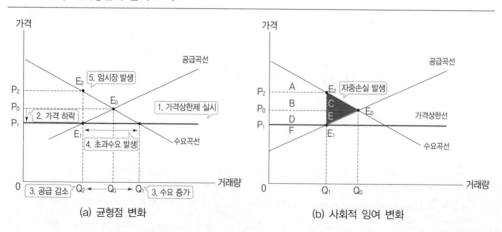

(a) 균형점 변화

(b) 사회적 잉여 변화

이와 같이 가격상한제를 실시하면, 취지는 좋지만 실제 시장에서는 가격기능을 상실하고 초과수요가 발생하며 암시장이 발생하게 된다. 또한 공급자는 임의 판매 또는 선착순 판매 등을 하게 되어 결국 공정성을 해치는 단점이 발생한다.

가격상한제의 단점을 그림 (b)를 통하여 사회적 잉여 측면에서 분석해 보자. 당초 시장균형점 E_0(균형거래량 Q_0, 균형가격 P_0)이었으나, 가격상한제 실시로 균형점은 E_1(균형거래량 Q_1, 균형가격 P_1)으로 이동하게 되어 가격이 하락하고 거래량도 감소하게 된다. 따라서 소비자잉여는 당초 'A + B + C'에서 'A + B + D'로 변화하게 되고, 생산자잉여는 'D + E + F'에서 F로 줄어들게 된다. 따라서 사회적 잉여는 'C + E'만큼 감소하게 된다.

요컨대, 가격상한제 실시로 거래량이 감소하고 암시장이 발달하여 거래비용이 증가하며, 생산자잉여였던 D 부분이 소비자잉여로 전환되어 소득분배에 변화가 발생하고, 사회적 잉여는 'A + B + C + D + E + F'에서 'A + B + D + F'로 줄어들어 'C + E'만큼 자중손실이 발생하게 되므로 자원배분이 비효율적이 된다.

가격하한제

가격하한제price floor는 정부가 공급자를 보호할 목적으로 시장가격을 일정수준 이상으로 유지하는 제도로서 최저가격제minimum price라고도 불린다. 대표적인 예는 최저임금제, 농수산물 수매제 등이 있다.

[그림 3.22] 가격하한제 실시 효과

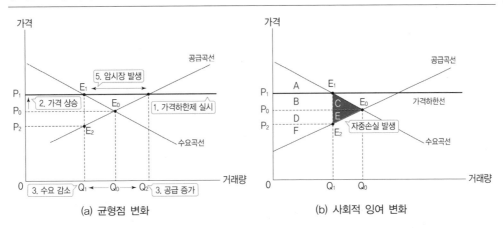

(a) 균형점 변화   (b) 사회적 잉여 변화

[그림 3.22]는 가격하한제를 설명한 것이다. 그림 (a)에서 가격하한제가 실시되기 이전 시장균형점은 수요곡선과 공급곡선이 만나는 점 E_0(균형거래량 Q_0, 균형가격 P_0)이다. 만약 정부가 가격 P_1에서 가격하한제를 실시할 경우 수요자들은 가격이 상승하여 수요량을 Q_1으로 줄이지만, 공급자는 가격상승으로 공급량을 Q_2 수준까지 늘리게 되어 '$Q_2 - Q_1$'만큼 초과공급현상이 발생한다.

공급자 보호라는 당초 취지는 좋지만, 수요가 위축되어 초과공급이 발생하며, 공급자는 재고 물량을 해소하기 위하여 법을 어기면서 판매하려고 하므로 암시장이 출현할 가능성이 많다.

가격하한제 실시에 따른 단점을 사회적 잉여 관점에서 분석해 보자. 당초 균형점이었던 E_0는 가격하한제 실시로 균형점이 점 E_1으로 이동하게 되어 가격은 상승하고 거래량은 감소하게 된다. 따라서 그림 (b)에서 소비자잉여는 'A + B + C'에서 A 부분으로 크게 줄어들고, 생산자잉여는 'D + E + F'에서 'B + D + F'로 변화하게 된다.

요컨대, 가격하한제 실시로 소비자잉여였던 B 부분이 생산자잉여로 전환되고, 사회적 잉여는 'A + B + C + D + E + F'에서 'A + B + D + F'로 줄어들어 'C + E'만큼 자중손실이 발생하여 사회적 후생은 감소하게 된다.

조세 부과

정부가 세금을 부과하는 방법은 여러 가지가 있다. 여기서는 공급자에게 부과하는 방법과 소비자에게 부과하는 방법으로 나누어 설명하고자 한다.[23]

먼저 공급자에게 부과하는 방법이다. [그림 3.23]은 공급자에게 부과하는 과세의 효과를 설명하고 있다. 그림 (a)에서 현재 균형점이 E_0라고 하자. 정부가 종량세[24]를 부과하면 세금만큼 가격이 상승하므로 공급곡선은 왼쪽으로 이동하게 된다. 따라서 균형점은 E_0에서 E_1으로 이동하게 되고, 가격은 P_0에서 P_1으로 상승하고 거래량은 Q_0에서 Q_1으로 감소하게 된다. 소비자가 내는 가격은 P_1이지만, 공급자가 받는 가격은 P_2이므로 그 차이만큼 세금이 된다. 따라서 세금 징수액은 사각형 $P_1P_2E_2E_1$이며, 이 중 소비자 부담은 사각형 $P_1P_0E_0'E_1$, 공급자 부담은 사각형 $P_0P_2E_2E_0'$가 된다.

---

23 Mankiw(2015년), 『맨큐의 경제학』, 한티에듀.

24 판매세 부과방법에는 종량세와 종가세가 있다. **종량세**는 과세물건에 일정금액을 세금으로 부과하는 방법으로 담배소비세, 유류세 등이 해당되며, 종가세는 과세물건의 가격에 일정비율을 세금으로 부과하는 방법으로 부가가치세 등이 해당된다.

이에 따라 소비자잉여는 'A + B + C'에서 A로 줄어들고, 공급자잉여는 'D + E + F'에서 F로 줄어들며, 조세수입은 'B + D'가 되므로 사회적 잉여는 'A + B + C + D + E + F'에서 'A + B + D + F'로 줄어들게 된다.

결국 종량세 부과로 소비자잉여였던 B와 공급자잉여였던 D는 정부의 조세수입으로 전환되고, 'C + E' 부분은 소비자·공급자·정부 누구도 가져가지 못하고 사라져 버리는 자중손실이 발생하여 사회적 잉여는 감소하게 된다. 조세 부과로 정부는 세입 증가효과가 발생하지만, 자중손실이 발생하고 납세자들은 조세와 관련된 업무가 증가하여 사회적 비용이 발생하게 된다.

[그림 3.23] 정부의 과세 효과

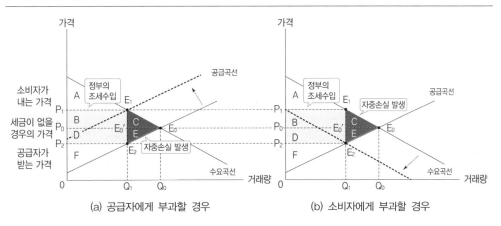

(a) 공급자에게 부과할 경우   (b) 소비자에게 부과할 경우

이번에는 정부가 세금을 소비자에게 부과하는 경우를 살펴보자. 소비자에게 세금을 부과한다는 의미는 물건 가격에 세금이 포함되어 있지 않아 소비자가 물건을 구입한 후 별도로 세금을 납부한다는 것이다. 그림 (b)에서 현재 균형점이 E_0라고 하자. 정부가 소비자 납부형 세금을 부과하면 수요곡선이 왼쪽으로 이동하게 된다. 공급자에게 영향을 미치는 경제적 유인이 없으므로 공급곡선은 변화하지 않는다. 따라서 균형점은 E_2로 이동하게 되고, 가격은 P_0에서 P_2로 하락하지만 소비자가 실제 부담하는 가격은 P_1이며, 공급자가 실제 받는 가격은 P_2이므로 그 차이만큼 세금이 된다. 따라서 세금 징수액은 사각형 $P_1 P_2 E_2 E_1$이며, 이 중 소비자 부담은 사각형 $P_1 P_0 E_0' E_1$, 공급자 부담은 사각형 $P_0 P_2 E_2 E_0'$가 된다.

요약하면, 세금을 공급자에게 부과하든 소비자에게 부과하든 효과는 동일하다. 공급자잉여와 소비자잉여 그리고 자중손실도 동일하다. 다만 차이점이 있다면, 공급자에게 세금을 부과할 경우 소비자는 간접적으로 조세부담을 갖지만, 소비자에게 세금을 부과할 경우 소비자는 직접 조세를 납부하게 되어 소비 심리에 직접적으로 영향을 주므로 소비가 더 위축될 수 있는 소지가 있다는 점이다.

[그림 3.24] 탄력성과 조세의 귀착

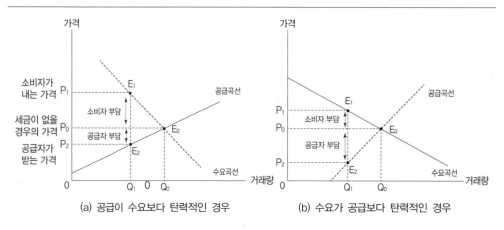

(a) 공급이 수요보다 탄력적인 경우   (b) 수요가 공급보다 탄력적인 경우

　　이제 조세부담자가 누구인가라는 문제와 조세가 소비에 미치는 영향에 대하여 살펴보자. 정부가 어떤 재화에 세금을 부과하였을 때 그 세금을 누가 부담하는가를 **조세부담의 귀착**tax incidence이라고 한다. 공급자에게 세금을 부과할 경우 세금은 물품 가격에 포함되므로 소비자들은 부지불식간에 세금을 납부하게 된다. 소비자와 공급자의 부담비율은 수요와 공급의 가격탄력성에 따라 결정된다. [그림 3.24] (a)와 같이 공급의 가격탄력성이 수요의 가격탄력성보다 크면(공급곡선이 더 완만하면), 세금의 대부분은 소비자 부담이 되고(수요곡선이 더 완만하면), 그림 (b)와 같이 수요의 가격탄력성이 공급의 가격탄력성보다 크면, 세금의 대부분은 공급자 부담이 된다.

　　그리고 소비자에게 세금을 부과할 경우에는 수요의 가격탄력성이 탄력적이면 소비가 더 위축되고, 수요의 가격탄력성이 비탄력적이면 소비가 덜 위축된다.

CHAPTER
04 경제순환모형

01 경제순환

한 나라의 모든 경제활동은 국민경제[25]라는 큰 틀 안에서 발생한다. 모든 경제주체들은 하나의 큰 틀 안에서 재화와 서비스를 '생산 → 분배 → 소비 → 생산 → 분배 → 소비…'라는 과정을 거치는데, 이를 **국민경제**의 **순환**이라고 한다.

국민경제의 순환은 4개 부문의 경제주체들이 참여하여 4개의 시장에서 이루어진다. 4개 부문의 경제주체들은 가계부문, 기업부문, 정부부문, 해외부문을 말하며, 4개의 시장은 생산물시장, 생산요소시장, 금융시장, 해외시장을 말한다.

[그림 4.1]은 국민경제의 순환을 알기 쉽게 설명한 것이다. 여기에서 재화와 서비스, 노동, 원자재 등과 같은 실물의 흐름은 실선으로 표시하였고, 실물의 대가로 지급되는 화폐의 흐름은 점선으로 표시하였다.

먼저 4개 시장부터 살펴보자. 생산물시장은 기업들이 생산한 재화와 서비스가 거래되는 시장을 말하고, 생산요소시장(간략하게 요소시장이라고도 한다)은 노동, 자본, 토지 등 3대 생산요소가 거래되는 시장을 말한다. 금융시장은 자금이 거래되는 시장으로, 자금의 여유가 있는 경제주체(흑자지출단위)로부터 자금이 부족한 경제주체(적자

---

25 한 나라의 모든 경제주체들이 하나의 큰 틀 안에서 전개하는 일련의 경제활동을 'National Economy'라고 한다. 'National Economy'를 본서에서는 '국민경제' 또는 '국가경제'로 번역하여 같은 의미로 혼용하고자 한다.

지출단위)로 자금이 이전되고 그 대가로 이자 또는 수수료가 지급되는 시장이다. 해외시장은 수출과 수입이 이루어지는 무역시장, 외국화폐가 거래되는 외환시장 그리고 국경을 넘어 자금이 거래되는 국제금융시장으로 구분할 수 있다.

다음은 시장에 참여하는 경제주체들을 살펴보자. 가계는 요소시장에서 노동, 자본, 토지 등 생산요소를 기업과 정부에게 제공하고 그 대가로 임금, 이자, 이윤, 지대와 같은 소득을 얻으며, 그 소득으로 정부에 세금을 납부하고 생산물시장에서 재화와 서비스(수입품도 포함한다)를 구입하고 대금을 지급하며, 여유 있는 소득은 금융시장에서 저축 또는 투자하여 적자지출단위에게 자금을 제공한다.

기업은 요소시장에서 생산요소를 제공받고 부족한 자금을 금융시장 또는 국제금융시장에서 조달하여 재화와 서비스를 생산하고, 이를 생산물시장 또는 무역시장에서 판매하고 그 판매대금으로 이윤을 창출하여 생산요소를 사용한 대가를 지불한다.

[그림 4.1] 국민경제의 순환도

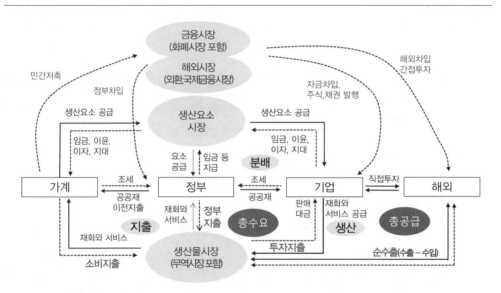

정부는 가계와 기업으로부터 받은 세금으로 요소시장에서 생산요소를 구입하고, 생산물시장에서 재화와 서비스를 구매하여 다양한 정부서비스를 제공하며, 공공재를 생산하거나 각종 사회보장정책을 통하여 이전지출[26]을 한다.

---

26 이전지출이란 실업자, 노령자, 질환자 등 사회적 약자에게 지급하는 연금, 건강보험, 실업보험, 산재보험 등 사회복지 지출을 말한다.

해외부문은 무역시장에서 수출과 수입 등 무역거래를 하고 그 대가를 외화로 지급하거나 지급받으며, 외환시장을 통하여 환전한다. 또한 국제금융시장에서 자금을 조달하기도 하고 투자 수익을 얻기 위하여 자금을 운용하기도 한다.

한편 가계부문과 기업부문을 민간부문(또는 민간경제)이라고 하고, 정부부문(또는 공공부문)의 대칭 개념으로 사용된다. 또한 민간부문과 정부부문을 합쳐서 국민경제라고 한다. 그리고 해외부문을 포함한 국민경제를 개방경제라고 하고, 해외부문을 제외한 국민경제를 폐쇄경제라고 한다.

국민소득 3면 등가의 법칙

4개 부문의 경제주체들이 4개의 시장에서 이루어지는 경제활동을 통계적으로 측정하고 분석한 이론이 국민소득이론이다. 국민소득을 추계하는 방법은 세 가지가 있다. 첫 번째는 한 나라 경제의 모든 기업들이 일정기간 동안 생산한 총생산액을 통계적으로 추계하는 방법으로 이를 생산 측면에서 본 국민소득(**생산국민소득**)이라고 한다. 생산국민소득은 생산에 참여한 경제주체들에게 소득의 형태로 분배되는데, 이를 분배 측면에서 본 국민소득(**분배국민소득**)이라고 한다. 분배된 소득은 소비, 투자, 정부지출, 순수출의 형태로 지출되는데, 이를 지출 측면에서 본 국민소득(**지출국민소득**)이라고 한다. 생산국민소득, 분배국민소득과 지출국민소득은 국민경제라는 하나의 큰 틀 안에서 발생하므로 결국 모두 같은 값을 갖는데, 이를 **국민소득 3면 등가의 법칙**이라고 한다.

생산국민소득 = 분배국민소득 = 지출국민소득 ⋯ 국민소득 3면등가의 법칙   (식 4.1)

총수요와 총공급

국민소득을 분석한모형이 총수요 – 총공급모형이다. 먼저 총공급을 살펴보자. **총공급**(Y_s)은 한 나라 경제의 모든 기업들이 일정기간 동안 생산한 총생산액이자, 한 나라 경제에 공급되는 재화와 서비스의 총액을 의미한다. 이를 **생산국민소득(GDP)**이라고 한다. 총공급은 생산에 참여한 경제주체들에게 소득의 형태로 배분되고, 경제주체들은 소득을 소비(C), 저축(S), 조세(T)의 형태로 처분하므로 항상 '$Y_s = C + S + T$'이 성립한다.

그리고 총공급(총생산)은 4개 부문의 경제주체들이 소비(C), 투자(I), 정부지출(G), 순수출(NX)[27]의 형태로 구매하여 지출되므로, 이를 **지출국민소득**이라고 한다. 4개

---

27 본서에서는 순수출을 NX로 표현하고자 한다. 순수출(NX)net export은 수출(X)export에서 수입(M)import을 제외한 금액을 말한다.

부문의 경제주체들이 총생산물을 구매하는 수요이므로 **총수요**(Y_d)는 항상 '$Y_d = C + I + G + (X - M)$'가 성립한다.

$$Y_s = C + S + T \qquad \left.\begin{array}{l} \\ \\ \end{array}\right\} \quad Y_s < Y_d \rightarrow \text{인플레이션압력}$$
$$Y_d = C + I + G + (X - M) \qquad Y_s > Y_d \rightarrow \text{경기침체압력}$$
$$Y_s = C + S + T = C + I + G + (X - M) = Y_d \cdots \text{국민소득의 항등식} \qquad \text{(식 4.2)}$$

총수요(Y_d)와 총공급(Y_s)이 일치할 때 국민소득은 균형을 이룬다. 총수요가 총공급보다 많을 때 초과수요현상이 발생하여 인플레이션압력으로 작용하고, 총수요가 총공급보다 작을 때 초과공급현상이 발생하여 경기침체압력으로 작용한다. 따라서 총수요와 총공급이 같을 때 균형을 이루며, (식 4.2) $Y_s = Y_d$를 국민소득의 항등식이라고 한다.

누출과 주입

국민소득을 분석하는 또 다른 방법은 누출과 주입의 관점이다. 국민소득은 하나의 큰 틀 안에서 돌고 돌지만, 소득순환과정에서 빠져나가는 부분과 외부로부터 들어오는 부분이 있다. 소득순환과정에서 빠져나가는 부분을 **누출**leakage이라고 하고, 외부로부터 들어오는 부분을 **주입**injection이라고 한다. 누출은 국민소득을 감소시키고, 주입은 국민소득을 증가시킨다.

가계의 소득 가운데 소비되지 않는 부분(저축, 조세)은 누출이다. 그리고 기업부문에서 이윤 가운데 분배하지 않는 부분(사내유보금, 조세)은 누출이며, 투자는 주입에 해당된다. 정부부문에서 가계와 기업으로부터 받은 조세를 사용하는 정부지출은 주입이 되며, 해외부문에서 수출은 주입이 되고 수입은 누출이 된다.

요컨대, 누출은 저축(S), 조세(T), 수입(M)의 합으로 산출되며 주입은 투자(I), 정부지출(G), 수출(X)의 합으로 산출되며, 항상 'S + T + M = I + G + X'은 성립한다. 만약 누출의 합계가 주입의 합계보다 크면 국민소득은 감소하며, 주입의 합계가 누출의 합계보다 크면 국민소득은 증가하고, 누출과 주입이 같을 때 국민소득은 균형을 이루게 된다. 'S + T + M = I + G + X'을 **누출과 주입**의 항등식이라고 부른다.

(누출) S + T + M = I + G + X (주입) ⋯ 누출과 주입의 항등식(식 4.3)

누출 > 주입 → 국민소득 감소
누출 < 주입 → 국민소득 증가
누출 = 주입 → 국민소득 균형

누출과 주입의 항등식을 조금 변형하면 (S − I) + (T − G) = (X − M)이 된다. (S − I)은 저축 − 투자균형식이며, S > I이면 기업의 투자 부진으로 국민소득은 감소하고, S < I이면 투자가 크므로 국민소득은 증가하지만, 자금이 부족하여 금리가 상승하고 외자도입이 이루어지며, S = I일 때 저축 − 투자 균형이 이루어진다.

또한 (T − G)은 조세와 정부지출의 균형식으로 재정수지가 된다. T > G이면 재정흑자가 되고, T < G이면 재정적자가 되며, T = G이면 균형재정을 이룬다.

그리고 (X − M)은 순수출로 경상수지가 되며, 수출(X) > 수입(M)이면 경상수지 흑자가 되고, X < M이면 경상수지 적자가 되며, M = X이면 경상수지가 균형을 이룬다.

$$(S − I) + (T − G) = (X − M) ⋯ 저축 − 투자 항등식 \quad (식\ 4.4)$$
저축−투자 　　재정수지 　　경상수지
균형 　　　　 균형 　　　　 균형

만약 경상수지가 적자이면, (S − I) < 0이거나 (T − G) < 0이 된다. 국내저축보다 투자가 많거나 정부 조세수입보다 정부지출이 많은 경우 경상수지가 적자가 된다. 따라서 기업의 과도한 설비투자 또는 중복투자는 수입을 유발하여 경상수지는 적자가 되며, 또한 정부지출이 과도하게 많을 경우에도 재정적자를 유발하여 경상수지는 적자가 된다.

반면에 경상수지가 흑자이면, 국내투자보다 저축이 많거나 정부 재정수입이 정부지출보다 많은 경우가 된다. 국내저축과 조세수입이 국내투자와 정부지출보다 많으므로 국내 잉여분은 해외로 수출하게 되므로 수입보다 수출이 더 많아져 경상수지는 흑자가 된다.

따라서 (S − I) + (T − G) = (X − M)는 사후적으로 항상 성립하며, 누출과 주입은 거시경제 분석에 있어서 중요한 수단이 된다.

02 자금순환

　　모든 경제활동에는 자금의 거래가 수반된다. 자금의 거래는 재화와 서비스의 교환(실물거래)에 수반되어 발생하는 (결제)자금의 거래가 있는가 하면, 실물거래와 관계없이 은행 예금, 대출, 주식투자 등과 같이 순수하게 금융거래와 관련하여 발생하는 자금의 거래가 있다. 실물거래에 수반되는 자금의 거래를 자금의 **산업적 유통**industrial circulation이라고 하며, 순수하게 금융거래와 관련된 자금의 거래를 자금의 **금융적 유통** financial circulation이라고 한다. 지금까지 공부한 국민소득의 통계가 실물거래의 순환과정을 추계한 통계라면, 자금의 산업적 유통과 금융적 유통을 포함한 모든 금융거래의 순환과정을 추계한 통계가 바로 자금순환 통계이다. 우리나라의 자금순환 통계는 한국은행에서 분기별로 발표하고 있다.

　　자금순환을 이해하면 실물부문과 금융시장 간 상호연관성을 이해하게 되고, 경제주체들이 어떻게 자금을 조달하여 어떻게 운용하고 있는지 그리고 자금이 어떤 부문에서 어떤 부문으로 흐르는지를 파악할 수 있으므로 국민경제의 순환을 이해하는 데 많은 도움이 된다.

　　자금순환표Flow of Funds Accounts를 다시 정의하면, 국민경제에서 경제주체들 간 자금의 흐름을 종합적으로 기록한 표라고 할 수 있다. 자금순환표에는 유량flow 통계인 금융거래표와 저량stock 통계인 금융자산부채잔액표가 있다.

　　금융거래표를 살펴보자.[28] [표 4.1]은 2016년 우리나라 금융거래표이다. 가로축은 경제주체별 자금의 원천과 자금의 운용으로 구분하여 설명하고 있다. 자금의 원천은 경제주체들의 자금조달을 의미하고, 자금의 운용은 조달된 자금의 운용을 의미한다. 경제주체는 크게 국내부문과 해외부문(또는 국외부문)으로 구분하고, 국내부문은 다시 금융, 정부, 기업, 개인으로 구분하여 작성하고 있다.

　　세로축은 **자본계정**과 **금융계정**으로 구분되어 있다. 실물거래에 수반된 자금의 거래는 자본계정에, 순수한 금융거래는 금융계정에 기록된다. 자본계정은 경제주체별로 일정기간 동안 저축과 투자, 즉 자본거래의 흐름을 나타내고, 금융계정은 경제주체별로 발생한 저축과 투자의 차이를 어떻게 조달하고 운용하는지를 보여 준다.

---

28 한국은행(2007년), 『우리나라 자금순환계정의 이해』.

[표 4.1] 우리나라의 금융거래표(2016년 중) (단위: 조 원)

		합계		금융		정부		기업		개인		국외	
		운용	원천	운용	원천	운용	원천	운용	원천	운용	원천	운용	원천
자본계정	저축		481		24		120		312		135		-110
	투자	480		12		81		319		68			
	차액 (저축-투자)	1		12		39		-7		67		-110	
금융계정	합계	796	796	369	353	82	43	122	124	214	144	10	133
	예금	183	183	24	176	7	7	31		118		3	
	보험연금	95	95	4	95	10			3	88			
	채권	107	107	116	50		31	1	-23	-1		-20	50
	대출금	205	205	205	7		1		55		142	1	1
	지분증권	121	121	35	57	51	3	12	37	7		15	24
	국외운용	69	69	14		17		25	5	1		11	58
	기타	16	16	-30	-32	29	1	50	50	1	2		
	차액 (운용-원천)				16		39		-2		70		-123

자료: 한국은행(2018년), 『조사통계연보』.

총저축과 총투자

여기에서 저축과 투자의 개념을 정립하는 것이 중요하다. 일반적으로 저축은 은행 예금·적금과 같은 금융저축을 생각하기 쉽지만, 거시경제학에서 말하는 저축은 국민경제 전체적으로 처분가능소득 중에서 지출되지 않고 남은 소득(잉여자금)을 말한다. 즉 개인의 저축은 처분가능소득(소득 − 세금) 중에서 소비지출하고 남은 소득을 말하고, 기업의 저축은 처분가능소득 중에서 생산과정에 참여한 경제주체들에게 소득을 분배하고 남은 소득을 말하며, 정부의 저축은 조세수입 중에서 정부지출하고 남은 소득을 말한다.

경제부문별 저축의 개념을 좀 더 상세히 살펴보자. 가계부문의 저축에는 금융저축은 물론 아파트 구입 등 실물에 투자한 자금도 저축에 포함된다. 왜냐하면 개인의 저축은 처분가능소득 중에서 소비지출하고 남은 소득으로 정의하기 때문이다. 기업부문의 저축은 영업이익과 사내유보금, 감가상각충당금 등을 포함한 것이다. 금융부문의 저축은 금융기관들이 벌어들인 영업이익 등을 말한다. 정부부문의 저축은 정부의 조세수입과 정부지출의 차이, 즉 재정수지를 말한다.

따라서 총저축은 금융자산 형태의 금융저축과 토지, 건물, 기계 등 실물자산 형태의 실물저축도 포함되어 있다. 국민경제 전체의 입장에서 보면, 총저축의 증가는 실물자산의 증가와 금융자산의 증가로 나타난다.

투자는 일반적으로 주식투자, 채권투자 등과 같은 금융투자를 생각하기 쉽지만, 거시경제학에서는 실물투자와 금융투자로 구분한다. 실물투자는 가계의 주택 구입, 기업의 새로운 기계 구입 또는 새로운 공장 건설 등 실물자산의 증가를 말하며, 자본계정에 나타난다. 금융투자는 주식투자, 채권투자 등 금융자산의 증가를 말하며, 금융계정에 나타난다. 투자에 필요한 자금은 저축된 재원으로 조달된다. 그러나 투자의 재원이 국내 저축으로 충당되지 못할 경우 부족한 돈은 해외조달(해외저축)에 의존하게 된다.

부문별 자금순환은 어떻게 이루어지는가?

[표 4.1] 금융거래표를 살펴보자. 먼저 개인부문은 가처분소득에서 소비를 제외한 135조원을 저축(자본계정, 원천)하고, 금융기관 차입금 142조원 등 144조원을 조달(금융계정, 원천)하여 총 279조원이 원천이 된다. 이 자금을 주택 구입 등 실물자산에 68조원을 투자(자본계정, 실물투자)하고, 금융자산에 214조원을 투자(금융계정, 금융투자)하였다.

기업부문은 영업이익, 감가상각충당금 등을 통하여 312조원을 저축(자본계정, 원천)하고, 금융기관 차입 55조원 등 124조원을 조달(금융계정, 원천)하여 총 436조원이 자금의 원천이 된다. 이 자금을 생산설비 증설 등 실물자산에 319조원을 투자(자본계정, 실물투자)하고 국외운용 25조원 등 122조원을 금융자산에 투자(금융계정, 금융투자)하였다. 여기에서 기업부문은 자본계정에서 원천과 운용의 차이 7조원의 자금부족이 발생하였다. 즉 기업이 대표적인 적자지출단위라는 것을 보여 주고 있다. 그러나 2016년 기업의 부족자금규모는 예년보다 적은 금액이다.

정부부문은 자본계정에서 조세수입 등 120조원을 조달(자본계정, 원천)하고, 금융계정에서 국채 발행 31조원 등으로 43조원을 조달(금융계정, 원천)하여 총 163조원이 자금의 원천이 된다. 이 자금을 사회간접자본 투자 등 실물자산에 81조원을 투자(자본계정, 실물투자)하고 지분증권 51조원 등 82조원을 금융자산에 투자(금융계정, 금융투자)하였다. 자본계정에서 원천과 운용의 차이인 39조원의 재정흑자(정부저축)가 발생하였다.

또한 금융부문은 자본계정에서 영업이익 등 24조원의 저축이 발생하여 12조원을 투자하였으며, 금융계정에서는 예금 176조원 등 353조원을 고객으로부터 조달하여 대출금 205조원, 채권 116조원 등으로 369조원을 운용함으로써 흑자지출단위로부터 적자지출단위로 자금을 이전하는 자금중개자로서의 역할을 수행하고 있음을 알 수 있다.

한편, 국외부문의 자금 원천 -110조원은 우리나라의 경상수지가 흑자라는 것을 말한다. 외국 간의 자금거래를 외국의 입장에서 기록한 것이기 때문에 우리나라의 대외차입은 국외부문의 자금운용으로, 우리나라의 대외자산 운용은 국외부문의 자금조달로 나타난다. 국외부문이 (−)로 표시되어 있는 것은 국외부문 입장에서 보면 적자를 의미하고, 우리 측에서 보면 흑자를 의미한다.

이와 같이 자금순환은 두 가지 관점에서 접근하면 된다. 하나는 금융계정의 관점에서 접근하는 방법이며, 다른 하나는 자본계정의 관점에서 접근하는 방법이다. 특히 자본계정의 관점은 '총저축 = 총투자'의 관점에서 접근하는 것이다. 총저축과 총투자는 사후적으로 항상 일치하게 되어 있으며, 거시경제를 이해하는 데 매우 중요한 항등식이 된다.

앞에서 (식 4.4) $(S − I) + (T − G) = (X − M)$에서 경상수지가 적자이면, $(S − I) < 0$이거나 $(T − G) < 0$이 된다. 국내저축보다 투자가 많거나 정부 조세수입보다 정부지출이 많은 경우 경상수지는 적자가 된다. 또한 경상수지가 흑자이면, 국내투자보다 저축이 많거나 정부 재정수입이 정부지출보다 많은 경우가 된다.

따라서 한 나라의 경제성장을 촉진하고 경상수지 흑자를 유지하기 위하여 저축의 증가는 매우 중요하다. "저축은 미덕이다"라는 말은 여기에서 비롯되었다. 또한 총저축의 증가는 총투자를 증가시켜 경제의 자본량[29]을 지속적으로 축적하게 하여 향후 생산능력을 확충하여 장기적인 경제성장의 밑거름이 된다. 즉 경상수지 흑자를 적절히 유지하면서 성장잠재력을 배양하기 위하여 '기업의 수익성 향상 → 소득 증가 → 저축 증가 → 투자 증가 → 성장기반 확충'의 선순환 구조의 확립이 필요하다는 것을 보여 준다.

03 경기순환

국민경제는 하나의 생명체와 같다. 끊임없이 움직이기 때문이다. 하나의 큰 틀 안에서 끊임없이 움직이는 것을 국민경제 순환이라고 설명하였지만, 성장과 침체의 관점

---

29 생산요소시장과 거시경제에서 노동량과 자본량이라는 용어를 사용한다. **노동량**labor stock은 투입된 노동의 양을 의미하고, **자본량(자본스톡)**capital stock은 투입된 자본의 양을 의미한다. 특히 투입된 자본은 금융자본 형태 또는 실물자본 형태로 나타난다. 실물자본 형태는 기계기구, 로봇, 철도, 항만, 고속도로, 전력 등 자본재를 의미하므로, 자본량이 많을수록 자본이 축적되어 경제성장의 원동력이 된다.

에서 국민경제의 움직임을 분석한 이론이 바로 경기변동이론이다.

앞에서 국민경제의 크기는 국민소득의 크기로 측정된다고 하였다. '국민소득(GDP) = 물가수준 × 총생산'이므로 국민소득의 변동은 물가수준의 변동과 총생산의 변동으로 구분할 수 있다. 여기서 물가수준의 변동은 인플레이션과 디플레이션이라는 고통을 주므로 가급적 안정시키는 것이 좋다. 모든 국가에서 물가안정을 경제정책의 목표로 채택하고 있는 이유이기도 하다.

따라서 국민소득의 움직임을 정확하게 분석하려면, 물가 변동분을 제거하여야 한다. 물가 변동분을 제거한 국민소득을 실질국민소득(실질GDP)이라고 하고, 물가 변동분을 제거하지 않은 국민소득을 명목국민소득(명목GDP)이라고 한다. 실질GDP는 물가수준의 변동분을 제거하였지만, 실질GDP의 크기는 끊임없이 변화한다.

[그림 4.2] 경기순환과정

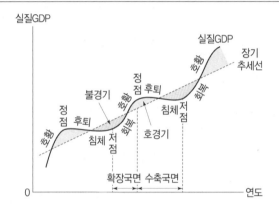

[그림 4.2]는 실질GDP가 단기적으로 끊임없이 변동하면서 장기적으로는 장기추세선을 따라 움직인다는 것을 보여 준다. 실질GDP의 단기적인 변동을 **경기변동** economic fluctuations이라고 하고, 장기적인 변동을 **경제성장** economic growth이라고 한다.

여기서 경기변동의 특징을 몇 가지로 정리할 수 있다. 첫째는 경기변동이 '호황 → 후퇴 → 침체 → 회복'이라는 하나의 사이클을 형성하면서 성장과 후퇴를 반복하고 있다는 것이다. 하나의 사이클을 형성한다고 하여 경기변동을 **경기순환** business cycles이라고 한다. 경기순환 과정에서 경제가 경기 저점 trough에서 서서히 회복되어 평균 수준에 도달하고 호황의 최고점인 정점 peak에 도달하는 기간을 경기확장 expansion 또는 상승국면이라고 하며, 경기 정점에서 점차 하강하여 평균 수준보다 낮게 성장하고 경기의 최저점에 도달하는 기간을 경기침체 recession, 경기수축 contraction 또는 하강국면이라고 한다. 그리고 장기추세선 위의 부분을 호경기라고 하고, 아래 부분을 불경기라고 한다.

둘째, 경기변동은 장기추세선을 따라 움직인다. **장기추세선**이란 매년 달성한 경제 성장률의 장기 평균선이면서 한 나라 경제의 최대 생산능력을 연결한 선이라고 할 수 있다. 왜냐하면 장기추세선의 윗부분은 호경기로서 경기가 과열이 되면서 인플레이션을 유발하고, 아랫부분은 불경기로서 경기가 침체되면서 실업률이 상승하기 때문이다. 따라서 경기를 호경기와 불경기를 구분하는 기준은 그 나라 경제의 최대 생산능력이 된다. 한 나라 경제의 최대 생산능력을 경제학에서는 **잠재GDP**라고 한다. 따라서 장기 추세선은 한 나라 경제의 잠재GDP를 연결한 선이며, 지속 가능한 최대 생산능력을 연결한 선이라고 할 수 있다.

셋째, 장기적인 경기변동을 경제성장이라고 하였는데, 경제성장은 바로 장기추세선의 기울기가 된다. 양(+)의 기울기이면 그 나라는 장기적으로 꾸준히 성장하였음을 의미하고, 음(−)의 기울기이면 장기적으로 경제가 후퇴하였음을 의미한다.

이와 같은 경기변동은 왜 발생하는가? 그리고 어떻게 대응하여야 하는가? 국민경제라는 하나의 큰 틀 안에는 무수히 많은 경제주체들이 존재하며, 이들의 크고 작은 이기심과 야성적이고 동물적인 충동30이 국민경제를 끊임없이 움직이게 하고 경기변동을 발생시킨다. 따라서 경기변동은 피할 수 없는 하나의 경제현상이라고 할 수 있다.

경기변동은 매우 불규칙적으로 발생하며 예측하기 힘들다는 특징을 갖고 있다. 정부가 경기변동의 주기를 정확히 예측하거나 경기변동을 아예 처음부터 발생하지 못하도록 방어할 수는 없다. 정부의 역할은 경기상황을 예의 주시하면서 경기변동의 크기를 가급적 작게 만들고, 경기변동의 횟수를 가급적 줄이는 것뿐이다. 그리고 필요하다면 경기안정화정책을 적절하게 수립하고 집행하는 것이다.

경기변동과 관련하여 정부의 또 다른 역할이 있다면, 장기적으로 잠재GDP를 키우는 일이다. 최대 생산능력을 키워야 장기적으로 지속 가능한 성장이 가능하므로 정부가 잠재GDP를 키울 수 있는 적절한 정책을 수립하고 집행하는 것이 필요하다.

결론적으로 하나의 생명체와 같이 끊임없이 움직이는 국민경제의 경기변동을 회피할 수 없으므로 정확히 파악하고 대처하는 것이 정부의 역할이다. 정부의 역할은 적절한 경제정책을 수립하여 단기적으로 실질GDP가 잠재GDP를 크게 벗어나지 않도록 경기변동을 조절하면서, 장기적으로 총생산능력(잠재GDP)을 키우는 일로 집약할 수 있다.

---

30 아담 스미스는 1759년 『도덕감정론』과 1776년 『국부론』에서 개인의 이기심에 기초한 '보이지 않는 손'에 의해 경제가 움직인다고 하였으며, 케인즈는 1936년 『일반이론』에서 동물적 충동animal spirits, 즉 인간의 비경제적인 본성도 경제를 움직이는 하나의 요인이 될 수 있음을 지적하였다.

05 비용 – 편익분석모형

제1장 경제학의 본질에서 '비용 – 편익분석'에 대하여 간략하게 설명한 바 있다. 자원의 희소성 문제를 해결하기 위하여 합리적인 선택이 필요한데, 합리적으로 선택하는 방법 중 하나가 비용 – 편익분석방법이라고 설명하였다. 비용 – 편익분석은 1936년 미국 홍수조절법에서 처음 사용된 이후 정부의 정책이나 공공사업의 경제적 타당성을 검토하는 데 널리 쓰이고 있으며, 미시경제학에서 소비자와 생산자, 정부 등 경제주체들의 행동원리를 설명하는 데도 사용되고 있다.

01 경제주체들의 비용 – 편익분석

가계, 기업, 정부 등 경제주체들이 합리적인 선택을 할 때 합리적인 선택은 두 단계로 이루어진다. 첫 번째는 여러 대안 중에서 적정 대안을 찾는either or 단계이며, 두 번째는 적정 수량을 결정하는how much 단계이다.

적정 대안을 찾을 때 사용되는 비용 – 편익분석방법은 비용과 편익을 계산하여 편익과 비용의 차이인 '**순편익**'의 크기를 비교하는 방법이다. 순편익이 가장 큰 것을 선택하는 것이 합리적인 선택이다. 그리고 적정 수량을 결정할 때 사용되는 비용 – 편익분석방법은 '**한계분석법**'이다.

경제주체들의 행동원리에 주로 사용되는 비용 – 편익분석은 한계분석법이다. 즉 한계비용과 한계편익을 비교하여 합리적인 선택을 하는 것이다. 예컨대 소비자들이 소비량을 결정할 때 재화 1단위를 추가 소비할 때 얻는 한계편익과 추가로 드는 한계비용을 비교하여 한계편익이 한계비용보다 크면 추가 구매하고, 한계비용이 한계편익보다 크면 소비량을 줄이는 것이 합리적인 선택이 된다. 결국 '한계편익 = 한계비용'의 조건을 만족시키는 소비량을 선택하는 것이 최대의 만족을 주는 선택이다.

그리고 앞서 설명한 바와 같이 소비자잉여와 생산자잉여를 계산할 때도 한계비용 − 한계편익을 비교한 한계분석법이 사용된다. 왜냐하면 수요곡선이 한계편익곡선이며, 공급곡선이 한계비용곡선이기 때문이다. 한계편익곡선(수요곡선) 아래의 면적이 소비자의 총만족도가 되며, 한계비용곡선(공급곡선) 아래의 면적이 생산자의 총생산비가 된다. [그림 5.1] (a)에서 소비자잉여는 총만족도에서 총비용을 차감한 것이 된다. 그림 (b)에서 생산자잉여는 총판매수입에서 총생산비를 차감한 것이 된다. 따라서 사회적 잉여는 그림 (c)에서 소비자잉여와 생산자잉여의 합이 된다.

[그림 5.1] 소비자의 한계편익과 한계비용

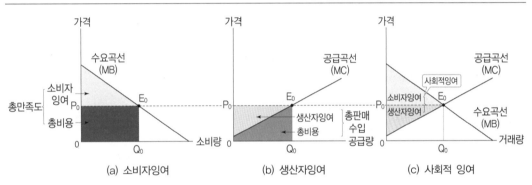

(a) 소비자잉여　　　　(b) 생산자잉여　　　　(c) 사회적 잉여

그리고 기업이 이윤극대화를 위하여 가격과 생산량을 결정할 때도 한계분석법이 사용된다. 기업의 한계편익은 바로 판매가격(P)이므로 시장에서 결정되는 판매가격에 따라 기업의 생산비(한계비용)와 비교하여 적정 생산량을 결정하면 된다. 제7장 생산자 행동원리에서 배우겠지만, 기업의 이윤극대화조건은 한계편익과 한계비용이 같은, 'P = MB = MC'가 된다.

그 밖에 정부의 공공재를 생산할 때도 정부가 얼마나 많은 공공재를 생산하여 공급하여야 하는가라는 문제도 비용 − 편익분석방법이 활용된다. 자세한 내용은 제8장 정부부문 행동원리에서 설명된다.

02 공공사업의 비용 – 편익분석[31]

정부의 대형프로젝트를 검토할 때 사용되는 비용 – 편익분석모형을 살펴보자. 비용 – 편익분석은 공공프로젝트에 드는 비용과 공공프로젝트를 준공한 후 얻는 편익의 크기를 비교하여 대안 중 가장 우수한 대안 하나를 선택하는 방법으로, 한정된 정부 예산을 효율적으로 사용하고 사회 전체의 효용을 극대화시키는 데 유용한 방법이라고 할 수 있다.[32]

비용 – 편익분석모형에는 **순편익** 비교방법과 **비용 – 편익비율** 비교방법이 있다. 순편익net benefit 비교방법은 공공프로젝트에서 얻는 편익에서 비용을 제외한 순편익의 크기를 비교하는 방법이다.

비용 – 편익비율(B/C ratio)benefit cost ratio 비교방법은 편익을 비용으로 나눈$\left(\dfrac{\text{편익}}{\text{비용}}\right)$ 값의 크기를 비교하는 방법이며, 비용 1원당 편익의 크기를 말하므로 비용의 효율성을 의미한다.

단일 대안이 제시된 경우 순편익이 0보다 크거나, 비용 – 편익비율이 1보다 크면 채택하고, 순편익이 0보다 작거나 비용 – 편익비율이 1보다 작으면 기각하면 된다. 만약 순편익이 0이거나 비율 – 편익비율이 1이면 추가 검토가 필요하다.

순편익 비교방법	비용 – 편익비율 비교방법
편익 > 비용 (순편익 > 0) → 정책 채택	$\dfrac{\text{편익}}{\text{비용}}>1$ → 정책 채택
편익 < 비용 (순편익 < 0) → 정책 기각	$\dfrac{\text{편익}}{\text{비용}}<1$ → 정책 기각
편익 = 비용 (순편익 = 0) → 추가 검토	$\dfrac{\text{편익}}{\text{비용}}=1$ → 추가 검토

---

31 김홍배(2012년), 『정책평가기법: 비용·편익분석론』, 나남출판.

32 비용 – 편익분석cost benefit analysis과 유사한 용어로 비용 – 효과분석cost effectiveness analysis과 타당성분석 feasibility analysis이 있다. 비용 – 편익분석은 정부의 공공투자사업이 주는 경제적 편익을 화폐가치로 측정 하여 사업의 우선순위를 결정하는 방법이며, 비용 – 효과분석은 공공사업의 성과(효과)를 계량적으로 측정(예: 대기오염 감소량)하여 대안을 비교하는 방법이다. 타당성분석은 경제적 타당성 이외에 기술적, 사회적, 정책적 타당성 등을 모두 평가한다.

복수 대안이 제시된 경우 순편익 비교방법은 ① 순편익이 큰 프로젝트 ② 순편익이 0보다 크면서 비용이 적은 프로젝트 ③ 비용이 같으면 순편익이 큰 프로젝트 ④ 순편익이 같으면 비용이 적은 프로젝트의 순서로 선택하는 것이 최선의 선택방법이나. 그리고 비용 – 편익비율 비교방법은 비용 – 편익비율이 클수록 좋은 프로젝트라고 할 수 있다.

그러나 문제는 순편익 비교방법의 결과와 비용 – 편익비율 비교방법의 결과가 서로 다를 때 어떤 방법을 기준으로 대안을 선택하는가 하는 것이다. [표 5.1]의 사례를 살펴보자. 대안 a ~ d를 살펴보면, 순편익의 우선순위는 대안 a → d → b → c의 순이지만, 비용 – 편익비율의 우선순위는 대안 c → d → b → a의 순으로 서로 일관성이 없다.[33] 이러한 경우에는 한 번에 두 대안씩 묶어서 편익의 차이와 비용의 차이를 비교하여 대안의 우선순위를 결정하면 된다.

[표 5.1] 비용 – 편익 우선순위 결정방법(1)

	편익	비용	순편익(순위)	B/C 비율(순위)
대안 a	320	240	80(1)	1.33(4)
대안 b	240	175	65(3)	1.37(3)
대안 c	140	100	40(4)	1.40(1)
대안 d	260	187	73(2)	1.39(2)

[표 5.2] 비용 – 편익 우선순위 결정방법(2)

	편익	편익 증가분	비용	비용 증가분
대안 c	140		100	
대안 b	240	〉 100	175	〉 75
대안 d	260	〉 20	187	〉 12
대안 a	320	〉 60	240	〉 53

구체적으로 살펴보면, [표 5.2]와 같이 ① 가장 적은 비용이 투입되는 대안부터 가장 많은 비용이 투입되는 대안까지 오름차순으로 정리하고, ② 비용이 가장 적게 드는 대안 2개(즉 대안 c와 대안 b)부터 비교하면, 비용은 75만큼 증가하지만 편익은 100만큼 증가하므로 대안 b가 우수한 대안이라고 할 수 있다. ③ 대안 b와 대안 d를

---

33 순편익 비교방법과 비용 – 편익비율 비교방법의 결과가 서로 다른 이유는 대안들이 재투자를 감안하지 않고, 소요비용이 서로 다르며, 사업기간이 서로 다르기 때문이다. 따라서 세 가지를 동일하게 만들어 주면 우선순위가 동일한 결과를 도출할 수 있다. 이를 표준화법normalization method이라고 한다.

비교하면, 비용은 12만큼 증가하지만 편익은 20만큼 증가하므로 대안 d가 더 우수한 대안이라고 할 수 있으며 ④ 대안 d와 대안 a를 비교하면, 비용은 53만큼 증가하지만 편익은 60만큼 증가하므로 대안 a가 제일 우수하다고 할 수 있다.

공공사업의 비용 – 편익분석을 추진하는 절차는 다음과 같다.[34] 첫째, 정부가 사업목표를 설정하고 공고하면 둘째, 사업 참여자들이 선택할 수 있는 여러 대안을 상정하고 셋째, 각 대안의 비용과 편익을 분석하고 넷째, 사회적 편익과 사회적 비용을 화폐단위로 측정하고 다섯째, 민감도 분석을 통하여 여섯째, 최종 대안을 선택하는 순서로 추진된다.

여기에서 편익과 비용을 어떻게 화폐단위로 측정하는가? 수요곡선이 한계편익곡선이며 공급곡선이 한계비용곡선이라는 것을 활용하면 된다. 한계편익곡선과 한계비용곡선을 직접 추정할 수 있으면 직접 추정하면 되지만, 직접 추정이 불가능하면 간접적인 추정방법 또는 조건부 가치 추정방법을 사용하면 된다.

간접적인 추정방법은 현재 추진하고 있는 공공사업과 유사한 민간시장을 선택하여 추정하는 방법이며, 조건부 가치 추정방법contingent valuation은 추진 중인 공공사업에 대한 소비자들의 만족도를 측정하여 수요함수를 추정하면 된다. 수요함수(한계편익곡선)가 추정되면, 한계편익곡선 아래에 있는 면적이 편익이 되므로 화폐적 가치를 계산할 수 있다. 또한 비용을 화폐단위로 측정하는 방법은 소요되는 비용을 모두 합산하되, 명시적 비용이 아닌 기회비용으로 계산하면 된다.

이렇게 계산된 비용과 편익은 프로젝트의 공사기간이 여러 해 동안 이루어지고, 완공 후 얻는 편익도 여러 해 동안 발생하므로 순현재가치법이나 내부수익률법을 사용하여[35] 순편익의 크기와 비용 – 편익비율의 크기를 계산하면 된다.

민감도분석sensitivity analysis은 공공사업을 운영하는 과정에서 예기치 못한 변동상황이 발생할 것을 감안하여 시나리오별로 투자안에 미치는 영향을 분석하는 과정이다. 예컨대 공사비나 원자재 구입비 등 투입물의 가격이 변화하거나 공사기간이 연장될 경우 또는 순현재가치나 내부수익률에 오차가 발생할 경우 등을 시나리오별로 분석하여 프로젝트 투자에 대한 우선순위를 결정하면 된다.

---

34 김동건(2012년), 『비용 – 편익분석』, 박영사.
35 비용과 편익의 크기는 미래가치를 현재의 가치로 환산하여 계산된다. 이때 사용되는 방법은 순현재가치법(NPV), 내부수익률(IRR) 등이 사용된다. 세부내용은 제11장을 참조하기 바란다.

경제 행
주체 동
별 원
 리

CONTENTS

'경제는 어떻게 움직이는가?'
제3편에서는 경제주체별 행동원리에 대하여 공부한다.
가계는 효용극대화의 원리로, 기업은 이윤극대화의 원리
로, 정부부문은 사회후생 극대화의 원리로, 해외부문은
자국이익 극대화의 원리로 움직인다. 경제주체들의 행동
원리에 대하여 '무엇을, 어떻게, 왜'의 관점에서 공부한다.

06 소비자 행동원리

가계는 어떤 원리에 의하여 움직이는가? 가계는 노동, 자본, 토지의 생산요소를 제공하여 얻은 소득을 소비, 저축, 조세로 지출한다. 가계는 기업에게 생산요소를 제공하는 생산요소의 공급자이면서 소비활동의 주체이며 정부의 납세자이다. 합리적인 소비자는 벌어들인 소득을 적절히 분할하여 소비와 저축을 한다. 소비는 효용극대화원칙을 추구한다.

01 소비자의 경제행위

소비의 동기

가계가 소비활동을 통하여 다양한 욕구를 충족하고 행복을 증진시킨다는 점에서 소비는 가장 기본적인 경제활동이면서, 가계의 소비지출이 국민소득(GDP)에서 차지하는 비중이 미국은 70% 내외, 우리나라는 50% 내외를 차지한다는 측면에서 한 나라의 경제를 움직이는 원동력이기도 하다.[1]

따라서 가계는 어떤 목적으로 소비할 것인가(소비 동기), 무엇을 소비할 것인가(품목 선택), 얼마나 소비할 것인가(소비량)를 합리적으로 결정하는 것이 매우 중요하다.

---

1 2017년 우리나라 국민소득의 지출비중은 민간소비 48%, 투자 31%, 정부지출 15%, 순수출 5%이며, 2014년 미국은 소비 68.5%, 투자 16.4%, 정부지출 18.2%, 순수출 △3.1%이다.

소비품목과 최적소비량

소비품목은 경제재와 자유재로 구분된다. 경제재는 자원의 희소성으로 인하여 일정한 대가를 지불하지 않으면 얻을 수 없는 재화를 말하고, 자유재(또는 무상재)는 아무런 대가를 지불하지 않고도 얻을 수 있는 재화를 말한다.

경제재에는 정상재, 열등재, 기펜재가 있다. 정상재normal goods는 소득이 증가하거나 가격이 하락하면 수요량이 늘어나는 일반적인 재화를 말하며, 열등재inferior goods는 소득이 증가하더라도 소비가 감소하는 재화를 말한다. 제3장에서 설명한 기펜재는 열등재 가운데서도 특히 가격이 내려갈수록 수요가 줄어드는 재화를 말한다. 그 밖에 재화 상호 간의 연관성을 기준으로 대체재, 보완재, 독립재 등으로 구분하기도 하는데, 제1장에서 설명하였으므로 여기서는 생략하고자 한다.

소비자들이 얼마만큼 소비할 것인가라는 소비량 결정문제는 효용극대화원칙이 적용되며, 본서에서는 한계효용이론, 한계편익이론, 무차별곡선이론 등으로 구분하여 설명하고자 한다.

02 한계효용이론

소비자가 어떤 재화를 소비할 때 느끼는 주관적인 만족도를 **효용**(U)utility이라 하고, 여러 단위를 소비하였을 때 느끼는 총만족도를 **총효용**(TU)total utility이라고 한다. 그리고 재화 1단위를 추가 소비할 때 증가하는 만족도를 **한계효용**(MU)marginal utility이라고 한다.

한계효용이론의 이해를 돕기 위하여 사례를 살펴보자. [표 6.1]은 '민준'이가 사과와 배를 소비할 때 느끼는 만족도를 나타낸 것이다. 먼저 사과만 소비할 때 만족도가 어떻게 변화하는지 살펴보자. 첫 번째 사과를 소비하였을 때 얻는 총만족도는 2,000이며 증가되는 만족도도 2,000이다. 두 번째 사과를 소비하였을 때 총만족도는 3,400이며 증가되는 만족도는 1,400이고, 세 번째 사과를 소비하였을 때 총만족도는 4,200이며 증가되는 만족도는 800이다. 다섯 번째와 여섯 번째 사과를 소비하였을 때 총만족도는 5,200으로 동일하고, 일곱 번째 사과를 소비할 때부터 오히려 총만족도는 줄어든다.

[표 6.1] 한계효용 사례

소비량	사과(X재)		배(Y재)		1원당 한계효용	
	총만족도 (총효용)	증가되는 만족도 (한계효용)	총만족도 (총효용)	증가되는 만족도 (한계효용)	사과 (1,000원)	배 (1,500원)
0	0		0			
		〉 2,000		〉 3,200	2.0	2.1
1	2,000		3,200			
		〉 1,400		〉 1,900	1.4	1.3
2	3,400		5,100			
		〉 800		〉 1,200	0.8	0.8
3	4,200		6,300			
		〉 700		〉 500	0.7	0.3
4	4,900		6,800			
		〉 300		〉 0	0.3	0
5	5,200		6,800			
		〉 0		〉 − 500	0	− 0.3
6	5,200		6,300			
		〉 − 200		〉 − 1,000	− 0.2	− 0.7
7	5,000		5,300			
		〉 − 500		〉 − 1,200	− 0.5	− 0.8
8	4,500		4,100			

[그림 6.1] 총효용과 한계효용

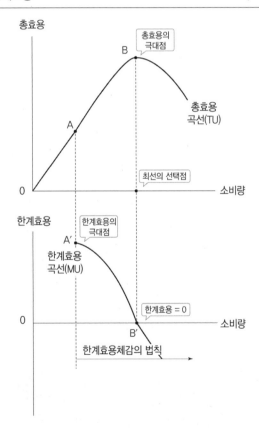

이를 그래프로 나타내면 [그림 6.1]과 같다. 사과 소비가 0일 때 총만족도(총효용)는 0이었으나, 소비량이 늘어나면서 총효용은 증가하다가 사과 5개와 6개를 소비할 때 최대의 만족을 느끼고, 이후 감소하고 있다. 반면에 사과 1개를 추가 소비할 때 증가되는 만족도(한계효용)는 첫 번째 사과를 소비할 때 2,000이었으나, 소비량이 늘어날수록 감소하고 사과 6개를 소비할 때 한계효용은 0이 되며, 사과 7개를 소비할 때부터 한계효용은 음(−)이 된다. 즉 싫증이 나타난다고 할 수 있다.

이와 같이 한계효용은 소비량이 늘어날수록 점차 감소하는 경향이 있는데, 이를 **한계효용체감의 법칙**law of diminishing marginal utility이라고 한다.

이번에는 총효용과 한계효용의 관계를 살펴보자. 총효용은 한계효용의 합이며, 한계효용이 (+)일 때 총효용은 증가하다가, 한계효용이 0일 때 총효용은 극대점에 이르고, 한계효용이 (−)일 때 총효용은 감소하고 있는 모습을 보여 주고 있다.

$$한계효용 > 0 \quad \rightarrow \quad 총효용\ 증가$$
$$한계효용 = 0 \quad \rightarrow \quad 총효용\ 극대$$
$$한계효용 < 0 \quad \rightarrow \quad 총효용\ 감소$$

소비자들의 소비행위에는 이와 같은 효용의 개념이 내재되어 있다. 어떤 소비자라도 효용가치가 없는 재화를 소비하려고 하지 않으며, 나름대로 효용극대화를 위하여 합리적인 선택을 하려고 노력한다.

먼저 재화가 하나일 때 소비자의 합리적인 선택은 어떻게 결정되는가? 재화가 하나일 때 소비자들은 총만족도가 최대가 될 때까지 소비하므로 총효용의 극대점이 합리적인 선택이 된다. 만약 예산이 부족할 경우에는 예산이 허용하는 범위 내에서 최대한 소비량을 늘리려고 할 것이다. 따라서 [그림 6.1]에서 최선의 소비점은 A와 B의 구간이 된다.

만약 재화가 2개(사과, 배)인 경우 소비자의 합리적인 선택은 무엇인가? 제1장에서 설명한 바와 같이 합리적인 선택은 두 단계를 거친다. 첫 번째 단계는 두 재화 중에서 하나(either or, 적정 대안)를 선택하는 단계이다. 두 재화 중에서 더 큰 만족도를 주는 재화, 즉 총효용이 큰 재화부터 선택하면 된다. 두 번째 단계는 얼마만큼 소비할 것인가(how much, 적정 수량)를 결정하는 단계이다. 적정 수량의 결정은 한계원리 marginal principle에 따르면 된다.

다시 [표 6.1]을 살펴보자. '민준'은 사과(X재)와 배(Y재)를 소비할 때 어느 과일을 먼저 소비하겠는가? 사과 1개를 소비할 때 얻는 총효용은 2,000이며 배 1개를 소비할 때 얻는 총효용은 3,200이므로 당연히 배를 선택할 것이다. 두 번째 과일을 선택할 때 사과의 한계효용이 2,000이고 배의 한계효용이 1,900이므로 사과를 선택할 것이다. 세 번째 과일은 배의 한계효용이 1,900이며 사과의 한계효용은 1,400이므로 배를 선택할 것이다.

이와 같이 두 재화의 적정 수량 선택은 두 재화의 한계효용을 비교하여 한계효용이 높은 재화를 선택하면 된다. X재의 한계효용이 Y재의 한계효용보다 더 크면 X재를 추가 소비하고, Y재의 한계효용이 더 크면 Y재를 추가 소비하면 된다.

$$MU_x > MU_y \ \rightarrow \ \text{X재 추가 소비}$$
$$MU_x < MU_y \ \rightarrow \ \text{Y재 추가 소비}$$
$$MU_x = MU_y \ \rightarrow \ \text{소비자 균형조건 ⋯ 한계효용균등의 법칙} \qquad \text{(식 6.1)}$$

결국 X재의 한계효용과 Y재의 한계효용이 같을 때 효용은 극대화된다. 이를 **한계효용균등의 법칙**이라고 한다. $MU_x = MU_y$의 조건을 충족시킬 때 효용이 극대화되며, 소비자의 균형점에 도달한다. '민준'이는 $MU_x = MU_y = 0$인 사과 6개와 배 5개를 선택하면 된다. 물론 예산이 허용된다는 것을 전제로 한다.

만약 두 재화의 가격이 다르다면, 어떻게 선택할 것인가? 당연히 값비싼 재화의 한계효용이 더 크겠지만, 두 재화의 1원당 한계효용의 크기를 비교하는 것이 바람직하다. [표 6.1]에서 사과 1개의 값이 1,000원이고 배 1개의 값이 1,500원이라고 하자. 첫 번째 과일을 선택할 때 배의 1원당 한계효용이 2.1로 사과의 2.0보다 크므로 배를 선택할 것이다. 두 번째 과일을 선택할 때 배의 1원당 한계효용은 1.3이며, 사과의 1원당 한계효용은 2.0이므로 사과를 선택할 것이다.

$$\frac{MU_x}{P_x} > \frac{MU_y}{P_y} \ \rightarrow \ \text{X재 추가 소비}$$
$$\frac{MU_x}{P_x} < \frac{MU_y}{P_y} \ \rightarrow \ \text{Y재 추가 소비}$$
$$\frac{MU_x}{P_x} = \frac{MU_y}{P_y} \ \rightarrow \ \text{소비자 균형조건 ⋯ 가중된 한계효용균등의 법칙} \qquad \text{(식 6.2)}$$

이렇게 1원당 한계효용을 비교하면서 과일 소비를 늘려나는 것이 합리적이다. 즉 X재의 화폐 1단위당 한계효용$\left(\dfrac{MU_x}{P_x}\right)$이 Y재의 화폐 1단위당 한계효용$\left(\dfrac{MU_y}{P_y}\right)$보다 크면 X재를 추가 소비하고, Y재의 화폐 1단위당 한계효용이 더 크면, Y재를 추가 소비하는 것이 만족도를 더 높인다. '민준'이는 $\dfrac{MU_x}{P_x} = \dfrac{MU_y}{P_y} = 0.3$인 사과 5개와 배 4개를 선택하면 된다.

요컨대, 두 재화의 가격이 다른 경우 두 재화의 화폐 1단위당 한계효용이 같을 때 효용이 극대화된다. 이를 **가중된 한계효용균등의 법칙**이라고 한다. $\dfrac{MU_x}{P_x} = \dfrac{MU_y}{P_y}$ 의 조건을 충족시키는 X재의 소비량과 Y재의 소비량을 선택하는 것이 소비자의 최적 선택점이 된다.

03 한계편익이론

소비자의 한계효용이론은 쉽게 이해되지만, 현실에 적용하기 어렵다는 단점이 있다. 왜냐하면 효용이 주관적인 만족도이므로 객관적으로 측정할 수 없기 때문이다. 이러한 문제점을 해소하기 위하여 등장한 개념이 편익benefit이다. 편익은 주관적인 만족도를 금전으로 환산한 개념이다. **한계편익**(MB)marginal benefit은 재화 1단위를 추가 소비할 때 추가로 얻는 만족도의 화폐가치를 말하며, **한계비용**(MC)marginal cost은 재화 1단위를 추가 소비할 때 추가로 지불하는 비용으로 당연히 재화의 가격($MC_x = P_x$)이 된다.

재화가 하나(X재)일 때 합리적 선택은 어떻게 결정되는가? 한계편익(MB_x)이 한계비용(MC_x)보다 크면 추가 소비하고, 한계비용이 한계편익보다 크면 소비를 줄이는 것이 합리적이다. 따라서 소비자의 편익을 극대화시켜 주는 소비점은 한계편익과 한계비용이 같을 때이다.

$$MB_x > MC_x \quad \rightarrow \text{추가 소비}$$
$$MB_x < MC_x \quad \rightarrow \text{소비 축소}$$
$$MB_x = MC_x \quad \rightarrow \text{한계편익이론에서 소비자 균형조건} \qquad (\text{식 6.3})$$

만약 재화가 두 개(X재, Y재)라면, 소비자의 합리적인 선택은 어떠한가? X재의 화폐 1단위당 한계편익$\left(\dfrac{MB_x}{P_x}\right)$과 Y재의 화폐 1단위당 한계편익$\left(\dfrac{MB_y}{P_y}\right)$을 비교하면 된다. $\dfrac{MB_x}{P_x} > \dfrac{MB_y}{P_y}$ 이면 X재를 추가 소비하고, $\dfrac{MB_x}{P_x} < \dfrac{MB_y}{P_y}$ 이면 Y재를 추가 소비하는 것이 편익을 높인다. 결국 두 재화의 화폐 1단위당 한계편익이 같을 때$\left(\dfrac{MB_x}{P_x} = \dfrac{MB_y}{P_y}\right)$ 편익은 극대화된다.

$$\frac{MB_x}{P_x} > \frac{MB_y}{P_y} \;\rightarrow\; \text{X재 추가 소비}$$

$$\frac{MB_x}{P_x} < \frac{MB_y}{P_y} \;\rightarrow\; \text{Y재 추가 소비}$$

$$\frac{MB_x}{P_x} = \frac{MB_y}{P_y} \;\rightarrow\; \text{한계편익이론에서 가중된 소비자 균형조건} \qquad \text{(식 6.4)}$$

요컨대 두 재화의 가격이 다를 때 소비자의 편익을 극대화시켜 주는 균형조건은 $\frac{MB_x}{P_x} = \frac{MB_y}{P_y}$ 이 된다.

04 무차별곡선이론

무차별곡선

편익이 효용의 단점을 보완한 것이라고 하지만, 여전히 만족도를 금전으로 환산하기에는 측정에 많은 어려움이 따른다. 이에 따라 경제학자들은 두 재화의 만족도를 비교하는 것은 쉽다는 관점에 착안하여 무차별곡선을 개발하였다. **무차별곡선**indifference curve은 소비자에게 동일한 만족을 주는 두 재화의 조합을 연결한 선이다. 따라서 무차별곡선 상에 있는 모든 점은 소비자에게 동일한 만족을 준다.

무차별곡선은 몇 가지 특징이 있다. [그림 6.2]는 무차별곡선의 특징을 보여 주고 있다. 첫째, 무차별곡선은 우하향한다. 동일한 만족도를 유지하면서 X재를 추가로 소비하면, Y재를 포기하여야 하므로 두 재화 간에는 대체관계가 존재한다는 의미이다. X재를 1단위 추가 소비할 때 포기하여야 하는 Y재의 양을 **한계대체율**(MRS)marginal rate of substitution이라고 한다. 한계대체율은 X재를 추가 소비($+\Delta$X)할 때 포기하는 Y재($-\Delta$Y)이므로 $-\frac{\Delta Y}{\Delta X}$가 된다. $-\frac{\Delta Y}{\Delta X}$는 무차별곡선의 기울기이므로 한계대체율과 기울기는 같다$\left(\text{MRS}_{xy} = -\frac{\Delta Y}{\Delta X}\right)$.

둘째, 무차별곡선은 원점에서 멀리 위치할수록 더 높은 효용수준을 나타낸다. 그림 (b)에서 점 B와 점 B'는 X재의 소비량은 동일하지만, Y재 소비량은 점 B'가 더 많아 더 큰 만족을 준다. 따라서 점 B가 있는 무차별곡선보다 점 B'가 있는 무차별곡선이 더 큰 만족을 준다.

[그림 6.2] 무차별곡선의 특징

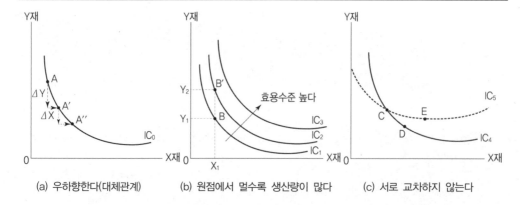

(a) 우하향한다(대체관계)　　(b) 원점에서 멀수록 생산량이 많다　　(c) 서로 교차하지 않는다

셋째, 동일한 소비자의 무차별곡선은 서로 교차하지 않는다. 그림 (c)의 점 C와 점 D는 동일한 만족(IC₄)을 주고, 점 C와 점 E는 동일한 만족(IC₅)을 준다면, 점 D와 점 E도 동일한 만족을 주어야 한다. 그러나 점 D와 점 E는 서로 다른 무차별곡선 상에 존재하므로 논리적으로 맞지 않다. 따라서 동일한 소비자의 무차별곡선은 서로 교차하지 않는다.

넷째, 무차별곡선은 원점에 대하여 볼록한 형태를 갖는다. 그림 (a)의 점 A에서 점 A'로 이동할 때와 점 A'에서 점 A''로 이동할 때 기울기가 다르다. 즉 볼록한 형태의 곡선은 X재 소비가 늘어날수록 기울기는 점점 작아진다. 이를 **한계대체율체감의 법칙** diminishing marginal rate of substitution이라고 한다. 한계대체율이 체감한다는 것은 무슨 의미인가? 동일한 만족도를 유지하면서 X재를 추가 소비할 때 포기하여야 하는 Y재의 양이 줄어든다는 의미이다. 즉 X재 소비가 늘어날수록 Y재의 상대적 중요성은 증가한다는 의미이며, Y재를 X재로 대체하는 경우 점점 더 적은 Y재를 요구한다는 의미이다.

가격선

모든 소비자는 소비할 때 제약요인을 가지고 있다. 제약요인이란 본인의 소득 범위 내에서만 소비할 수 있다는 것이다. 주어진 소득 범위 내에서 두 재화의 최대 구입량은 여러 조합이 있을 수 있다. 여러 조합을 연결한 선을 **가격선**price line 또는 **예산선** budget line이라고 한다.

현재 소득수준을 I, X재의 가격을 P_x, X재의 소비량을 X, Y재의 가격을 P_y, Y재의 소비량을 Y라고 할 때 예산 제약을 수식으로 표현하면, '$I \leq P_x \cdot X + P_y \cdot Y$'가 된다. 이를 조금 변형하면, '$Y \geq -\frac{P_x}{P_y}X + \frac{I}{P_y}$'이 된다. 이것이 소득(I) 범위 내에서 X

재와 Y재를 소비할 때 제약선인 가격선의 계산식이 된다. [그림 6.3]은 가격선을 나타낸 것이다. 가격선의 안쪽 부분은 주어진 예산 범위 내이므로 소비가능영역이 되고, 바깥쪽 부분은 주어진 예산을 초과하므로 소비불가능영역이 된다. 따라서 가격선의 경계선이 X재와 Y재를 최대로 구입할 수 있는 예산선이 된다.

[그림 6.3] 가격선

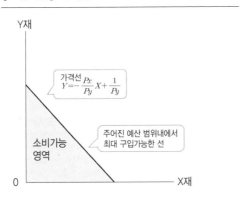

[그림 6.4] 소비자 균형점

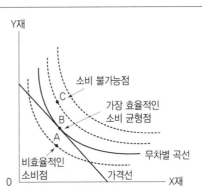

소비자 균형

무차별곡선과 가격선을 이용하여 최대만족을 주는 소비자 균형점을 찾아보자. 주어진 예산 범위 내(가격선의 안쪽 부분)에서 최대만족(원점에서 멀리 떨어진 무차별곡선)을 얻는 두 재화의 조합은 무차별곡선과 가격선이 만나는 접점이다. 이를 **소비자 균형점**이라고 한다. [그림 6.4]에서 점 A는 가격선의 안쪽에 있으므로 소비가능하지만 최대만족을 주지 못한다. 점 C는 더 큰 만족을 주지만, 가격선의 바깥쪽에 있으므로 소비불가능하다. 따라서 가격선과 무차별곡선의 접점인 점 B가 소비가능하면서 최대만족을 주는 균형점이 된다.

$$MRS_{xy} = -\frac{\triangle Y}{\triangle X} = -\frac{P_x}{P_y} \;\cdots\; 무차별곡선이론에서 소비자 균형조건 \quad (식\ 6.5)$$

소비자 균형점에서 무차별곡선의 기울기$\left(MRS_{xy} = -\dfrac{\triangle Y}{\triangle X}\right)$와 가격선의 기울기$\left(-\dfrac{P_x}{P_y}\right)$는 같다. 무차별곡선의 기울기는 X재와 Y재의 교환비율(한계대체율)이며 가격선의 기울기는 X재와 Y재의 상대가격이며, 이들이 서로 같을 때$\left(MRS_{xy} = -\dfrac{\triangle Y}{\triangle X} = -\dfrac{P_x}{P_y}\right)$ 효용이 극대화된다.

05 소비자이론의 응용

(1) 수요곡선의 도출

한계효용균등의 법칙에서 $\frac{MU_x}{P_x} = \frac{MU_y}{P_y}$ 일 때 효용이 극대화되고 소비자 균형을 이룬다고 하였다. 균형점에서 X재의 가격(P_x)이 하락하면, $\frac{MU_x}{P_x} > \frac{MU_y}{P_y}$ 이 되어 X재를 추가 소비하여야 효용이 극대화된다. 즉 X재 가격이 하락하면 X재의 소비량이 늘어나는 수요의 법칙이 성립한다. 또한 X재의 가격이 상승하면, $\frac{MU_x}{P_x} < \frac{MU_y}{P_y}$ 이 되어 X재 소비량이 감소하여야 효용이 극대화된다. 따라서 X재의 가격과 소비량은 음(−)의 관계를 가지므로 수요곡선은 우하향하는 형태가 된다.

또한 무차별곡선에서도 수요곡선을 도출할 수 있다. [그림 6.5] (a)에서 X재 가격

[그림 6.5] 무차별곡선과 수요곡선의 도출

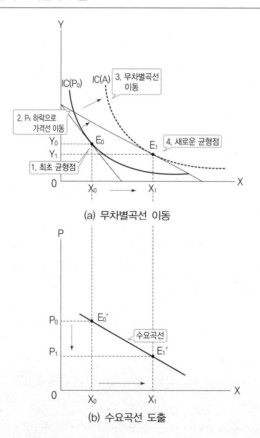

(a) 무차별곡선 이동

(b) 수요곡선 도출

이 P_0일 때 점 E_0에서 최초 균형을 이루고 있으며 이때 소비량은 X_0이다. 만약 가격이 P_1으로 하락하면 가격선의 기울기$\left(-\frac{P_x}{P_y}\right)$의 절대값이 작아지므로 가격선이 바깥쪽으로 회전이동하여 새로운 무차별곡선과 만나는 점 E_1에서 새로운 균형을 이루며 소비량은 X_1이 된다. 그림 (a)에 대응하는 그림이 그림 (b)이다. 그림 (b)에서 가격이 P_0일 때 균형점은 E_0'이며, 가격이 P_1으로 하락하면 새로운 균형점은 E_1'이 된다. 따라서 E_0'와 E_1'을 연결한 우하향의 수요곡선을 도출할 수 있다.

(2) 한계편익곡선과 한계비용곡선의 도출

한계편익이론에서 재화가 하나일 때 소비자 균형조건은 $MB_x = MC_x$ 라고 설명하였다. 여기에서 MC_x는 재화 1단위를 추가 구입할 때 드는 비용을 의미하므로 X재의 가격(P_x)을 말한다. 즉 $P_x = MC_x$이다. 그런데 P_x는 시장에서 결정되어 소비자와 생산자들은 그대로 수용할 수밖에 없으므로 한계비용곡선은 수평선이 된다. [그림 6.6] (a)에서 수평선이 한계비용곡선이다. 만약 가격이 상승(P_1)하면 한계비용곡선은 위쪽으로 이동하게 되고, 가격이 하락(P_2)하면 아래쪽으로 이동하게 된다.

반면, 한계편익곡선은 우하향하는 형태를 갖는다. 그림 (b)에서 현재 소비점이 점 E_0라고 할 때 가격은 P_0, 소비량은 Q_0이 된다. 만약 X재의 가격이 P_0에서 P_1으로 상승하면(한계비용이 상승하면) $MB_x < MC_x$이므로 X재 소비는 Q_0에서 Q_1으로 줄어들고, 가격이 P_0에서 P_2로 하락하면(한계비용이 하락하면) $MB_x > MC_x$이므로 X재 소비는 Q_0에서 Q_2로 늘어난다. 따라서 점 E_0, E_1, E_2의 세 점을 연결한 선이 한계편익곡선이 된다. 제3장에서 수요곡선은 한계편익곡선이라고 한 것을 입증한 것이다.

[그림 6.6] 한계비용곡선과 한계편익곡선

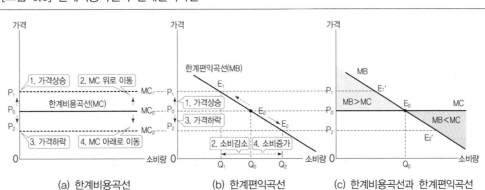

(a) 한계비용곡선   (b) 한계편익곡선   (c) 한계비용곡선과 한계편익곡선

그림 (a)와 그림 (b)를 합한 그림이 그림 (c)이다. 한계비용곡선과 한계편익곡선이 만나는 점 E_0에서 균형이 이루어진다.　　　　부분은 한계편익곡선이 한계비용곡선보다 위에 위치하므로 MB > MC 영역이 되며,　　　　부분은 한계비용곡선이 한계편익곡선보다 위에 위치하므로 MB < MC 영역이 되어 균형점은 두 곡선이 만나는(MB = MC) 점 E_0가 된다.

(3) 아담 스미스의 역설

아담 스미스는 '왜 물은 다이아몬드보다 싸게 팔리는가?'라는 의문을 제기하면서 모든 재화의 가치를 사용가치와 교환가치로 구분하고 가격은 교환가치에 의해 결정된다고 설명하였다. 즉 물은 사용가치가 훨씬 크지만 존재량이 풍부하여 누구나 쉽게 얻을 수 있으므로 교환가치는 적어 가격이 낮은 반면, 다이아몬드는 사용가치는 낮지만 희소성이 있어 누구나 가질 수 없으므로 교환가치가 많아 가격이 높다는 것이다.

이와 같이 사용가치는 크지만 가격은 아주 낮고, 사용가치는 작지만 가격은 아주 비싼 이율배반적인 현상을 **아담 스미스의 역설**Smith's paradox 또는 **가치의 역설**Paradox of Value이라고 부른다.

그러나 한계효용 학파들이 등장하면서 가격은 총효용이 아니라 한계효용에 의하여 결정된다는 이론을 제시하여 아담 스미스의 궁금증은 해결되었다. 즉 한계효용균등의 법칙 $\dfrac{MU_x}{P_x} = \dfrac{MU_y}{P_y}$ 는 $P_x = \dfrac{MU_x}{MU_y} \times P_y$ 가 되므로 X재의 가격(P_x)은 X재의 한계효용(MU_x)과 비례한다는 것을 쉽게 알 수 있다. 즉 물은 사용가치가 커 총효용은 크지만, 1단위를 추가 소비할 때 증가되는 한계효용은 다이아몬드보다 훨씬 작으므로 가격이 낮은 것이다.

(4) 가격효과와 소득효과 및 대체효과

어떤 재화의 가격이 변화할 때 해당 재화의 소비량이 변화하는 것을 가격효과price effect라고 한다. 제3장에서 살펴보았듯이 가격효과는 소득효과와 대체효과로 구분된다. 어떤 소비자가 X재와 Y재를 소비한다고 가정할 때, X재의 가격이 하락할 때 두 가지 현상이 발생한다. X재 가격이 하락하면, 동일한 소득으로 X재를 추가로 구입할 수 있는 소득효과income effect가 발생하며, 또한 X재 가격이 하락하면 상대적으로 저렴해진 X재의 소비가 늘어나는 대체효과substitution effect가 발생한다.

가격효과	소득효과: X재 가격변화 → 구매력의 변화 → X재 소비량 변화
	대체효과: X재 가격변화 → 상대가격의 변화 → X재 소비량 변화

[그림 6.7]은 무차별곡선과 가격선을 활용하여 가격효과를 설명하고 있다. 어떤 소비자가 현재 균형점 E_0에서 X재 X_0와 Y재 Y_0를 소비하고 있다고 하자. 만약 X재 가격이 하락하면, 가격선은 오른쪽으로 이동하여 더 높은 무차별곡선과 만나면서 균형점이 E_1으로 이동한다. 따라서 X재 가격하락으로 X재 소비량은 당초 X_0에서 X_1으로 크게 늘어나게 된다. 이를 가격효과라고 한다.

가격효과를 좀 더 분해 보면, 두 단계로 나누어진다. 먼저 X재 가격(P_x)하락으로 가격선의 기울기$\left(-\dfrac{P_x}{P_y}\right)$ 절대값이 더 작아지므로 가격선은 더욱 완만한 형태로 변화한다. 이에 따라 현재의 무차별곡선 위에서 균형점은 E_0에서 E_0'로 이동하게 되고 X재 소비량은 X_0에서 X_0'로 늘어난다. 이를 대체효과라고 한다. 다음에는 실질소득이 증가하므로 가격선은 위쪽으로 평행이동하고 새로운 무차별곡선과 만나는 새로운 균형점은 E_1가 된다. 이에 따라 X재 소비량은 X_0'에서 X_1으로 다시 증가하게 된다. 이를 소득효과라고 한다. 이와 같이 가격효과는 대체효과와 소득효과의 합으로 나타난다.

이번에는 재화의 종류에 따른 가격효과를 [표 6.2]를 통하여 살펴보자. 대체효과는 가격과 수요량 사이에 존재하는 수요의 법칙에 따라 음(−)의 크기를 갖는다. 즉 어떤 재화의 가격이 상승하면 해당 재화의 수요량은 감소하고, 가격이 하락하면 수요량이 증가한다.

반면에 소득효과는 재화의 종류에 따라 다르게 나타난다. 해당 재화가 정상재인

[그림 6.7] 대체효과와 소득효과

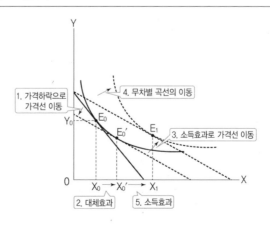

경우 가격이 하락하면 구매력이 증가하여 해당 재화의 수요량이 늘어나므로 가격과 수요량 간에는 음(−)의 관계가 존재한다. 그러나 열등재의 경우 가격이 하락하여 구매력이 증가하면, 열등재의 수요량을 줄이고 다른 재화의 수요량을 늘리게 되므로 소득효과는 양(+)의 값을 갖는다. 따라서 열등재의 경우 가격이 하락할 때 대체효과(−)와 소득효과(+)는 반대방향으로 작용한다. 일반적으로 대체효과가 소득효과보다 크므로 가격효과는 음(−)이 된다. 그러나 소득효과가 대체효과보다 크면, 가격효과는 양(+)이 되는데, 이러한 재화를 열등재 중에서 기펜재라고 한다.

[표 6.2] 재화 종류별 가격효과 분석

	대체효과(A)	소득효과(B)	가격효과(A+B)	비고
정상재	−	−	−	
열등재	−	+	−	대체효과 〉 소득효과
(기펜재)	−	+	+	대체효과 〈 소득효과

주: 재화의 가격과 수요량이 양의 관계일 때 (+), 음의 관계일 때 (−)로 표기

(5) 비합리적인 소비 행태

대부분의 소비자들은 주어진 소득 범위 내에서 최대만족을 추구하는 합리적인 소비자들이다. 그러나 일부 소비자들은 현재의 소득과 미래의 소득을 감안하지 않고 비합리적인 소비를 하는 경우가 많다. 주요 비합리적인 소비행태는 다음과 같다.

미국의 사회학자 베블렌T. B. Veblen은 "나는 보통 사람들과 신분이 다르다"라고 하면서 부 또는 사회적 지위를 과시하기 위하여 값이 오를수록 수요가 증가하고, 값이 내릴수록 구매하지 않는 소비행태(베블렌효과Veblen effect)를 지적하였다. 사람들이 값비싼 귀금속류, 고급 승용차, 명품 등 과시욕과 허영심에 따라 소비하는 경우가 여기에 해당된다.

또한 미국 경제학자 라이벤스타인H. Leivenstein은 다른 사람들로부터 영향을 받아 소비하는 행태(네트워크효과network effect)를 지적하였다.[2] 남들이 소비하면 덩달아 소비하는 모방소비나, 남들이 소비하면 오히려 소비하지 않는 차별적 소비도 모두 비합리적인 소비행태이다.

---

2 네트워크효과는 두 가지가 있다. 하나는 타인으로부터 영향을 받아 소비하는 소비행태로서 악대차 효과, 속물효과, 의존효과 등이 있다. 다른 하나는 상품의 사용자가 증가할수록 그 상품의 가치가 증가하는 현상으로 네트워크 외부효과externality라고 한다. 소프트웨어, 무선전화기, 페이스북 등이 대표적인 예이다.

모방소비는 편승효과 또는 밴드왜건효과band wagon effect라고도 하는데, 사람들이 악대차를 보고 이유 없이 따라가는 것처럼 대중적인 유행을 따라 덩달아 구매하는 현상이다. 반면에 차별적 소비는 속물효과snob effect라고 하는데, 처음 희귀할 때 소비하다가 다른 사람들의 소비가 증가하면, 품위 하락이 두려워 일부러 소비하지 않는 행태, 즉 백로처럼 남들과 다르게 보이려는 심리가 반영된 소비행태라고 할 수 있다.

그 밖에 갈브레이스J. Galbraith가 주장한 바와 같이 최근 케이블TV, 유튜브, 인터넷 등 외부광고에 자극을 받아 소비하는 의존효과dependence effect가 확산되고 있는데, 이것도 비합리적인 소비행태 중의 하나이다.

06 소비함수와 저축함수

소비자의 효용극대화원칙에는 소득(또는 예산)의 제약을 받는다. 소득이 소비에 영향을 미친다는 것이다. 그렇다면 일반적으로 소비에 영향을 미치는 요소는 무엇인가? 거시경제학에서 소비함수와 저축함수를 연구하지만, 본서에서는 제6장에서 간략하게 살펴본다.

(1) 소비함수

절대소득가설

가계의 소비는 소득의 크기에 따라 좌우된다. 소득과 소비의 관계를 설명하는 경제이론에는 절대소득가설, 상대소득가설, 항상소득가설, 생애주기가설 등이 있다.

절대소득가설absolute income hypothesis은 케인즈가 주장한 것으로 가계의 소비는 현재 소득의 절대적인 크기와 개인들의 소비성향에 따라 결정된다고 주장하였다. 가계는 소득에서 세금을 납부한 후의 소득(처분가능소득)을 소비와 저축으로 지출한다. 따라서 가계의 소비는 현재의 소득 크기에 따라 결정되며, 동일한 소득이더라도 가계별 소비성향에 따라 소비의 크기는 달라진다. 여기에서 소비성향은 처분가능소득 중에서 소비지출액의 비율$\left(\dfrac{\text{소비 지출}(C)}{\text{처분가능소득}(Y_d)}\right)$을 말하며, 소득이 증가할수록 소비가 늘어나므로 양(+)의 값을 갖는다.

[그림 6.8] 케인즈의 소비함수

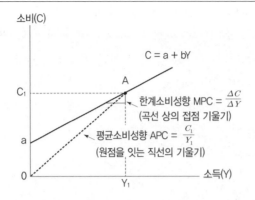

소비성향 중에서 소득 1단위가 증가할 때 늘어나는 소비지출액의 비율$\left(\dfrac{소비의\ 증가분}{소득의\ 증가분}\right.$ $\left.=\dfrac{\Delta C}{\Delta Y}\right)$을 **한계소비성향**(MPC)marginal propensity to consume이라고 한다. 소득이 증가할수록 소비도 증가하지만, 소비의 증가분은 감소하므로 0 < MPC < 1의 값을 갖는다.

또한 **평균소비성향**(APC)average propensity to consume은 소비지출이 소득에서 차지하는 비중$\left(\dfrac{소비량}{가처분소득}=\dfrac{C}{Y_d}\right)$을 말한다. 단기적으로 소득이 증가할수록 소비량은 늘어나므로 평균소비성향은 양(+)의 값을 갖지만, 소득이 증가할수록 지속적으로 소비량을 늘릴 수 없으므로 장기적으로 소득이 증가할수록 평균소비의 증가 규모는 감소하는 경향이 있다.[3]

따라서 케인즈의 소비함수는 C = a + bY로 표시할 수 있으며, a는 소득이 없더라도 소비하여야 하는 기초 소비로서 상수이며, b는 소비함수의 기울기 $\dfrac{\Delta C}{\Delta Y}$(한계소비성향)이며 0 < b < 1이다. 또한 이 경우 평균소비성향은 $\dfrac{C}{Y}=\dfrac{a}{Y}+b$ 로 표현할 수 있다.

한편 토빈Tobin은 케인즈의 절대소득가설을 보완하여 **유동자산가설**Liquid asset hypothesis을 주장하였다. 개인의 소비지출은 절대소득수준 외에 보유하고 있는 현금, 예금 등 유동자산에도 의존한다는 것이다. 이러한 유동자산이 소비에 영향을 미치므로 장기적으로 소비성향은 안정적이라고 주장하였다.

상대소득가설

상대소득가설relative income hypothesis은 듀젠베리J. S. Duesenberry가 주장한 것으로 개인의 소비지출은 개인의 소득수준 이외에도 비교대상이 되는 타인의 소득에 영향을

---

3 케인즈의 절대소득가설에서 이자율은 소비지출에 중요한 역할을 하지 않고 부차적인 요소라고 가정하므로 이자율과 소비지출은 무관하다.

받는다는 것이다. 대개 개인들이 소비할 때 사회 전반적인 소비수준의 영향을 받고 타인을 의식하면서 소비하는 경향이 있는데, 이러한 경향을 소비의 상호 의존성이라고 하고 **전시효과**demonstration effect라고 부른다.

그리고 듀젠베리는 개인의 소비지출은 타인의 소득 외에도 본인의 과거 최고소득에 의해 영향을 받는다고 주장하였다. 소비는 습관성이 있으므로 소득이 증가하여 소비가 증가하면 소득이 감소하더라도 다시 소비를 줄이기가 어렵다는 소비의 비가역성이 존재한다고 주장한다. 마치 톱니모양의 형태를 갖는다고 하여 **톱니효과**Ratchet effect라고 한다.

[그림 6.9] 듀젠베리의 톱니효과

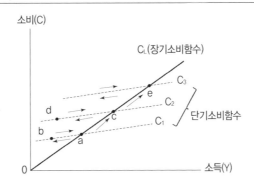

[그림 6.9]에서 C_1, C_2, C_3는 단기 소비함수이며, C_L은 장기 소비함수이다. 소득이 제일 낮은 시기의 소비함수는 C_1으로 현재 소비점은 a이다. 만약 경기가 침체되어 소득이 줄어들면 C_1선을 따라 소비를 줄이고(a → b) 경기가 회복되어 소득이 증가하면 C_1선을 따라 소비를 늘린다(b → a). 그러나 소득수준이 과거의 최고소득을 추월하여 C_2가 되면 소비는 장기 소비함수(C_L)를 따라 크게 늘어나 점 C에서 소비하게 된다(a → c). 소득수준이 C_2일 때 경기침체가 찾아오면, 이번에는 C_1선이 아니라 C_2선을 따라 소비가 줄어들고(c → d) 경기가 회복되면 C_2선을 따라 소비가 증가(d → c)하게 된다. 따라서 소비점은 소득의 증감에 따라 a → b → a → c → d → c → e의 지그재그 방식으로 움직이게 되는데, 이를 톱니효과라고 한다.

항상소득가설

항상소득가설permanent income hypothesis은 프리드먼M. Friedmann이 주장한 것으로 프리드먼은 가계의 소득을 항상소득과 임시소득으로 분류하고, 가계소비는 항상소득과 관련이 있으며, 임시소득과는 무관하다고 주장하였다. **항상소득**permanent income은 임금,

예금 이자 등 가계가 평생 동안 벌어들일 것으로 확실히 예견되는 소득의 평균치이며 **임시소득**temporary income은 보너스 등 미리 예견할 수 없는 일시적인 소득을 말한다.

특히 프리드먼은 항상소득이 평생 동안 벌어들일 수 있을 것으로 예상되는 미래 예상소득이므로 현재의 소비는 미래 예상소득에 의하여 결정된다고 주장하였다. 또한 임시소득은 호황기에는 (+), 경기침체기에는 (-)이므로 장기적으로는 평균 0이 되어 장기 소비는 임시소득에 영향을 받지 않고 오직 항상소득에 의해서만 영향을 받는다고 하였다.

생애주기가설

생애주기가설life cycle hypothesis은 모딜리아니−브룸버그−안도Modigliani−Brumberg−Ando가 주장한 것으로 소비는 소비자의 전 생애에 걸친 총소득에 의하여 결정된다고 하였다. 유년기와 청년기, 노년기는 음(-)의 저축을 하는 반면, 중년기에는 양(+)의 저축을 한다고 주장하였다.

총소득은 전체 생애 동안 예상되는 소득의 합계로 자산소득 예상액과 근로소득 예상액의 합으로 구성된다. 자산소득 예상액은 주식, 채권 등 금융자산과 주택, 부동산 등 실물자산으로부터 예상되는 소득을 말하며, 근로소득 예상액은 은퇴할 때까지 재직기간 중 예상되는 근로소득을 말한다.

따라서 소비자들은 불안정하게 발생하는 전 생애에 걸친 총소득을 미리 예상한 후, 이를 바탕으로 남은 생애 동안 안정적으로 소비하면서 효용극대화를 추구한다고 하였다.

[그림 6.10] 생애주기가설

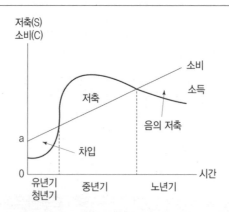

(2) 저축함수

저축은 현재 소비와 미래 소비를 통하여 얻어지는 만족을 극대화하기 위하여 현재 소비를 억제하여 현재의 소득을 비축하는 것을 말한다. 고전학파 경제학자들은 저축은 절약의 대가로 이자를 받으므로 저축은 이자율의 함수이며, 수익률 극대화의 원칙에 따라 저축이 이루어진다고 주장하였다.

그러나 케인즈는 일반적으로 사람들은 소비되지 않은 부분을 저축한다고 주장하면서 저축은 소득의 함수라고 주장하였다. 소득이 증가할수록 저축이 늘어나는 이유는 소득이 증가하는 만큼 소비가 증가하지 않기 때문이라고 주장하였다. 따라서 한계저축성향$\left(\dfrac{\Delta S}{\Delta Y}\right)$은 소득이 증가할수록 증가하며, 평균저축성향$\left(\dfrac{S}{Y}\right)$도 소득이 증가할수록 증가한다고 보았다.

저축과 관련하여 케인즈의 유명한 에피소드가 있다. "소비가 미덕인가? 저축이 미덕인가?" 케인즈는 개인의 입장에서는 절약이 미덕일 수 있지만, 사회 전체의 관점에서는 저축이 오히려 소득의 감소를 가져 온다[4]는 **절약의 역설**paradox of thrift을 주장하였다. 케인즈는 세계 대공황의 상황에서 개인들이 저축을 많이 하면 미래의 소득이 늘어나겠지만, 현재의 소비지출이 감소하여 기업의 재고가 증가하여 생산이 줄어들고 실업자가 늘어나 국민소득이 감소하여 경기침체를 초래하므로 "소비가 미덕이다"라고 주장하였다.

---

4 이를 **구성의 오류**fallacy of composition라고 한다. 개별적으로 합리적인 행동이라도 구성원 전체 입장에서는 합리적이지 않은 현상을 말한다.

07 생산자 행동원리

기업은 어떤 원리로 움직이는가? 기업은 노동, 자본, 토지 등 생산요소를 구입 또는 임대하여 이윤극대화원칙에 따라 생산하고 판매한다. 이익금은 생산요소의 대가(임금, 이윤, 이자, 지대 등)를 지급하고 투자, 사내유보, 배당, 조세 등으로 지출하고 사회적 책임을 완수하기 위하여 노력한다. 제7장에서는 생산자의 행동원리를 결정짓는 생산함수와 생산비함수를 살펴보고 이윤극대화조건을 찾아낸다.

01 생산자의 경제행위

생산자의 선택문제

기업은 생산요소의 수요자이면서 생산물의 공급자로서 국민경제의 총공급을 담당한다. 기업의 경제활동은 복잡한 선택의 문제로 이루어진다. 무엇을 생산할 것인가(생산물 종류)? 생산하는 목적이 무엇인가(생산동기)? 어떻게 생산할 것인가(생산방법)? 얼마만큼 생산할 것인가(생산량)? 어떻게 판매할 것인가(판매방법)?

여기서 생산동기, 생산물 종류, 생산방법(생산공정 측면), 판매방법 등은 경영학 또는 생산기술의 연구영역이라면, 생산방법(생산비용 측면), 생산량, 판매량 등은 경제학의 연구영역이라고 할 수 있다.

본서에서는 생산함수, 생산비함수, 이윤함수 등을 통하여 어떻게 생산할 것인가(생산요소 결합방법), 얼마만큼 생산할 것인가(생산량 결정방법)라는 문제를 단기균형, 장기균형, 이윤극대화로 나누어 살펴보고자 한다.

생산동기

기업의 생산동기는 다양하다. 창업주의 창업목적과 주주들의 요구사항, 경영자의 성향에 따라 다르며 기업의 성장단계와 시장 종류에 따라 달라진다. 많은 기업들은 이윤극대화를 목표로 하지만, 어떤 기업들은 성장률 극대화, 사업다각화, 시장점유율 확대, 기업가치 또는 주가 극대화 등으로 그 목표가 다를 수 있다. 본서에서는 기업이 이윤극대화를 목적으로 한다는 대전제 아래 논의를 시작한다.

기업의 사회적 책임과 기업가정신

최근 양극화 심화, 기후 변화, 에너지 부족 등 다양한 사회문제가 발생하면서 기업의 사회적 책임이 강조되고 있다.

기업의 사회적 책임(CSR)corporate social responsibility은 경제적 책임, 법적·윤리적 책임, 자선적 책임 등으로 나눌 수 있다. 경제적 책임은 우량상품 공급, 고용 창출, 세금 납부, 배당금 지급 등의 책임을 말하고, 법적·윤리적 책임은 회계의 투명성, 공정거래, 소비자 권익보호, 제품 안전 등의 책임을 말하며, 자선적 책임은 자선, 복지, 사회공헌 등 사회 전반의 복지 증진에 기여하는 활동을 말한다.

또한 기업에게는 기업가정신과 혁신이 요구되고 있다. 기업가정신entrepreneurship이란 기업의 본질인 이윤추구와 사회적 책임 완수를 위해 기업가가 마땅히 갖추어야 할 자세와 정신을 말한다. 미국의 경제학자 슘페터Schumpeter는 새로운 생산방법과 새로운 상품개발을 기술혁신으로 규정하고, 기술혁신을 통하여 창조적 파괴creative destruction에 앞장서는 기업가를 혁신자로 보았다. 또한 '기업가'를 소유주인 '자본가'와 구분하여 '새로운 결합을 능동적으로 수행하는 경제주체'라고 정의하였다. 기업가들이 위험과 불확실성을 감수하면서 혁신과 새로운 투자를 아끼지 않는 행위가 바로 사회주의 경제체제보다 자본주의 경제체제가 우수할 수 있는 요인이라고 보았다. 그는 혁신자가 갖추어야할 요소로 ① 신제품 개발 ② 새로운 생산방법 도입 ③ 새로운 시장 개척 ④ 새로운 원료나 부품 공급 ⑤ 새로운 조직 형성 ⑥ 노동생산성 향상 등을 꼽았다.

이와 같은 기업가정신의 중요성을 인정하여 드러커P. F. Drucker를 비롯한 많은 학자들은 기업가정신 또는 경영능력을 제4의 생산요소로 분류하고 있다. 기업자정신은 제11장 생산요소시장에서 구체적으로 설명한다.

'제7장 생산자 행동원리'의 중요성

(중요성)

제7장 생산자 행동원리는 본서에서 제일 복잡하고 어렵다. 그러나 생산자 행동원리는 반드시 이해하고 넘어가야 한다. 그 이유는 두 가지다. 첫째는 생산자 행동원리가 제3장 공급곡선과 제10장 생산물시장의 기초가 되기 때문이며, 둘째는 우리의 일상생활과 밀접하게 관련되어 있기 때문이다. 다음의 예는 일상생활과의 관련성을 설명해 준다.

(사례)

'서연'은 그동안 유명호텔에서 연봉 1억원[1]을 받는 유명 셰프chef였으나, 작년 말 회사를 그만두고 식당을 임대하여 음식점을 직접 운영하기 시작하였다. 식당 개업 1개월 후 음식이 맛있다는 입소문으로 손님이 계속 증가하여 우선 종업원 수를 늘렸다.[2] 처음 종업원을 추가 고용했을 때 인건비 상승분보다 총생산 증가분이 더 많았다. 6개월 후 계속 매출이 증가하여 종업원을 추가 고용하였으나, 총생산 증가분은 감소하였다.[3] 1년 후 매출이 계속 증가하여 본관 이외에 별관, 신관으로 확충하였고,[2] 인건비가 크게 상승하자, 청소로봇, 식기 자동세척기 등을 구입하여 자동화하였다.[4]

비용은 식당 개업 초기비용[5]이 많았으나, 점차 매출이 증가함에 따라 총비용은 증가하였다. 평균비용과 한계비용은 점점 낮아졌으나, 매출량이 기준치를 넘자 평균비용과 한계비용이 상승하기 시작하였다.[6]

(해석)

- ▶ (1) 기회비용: 연봉 포기, 개업 초기 임대료 등 자기자본 투입
- ▶ (2) 단기와 장기: 단기는 생산요소 하나만 변경, 장기는 모든 생산요소 변경 가능
- ▶ (3) 한계생산체감의 법칙 또는 수확체감의 법칙
- ▶ (4) 이윤극대화조건: 종업원 증원이냐, 자동기계 구입이냐? 적정 매출액은?
  (제7장 생산자 행동원리를 적용하면 된다.)
- ▶ (5) 고정비용, 매몰비용
- ▶ (6) U자 형 비용함수

02 생산자의 단기균형

(1) 단기 생산함수: 하나의 생산요소가 가변인 경우

생산함수의 정의

생산함수production function는 주어진 생산기술 수준에서 여러 가지 생산요소를 투입하여 재화를 생산할 때, 생산요소의 투입량input과 산출량output 간의 관계를 말한다. 생산함수는 단기 생산함수와 장기 생산함수로 구분한다. 단기 생산함수는 여러 생산요소 중에서 하나의 생산요소(주로 노동)만 변경할 수 있는 짧은 기간의 생산함수를 말하며, 장기 생산함수는 모든 생산요소의 투입량을 변경할 수 있는 충분히 긴 기간의 생산함수를 말한다.

여기서 생산요소는 3대 생산요소인 노동, 자본, 토지를 말한다. 노동(L)labor은 사람들이 일정한 대가를 기대하면서 제공하는 육체적·정신적 활동을 말하며, 자본(K)capital은 재화나 서비스를 생산하는 데 사용되는 기계, 로봇 등과 같은 실물자본physical capital을 말한다.5 토지(또는 자연자원)(N)natural resources는 땅, 지하자원, 풍력, 햇볕 등 자연으로부터 얻을 수 있는 생산요소를 포괄적으로 이야기한다.

단기 생산함수: 하나의 생산요소가 가변인 경우

'서연'의 식당 운영사례에서 알 수 있듯이 생산요소 중 하나(노동)만 변경할 수 있는 단기에서 **총생산(TP)**total production은 [그림 7.1] (a)와 같이 생산 초기 0에서 출발하여 노동의 투입량이 증가하면 급격히 증가(생산 체증)하다가 점차 완만하게 증가(생산 체감)하고 최대 생산점을 경과하면 감소(생산 감소)하는 경향이 있다.

한계생산(MP)marginal product은 생산요소 1단위가 추가 투입될 때 생산량의 증가분을 말한다. 한계생산은 그림 (b)와 같이 생산 초기 0에서 출발하여 노동 투입량이 증가하면 증가하다가 총생산곡선의 변곡점을 지나면서 감소하는 경향이 있다. 따라서 한계생산곡선은 역U자 형태를 갖는다. 계산방법은 $\dfrac{\text{총생산의 증가분}}{\text{노동의 증가분}} = \dfrac{\Delta TP}{\Delta L}$ 이며 총생산곡선 상의 접선 기울기이다.

---

5 자본의 종류는 실물자본과 금융자본이 있지만, 제7장 생산함수에서 자본은 실물자본만 지칭한다. 자본의 세부내용은 제11장 생산요소시장을 참고하기 바란다.

[그림 7.1] 총생산곡선과 한계·평균생산곡선(하나의 생산요소)

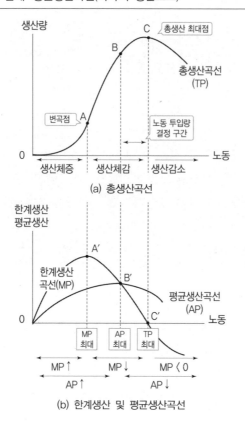

(a) 총생산곡선

(b) 한계생산 및 평균생산곡선

평균생산(AP)average production은 투입된 생산요소 1단위의 생산량을 말한다. 대개 평균생산은 그림 (b)와 같이 생산 초기 0에서 출발하여 생산요소 투입량이 증가하면 증가하다가 한계생산곡선을 만나는 점부터 감소하는 경향이 있다. 평균생산곡선도 역∪자 형태를 갖는다. 계산방법은 $\frac{총생산}{노동의\ 투입량} = \frac{TP}{L}$ 이며, 원점과 총생산곡선 상의 점을 연결한 선의 기울기로 계산된다.

총생산과 한계생산의 관계를 살펴보자. 그림 (a)와 (b)에서 한계생산이 증가하면 총생산은 급격히 증가하고, 한계생산이 감소하면 총생산은 완만하게 증가하다가, 한계생산이 0인 지점에서 총생산은 최대가 되며, 한계생산이 음(−)이 되면 총생산은 감소한다. 이와 같이 노동 투입량이 증가함에 따라 총생산은 증가하지만, 일정생산량을 초과하면 생산량의 증가 규모(한계생산)가 감소하는 현상을 **한계생산체감의 법칙**(또는 **수확체감의 법칙**)law of diminishing production이라고 한다.

[표 7.1] 총생산과 한계생산 및 평균생산과의 관계

(a) 총생산과 한계생산	(b) 한계생산과 평균생산
한계생산 증가 → 총생산 증가(체증)	한계생산 〉 평균생산 → 평균생산 증가
한계생산 감소 → 총생산 증가(체감)	한계생산 = 평균생산 → 평균생산 최대
한계생산 = 0 → 총생산 최대	한계생산 〈 평균생산 → 평균생산 감소
한계생산 〈 0 → 총생산 감소	

이번에는 한계생산과 평균생산의 관계를 살펴보자. 그림 (b)에서 한계생산이 평균생산보다 많으면 평균생산이 증가하고, 한계생산과 평균생산이 동일할 때 평균생산이 최대가 되며, 한계생산이 평균생산보다 적으면 평균생산이 감소한다.[6] 즉 한계생산곡선이 먼저 ∩자 형을 그리고, 한계생산이 감소하면서 평균생산곡선의 최대점을 통과하게 된다.

따라서 하나의 생산요소만 투입되는 단기 생산함수에서는 노동의 적정 투입량은 MP = AP인 점(B)과 TP의 최대점(C)까지의 구간이라고 할 수 있다. 이 구간을 생산요소가 하나일 때의 **생산자 균형**이라고 한다.

(2) 단기 생산비함수: 하나의 생산요소가 가변인 경우

생산비함수의 정의

생산비함수cost of production function는 생산량과 생산비의 관계를 나타낸다. 노동 투입량을 L, 자본 투입량을 K, 노동의 가격을 w(임금), 자본의 가격을 r(이자 또는 임대료)이라고 할 때 총비용(TC)total cost은 총노동비용(w × L)과 총자본비용(r × K)의 합이므로 'TC = w × L + r × K'로 계산할 수 있다. 또한 총비용은 고정비용(TFC)과 가변비용(TVC)의 합이므로 'TC = TFC + TVC'이 된다. 아울러 총비용은 생산량 1단위의 평균총비용(ATC)와 생산량의 곱이므로 'TC = ATC × Q'가 된다.

$$TC = w \times L + r \times K = TFC + TVC = ATC \times Q \cdots 생산비 함수 \quad (식\ 7.1)$$

---

6 한계와 평균 사이에 존재하는 규칙을 '평균 - 한계규칙'average marginal rule이라고 한다. 한계가 평균보다 크면 평균이 증가하고, 한계가 평균보다 작으면 평균은 감소한다. 예컨대 학생 50명의 중간고사에서 25번째까지 채점했을 때 평균점수 85점인 상황에서 26번째 학생이 95점을 받으면(한계 > 평균) 평균점수는 증가하고, 80점을 받으면(한계 < 평균) 평균점수는 하락한다. Arnold(2012년), 『경제학원론』, 박영사.

단기 생산비함수: 하나의 생산요소가 가변인 경우

먼저 생산요소 중 하나(노동)만 가변적인 단기 비용곡선을 살펴보자. 우선 총고정비용(TFC)total fixed cost이다. 총고정비용은 생산 초기에 투입된 초기 투자비용과 감가상각비, 유지비, 보험료 등을 포함한 것으로, 대부분의 기업들은 설립초기 시설을 투자한 이후 일정량을 생산할 때까지 설비를 추가로 늘리지 않으므로 총고정비용은 일정하다. 즉 [그림 7.2] (a)에서 총고정비용곡선은 수평선이다. 또한 평균고정비용(AFC) = $\frac{총고정비용}{생산량}$에서 총고정비용은 일정하므로 생산량이 증가할수록 평균고정비용은 감소한다. 즉 그림 (b)에서 평균고정비용곡선은 우하향한다.

[그림 7.2] 단기 비용곡선

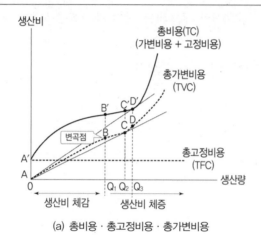

(a) 총비용 · 총고정비용 · 총가변비용

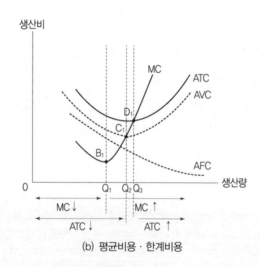

(b) 평균비용 · 한계비용

총가변비용(TVC)total variable cost은 공장 가동 이후 제품을 생산할 때 들어가는 비용이다. 일반적으로 생산량이 늘어나면 원자재 사용이 늘어나므로 총가변비용은 증가하게 된다. 총가변비용곡선은 생산 초기 0에서 출발하여 생산량이 늘어나면서 서서히 증가하다가 적정 생산량을 초과하면 급격하게 증가하는 우상향하는 모습을 갖는다. **평균가변비용**(AVC)은 $\dfrac{총가변비용}{생산량}$으로 생산량이 증가하면서 서서히 감소하다가 총가변비용이 급격히 증가하는 시점(점 C)부터 서서히 증가하는 ∪자 형태를 갖는다.

따라서 총고정비용과 총가변비용의 합인 총비용(TC)total cost곡선은 그림 (a)에서 생산량이 0인 초기에는 총고정비용 수준(점 A')에서 출발하여 생산량이 늘어남에 따라 서서히 증가(생산비 체감)하다가 일정생산량(점 B')을 초과하는 시점부터 급격하게 증가(생산비 체증)하게 된다.

평균총비용(ATC)average total cost은 생산량 1단위당 소요되는 생산비$\left(\dfrac{총비용}{생산량}\right.$ $\left.=\dfrac{TC}{Q}\right)$를 말한다. 평균총비용(ATC)곡선은 그림 (b)에서 생산량이 증가하면서 서서히 줄어들다가 일정시점(점 D_1)을 경과하면 서서히 늘어나는 ∪자 형태를 갖는다. 평균총비용은 원점과 총비용곡선 상의 점을 연결한 선의 기울기로 계산하거나 평균고정비용과 평균가변비용의 합으로 계산한다.

한계생산비(또는 한계비용)(MC)marginal cost는 생산량이 1단위 증가할 때 늘어나는 총비용의 증가분$\left(\dfrac{총비용\ 증가분}{생산량\ 증가분}=\dfrac{\triangle TC}{\triangle Q}\right)$이다. 한계생산비(MC)곡선은 그림 (b)에서 생산 초기 고정비용이 일정하므로 생산량이 늘어나면서 서서히 감소하다가, 일정생산량을 초과(점 B_1)하면 서서히 증가하는 ∪자 형태를 갖게 된다. 한계생산비는 총비용곡선 상 각 점에서의 접선 기울기로 계산된다.

이번에는 총비용과 한계생산비의 관계를 살펴보자. 한계생산비가 감소하면 총비용은 서서히 증가하고, 한계생산비가 0인 점에서 변곡점이 되고, 한계생산비가 증가하면 총비용은 급격하게 증가한다.

[표 7.2] 총비용과 한계생산비 및 평균총비용의 관계

(a) 총비용과 한계생산비의 관계	(b) 한계생산비와 평균총비용의 관계
한계생산비 감소 → 총비용 증가(체감)	한계생산비 〈 평균총비용 → 평균총비용 감소
한계생산비 증가 → 총비용 증가(체증)	한계생산비 〉 평균총비용 → 평균총비용 증가
한계생산비 = 0 → 변곡점(B)	한계생산비 = 평균총비용 → 평균총비용 최저

한계비용(또는 한계생산비)과 평균비용의 관계를 살펴보자. '평균 – 한계규칙'에 의거 한계비용이 평균비용보다 작으면 평균비용은 감소하고, 한계비용이 평균비용보다 크면 평균비용은 상승한다. 따라서 한계비용곡선이 먼저 ∪자 형을 그리고, 한계비용이 상승하면서 평균가변비용(AVC)곡선의 최저점과 평균총비용(ATC)곡선의 최저점을 순차적으로 통과하게 된다.

요약하면, 하나의 생산요소만 가변적인 단기 생산비함수인 경우 한계비용이 제일 먼저 최저점에 도달하고, 이후 생산량이 증가함에 따라 평균가변비용과 평균총비용이 순차적으로 최저점에 도달한다. 그리고 한계비용곡선이 최저점을 경과하여 상승하면서 평균가변비용의 최저점과 평균총비용의 최저점을 순차적으로 통과한다.

(3) 생산자의 단기균형: 하나의 생산요소가 가변인 경우

지금까지 단기 생산함수와 생산비함수를 공부하였으므로 이제는 두 함수를 결합하여 생산자의 균형점을 찾아보자. 먼저 단기 생산곡선과 생산비곡선의 관계를 살펴보자. [그림 7.3]에서 단기 생산곡선과 생산비곡선은 서로 반대로 움직이는 패턴을 보이고 있다.

여기에서 유의해야 할 사항은 총생산곡선(TP)의 대응선은 총비용(TC)곡선이 아니라 총가변비용(TVC)곡선이며, 평균생산(AP)곡선의 대응선은 평균총비용(ATC)곡선이 아니라 평균가변비용(AVC)곡선이라는 것이다. 왜냐하면 고정비용은 생산량과 관계없이 일정하므로 제외하여야 하기 때문이다.

우선 총생산곡선과 총가변비용곡선을 살펴보자. 그림 (a) 총생산곡선에서 노동 L_1이 투입되어 Q_1을 생산할 때까지 생산량은 체증한다. 이와 대응하는 그림 (c) 총가변비용곡선(TVC)곡선에서 Q_1이 생산될 때까지 총가변비용은 체감한다. 그러나 이후 노동 투입량이 증가하면 생산량은 체감하고 생산비는 체증하여 노동 투입량 L_3에서 생산량은 극대점에 도달하게 된다.

한계생산곡선과 한계생산비곡선도 서로 반대로 움직이는 패턴을 보여 준다. 한계생산곡선은 ∩자 형이며, 한계생산비곡선은 ∪자 형이다. 그림 (b) 한계생산곡선에서 극대점 A_2는 그림 (d) 한계생산비곡선에서 극소점 A_4와 대응을 이룬다.

[그림 7.3] 단기 생산곡선과 생산비곡선의 관계(하나의 생산요소인 경우)

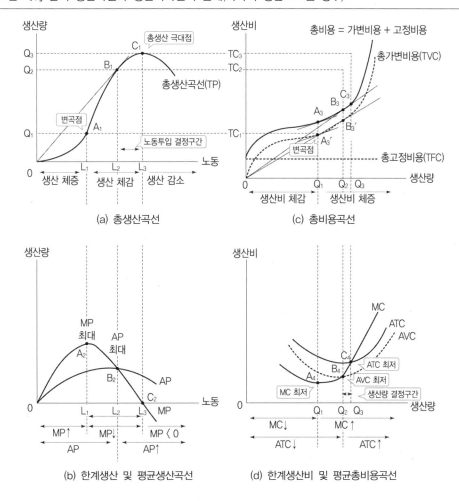

(a) 총생산곡선

(b) 한계생산 및 평균생산곡선

(c) 총비용곡선

(d) 한계생산비 및 평균총비용곡선

그리고 평균생산곡선과 평균가변비용곡선도 서로 반대로 움직이는 패턴이다. 그림 (c) 평균생산곡선에서 극대점 B_2에 대응하는 점은 그림 (d) 평균가변비용곡선에서 극소점 B_4가 된다.

단기 생산자 균형을 요약하면, 생산함수에서 노동의 적정 투입량은 평균생산이 최대가 되는 L_2와 총생산이 최대가 되는 L_3 사이에서 결정되고, 생산비함수에서 적정 생산량은 평균가변비용(AVC)의 최저점(B_4)과 평균총비용(ATC)의 최저점(C_4) 사이인 Q_2 ~ Q_3가 된다. 특히 평균총비용이 최소화되는 Q_3를 최적산출량이라고 한다.

03 생산자의 장기균형

(1) 장기 생산함수: 두 개의 생산요소가 가변인 경우

두 개의 생산요소(노동, 자본)가 변화하는 장기 생산함수는 $Q=f(L, K)$가 된다. 노동의 한계생산marginal product of labor을 MP_L이라고 하고, 자본의 한계생산marginal product of capital을 MP_K이라고 했을 때 최대 생산할 수 있는 생산요소의 투입량은 어떻게 결정되는가? 이때 한계분석법을 활용하면 된다. 노동 1단위의 한계생산이 자본 1단위의 한계생산보다 많을 때 노동을 추가 투입하고, 자본 1단위의 한계생산이 노동 1단위의 한계생산보다 많을 때 자본을 추가 투입하는 것이 유리하다. 따라서 노동 1단위의 한계생산과 자본 1단위의 한계생산이 동일할 때 최적 투입이 된다.

이와 같이 노동 1단위의 한계생산과 자본 1단위의 한계생산이 동일하도록 생산요소를 투입하면 주어진 비용으로 최대량을 생산할 수 있다. 이를 **한계생산균등의 법칙**law of equi-marginal productivity이라고 한다.

$$MP_L = MP_K \quad \rightarrow \text{한계생산균등의 법칙(요소가격이 동일할 때)}$$
$$\frac{MP_L}{w} = \frac{MP_K}{r} \rightarrow \text{한계생산균등의 법칙(요소가격이 다를 때)} \qquad \text{(식 7.2)}$$

만약 노동의 가격(임금, w)과 자본의 가격(이자, r)이 다를 경우 생산자의 선택방법은 무엇인가? 이 경우에는 생산요소 가격 1단위의 한계생산을 비교하면 된다. 즉 $\frac{MP_L}{w}$과 $\frac{MP_K}{r}$을 비교하여 $\frac{MP_L}{w}$이 더 큰 경우 노동을 추가 투입하고, $\frac{MP_K}{r}$이 더 클 경우 자본을 추가 투입하는 것이 유리하다.

따라서 $\frac{MP_L}{w} = \frac{MP_K}{r}$인 상황에서 최적의 투입이 이루어진다. 이와 같이 각 생산요소의 비용 1단위당 한계생산이 동일하도록 생산요소를 투입하면 주어진 비용으로 최대 생산할 수 있다. 이를 **가중된 한계생산균등의 법칙**law of weighted equi-marginal productivity이라고 한다.

$\frac{MP_L}{w} = \frac{MP_K}{r}$의 조건은 결국 주어진 비용으로 최대생산하기 위한 생산요소의 기술적인 투입비율이 된다. 이를 **생산요소의 최적 배합조건**optimal input combination condition이라고 한다.

우리나라 기업들이 인건비가 낮은 동남아시아 국가에 진출하는 사례는 임금이 하락하면 $\frac{MP_L}{w하락} > \frac{MP_K}{r}$ 가 되므로 노동을 추가 투입하는 경우에 해당되며, 이 경우 생산방식은 노동집약적으로 바뀐다. 만약 우리나라에 있으면서 자동화 설비를 구축하여 자본비용을 낮출 경우에는 $\frac{MP_L}{w} < \frac{MP_K}{r하락}$ 가 되므로 자본을 추가 투입하는 경우에 해당되며, 이 경우 자본집약적으로 바뀐다.

등량선

동일한 양의 재화를 생산하는 두 생산요소의 조합은 여러 조합이 있을 수 있다. 동일한 양의 재화를 생산하는 두 생산요소의 조합을 연결한 곡선을 **등량선**iso-quant line 이라고 한다.

[그림 7.4] 등량선

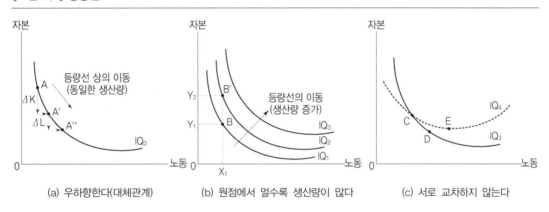

(a) 우하향한다(대체관계) (b) 원점에서 멀수록 생산량이 많다 (c) 서로 교차하지 않는다

등량선은 무차별곡선과 비슷하게 우하향하며, 원점에 대하여 볼록하며, 원점에서 멀리 떨어질수록 더 많은 생산량을 나타내며, 서로 교차하지 않는다는 특징을 갖고 있다.

첫째, 등량선이 우하향한다는 것은 등량선의 기울기가 음(−)이라는 의미이며, 이는 곧 동일한 양의 재화를 생산하면서 노동 투입량을 1단위 증가시키면 자본 투입량을 줄여야 하는 대체관계가 존재한다는 것을 의미한다. 따라서 등량선의 기울기$\left(-\frac{\Delta K}{\Delta L}\right)$는 동일한 양을 생산하는 노동과 자본의 기술적 투입비율을 나타낸다. 이를 **한계기술대체율**(MRTS_{LK})marginal rate of technical substitution이라고 한다. 환언하면, 등량선의 기울기가 한계기술대체율이 된다$\left(-\frac{\Delta K}{\Delta L} = MRTS_{LK}\right)$.

둘째, 등량선이 원점에 대하여 볼록하다는 것은 동일한 양의 재화를 생산하면서 노동 투입량을 1단위 증가시킬수록 자본 투입량은 점점 더 적게 투입된다는 것을 의미한다. 이를 **한계기술대체율 체감의 법칙**Law of diminishing marginal rate of technical substitution 이라고 한다. 대체율이 체감한다는 것은 무슨 의미인가? 노동 투입량이 증가할수록 자본을 더 적게 투입한다는 의미이므로 자본이 더 중요해진다는 의미이며, 노동을 자본으로 대체하려면 점점 더 많은 노동이 필요하다는 것을 의미한다. 여기에는 노동의 고용이 많아지면 점차 미숙련자를 고용한다는 의미도 포함되어 있다.

그리고 등량선 상의 이동은 [그림 7.4] (a)의 점 A에서 점 A′ 또는 A″로 이동하는 것을 말한다.[7] 동일한 생산량을 유지하면서 노동량을 늘리면 자본량을 줄여야 한다는 것이다. 동일한 등량선 상의 점들은 노동 1단위 증가에 따른 생산 증가분($\triangle L \times MP_L$)과 자본 감소에 따른 생산 감소분($-\triangle K \times MP_K$)이 같다는 의미이다. 즉 $\triangle L \times MP_L = -\triangle K \times MP_K$ 이므로 $-\dfrac{\triangle K}{\triangle L} = \dfrac{MP_L}{MP_K}$ 이 된다. 왼쪽$\left(-\dfrac{\triangle K}{\triangle L}\right)$은 등량선의 기울기이며, 오른쪽$\left(\dfrac{MP_L}{MP_K}\right)$은 노동의 한계생산물과 자본의 한계생산물의 비율이다. 따라서 $MRTS_{LK} = -\dfrac{\triangle K}{\triangle L} = \dfrac{MP_L}{MP_K}$ 이 성립한다.

$$MRTS_{LK} = -\frac{\triangle K}{\triangle L} = \frac{MP_L}{MP_K} \quad \cdots \text{ 등량선 기울기} \qquad \text{(식 7.3)}$$

요약하면, 등량선은 노동과 자본의 투입비율을 기술적으로 변화시킬 때 생산할 수 있는 최대 생산량을 연결한 선이다. 또한 등량선이 우하향하며 원점에 대하여 볼록하다는 것은 노동과 자본의 대체관계가 존재하며 한계기술대체율 체감의 법칙이 적용된다는 것을 의미한다. 이것은 자원의 희소성으로 인하여 항상 기회비용이 수반된다는 것을 설명한다.

---

7 그림 (b)에서 등량선의 이동은 등량선 자체의 이동을 말한다. 노동 투입량이 고정된 상태에서 자본 투입량을 증가하면 생산량이 증가하므로 등량선은 오른쪽으로 이동한다.

(2) 장기 비용함수: 두 개의 생산요소가 가변인 경우

두 개의 생산요소가 변화하는 장기 총생산비 함수는 TC = w × L + r × K이다. 여기에서 $K = \frac{TC}{r} - \frac{w}{r}L$이라는 등비용선을 도출할 수 있다. 등비용선iso-cost line은 어떤 재화를 생산할 때 동일한 비용으로 투입할 수 있는 노동과 자본의 조합을 연결한 선이다.

$$K = \frac{TC}{r} - \frac{w}{r}L \quad \cdots \text{등비용선} \qquad \text{(식 7.4)}$$

등비용선은 제6장 소비자 행동원리에서 설명한 가격선과 비슷한 특징을 갖는다. 우하향하는 형태이며, 원점에서 멀리 위치할수록 총비용이 많다. 등비용선 $K = \frac{TC}{r} - \frac{w}{r}L$에서 기울기 $-\frac{w}{r}$는 노동가격(임금)과 자본가격(이자)의 상대비율이 된다.

[그림 7.5] 등비용선의 이동

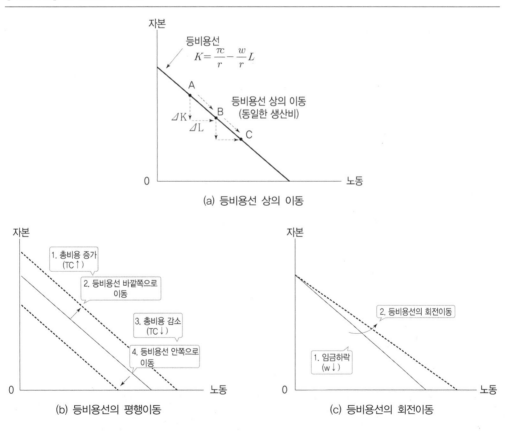

(a) 등비용선 상의 이동

(b) 등비용선의 평행이동

(c) 등비용선의 회전이동

등비용선의 이동은 등비용선 상의 이동과 등비용선 자체의 이동으로 구분된다. [그림 7.5] (a)는 등비용선 상의 이동을 나타낸다. 동일한 비용하에서 노동의 증가는 자본의 감소라는 대체관계를 설명한다. 그림 (b)와 (c)는 등비용선 자체의 이동을 나타낸다. 그림 (b)에서 총비용이 증가하면 등비용선은 바깥으로 평행이동하고, 총비용이 감소하면 안쪽으로 평행이동한다. 그리고 노동과 자본의 상대가격이 변화하면 등비용선의 기울기가 바뀌므로 등비용선은 회전이동하게 된다. 그림 (c)에서 임금(w)이 하락하면, 기울기$\left(-\dfrac{w}{r}\right)$의 절대값이 작아지므로 등비용선은 바깥쪽으로 회전하게 된다.

(3) 생산자의 장기균형: 두 개의 생산요소가 가변인 경우

두 개의 생산요소가 변화하는 장기에서 생산자 균형점은 어디인가? 생산함수에서 등량선은 주어진 비용에서 최대 생산할 수 있는 노동과 자본의 조합선이다. 따라서 등량선의 기울기 $-\dfrac{\Delta K}{\Delta L} = \dfrac{MP_L}{MP_K} = \mathrm{MRTS_{LK}}$(한계기술대체율)는 **기술적 효율성**을 나타낸다.

생산비함수에서 등비용선 $K = \dfrac{TC}{r} - \dfrac{w}{r}L$은 주어진 생산량에서 비용을 최소화할 수 있는 노동과 자본의 조합선이다. 따라서 등비용선의 기울기 $-\dfrac{w}{r}$(상대가격 비율)는 **경제적 효율성**을 나타낸다.

그러므로 등량선과 등비용선의 접점에서 장기 생산자 균형을 이룬다. 두 곡선의 접점에서 두 곡선의 기울기가 같으므로 $-\dfrac{\Delta K}{\Delta L} = \dfrac{MP_L}{MP_K} = -\dfrac{w}{r}$이며 '한계기술대체율 = 상대가격 비율'이 된다.

만약 $\dfrac{MP_L}{MP_K} > -\dfrac{w}{r}$이면, 노동 투입량을 증가시키고 자본 투입량을 감소시키면 생산량이 증가되고, $\dfrac{MP_L}{MP_K} < -\dfrac{w}{r}$이면, 노동 투입량을 감소시키고 자본 투입량을 증가시

[그림 7.6] 생산자의 장기균형

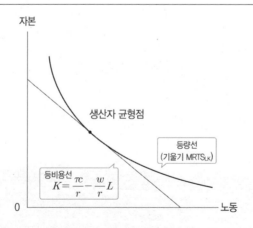

키면 생산량이 증가한다. 따라서 생산자의 장기균형조건은 $\frac{MP_L}{MP_K} = -\frac{w}{r}$가 된다. 이는 비용극소화조건으로 이윤극대화의 필요조건이 된다.

$$\frac{MP_L}{MP_K} = -\frac{w}{r} \cdots \text{생산자의 장기균형조건} \qquad (\text{식 7.5})$$

생산자의 장기균형조건은 $\frac{MP_L}{w} = \frac{MP_k}{r}$로 바꿀 수 있다. 즉 노동가격 1단위당 한계생산량은 자본가격 1단위당 한계생산량과 같다. 이는 일정한 생산비로 최대량을 생산하는 생산량 극대화조건(생산함수의 균형조건)과 같으며, 생산요소의 최적 배합조건과 같다.

결국 생산자의 장기균형조건은 장기 생산함수의 기울기와 장기 비용함수의 기울기가 일치하는 것이며, 생산량 극대화조건과 생산비 극소화조건이 같아진다고 할 수 있고, 기술적 효율성과 경제적 효율성이 극대화된 점이라고 할 수 있다.

04 생산자의 이윤극대화

(1) 재화가 하나인 경우

지금까지 하나의 생산요소만 가변인 단기와 두 개의 생산요소가 가변인 장기로 구분하여 생산자 균형조건을 살펴보았다. 생산자 균형점에서 생산량 극대화조건과 생산비 극소화조건이 성립된다. 생산비 극소화조건은 이윤극대화의 필요조건이 된다. 이번에는 비용이 극소화된 상황에서 이윤을 극대화하는 적정 생산량 결정에 대하여 알아보자.

먼저 이윤과 총수입, 총비용의 개념에 대하여 살펴보자. 기업의 이윤은 총수입(TR)에서 총비용(TC)을 제외한 값이다. **총수입(TR)**total revenue은 가격(P) × 판매량(Q)이며, 가격은 완전경쟁시장에서 주어지므로 총수입은 판매량에 의해 결정된다. **총비용(TC)**total cost은 평균비용(ATC) × 판매량(Q)으로 계산된다.

평균수입(AR)은 $\dfrac{총수입}{생산량} = \dfrac{TR}{Q}$이므로 $\dfrac{P \times Q}{Q} = P$, 즉 평균수입은 재화의 시장가격과 동일하며, 한계수입(MR)은 $\dfrac{총수입\ 증가분}{생산량\ 증가분} = \dfrac{\triangle TR}{\triangle Q}$이므로 $\dfrac{P \times \triangle Q}{\triangle Q} = P$, 역시 재화의 시장가격과 동일하다. 한계비용(MC)은 $\dfrac{총비용\ 증가분}{생산량\ 증가분} = \dfrac{\triangle TC}{\triangle Q}$이 된다.[8]

이를 그래프로 살펴보자. 총수입은 TR = P × Q에서 가격은 시장에서 결정되어 상수이며 판매량에 따라 총수입이 변화하므로 [그림 7.7] (a)에서 총수입곡선은 원점을 지나는 직선이 된다. 평균수입곡선과 한계수입곡선은 시장가격과 동일하므로 그림 (c)에서 수평선이 된다(P = AR = MR).

이번에는 비용곡선을 살펴보자. 그림 (a)에서 총비용곡선(TC)은 앞에서 설명한 바와 같이 생산 초기에는 체감하다가 어느 시점(점 B_1)을 경과하면 체증한다. 그림 (c)에서 한계비용(MC)곡선은 ∪자 형으로 평균가변비용(AVC) 곡선의 최저점과 평균총비용(ATC) 곡선의 최저점을 순차적으로 통과하면서 증가한다.

총수입과 총비용 개념을 파악하였으므로 재화가 하나일 때 생산자의 이윤극대화 방법을 찾아보자. 이윤극대화 방법은 총수입 – 총비용 비교법과 한계분석법이 있다.

먼저 **총수입–총비용 비교법**이다. [그림 7.7] (a)에서 이윤극대화점은 총수입곡선(TR)과 총비용곡선(TC)의 간격이 가장 넓은 곳이 된다. 두 곡선의 간격이 가장 넓은 곳은 점 A_1와 점 C_1가 있다.

점 A_1는 간격이 넓지만 총비용이 총수입보다 많아 손실이 최대가 되는 점이며, 점 C_1는 총수입이 총비용보다 많아 이윤이 최대가 되는 점이다.

이를 그림 (b) 총이윤곡선에서 살펴보자. 그림 (a)의 점 A_1과 대응하는 점은 그림 (b)의 점 A_2이므로 최대 손실점이 되고, 그림 (a)의 점 C_1과 대응하는 점은 그림 (b)의 점 C_2가 되어 최대 이윤점이 된다.

---

8 간단한 수식으로 표현하면 다음과 같다.

$\pi = TR - TC$

$TR = P \times Q \rightarrow AR = \dfrac{총수입}{생산량} = \dfrac{TR}{Q} = \dfrac{P \times Q}{Q} = P$

$\qquad MR = \dfrac{총수입\,증가분}{생산량\,증가분} = \dfrac{\triangle TR}{\triangle Q} = \dfrac{P \times \triangle Q}{\triangle Q} = P \rightarrow AR = MR = P$

$TC = TFC + TVC \rightarrow MC = \dfrac{총생산비\,증가분}{생산량\,증가분} = \dfrac{\triangle TC}{\triangle Q} = \dfrac{\triangle TFC + \triangle TVC}{\triangle Q} = \dfrac{\triangle TVC}{\triangle Q}$

[그림 7.7] 총수입곡선과 총비용곡선

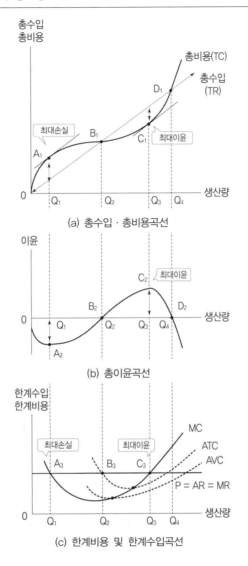

(a) 총수입 · 총비용곡선

(b) 총이윤곡선

(c) 한계비용 및 한계수입곡선

다음은 **한계분석법**이다. 한계수입과 한계비용을 비교하여 이윤 최대점을 찾는 방법이다. 만약 한계수입이 한계비용보다 많으면 추가 생산하는 것이 더 많은 이윤을 얻게 되고, 한계수입이 한계비용보다 적으면 생산을 줄이는 것이 더 많은 이윤을 얻게 된다. 결국 한계수입과 한계비용이 같을 때(MR = MC) 이윤극대화가 된다.

그림 (a)에서 점 C_1의 접선 기울기는 한계비용(MC)이 되며, 총수입곡선과 평행이므로 총수입곡선의 기울기(MR)와 같다. 즉 점 C_1에서 MR = MC가 되고 이윤극대화가 이루어진다. 이를 그림 (c)에서 보면, 점 C_3에서 MC곡선과 수평선이 만나므로 가격, 평균수입, 한계수입, 한계비용이 모두 같아진다. 결국 이윤극대화조건 MR = MC = P 를 충족한다.

　　그러나 그림 (c)에서 보는 바와 같이 MR = MC의 조건을 충족시키는 점이 두 개 (A_3, C_3) 존재한다. 그림 (a)에서 총수입곡선과 총비용곡선의 간격이 가장 넓은 곳이 두 곳(A_1, C_1) 존재하는 것과 같다. 그림 (a)에서 손실의 최대점 A_1과 대응하는 점은 그림 (c)의 점 A_3이며, 그림 (a)에서 이윤의 최대점 C_1과 대응하는 점은 그림 (c)의 점 C_3이다. 점 A_3는 MC가 감소하는 상황이므로 생산을 늘릴수록 MR > MC가 되어 이익이 증가하고, 점 C_3는 MC가 증가하는 상황이므로 생산을 늘릴수록 MR < MC가 되어 이익이 감소하여 추가로 생산하지 않는 것이 유리하다.

　　따라서 재화가 하나일 때 이윤극대화조건은 한계수입과 한계비용이 같으면서 한계비용곡선이 한계수입곡선을 아래로부터 교차하여야 한다. 즉 MR의 기울기 < MC의 기울기가 되는 상황(충분조건)에서 MR = MC(필요조건)인 경우라고 할 수 있다.[9]

$$MR = MC \text{ 단, MR 기울기} < \text{MC 기울기} \cdots \text{이윤극대화조건} \qquad \text{(식 7.6)}$$

(2) 재화가 두 개인 경우

　　이번에는 두 종류의 재화를 생산하는 경우 이윤극대화조건을 살펴보자. 총이윤은 총수입에서 총비용을 제외한 것이다. 두 재화의 총수입은 등수입선으로 나타낼 수 있고, 총비용은 생산가능곡선으로 나타낼 수 있다. 생산가능곡선은 현재의 기술수준과 생산요소를 사용하여 생산할 수 있는 두 재화의 최대 생산량을 나타낸다. 이는 곧 비용을 극소화한 상태에서 생산할 수 있는 최대 생산량이므로 생산가능곡선이 일종의 등비용선 역할을 한다.[10] 따라서 두 재화의 이윤극대화조건은 생산가능곡선 상에서 등수입선과 만나는 접점이 된다.

9　이윤극대화조건을 수식으로 정리하면 다음과 같다.
　　1차 조건(필요조건) $\dfrac{d\pi}{dQ} = \dfrac{d(TR)}{dQ} - \dfrac{d(TC)}{dQ} = MR - MC = 0 \rightarrow MR = MC$
　　2차 조건(충분조건) $\dfrac{d^2\pi}{dQ^2} = \dfrac{dMR}{dQ} - \dfrac{dMC}{dQ} < 0 \rightarrow$ MR곡선의 기울기 < MC곡선의 기울기

10　동일한 생산기술과 생산요소를 사용하여 동일한 생산과정에서 두 가지 이상의 생산물을 생산할 때 그 생산물을 **결합생산물**joint products이라고 한다. 결합생산물의 생산함수는 $Z_0 = h(X, Y)$로 여러 생산요소를 Z_0 만큼 투입하였을 때 최대로 생산할 수 있는 두 재화(X, Y)의 조합을 나타내므로 Z_0는 총생산비용이라고 할 수 있다.

총비용함수: 생산가능곡선

먼저 생산가능곡선을 살펴보자. **생산가능곡선**production possibility curve은 여러 생산요소를 최적으로 결합하여 최대 생산할 수 있는 X재와 Y재 생산량의 조합을 연결한 선이다. 주어진 비용 범위 내에서 최대 생산할 수 있는 생산요소들의 기술적인 조합이다.

[그림 7.8] 생산가능곡선

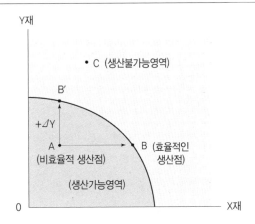

따라서 [그림 7.8]에서 생산가능곡선 안의 영역(점 A)은 생산가능영역이지만 X재 또는 Y재를 추가 생산할 수 있으므로 비효율적인 생산영역이 되며, 생산가능곡선 밖의 영역(점 C)은 현재의 기술수준 또는 자원 부족으로 생산이 불가능한 영역이 되며, 생산가능곡선 상의 점들(점 B, 점 B')은 기술적으로 최대량을 생산하는 경계선frontier이며, 가장 효율적으로 생산한 X재와 Y재의 조합이라고 할 수 있다.

생산가능곡선은 무차별곡선과 등량선의 특징과 비슷하다. 우하향하며 원점에서 멀리 위치할수록 생산량이 많다. 그러나 원점에 대하여 오목한 형태를 갖는다는 점에서 무차별곡선이나 등량선과는 다르다.

생산가능곡선의 특징을 구체적으로 살펴보자. 먼저, 생산가능곡선이 우하향한다는 것은 기울기가 음(−)이란 의미로서 X재 생산량을 1단위 증가시키기 위하여 Y재 생산량을 줄여야 한다는 '대체관계'가 존재한다는 의미이다. 따라서 생산가능곡선의 기울기는 X재 생산량을 1단위 증가할 때 포기하여야 하는 Y재 생산량이므로 이를 **한계대체율** 또는 **한계변환율(MRT)**marginal rate of transformation이라고 하며, $MRT_{xy} = -\frac{\Delta Y}{\Delta X}$가 된다. 이러한 대체관계는 자원의 희소성으로 인하여 발생하며, 유한한 자원을 사용하려면 항상 '기회비용'이 존재하며, 서로 상충관계trade off가 존재하므로 합리적인 선택이 중요하다는 것을 의미한다.

또한 생산가능곡선은 원점에 대하여 오목한 형태를 갖는다. 기울기가 음(−)인 상황에서 오목한 형태는 '기회비용이 체증한다'라는 의미이다. X재 생산량을 1단위 증가시키기 위하여 포기하여야 하는 Y재 생산량이 점점 많아진다는 것으로, 이를 **기회비용체증현상** 또는 **한계변환율 체증현상**law of increasing marginal rate of transformation이라고 한다.[11]

그리고 생산가능곡선은 원점에서 멀리 있을수록 최대 생산량은 많아진다는 것을 뜻한다. 이는 현재 생산가능곡선이 현재의 기술수준과 생산요소를 최대한 활용한 최대 생산량이므로 X재와 Y재를 더 많이 생산하려면 생산요소 투입량을 증가시키거나 기술수준이 향상되어야 가능하다는 것을 의미한다.

이번에는 생산가능곡선의 이동에 대하여 살펴보자. 생산가능곡선의 이동은 곡선상의 이동과 곡선 자체의 이동으로 구분할 수 있다. 곡선 상의 이동은 동일한 생산량을 유지하면서 X재 1단위를 생산하기 위하여 포기해야 하는 Y재의 생산량이므로 $\triangle X \times MP_x = -\triangle Y \times MP_y$ 이 성립한다. 또한 비용 측면에서 동일한 생산비를 유지하면서 X재 1단위를 생산하기 위하여 포기해야 하는 Y재의 생산량이므로 $\triangle X \times MC_x = -\triangle Y \times MC_y$도 성립한다. 따라서 $MRT_{xy} = -\dfrac{\triangle Y}{\triangle X} = \dfrac{MP_x}{MP_y} = \dfrac{MC_x}{MC_y}$이 성립한다.

$$MRT_{xy} = -\frac{\triangle Y}{\triangle X} = \frac{MP_x}{MP_y} = \frac{MC_x}{MC_y} \quad \cdots \text{생산가능곡선의 기울기} \quad (\text{식 } 7.7)$$

그리고 생산가능곡선 자체의 이동은 생산요소 투입량이 증가하거나 기술수준이 향상될 때 바깥쪽으로 이동하게 된다. 곡선 자체의 이동에는 평행이동이 있을 수 있고, 회전이동이 있을 수 있다. 회전이동은 X재 또는 Y재 중에서 어느 한 재화의 기술수준이 진보하거나 생산요소가 증가할 때 나타나며, 평행이동은 두 재화에 동시에 적용할 수 있는 기술수준이 진보하거나 생산요소가 증가할 때 나타난다.

---

11 생산가능곡선을 생산변환곡선product transformation curve이라고도 한다. 두 용어의 차이점은 생산가능곡선이 개별기업뿐만 아니라 산업 또는 국가경제 전체에도 적용될 수 있는 개념이라면, 생산변환곡선(또는 결합생산물곡선)은 기업 단위에만 적용이 가능하다는 점이다.

[그림 7.9] 생산가능곡선의 이동

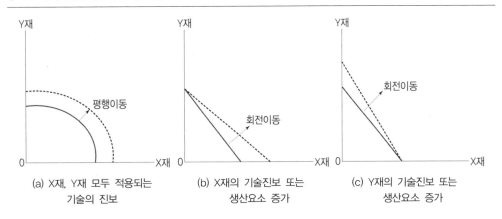

(a) X재, Y재 모두 적용되는
기술의 진보

(b) X재의 기술진보 또는
생산요소 증가

(c) Y재의 기술진보 또는
생산요소 증가

총수입함수: 등수입선

등수입선iso-revenue curve은 동일한 수입을 얻을 수 있는 두 재화의 판매량 조합을 연결한 곡선이다. 두 재화의 총수입은 $TR = P_x \times X + P_y \times Y$이므로 등수입선은 $Y = \frac{TR}{P_y} - \frac{P_x}{P_y}X$가 된다. 등수입선의 기울기 $-\frac{P_x}{P_y}$는 두 재화의 상대가격이 된다.

[그림 7.10] 두 재화의 이윤극대화점

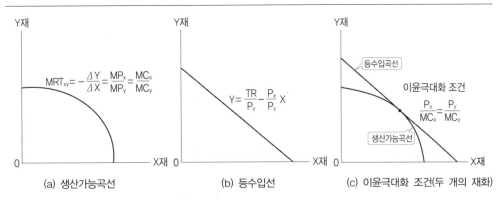

(a) 생산가능곡선

(b) 등수입선

(c) 이윤극대화 조건(두 개의 재화)

두 재화의 이윤극대화조건

두 재화의 이윤극대화조건은 생산가능곡선과 등수입곡선의 접점이 된다. 생산가능곡선의 기울기는 $MRT_{xy} = -\frac{\Delta Y}{\Delta X} = \frac{MP_x}{MP_y} = \frac{MC_x}{MC_y}$이며, 등수입곡선의 기울기는 $-\frac{P_x}{P_y}$이므로 두 재화의 이윤극대화조건은 $MRT_{xy} = \frac{MC_x}{MC_y} = -\frac{P_x}{P_y}$이 된다. 이를 변형하면 $\frac{P_x}{MC_x} =$

$\dfrac{P_y}{MC_y}$이 된다.[12] 이를 **한계수입균등화 조건**이라고 한다. 만약 $\dfrac{P_x}{MC_x} > \dfrac{P_y}{MC_y}$이면 X재를 추가 생산하는 것이 수입을 증가시키고, $\dfrac{P_x}{MC_x} < \dfrac{P_y}{MC_y}$이면 Y재를 추가 생산하는 것이 수입을 증가시키므로 $\dfrac{P_x}{MC_x} = \dfrac{P_y}{MC_y}$일 때 이윤이 극대화된다.

$$MRT_{xy} = \frac{MC_x}{MC_y} = \frac{P_x}{P_y} \ \cdots \ \text{이윤극대화조건} \qquad\qquad (\text{식 } 7.8)$$

05 생산자이론의 응용

(1) 공급곡선의 도출

제3장에서 공급곡선을 한계비용곡선이라고 하였다. 여기서 공급곡선을 도출하여 보자. [그림 7.11]는 공급곡선의 도출과정을 보여 주고 있다. 현재 그림 (a)의 점 E_1에서 균형을 이루고 있다고 가정하자. 가격은 P_1, 생산량은 Q_1이다. 총수입은 $P_1 \times Q_1$이므로 사각형 $OP_1E_1Q_1$의 면적이 된다. 총비용은 $P_1' \times Q_1$으로 사각형 $OP_1'E_1'Q_1$의 면적이 되므로 총수입과 총비용의 차이만큼 이윤(▨▨▨▨ 부분)이 발생한다.

만약 가격이 평균총비용(ATC)곡선의 최저점(E_2)으로 하락하여 P_2가 되면, 총수입과 총비용은 $P_2 \times Q_2$로 같아지므로 이윤은 0이 된다. 결국 점 E_2(ATC곡선의 최저점)는 기업의 **손익분기점**break-even point이 된다.

만약 가격이 한계비용(MC) 곡선과 평균가변비용(AVC) 곡선이 만나는 P_3까지 하락하면, 총수입은 $P_3 \times Q_3$이며, 총비용은 $P_3' \times Q_3$이므로 ▨▨▨▨▨ 부분만큼 손실이 발생한다.

가격이 P_2와 P_3 구간에 있을 때 손실이 발생하지만, 가변비용은 보전되고 고정비용의 일부도 보전되므로 생산을 계속하는 것이 유리하다. 그러나 가격이 P_3 이하로 하락하면 가변비용도 보전하지 못하여 손실 폭이 커지게 되므로 공장 가동을 중단하는

---

12 생산가능곡선과 등수입선은 우하향하는 형태이므로 기울기는 모두 음(−)의 값이다. 따라서 두 재화의 이윤극대화조건과 한계수입균등화조건을 설명할 때 (−)표시를 해 주거나 절대값 표시를 해 주어야 하지만, 본서에서는 편의상 생략하고자 한다. $MRT_{xy} = \dfrac{MC_x}{MC_y} = -\dfrac{P_x}{P_y}\left(\text{또는 } \left|\dfrac{P_x}{P_y}\right|\right)$

[그림 7.11] 공급곡선 도출

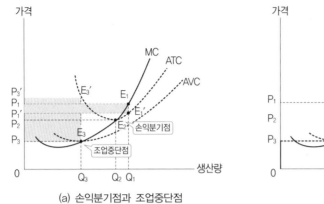

(a) 손익분기점과 조업중단점

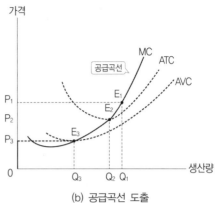

(b) 공급곡선 도출

것이 바람직하다. 결국 점 E_3(AVC의 최저점)는 **조업중단점**shut-down point이 된다. 조업중단점 이하의 구간에서는 생산을 중단하므로 생산량은 0이 된다.

따라서 공급곡선은 그림 (b)와 같이 원점과 P_3까지의 직선(조업중단구간, 생산 = 0)과 E_3 위의 MC곡선이 된다. 즉 한계비용곡선이 공급곡선이 된다.

다시 정리해 보면, 'P = AVC의 최저점'일 때 조업중단점이 되며, 'P ≥ AVC의 최저점'에 해당하는 한계비용곡선에서 공급량이 결정되므로 공급곡선은 '평균가변비용(AVC)곡선의 최저점 위에 있는 한계생산비(MC)곡선'이 된다.[13]

여기에서 되짚어 봐야 할 몇 가지가 있다. 첫째, 왜 공급곡선은 평균가변비용(AVC)곡선이 아니라 한계생산비(MC)곡선인가? 기업의 공급량은 이윤극대화조건(MR = MC)에서 결정되며, 완전경쟁시장에서 한계수입(MR)은 시장가격(P)이므로 이윤극대화조건은 'P = MC'가 된다. 즉 시장가격과 한계비용이 같은 점에서 생산량이 결정되므로 공급곡선은 한계비용(또는 한계생산비)곡선이 된다.

둘째, 한계비용곡선이 공급곡선이라는 것은 무슨 의미인가? 일반적으로 모든 기업들은 생산하는 방법이 서로 다르고 생산할 때 들어가는 비용도 서로 다르다. 기술이

---

13 간단한 수식을 통하여 도출하면 아래와 같다. 아래 수식 (a)는 P = ATC일 때 손익분기점이 되는 과정을 보여 주며, 수식 (b)는 P > AVC일 때 가격이 가변비용보다 높으므로 가변비용을 보전하고 남는 금액으로 고정비용 일부도 보전해 준다는 것을 보여 주며, P = AVC일 때 고정비용만큼 손해를 본다는 것을 보여 준다. 따라서 'P = AVC 최저점'은 조업중단점이 되며, 고정비용(TFC)은 매몰비용이 된다.

$$(a)\ 이윤\ \pi = TR - TC$$
$$= \left(\frac{TR}{Q} - \frac{TC}{Q}\right) \times Q$$
$$= (AR - ATC) \times Q$$
$$= (P - ATC) \times Q$$

$$(b)\ 이윤\ \pi = TR - TC$$
$$= P \times Q - (TVC + TFC)$$
$$= P \times Q - (AVC \times Q + TFC)$$
$$= (P - AVC) \times Q - TFC$$

우수하고 생산성이 높거나 효율적으로 운영되는 기업은 생산비가 낮으며, 그렇지 않은 기업은 생산비가 높다. 즉, 모든 개별기업들의 생산함수와 생산비함수가 서로 다르고 한계비용곡선도 서로 다르다. 따라서 시장가격이 주어졌을 때 개별기업들은 자신의 한계비용에 따라 공급량을 결정하므로 한계비용곡선이 그 기업의 공급곡선이 되며, 공급곡선은 기업마다 서로 다른 형태가 된다.

셋째, 공급곡선이 우상향한다는 것은 무슨 의미인가? 두 가지 의미가 있다. 첫 번째는 공급곡선에는 한계생산비체증현상이 내재되어 있다는 것이다. 산업 내에서 가용자원이 제한되어 있으므로 생산량이 증가할수록 생산비가 체증한다는 의미이다. 두 번째는 가격이 상승할수록 공급량이 늘어난다는 것을 말한다. 이윤극대화원칙에 따라 가격이 상승하면 판매량을 늘리게 된다. 판매량을 늘린다는 것은 기존 기업의 판매량이 증가할 수도 있지만, 새로운 기업이 진입하여 신규 판매량이 증가한다는 의미도 된다. 가격이 낮은 상황에서는 낮은 생산비로 생산할 수 있는 기업만 재화를 공급할 수 있으나, 가격이 상승할수록 기술을 모방한 기업(생산비가 높은 기업)도 시장에 진입하여 재화를 공급한다는 의미이다. 그리고 만약 시장상황이 변하여 가격이 하락하면 공급량이 줄어드는데, 한계생산비가 높은 기업부터 공급하지 못한다는 의미이다.

(2) 경제적 이윤과 경제적 비용

앞서 생산함수와 생산비함수를 살펴보았지만, 비용과 이윤의 개념을 경제학적으로 분명히 하는 것이 중요하다.

먼저 기업 회계에서 총수입(매출액)은 총비용과 이윤의 합계이다. 총비용은 기업이 생산과정에서 실제 지출한 원료구입비, 임금, 이자, 임대료 등을 말하며, 실제 지출한 비용은 회계 처리되므로 회계장부에 나타난다.

그러나 회계장부에 나타나지 않는 비용도 있다. 예를 들어 '서연'이가 호텔 주방장을 그만두고 식당을 개업하였을 때 드는 비용은 개업비용 이외에 퇴사한 회사의 연봉을 포함하여야 한다. 왜냐하면 개업하면서 포기한 회사의 연봉은 기회비용에 포함되기 때문이다.

이와 같이 회계장부에 명시적으로 나타나는 비용을 **명시적 비용**explicit cost 또는 회계적 비용accounting cost이라고 하고, 회계장부에 명시적으로 나타나지 않는 비용을 **암묵적 비용**implicit cost이라고 한다.

경제학에서 총비용economic cost이라 함은 명시적 비용과 암묵적 비용을 모두 포함하지만, 회계학에서 총비용accounting cost은 회계장부에 나타나는 명시적 비용만을 이야기한다.

[표 7.3] 경제적 비용과 경제적 이윤

총수입(매출액)			
회계적 비용		회계적 이윤	
명시적 비용	암묵적 비용	경제적 이윤(+)	
경제적 비용 (= 기회비용)			
명시적 비용	정상이윤		
명시적 비용	정상이윤	초과이윤	

이에 따라 이윤의 개념도 다르다. **회계적 이윤**accounting profit은 회계장부에 명시적으로 나타나는 이윤으로, 총수입에서 명시적 비용만을 제외한 것을 말한다. 그러나 **경제적 이윤**economic profit은 암묵적 비용까지 감안하는 이윤으로, 총수입에서 명시적 비용과 암묵적 비용을 모두 제외한 것을 말한다.

경제학자들은 경제적 이윤이 0일 때 정상이윤을 얻는다고 하며, 경제적 이윤이 (+)일 때 **초과이윤**을 얻는다고 하며, 경제적 이윤이 (−)일 때 **경제적 손실**economic loss을 본다고 말한다.

따라서 정상이윤은 기업이 생산활동을 계속 하게 하는 유인으로 최소한의 이윤을 말하며, '서연'이 호텔 주방장의 연봉(암묵적 비용)만큼 번다는 것을 의미한다. 만약 정상이윤보다 많은 초과이윤이 발생하면 새로운 기업들이 시장에 진입하는 유인으로 작용한다.

기회비용 개념을 명확하게 이해하기 위하여 '서연'의 식당 개업사례를 다시 살펴보자. 서연은 작년까지 연간 1억원을 받고 유명호텔 세프로 근무하였으나, 금년 초 독자적으로 식당을 개업하였다. 식당 임차료 연 3,000만원, 식당 인테리어 등 개점 준비 5,000만원, 종업원 2명 월 200만원(1인당), 음식값 1그릇당 10,000원, 음식 재료비 1그릇당 5,000원이라고 가정하고, 개업 1년 후 손익분기점을 넘으려고 한다. 하루에 몇 그릇(Q 그릇)을 판매하여야 하는가? 단, 연간 300일 영업하며, 정기예금 금리는 연 5%이며, 기타 비용 및 조세 공과금은 없다고 가정한다.

문제를 풀어보자. 당기순이익은 연간 매출액에서 비용을 제외한 값이며 손익분기점을 넘으려면, 당기순이익이 0보다 커야 한다. 계산 내역은 [표 7.4] 설명과 같다. 연간 매출액은 10,000원 × Q그릇 × 300일이 되며, 연간 매출원가는 (5,000원 × Q그릇 × 300일) + 30,000,000원 + 50,000,000원이 된다. 그리고 연간 인건비는 200만원 × 2명 × 12개월이

[표 7.4] 서연의 식당 개업 사례

연간 매출액	10,000원 × Q그릇 × 300일	당기순이익 계산
연간 매출원가		= 연간 매출액 - (연간 매출원가
- 재료비	5,000원 × Q그릇 × 300일	- 판매관리비) - 기회비용
- 임차료	30,000,000	= 3,000,000Q - (1,500,000Q
- 개점 준비금	50,000,000	+ 80,000,000 + 48,000,000)
판매관리비(인건비)	200만원 × 2명 × 12개월 = 48,000,000	- 104,000,000 ≥ 0
기회비용	104,000,000	∴ 하루판매량 Q ≥ 154.7
- 연 봉	100,000,000	손익분기점: 155그릇 이상 판매
- 투자비 이자	80,000,000 × 5% = 4,000,000	

된다. 여기서 기회비용이 중요하다. 기회비용은 연봉과 초기에 들어간 개인자금(임차료, 개점 준비금)의 1년 이자가 된다. 따라서 하루에 최소한 155그릇을 판매하여야 손익분기점을 넘길 수 있다.

(3) 규모에 대한 수익

생산함수의 특징을 설명할 때 규모에 대한 수익(또는 보수)returns to scale이라는 용어를 사용한다. 경제학에서 생산요소의 투입량을 변화시킬 때 산출량이 얼마나 변화하는가를 파악하는 것은 매우 중요하다. 왜냐하면 단기 생산함수는 수확체감의 법칙이 작용하여 생산곡선이 ∩자 형이 되지만, 장기 생산함수는 모든 생산요소를 변화시킬 수 있으므로 규모에 대한 보수에 따라 생산곡선의 형태가 달라지며 적정 생산량도 달라지기 때문이다.

모든 생산요소의 투입량을 동일한 비율로 변화시킬 때 생산량이 동일한 비율로 변화하면 **규모에 대한 수익 불변**constant returns to scale이라고 하며, 더 큰 비율로 변화하면 **규모에 대한 수익 체증**increasing returns to scale, 더 작은 비율로 변화하면 **규모에 대한 수익 체감**decreasing returns to scale이라고 한다.

규모에 대한 수익이 체증하는 사례는 생산규모가 커지면서 분업 또는 전문화를 추진하여 생산성이 증가하는 경우에 발생한다. 반면에 규모에 대한 수익이 체감하는 사례는 생산규모가 커지면서 오히려 생산성이 하락하는 경우로서 현재의 수준만큼 숙련된 노동자를 투입할 수 없거나 회사 규모가 커지면서 혼잡congestion 또는 경영의 비효율성이 나타나는 경우에 나타난다.

[그림 7.12] 규모에 대한 수익과 등량선

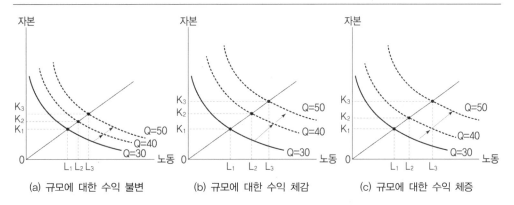

(a) 규모에 대한 수익 불변   (b) 규모에 대한 수익 체감   (c) 규모에 대한 수익 체증

여기서 규모에 대한 수익과 한계생산 개념을 혼동하면 안 된다. 한계생산은 여러 가지 생산요소 중에서 어느 하나의 생산요소 투입량을 변화시켰을 때 생산량이 얼마나 변화하는가(단기)를 설명하는 것으로 한계생산체감 현상이 나타난다. 반면, 규모에 대한 수익은 모든 생산요소를 동일한 비율로 증가시킬 때 생산량이 얼마나 변화하는가 (장기)를 설명하는 개념이다.

(4) 규모의 경제와 규모의 불경제

비용함수의 특징을 설명할 때 규모에 대한 경제 또는 규모에 대한 불경제라는 용어를 사용한다. 경제학에서 생산량이 증가할 때 장기 평균생산비용의 변화를 파악하는 것도 매우 중요하다. 왜냐하면 하나의 생산요소만 변경할 수 있는 단기 비용곡선은 U 자 형이며, 적정 생산량은 평균총비용이 최소가 되는 점에서 결정되지만, 모든 생산요소가 가변적인 장기 생산비용은 규모에 대한 경제가 작용하느냐에 따라 생산비곡선의 형태가 달라지며 적정 생산량도 달라지기 때문이다.

생산량이 증가하면서 평균생산비용이 점차 줄어드는 현상을 **규모의 경제**economies of scale라고 하고,[14] 생산량이 증가하면서 평균생산비용도 점차 증가하는 현상을 **규모의 불경제**diseconomies of scale라고 한다.

---

14 '규모의 경제'는 생산규모가 커지면서 '생산요소 투입비율'을 변화시킬 때 평균비용이 감소하는 현상을 말하며, '규모에 대한 수익 체증'은 모든 생산요소를 '동일한 비율'로 변화시킬 때 생산량이 더 증가하는 현상을 말한다. 모든 생산요소를 동일한 비율로 변화시키는 것은 생산요소의 투입비율을 변화시키는 것에 포함되므로 '규모의 경제'가 더 큰 개념이다.

[그림 7.13] 장기 평균생산비곡선

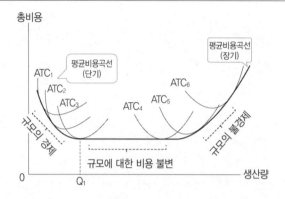

단기 평균비용곡선에서 장기 평균비용곡선을 도출하여 보자. [그림 7.13]에서 보는 바와 같이 장기 평균비용곡선은 수많은 단기 평균비용곡선을 아래쪽에서 감싸는 포락선envelope 형태가 된다. 수많은 단기 평균비용곡선이 존재하는 이유는 장기에서는 생산요소 투입을 변경하여 생산시설을 확장하거나 축소할 수 있기 때문이다. [그림 7.13]에서 왼쪽 부분(장기 평균비용곡선이 우하향하는 부분)은 규모의 경제에 해당되고, 오른쪽 부분(장기 평균비용곡선이 우상향하는 부분)은 규모의 불경제에 해당되며, 가운데 부분은 비용이 불변인 경우에 해당된다.

여기서 유념해야 할 사항은 장기 평균비용곡선은 단기 평균비용곡선의 최저점을 연결한 선이 아니라는 것이다. 규모의 경제가 적용되는 구간에서 장기 평균비용곡선은 단기 평균비용곡선의 최저점 왼쪽 부분을 지나게 된다. 그 이유는 단기 평균비용곡선의 최저점에 도달하기 전에 생산요소 투입비율을 변화시켜 더 낮은 비용으로 생산할 수 있기 때문이다. 그러나 이 경우 단기 평균비용곡선의 최저점이 아니므로 단기적으로 과소생산 또는 설비의 일부를 활용하지 않아 유휴설비가 존재하게 된다.

또한 규모의 불경제가 적용되는 구간에서 장기 평균비용곡선은 단기 평균비용곡선의 최저점 오른쪽 부분을 지나게 된다. 그 이유는 비용체증 상황이므로 더 이상 생산요소를 투입하지 않기 때문이다. 이 경우 단기 평균비용곡선의 최저점을 경과하였으므로 과다생산하게 된다.

이와 같은 규모의 경제와 규모의 불경제가 발생하는 이유는 무엇인가? 규모의 경제는 분업에 의한 전문화,[15] 연구개발의 파급효과spill-over effect, 광고의 효율성, 대량 구매의 이점, 초기 대규모 고정투자 등으로 인하여 발생한다. 그리고 규모의 불경제는

---

15 전문화의 경제economies of specialization는 기업이 자원을 가장 효율적으로 사용할 수 있는 일에 전문화 또는 특화하여 생산비용을 줄이며 경쟁력을 제고하는 것을 말한다.

조직의 규모가 커지면서 관리 및 감시 비용 증가, 팀워크 저하 등 경영상의 비효율이 나타나기 때문이다.

현실적으로 많은 기업은 생산규모가 커지면서 장기 평균비용곡선이 우하향하다가 일정규모 이상을 생산하게 되면 장기 평균비용이 일정한 경우가 많다. 장기 평균비용 곡선이 수평인 구간에서 평균생산비가 최저가 된다. 이를 최적시설규모라고 한다. 특히 [그림 7.13]에서 생산량이 Q_1일 때 최적시설규모 중에서 가장 작은 시설규모이므로 이를 최소효율규모라고 하며, 최적시설규모 중에서 총생산비가 가장 적게 드는 생산량 Q_1을 **최적생산량(효율적 생산량)**이라고 한다.

그리고 규모에 대한 경제와 비슷한 용어로 '범위의 경제'가 있다. **범위의 경제** economies of scope는 기업이 한 가지 재화만 생산하는 것보다 여러 가지 재화를 동시에 생산할 때 생산비용이 줄어드는 현상을 말한다. 현재의 생산시설 또는 생산요소를 공동이용하거나 기업경영에 효율성이 발생하는 경우에 나타난다. 예컨대 구두 제조업체가 핸드백을 추가 생산하거나, 은행이 기존 업무 이외에 신규업무를 추가 취급할 때, 즉 이종산업의 결합생산이 이루어질 때 비용이 절감되거나 추가 이윤이 창출되는 경우를 말하며, 다각화diversification의 이론적 근거가 된다. **범위의 불경제**diseconomies of scope 는 생산하는 재화의 종류가 추가될 때 오히려 비용이 더 많이 증가하는 경우로서 새로운 생산 공정이 기존의 생산 공정을 방해하는 경우에 나타난다.

(5) 생산가능곡선

생산가능곡선의 형태[16]

생산가능곡선의 일반적인 형태는 원점에 대하여 오목한 곡선(바깥쪽으로 볼록한 형태)이다. 그러나 우하향하는 직선의 형태와 원점에 대하여 볼록한 형태도 존재한다. [그림 7.14]는 세 가지 종류의 생산가능곡선을 보여 준다.

가장 일반적인 형태인 그림 (a)는 기회비용이 체증하는 경우이다. 기회비용이 체증하는 이유는 근로자들의 능력이 서로 다르기 때문이다.[17] 예컨대 생산량이 적은 초기에는 최고의 숙련된 근로자(비교우위가 큰 사람, 기회비용이 적은 사람)부터 채용하고, 생산량이 점차 증가하면서 숙련자가 점점 없어지므로 덜 숙련된 근로자(비교우위가 적은 사람, 기회비용이 많은 사람)를 고용하게 된다. 즉 생산량이 증가할수록 기회

---

16 Bernanke · Frank(2016년), 『버냉키 · 프랭크 경제학』, 박영사.
17 Arnold(2012년), 『경제학원론』, 박영사.

비용이 점점 증가하므로[18] 바깥쪽으로 굽어진 생산가능곡선이 된다. 개인의 생산가능곡선은 직선이지만, 능력 차이가 있는 여러 사람의 생산가능곡선은 곡선의 형태를 띤다. 많은 사람들이 특화와 교환에 참여할수록 그리고 개인들의 기회비용 차이가 클수록 생산가능곡선은 더 휘어진다.

[그림 7.14] 생산가능곡선의 3가지 형태

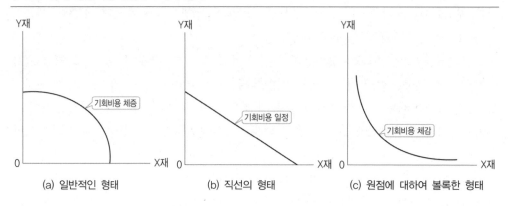

(a) 일반적인 형태   (b) 직선의 형태   (c) 원점에 대하여 볼록한 형태

그림 (b)와 같이 생산가능곡선이 직선인 경우는 기회비용이 일정할 때 발생한다. X재 1단위를 추가 생산하기 위하여 포기하여야 하는 Y재의 양이 일정하다는 것을 의미한다. 개인의 생산가능곡선, 리카도의 비교우위론에서 찾아볼 수 있다.

그림 (c)와 같이 우하향하면서 원점에 대하여 볼록한 형태의 생산가능곡선은 기회비용체감현상이 발생하는 경우이다. 기회비용이 체감하는 경우는 X재 생산량이 증가할수록 포기하여야 하는 Y재 생산량이 감소하는 경우이다. 규모의 경제와 해외 저임금의 숙련된 근로자를 활용할 때 나타난다.

생산가능곡선의 확장

개인의 생산가능곡선은 직선의 형태를 갖는다고 설명하였다. 그림 [7.15]에서 A는 X재 생산에 능력이 더 있고, B는 Y재 생산에 능력을 더 보유하고 있다고 할 때 A와 B의 생산가능곡선은 그림 (a)와 같이 직선의 형태가 된다. A와 B가 현재의 상황(교역 이전)에서 생산가능영역과 소비가능영역은 생산가능곡선 내부의 영역이 된다.

---

18 예를 들어 어떤 회사가 한 달 동안 X재 1개를 생산하는 데 ① 숙련된 근로자 2명 또는 ② 덜 숙련된 근로자 4명이 필요하다면(단, 근로자의 보수는 10원으로 동일하다), 인건비는 ① 2명×10원 = 20원 ② 4명×10원 = 40원이 된다. 따라서 ①의 기회비용은 $\frac{20원}{40원}$ = 0.5 ②의 기회비용은 $\frac{40원}{20원}$ = 2가 된다.

그러나 만약 두 사람이 각각 비교우위가 있는 재화에 특화하여 교환한다면, 두 사람은 생산가능곡선 바깥 영역에서 소비를 할 수 있다. 이는 기존의 소비가능영역을 훨씬 벗어난다. 이것은 곧 개인들이 비교우위분야에 특화하고 서로 교환한다면 얻을 수 있는 이득이 커진다는 것을 의미한다.

만약 2인 경제가 아니라 여러 명이 참여하는 경제를 상정하면, 각자 서로 다른 능력을 보유하고 있으므로 서로 다른 생산가능곡선을 갖고 있다. 이들이 각자 강점분야에 특화하여 생산하고 서로 교환한다면 전체 생산가능곡선은 더욱 바깥쪽으로 이동하면서 더욱 볼록한 형태로 바뀐다.

이와 같은 특화와 교환의 이론은 리카도의 비교우위론에서 출발한다. 리카도는 완전특화[19]하는 경우를 상정하고 직선의 생산가능곡선을 활용하여 두 나라가 비교우위가 있는 하나의 재화에 특화하여 생산하고 교역하면 거래의 이익이 발생한다면서 국제무역의 이론적 근거를 제시하였다. 자세한 내용은 제9장 해외부문 행동원리에서 자세히 설명한다.

[그림 7.15] 생산가능곡선의 확장

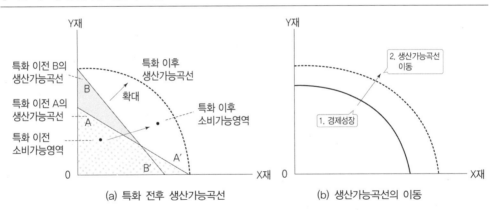

(a) 특화 전후 생산가능곡선 (b) 생산가능곡선의 이동

이번에는 생산가능곡선을 국가경제의 차원으로 확장하면, 생산가능곡선은 한 국가가 경제 내의 모든 생산요소를 효율적으로 활용하여 생산할 수 있는 최대 생산량의 조합이라고 할 수 있다. 즉 생산가능곡선은 한 국가가 현 단계에서 생산할 수 있는 최대량을 의미한다. 따라서 생산가능곡선이 바깥쪽으로 이동하면, 그만큼 경제성장한 것으로 해석할 수 있다. 경제가 성장하려면, 생산요소의 투입량이 증가하거나 기술수준

---

19 완전특화는 두 재화 중에서 비교우위에 있는 재화만 생산하는 경우를 말하며, 부분특화(불완전특화)는 두 재화 중 비교우위에 있는 재화 생산에 특화하되, 다른 재화도 생산하는 경우를 말한다.

이 진보하여야 한다. 생산요소의 투입량 증가는 인구 증가 또는 경제활동인구가 늘어나거나(여성 또는 노인의 경제활동참가 증가, 해외노동자 유입 등), 해외자본의 유입, 자연자원의 발견 등을 의미한다.

08 정부부문 행동원리

정부는 국민들로부터 세금을 받아 국민들의 생명과 재산을 지킬 뿐 아니라 국방, 외교, 치안, 교육, 경제, 사회 등 모든 분야에서 나라를 유지·발전시키는 데 필요한 중요한 역할을 수행한다. 특히 정부는 소비자로서 정부구매를 하고, 투자자로서 고속도로 등 사회간접자본(SOC)을 건설하며, 경제의 조율자로서 다양한 경제규율을 제정·관리하면서 '사회후생의 극대화'를 도모한다. 제8장에서는 경제주체로서 정부의 경제활동을 경제적 역할, 재정활동, 공공경제학, 정보경제학으로 구분하여 행동원리를 구체적으로 살펴본다.

01 정부의 경제적 역할

정부의 경제적 역할은 크게 네 가지로 구분된다.[20] 첫째, 자원배분의 효율성을 제고한다. 정부는 시장경제체제가 원활하게 작동되고 공정한 경쟁이 이루어지도록 각종 법적·제도적 기반을 정비한다. 그리고 '보이지 않는 손'invisible hand이 작동하지 않을 때 '보이는 손'visible hand으로 보완하여 독과점의 횡포를 줄이고, 세금과 벌금을 부과하기도 하며, 기업이 공급하기 어려운 재화와 서비스를 직접 공급하면서 자원이 효율적으로 배분되도록 노력한다.

---

20 R. A. Musgrave는 정부의 3대 기능으로 자원배분, 소득분배, 경제안정화를 주장하였으며, P. A. Samuelson은 정부의 4대 기능으로 경제 효율의 제고, 경제적 불평등의 축소, 거시경제정책을 통한 경제적 안정의 추구, 대외경제정책의 수행을 제시하였다. 새뮤얼슨(2012년), 『새뮤얼슨의 경제학』, 유비온.

둘째, 소득분배의 형평성을 제고한다. 시장경제체제는 개인의 자유롭고 창의적인 경제활동을 최대한 보장하지만, 태어나면서부터 경제적으로 불평등하거나 개인의 능력 차이로 경제적 불평등 현상이 발생할 경우 정부는 이를 해소하려고 노력한다. 정부는 소득 재분배를 위한 누진적 조세제도를 채택하고 저소득계층 보호를 위한 무상교육, 기초생활보장제도, 빈곤대책, 공공근로사업 등을 추진하며 연금, 건강보험, 실업보험, 산재보험 등 각종 사회보험과 이전지출을 통하여 국민들이 기본적인 경제생활을 할 수 있도록 복지국가로서의 역할을 수행한다.

셋째, 거시경제정책을 통한 경제의 안정화를 추구한다. 정부는 국가경제의 지속 성장을 위하여 성장동력을 확충하고 경기호황 시기의 물가안정과 침체 시기의 완전고용을 위하여 통화정책, 재정정책 등을 수행하며 국민들의 경제적 불안을 최소화하도록 노력한다. 정부부문의 거시경제정책은 제5편 거시경제의 기본원리에서 설명한다.

[표 8.1] 정부의 경제적 역할

1. 자원배분의 효율성 제고	…	시장경제의 원활한 작동과 공정경쟁 유도
2. 소득분배의 형평성 제고	…	경제적 불평등 해소와 기본적 경제활동 지원
3. 경제의 안정화 추구	…	성장동력 확충과 국민들의 경제적 불안 최소화
4. 대외경제정책 수행	…	국제수지 균형과 우리나라 대외경제 영토 확장

넷째, 대외경제정책을 수행한다. 개방경제의 안정을 위하여 국제수지 균형을 도모하며 다양한 경제정책을 집행한다. 그리고 글로벌시대를 맞이하여 국제무역협정을 체결하여 우리나라의 대외경제 영토를 확장하고 무역장벽을 줄이도록 최선을 다한다. 또한 다른 나라와의 거시경제정책을 조율하고, 대외 원조사업과 지구환경 보호에도 앞장서 지속 가능한 발전sustainable development과 함께 잘사는 지구촌을 만들기 위하여 노력한다. 정부의 대외경제정책은 제9장 해외부문 행동원리, 제13장 외환시장의 작동원리, 제6편 개방경제의 작동원리에서 구체적으로 설명한다.

이와 같은 정부의 4대 경제적 역할은 제1장에서 설명한 경제학의 5대 과제와 유사하다. 경제학의 5대 과제 중에서 '무엇을 얼마나 생산할 것인가, 어떻게 생산할 것인가?'는 자원배분의 효율성 제고문제이며, '누구를 위하여 생산할 것인가'는 소득분배의 형평성 제고문제이며, 경제의 안정화 추구와 대외경제정책 수행은 동일하다. 따라서 경제학은 궁극적으로 국가경제의 안정과 발전을 연구하는 학문이라고 할 수 있다.

02 정부의 재정활동

정부의 수입과 지출

정부의 살림살이를 **재정**이라고 한다. 재정은 정부가 필요한 재원을 조달(세입)하고 지출(세출)하는 활동이다. 정부는 재정을 통하여 효율성과 형평성의 조화를 이루며,[21] 재정 건전성을 위하여 노력한다. 재정의 세입과 세출의 차이인 재정수지 균형을 위하여 노력하되, 불황기에는 세입보다 세출이 많은 적자재정을 통하여 경기를 부양하고, 호황기에는 흑자재정을 편성하여 경기과열을 방지하면서 불황기를 대비하기도 한다.

우리나라 정부의 **세입**은 조세수입(세금 징수), 세외수입(수수료, 입장료, 벌과금), 사회보장기여금(국민연금, 건강보험, 고용보험 등 납입액), 자본수입(정부소유의 토지나 건물 매각대금), 원조수입 등으로 이루어진다. 2018년 우리나라 중앙정부의 세입은 조세수입이 67%를 차지하고, 세외수입 18%, 사회보장기여금 15% 등으로 구성되어 있다. 조세수입은 소득세와 법인세 53%, 간접세(부가세 등) 34%, 재산세 5% 등으로 구성되어 있다.

세출은 정부지출을 의미한다. 정부지출은 정부구매, 이전지출, 민간대여로 구성된다.[22] 정부구매government purchase는 경상지출과 자본지출로 구분된다. 경상지출은 공무원 급여, 국방, 치안, 교육, 이자 지급 등 소비지출을 말한다. 자본지출은 사회간접자본(SOC)투자, 토지·건물·기계설비 구입 등 정부가 수행하는 공공투자지출을 의미한다.

이전지출은 크게 사회보험제도와 공공부조정책으로 구분된다. 사회보험제도는 국민연금, 건강보험, 고용보험, 산재보험 등 4대 보험과 같이 국민들을 노령, 질병, 실업, 상해 등으로부터 보호하는 것이며, 공공부조정책은 국민기초생활보장제도와 같이 가난한 사람들의 생계를 위해 보조금을 지급하는 것으로 소득 재분배효과가 매우 크다. 그리고 민간대여는 중소기업과 수출기업에 대한 수출보조금, 투자보조금 등이 있다.

---

21 정부는 조세 부과 등을 통하여 경제적 유인구조를 변경시켜 자원배분의 효율성을 제고하며, 조세의 누진체계와 이전지출 등을 통하여 소득분배의 형평성을 제고하려고 노력한다.

22 정부지출과 정부구매의 개념을 명확히 할 필요가 있다. 정부지출은 정부구매, 이전지출, 민간대여의 합이다. 정부구매는 정부가 소비자 또는 투자자로서 GDP 증가에 기여하지만, 이전지출은 정부가 조세를 받아 수급자에게 단순 전달하는 것이므로 직접적으로 GDP 증가에 기여하지 않는다. 따라서 'GDP = 소비지출 + 투자지출 + 정부지출 + 순수출'의 계산식에는 '정부지출'이 아니라 '정부구매'가 되어야 한다. 그러나 이전지출을 받은 국민들은 소비 또는 투자를 하므로 간접적으로 국민소득 증가에 기여한다. 따라서 재정정책과 관련해서는 '정부지출'을 사용하는 것이 바람직하다. 본서에서는 다른 경제학 교과서와의 혼돈을 방지하기 위하여 모두 정부지출을 사용한다.

과세의 원리

조세는 모든 국민들로부터 징수하는 만큼 조세기준과 징수과정, 집행과정 모두 명확해야 하고, 이를 위하여 효율성, 공정성, 공평성, 형평성을 가져야 하며, 조세제도에서 '공평과세원칙'을 확립하는 것이 중요하다. 공평과세원칙에는 수익자부담원칙, 능력자부담원칙, 수평적 형평성과 수직적 형평성이 포함된다.

수익자부담원칙benefits principle은 '혜택을 받은' 수익자가 세금을 부담하여야 한다는 원칙이다. 예를 들어 고속도로, 공원 등과 같은 공공재를 건설하는 비용은 해당 공공재를 이용하는 사람들에게 부담시키는 것이 바람직하다.

능력자부담원칙ability-to-pay principle은 '능력에 따라' 세금을 내야 한다는 원칙이다. 세금을 많이 납부할 수 있는 고소득자에게는 높은 세율을 적용하고, 그렇지 않은 저소득자에게는 낮은 세율을 적용하여 소득 재분배 기능이 잘 작동하도록 하는 것이 필요하다.

수평적 형평성horizontal equity은 비슷한 경제적 상황에 놓인 사람들은 동등하게 과세해야 한다는 공평성을 말하며, **수직적 형평성**vertical equity은 경제적 상황이 다른 사람들은 다르게 취급되어야 한다는 원리로서 소득 재분배의 중요한 원칙이 된다.

조세의 종류

조세는 여러 가지 기준에 따라 분류된다. 먼저 납세 의무자와 담세자의 일치 여부에 따라 직접세와 간접세로 분류된다. 직접세는 납세 의무자가 직접 납부하도록 부과하는 조세로서 소득세, 법인세, 재산세, 상속세 등이 여기에 속한다. 간접세는 납세 의무자와 담세자가 일치하지 않는 조세로서 부가가치세, 유류세, 주세 등이 여기에 속한다.

그리고 부과방법에 따라 종량세와 종가세로 구분된다. 종량세는 과세물건의 수량, 부피 또는 무게 등을 과세표준으로 정하고 단위당 일정금액을 부과하는 방법으로 담배소비세, 유류세 등이 해당되며, 종가세는 과세물건의 가격을 과세표준으로 정하고 일정비율을 곱하여 세금으로 부과하는 방법으로 부가가치세 등이 해당된다.

또한 [그림 8.1]과 같이 세율 적용방법에 따라 누진세, 비례세, 역진세로 구분한다. 누진세progressive tax는 과세대상 금액이 많을수록 높은 세율을 적용하는 조세로 소득세, 법인세 등이 해당된다. 비례세proportional tax는 모든 과세대상에 동일한 세율을 적용하는 조세로 주로 간접세가 해당된다. 역진세regressive tax는 과세대상 금액이 증가하면 오히려 낮은 세율을 적용하는 조세로 현실적으로 찾아보기 힘들지만, 생활필수품에 간접세를 부과하면 고소득자와 저소득자 모두 동일한 세금을 부담하게 되므로 사실상

역진적 성격이 있다고 하겠다. 그 밖에 정액세는 주민세 등과 같이 과세대상자의 소득이나 보유자산의 규모에 관계없이 동일한 금액을 부과하는 조세이다.

[그림 8.1] 세율 적용방법에 따른 분류

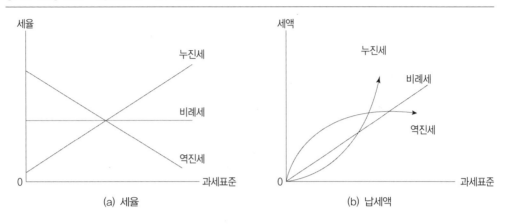

(a) 세율   (b) 납세액

그 밖에 조세와 관련하여 기억하여야 할 사항은 래퍼곡선과 조세부담률이다. **래퍼곡선**Laffer curve은 미국 경제학자 래퍼A. Laffer가 1980년대 레이건 행정부에게 감세정책의 근거로 제시한 이론이다. 래퍼곡선은 [그림 8.2]와 같이 세율과 조세수입의 관계를 나타내는 곡선으로 세율이 0%~m%의 구간에 있을 경우 세율이 증가할수록 조세수입은 늘어나지만, 세율이 m%~100%의 구간에 있을 경우에는 세율이 늘어날수록 오히려 조세수입이 감소한다는 것이다. 그 이유는 세율이 높으면 근로의욕과 투자의욕을 저해하여 생산과 소득이 줄어든다는 것이다.

[그림 8.2] 래퍼곡선

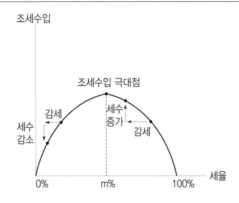

조세부담률은 국내총생산에서 조세수입이 차지하는 비율$\left(\dfrac{\text{총 조세수입}}{\text{명목국내총생산(GDP)}}\right)$을 말하며, 조세 수입 이외에 준조세에 해당하는 국민연금 등 국민들의 기여금을 모두 합한 금액이 국내총생산에서 차지하는 비율$\left(\dfrac{\text{조세 + 사회보장기여금}}{\text{명목국내총생산(GDP)}}\right)$을 **국민부담률**이라고 한다.

여기서 '총조세수입 = 명목GDP × 조세부담률'이 된다. 매년 정부가 내년도 경제계획을 수립할 때 예산계획이 필수적이다. 예산계획을 수립하는 방법은 먼저 내년도 경제성장률을 예측하고 명목GDP를 추정하여 평균세율을 곱하면 내년도 우리나라 총조세액이 산출되며, 이 조세액을 기초로 하여 내년도 세출계획을 수립하게 된다. 균형재정수지가 바람직하지만, 불경기에는 적자재정을 편성하여 경기를 부양하고, 호경기에는 흑자재정을 편성하여 불경기를 대비한다. 그리고 만약 세출계획이 세입계획보다 많으면, 세입 증대방안을 찾게 된다.

03 공공경제학

시장실패

시장경제체제에서 아담 스미스의 '보이지 않는 손'이 작동하지 못하여 자원이 효율적으로 배분되지 않은 상황을 **시장실패**market failure라고 한다. 시장실패가 발생하면 사회 전체적으로 볼 때 시장가격이 균형가격보다 높거나 낮고, 생산량과 소비량이 최적수준보다 많거나 적어 희소한 자원이 효율적으로 배분되지 않고, 사회적 잉여가 줄어들며, 자중손실이 발생하게 된다.

시장실패가 발생하는 원인은 크게 불완전경쟁, 외부효과, 공공재, 정보의 비대칭성 등으로 구분된다. **불완전경쟁**은 독과점시장 등에서 발생하며, 시장지배력을 가진 독점기업이 경쟁시장보다 높은 가격을 책정하고 공급량을 줄이거나 담합행위를 하여 사회적 손실을 발생시킨다. **외부효과**는 생산이나 소비에 직접 참여하지 않은 제3자가 의도하지 않은 혜택이나 손해를 보는 경우로서 역시 자원배분을 왜곡시킨다. **공공재**는 '무임승차자'가 많아 민간기업이 참여하기를 기피하거나 사용자가 너무 많아 공유자원이 훼손되는 '공유자원의 비극'을 발생시킨다. 또한 **정보의 비대칭성**은 정보가 부족한 사람이 불리한 선택을 하도록 만든다.

시장실패는 정부의 개입을 정당화시킨다. 정부의 개입은 **보이는 손**visible hand이라고도 하며, 크게 세 가지 형태로 나타난다.

첫째, 민간부문의 행동을 규제한다. 공정거래질서 유지, 소비자 보호, 환경 보호, 국민건강 보호, 소득 재분배 등을 위하여 정부가 법과 제도를 만들고 감시와 감독을 강화한다. 대표적인 예가 「독점규제 및 공정거래에 관한 법률」, 「자본시장과 금융투자업에 관한 법률」, 「소비자기본법」 등과 같은 법률이며, 공정거래위원회와 금융감독원, 한국소비자원 등과 같은 기구를 통하여 불공정한 거래 행위를 방지하고 있다. 또한 환경오염을 방지하기 위하여 오염물질 배출 허용기준치를 정하고 이를 어기는 기업들에게 벌과금을 부과한다.

둘째, 민간부문에게 유인을 제공하여 민간기업의 참여를 유도한다. 민간부문에 조세나 금융상 혜택 제공, 세액공제 등의 형태로 양(+)의 유인을 제공하여 민간투자를 촉진하기도 하며, 에너지 절약이나 환경보호를 위하여 높은 세금부과 등의 형태로 음(−)의 유인을 제공하여 민간기업의 과도한 폐해를 방지하도록 유도하기도 한다.

셋째, 민간기업이 생산하지 못하거나 충분히 생산하지 않을 경우 정부가 직접 또는 간접적으로 생산에 참여한다. 국방서비스, 경찰서비스, 도로, 공원 등과 같은 공공재는 정부가 직접 생산하여 공급하는 형태이며, 한국산업은행, 한국전력공사 등 공기업을 설립하여 공공서비스를 제공하는 형태는 간접 생산하여 공급하는 경우에 해당된다.

정부실패

시장실패는 정부의 개입을 정당화시키지만, 정부의 개입이나 규제 강화가 반드시 능사는 아니다. 정부개입이 오히려 더 나쁜 결과를 초래할 수도 있다. 정부부문으로 인하여 발생하는 자원배분의 비효율성을 **정부실패**government failure라고 한다.

정부실패의 사례는 다양하게 찾아볼 수 있다. 우선, 민주주의 국가들이 채택하고 있는 다수결 투표제도는 경제적 비효율성을 낳을 수 있다. 비용 − 편익분석에서 편익이 많은 공공프로젝트를 선거공약으로 제시한 후보가 다수결 투표에서 탈락하고 비용이 더 드는 프로젝트를 선거공약으로 제시한 후보가 승리할 수도 있다. 또한 선거공약에 편익이 많은 프로젝트와 그렇지 않은 프로젝트가 모두 포함될 수 있지만, 유권자들은 프로젝트 하나하나에 투표할 수 없어 경제적 비효율성을 초래할 수 있다.

둘째, 이익집단에 의한 지대추구압력이다. **지대추구행위**rent seeking는 특정재화의 공급을 제한하여 소수의 특정인이나 특정기업에게만 혜택이 돌아가도록 만들어 소비자잉여를 감소시키고 경제적 효율성을 떨어뜨린다.

셋째, 정치적인 이해관계와의 타협이다. 정치권력은 이해관계자들의 집단이기 때문에 경제원리에 의한 합리적인 의사결정보다는 특정단체의 압력이나 정치원리에 의하여 경제정책을 결정하기도 한다. 정치적인 이해관계는 정부실패를 유발한다.

넷째, 관료제의 비효율성과 부패이다. 정부의 공무원이나 공기업의 직원들이 국민보다는 행정 편의 또는 부처 이익을 우선시하는 경향이 있고, 정부 관료들의 권력남용, 공기업의 방만한 조직과 비효율적인 운영 등은 경제적 비효율성을 낳는다.

외부효과

외부효과(또는 외부성)externality란 생산이나 소비활동에 직접 참여하지 않은 제3자가 의도하지 않은 혜택을 얻거나 손해를 보면서도 대가 지급이나 보상을 하지 않는 현상을 말한다. 외부효과가 제3자에게 유리한 경제적 효과를 미칠 때 **외부경제**external economy(또는 긍정적 외부효과)라고 하고, 불리한 경제적 효과를 미칠 때 **외부불경제** external diseconomy(또는 부정적 외부효과)라고 한다. 예컨대 어느 지역에 학교가 설립될 경우 학교 앞에 문방구, 식당, 커피전문점 등이 등장하는 현상은 외부경제에 속하며, 자동차 운전자가 주변사람들에게 소음과 매연을 발생시키는 현상은 외부불경제에 속한다.

외부효과는 생산과정과 소비과정에서 모두 발생할 수 있다. 흡연, 교육 등은 소비과정에서 나타나고 공장, 신기술개발 등은 생산과정에서 발생한다.

먼저 생산에서의 외부효과를 살펴보자.[23] [그림 8.3] (a)에서 현재 어떤 재화의 균형점은 E_1으로 가격 P_1, 생산량 Q_1이다. 그러나 생산자가 공해를 유발하고 있어 정부가 공해로 인하여 발생하는 비용을 생산자에게 부담시킬 경우 공급곡선은 왼쪽으로 이동하게 되어 새로운 균형점은 E_2가 된다. 새로운 균형점 E_2는 가격을 P_1에서 P_2로 상승시키고, 생산량은 Q_1에서 Q_2로 줄어들게 된다.

제3장에서 수요곡선은 한계편익(MB)곡선, 공급곡선은 한계비용(MC)곡선이라고 하였다. 여기에서 수요곡선이 MB곡선이 되고, 공해유발비용이 반영된 공급곡선이 MC곡선이 된다.[24] 따라서 Q_1에서는 한계비용이 한계편익보다 크므로 과다생산점이 되며, 삼각형 $E_1E_1'E_2$만큼 자중손실이 발생하게 된다. 반면에 생산자에게 비용을 부담시킬 경우 줄어든 생산량 Q_2에서는 한계편익과 한계비용이 같으므로 경제적 효율성이 극대화된 효율적인 생산점이 된다.

---

23 Hubbard · O'brien(2015년), 『Hubbard의 경제학』, 경문사.
24 공해유발비용이 반영된 곡선을 '사회적 한계비용곡선', 반영되지 않은 곡선을 '사적 한계비용곡선'이라고 한다.

[그림 8.3] 외부효과

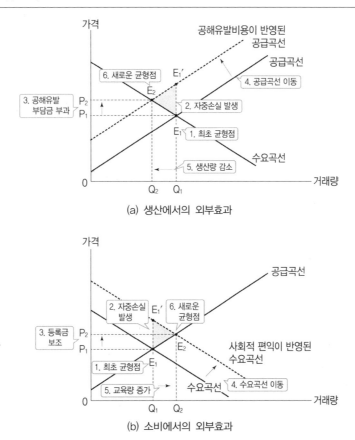

(a) 생산에서의 외부효과

(b) 소비에서의 외부효과

이번에는 소비에서의 외부효과를 살펴보자. 그림 (b)에서 대학교육시장의 공급곡선이 주어져 있고, 현재 균형점은 E_1으로 학생들이 P_1의 등록금을 내고 Q_1만큼 교육을 받는다고 가정하자. 그러나 교육시장에는 양(＋)의 외부효과가 존재한다. 대학교육은 교육을 소비하는 학생들이 받는 편익 이외에 범죄율 감소 등 사회적 편익을 많이 창출하고 있으나, 이러한 편익은 수요곡선에 포함되어 있지 않다. 만약 대학교육을 받는 학생들이 그로부터 발생하는 모든 편익을 가져갈 수 있다면, 수요곡선은 위쪽으로 이동하게 된다(사회적 편익이 반영된 수요곡선).[25]

여기서 공급곡선이 MC곡선이 되고, 사회적 편익이 반영된 수요곡선은 MB곡선이므로 Q_1에서는 한계편익이 한계비용보다 크므로 과소생산점이라고 할 수 있다. Q_1만큼 교육을 받을 경우 삼각형 $E_1E_1'E_2$만큼 자중손실이 발생하게 된다. 따라서 사회적 편

---

25 사회적 편익이 반영된 곡선을 '사회적 한계편익곡선', 반영되지 않은 곡선을 '사적 한계편익곡선'이라고 한다.

익이 반영된 수요곡선과 공급곡선이 만나는 E_2가 효율적인 균형점이 된다. 교육량이 증가한 Q_2에서 한계편익과 한계비용이 같으므로 경제적 효율성이 극대화된 효율적인 생산점이 된다.

이와 같이 긍정적인 외부효과가 발생하든 부정적인 외부효과가 발생하든 자중손실이 발생하므로 전적으로 시장기구에 맡겨 놓으면 과소생산 또는 과다생산되어 자원배분의 비효율성을 초래하므로 정부개입이 필요하다.

외부효과를 해결하는 방법은 여러 가지가 있다. 가장 바람직한 방법은 이해 당사자들 간 협의를 통하여 자율적으로 해결하는 사적 해결방법이다. 사적 해결방법에는 사회적 규범이나 공중도덕, 교육 등을 통한 해결이나, 기부금 등 자선행위를 통한 해결이 있으며 이해당사자 간 합병이나 계약 체결 등을 통하여 해결하는 방법도 있다.

경제학자 코즈Ronald Coase는 당사자 간 협상을 통하여 해결하는 방법을 제시하였다. 재산권이 명확히 설정되어 있고 거래비용(협상비용)이 적으면, 당사자 간 협상을 통하여 충분히 해결할 수 있다는 코즈의 정리Coase's Theorem를 주장한 것이다. 예컨대 강 상류에 있는 화학공장이 오염물질을 배출하여 강 하류에 있는 어부들이 피해를 입는 상황이라면, 맑은 물의 소유권을 어부에게 부여하여 서로 협상하면 문제를 해결할 수 있다는 것이다.

코즈의 정리가 성립하기 위해서는 거래비용(협상비용)이 낮아야 하고, 협상 당사자들의 비용과 편익에 대한 정확한 정보가 있어야 하며, 무리한 협상이 없어야 한다.

만약 사적 해결이 되지 않으면, 정부의 개입이 정당화된다. 정부가 개입하는 방법은 정부의 직접규제와 시장기능을 활용하는 간접규제가 있다. 정부의 직접규제는 주로 조세의 부과를 통하여 이루어진다. 만약 음($-$)의 외부효과가 발생하는 경우 세금을 부과하여 외부효과를 내부화하는 것이다. 여기서 **외부효과의 내부화**internalization란 외부효과로 발생하는 문제를 시장기구 안으로 끌어들여 가격이나 비용에 반영하여 경제주체들의 유인구조를 바꾸어 행동이나 의사결정에 변화를 주는 방법이다. 만약 양($+$)의 외부효과가 발생하는 경우 보조금이나 보상금을 지원하여 생산량을 증가시키도록 한다.[26] 그리고 명령과 통제를 사용하는 방법도 있다. 공해 발생 허용량을 정부가 설정하여 억제하도록 유도하거나 공해방지장치 설치를 의무화하여 공해 발생을 통제하는 방법이 바로 그 예이다.

---

26 음($-$)의 외부효과를 발생시킬 때 부과하는 세금을 피구세라고 하며, 양($+$)의 외부효과를 발생시킬 때 주는 보조금 또는 보상금을 피구의 보조금이라고 한다. 경제학자 피구A. C. Pigou는 외부효과의 내부화를 이론화하였다.

시장기능을 활용하여 외부효과를 관리하는 간접규제의 대표적인 예는 탄소배출권 거래제이다. 정부가 기업별 탄소배출량을 할당하고, 배출량이 할당량보다 많으면 탄소 배출권 거래소에서 배출권을 구입하도록 하여 금전적 부담을 주고, 반대로 배출량이 할당량보다 적으면 그 차이만큼 거래소에서 매각하여 금전적 혜택을 얻도록 하여 배출량 억제를 유인하는 제도이다.

공공재

공공재public goods는 국방, 공원, 도로, 치안, 공중파 방송 등과 같이 정부 또는 공공부문이 공급하고 여러 사람이 공동으로 소비하는 재화나 서비스를 말한다. 시장가격으로 소비하는 사적재private goods와 달리 공공재는 아무런 대가를 지불하지 않고 소비할 수 있는 특성이 있다.

공공재와 사적재의 구분은 배제성과 경합성을 기준으로 한다. **배제성**excludability은 사용료를 지불한 사람만 소비할 수 있는 특성을 말하며, **경합성**rivalry은 한 사람이 소비하면 다른 사람이 소비할 수 없는 특성을 말한다. 따라서 **비배제성**non excludability은 대가를 지불하지 않고도 소비할 수 있는 특성을 말하고, **비경합성**non rivalry은 한 사람이 소비하더라도 다른 사람의 소비량이 줄어들지 않는 특성을 말한다.

[표 8.2] 경합성과 배제성에 의한 재화의 유형

		경합성	
		있음(경합성)	없음(비경합성)
배제성	가능 (배제성)	사적재 (자동차, 가방, 음식, 휴대폰, 혼잡한 **유료**도로 등)	클럽재(자연독점 재화) (케이블 TV, 골프 회원권, 한산한 **유료**도로 등)
	불가능 (비배제성)	공유재 (바다의 물고기, 환경, 혼잡한 공원, 혼잡한 **무료**도로 등)	순수 공공재 (국방, 치안, 법률, 한산한 공원, 한산한 **무료**도로 등)

배제성과 경합성을 기준으로 재화와 서비스를 세분하면, 네 가지로 구분할 수 있다. 첫째, 비경합성과 비배제성의 특성을 갖는 순수 공공재이다. 순수 공공재는 아무런 대가 없이 어떤 사람이 먼저 소비하더라도 다른 사람도 소비할 수 있는 재화를 말한다. 국방, 한산한 공원 등과 같이 주로 정부가 공급하고 세금, 광고, 기부금 등을 통하여 비용을 충당한다.

둘째, 배제성과 경합성을 갖는 사적재이다. 사적재는 사용료를 지불하지 않으면 소비할 수 없으며(배제성), 어떤 사람이 먼저 소비하면 다른 사람이 나중에 소비할 수 없는(경합성) 재화를 말한다. 자동차, 노트북 등과 같이 희소성이 있는 재화 대부분이 여기에 포함된다.

셋째, 배제성과 비경합성을 갖는 클럽재이다. 사용료를 지불하여 클럽에 가입하기만 하면, 다른 사람들의 사용과 무관하게 이용할 수 있는 재화를 말한다. 케이블TV, 골프장 회원권 등이 여기에 포함된다.

넷째, 비배제성과 경합성을 갖는 공유자원이다. 공유자원은 사용료를 지불하지 않지만(비배제성), 마음껏 사용할 수 없는(경합성) 재화를 말한다. 연못 속의 물고기, 혼잡한 시민공원 등이 여기에 속한다.

비배제성을 갖는 재화는 **무임승차자 문제**free rider problem를 발생시킨다. 사람들은 생산비를 부담하지 않아도 소비할 수 있으므로 최대한 소비하려고 한다. 그러나 생산자는 비용을 충당할 만큼 수입을 확보할 수 없으므로 결국 과소공급 문제가 발생한다. 정부는 과소공급 문제를 해결하기 위하여 생산에 참여하여 공공재를 공급하여 무임승차자 문제를 해결한다.

배제성과 비경합성을 갖는 클럽재는 생산자들이 높은 가격을 책정하려는 문제가 발생한다. 케이블TV의 경우 한번 제작한 프로그램은 추가로 제작비용이 들지 않으므로 무료로 제공하여도 되지만, 계속 유료로 공급하여 이윤을 챙기려고 하므로 소비자잉여가 줄어드는 비효율성이 발생한다.

경합성과 비배제성이 있는 공유자원은 많은 사람들이 과다 소비하여 자연훼손의 문제가 발생한다. 모든 사람들이 사용하는 만큼 자원 보호의 필요성이 중요하지만, 이기심의 발로로 환경보존이 어렵다. 공유자원을 지나치게 사용하여 공유자원이 고갈되거나 황폐화되는 현상을 **공유자원의 비극**tragedy of the commons이라고 한다.

공공재 문제를 해결하는 방법은 소유권을 부여하거나 공동규범을 만들어 자체적으로 제한하는 방법, 사용자에게 비용을 청구하는 수익자부담원칙을 적용하는 방법, 세금부과 또는 할당량 책정, 거래면허증 발급 등으로 접근을 제한하는 방법이 있다. 그리고 공공재를 얼마나 공급하느냐는 문제는 비용 – 편익분석을 통하여 결정하면 된다.

04 정보경제학

지금까지 논의는 기본적으로 시장에 참여하는 경제주체들이 완전한 정보를 보유하고 있다는 것을 전제로 하였다. 그러나 현실에서 경제주체들이 완전한 정보를 보유하지 못하여 시장실패가 발생하는 경우도 많다. 정부는 경제주체들이 충분한 정보를 보유하도록 직접 정보를 제공하거나 불충분한 정보를 해소하도록 제도를 확충한다.[27]

정보의 비대칭성

정보의 비대칭성asymmetric information은 거래 당사자들이 보유하고 있는 정보량이 서로 차이가 나는 현상을 말한다. 정보의 비대칭성에는 판매자의 정보가 부족한 경우와 소비자의 정보가 부족한 경우가 있다. 중고차시장이나 휘발유시장에서는 소비자가 충분한 정보를 보유하지 못하여 불량 중고차나 불량 휘발유를 구입하게 될 수 있다. 보험시장에서는 판매자가 충분한 정보를 보유하지 못하여 불리한 계약을 하게 될 수 있다.

[표 8.3] 정보의 비대칭 사례

중고차시장	구입자	정보량	판매자
	중고차의 사고 유무를 잘 모른다.	〈	사고 경력, 부품 파손 등을 숨긴다.
보험시장	피보험자(가입자)	정보량	보험자(보험회사)
	병 이력을 숨긴다.	〉	정보를 수집하려고 노력한다.
금융시장	대출자	정보량	은행
	신용도가 낮은 기업이 대출을 받는다.	〉	기업을 정확히 평가하지 못한다.
노동시장	취업자	정보량	기업
	취업하기 위하여 자신을 포장한다.	〉	취업자를 정확히 평가하지 못한다.

판매자가 정보를 적게 보유한 경우에는 도덕적 해이, 역선택, 주인 − 대리인 문제 등이 발생한다. 그리고 소비자가 정보를 적게 보유한 경우에는 역선택, 지대추구행위 등이 발생한다.[28]

---

27 정보가 부족한 상황에서 사람들은 다양한 방법으로 정보를 얻으려고 노력하는 행위를 탐색행위search activities라고 한다. 많은 정보는 금전적 혜택을 주지만, 추가 정보를 얻기 위한 탐색행위는 시간과 노력 등 많은 비용이 소요된다. 따라서 정부는 경제주체들이 가능한 한 많은 정보를 얻을 수 있도록 제도를 확충한다.

역선택

역선택adverse selection은 정보가 부족한 측이 불리한 선택을 하는 것을 말한다. 예컨대 중고차시장에서 구매자가 품질이 좋지 않은 차를 구입한다든가, 보험시장에서 건강한 사람보다 건강하지 않은 사람이 보험에 더 많이 가입한다든가, 금융시장에서 신용등급이 낮은 사람이 대출을 받는 경우 등과 같이 일상생활에서 다양하게 찾아볼 수 있다.[29]

겉으로 그럴듯하지만 실속이 없는 상품(레몬, 빛 좋은 개살구)이 시장에서 거래된다는 점에서 역선택은 레몬시장market for lemon 또는 개살구시장에서 발생한다고 한다.

역선택을 해결하는 방법은 정보를 가진 측이 신호를 발송signaling하는 방법이 있다. 이는 정보 보유자가 적극적으로 상대방에게 자신을 알리려는 행위이다. 보유하고 있는 자격증, 학위 등을 광고하거나 인터넷 홈페이지에 게시하는 방법 등이 있다.

둘째, 정보가 부족한 측이 선별작업screening을 하는 방법이다. 정보 부족자가 상대방을 정확하게 판별하려고 노력하는 행위, 보험회사에서 건강진단서를 요구하는 행위, 금융기관이 고객의 신용평가를 엄격히 하는 행위 등이 여기에 포함된다.

셋째, 평판에 의한 해결방법이다. 좋은 평판을 갖는 사람과 기업은 제값을 하게 된다. 좋은 평판을 갖고 좋은 브랜드를 보유하도록 노력하고, 이를 널리 알리는 방법이다.

넷째, 계약에 의한 해결방법이다. 소비자가 상품을 구입하여 사용하고 마음에 들지 않으면 얼마든지 현금으로 교환해 준다든가, 무상으로 수리해 준다든가 하는 조건부 계약을 통하여 역선택 문제를 해결할 수 있다.

그리고 정부에 의한 해결방법으로 강제집행이 있다. 역선택 문제가 민간에서 해결하기 어려울 때 보험을 강제 가입하도록 하거나 의무조항을 부여하여 해결하는 방법이다. 4대보험 가입, 자동차 책임보험 가입 등이 여기에 속한다.

도덕적 해이

도덕적 해이moral hazard는 계약이나 거래가 이루어진 이후에 계약자가 선량하게 자신의 책무를 다하지 않고 바람직하지 못한 행동을 하는 현상으로 보험시장, 금융시장, 노동시장 등에서 흔히 발생한다.

---

28 정보의 비대칭성은 두 가지 형태로 나타난다. 하나는 '감추어진 특성'으로, 거래할 때 상대방의 특성을 잘 알지 못하는 상황이므로 역선택 문제가 발생한다. 다른 하나는 '감추어진 행동'으로, 주인이 대리인에게 위임하였으나, 대리인의 행동을 파악하기 어려운 상황이므로 본인 — 대리인 문제와 도덕적 해이가 발생한다.

29 정보의 비대칭 상황에서 역선택으로 입찰경쟁에서는 승리하였으나 실제가치보다 높은 가격으로 낙찰됨으로써 결국 인수 후 손실을 보게 된다. 이것을 승자의 저주winner's curse라고 한다.

예컨대 노동자가 취업한 이후 고정급을 받으면서 직무를 게을리하는 행위, 보험 가입자가 보험 가입 이후 사고예방을 위하여 노력하지 않는 행위, 투자자가 은행에서 대출받은 이후 리스크가 큰 사업에 투자하는 행위 등이 여기에 속한다.

이를 해결하는 방법으로 노동시장에서는 승진, 포상, 징계 등 다양한 유인책을 강구하고, 보험시장에서는 사고가 발생할 경우 일정비율만 보상하고 나머지는 계약자에게 부담시키는 공동보험제도co-insurance, 사고발생 시 고객이 일정금액을 부담하는 기초공제제도deduction 등의 제도를 채택하기도 하며, 금융시장에서는 담보, 감시, 이사 또는 감사 파견 등의 방법을 이용한다.

주인 – 대리인 문제

주인 – 대리인 문제principal agent problem는 주인이 대리인의 행동을 일일이 감시하지 못하는 상황을 이용하여 대리인이 자신의 이익을 좇아 행동하는 현상이다.

예컨대 주주총회에서 선임된 최고경영자가 주주의 목표인 이윤극대화를 위하여 노력하지 않는 현상, 지역을 대표하여 당선된 정치인이 지역구의 이익을 대변하지 않는 현상, 변호사가 의뢰인의 이익을 위하여 노력하지 않는 현상, 보험 가입 후 사고예방을 위하여 최선을 다하지 않는 행위 등이 모두 해당된다.

이를 해결하는 방법으로는 유인incentive 제공, 스톡옵션 또는 성공보수 지급 등과 같이 성과와 보수를 연계하거나 **효율성 임금**[30]을 지급하는 방법이 있다.

---

30 효율성 임금efficiency wage이론이란 시장균형임금보다 더 높은 임금을 지급하여 노동자들이 자발적으로 열심히 근무하도록 유도하는 임금체계를 말한다. 특히 근로자들의 교육비용이 많이 들거나 이직률이 높은 경우 신입사원 채용보다 경험 있고 숙련된 근로자를 유지하는 것이 생산성이 더 높으며, 총 인건비도 오히려 줄일 수 있다는 것이다. 실제로 미국에서 효율성 임금을 채택하는 기업을 쉽게 찾을 수 있다.

해외부문 행동원리

해외부문은 우리나라와 대외경제활동을 하는 다른 나라의 가계, 기업 및 정부를 말하며, 무역활동의 주체로서 수출입을 통하여 '자국이익 극대화'를 추구한다. 개방경제를 지향하는 세계화 시대에 있어서 해외부문이 국내경제에 미치는 영향은 날로 확대되고 있다. 따라서 제9장 해외부문 행동원리, 제13장 외환시장 작동원리, 제6편 개방경제의 작동원리 등으로 구분하여 해외부문에 대하여 구체적으로 공부한다.

01 무역의 원리

20세기 초반 국제무역은 재화의 교환에 국한되었으나, 현재 국제무역은 재화의 교환뿐만 아니라 기술 및 용역, 자본의 이동에 이르기까지 매우 광범위하게 이루어지고 있다.

국제무역이 크게 증가한 요인은 교통 및 통신수단, 인터넷 등의 발달로 사람과 상품 그리고 정보의 교류와 이동이 용이해졌기 때문이지만, 그보다는 경제적 요인이 더크다. 세계 각국은 국제적인 분업과 전문화를 통하여 많은 이득을 얻을 수 있기에 국제무역을 적극 추진하고 있으며, 이로 인해 세계 각국의 경제는 동조화 내지 상호 의존도는 더욱 심화되고 있으며, 세계무역기구(WTO), 자유무역협정(FTA) 등 국제기구 및 국제협정의 역할이 가일층 중요시되고 있다.

그렇다면 국제분업과 전문화가 발생하는 이유는 무엇인가? 각국의 부존자원 차이,

생산기술의 차이, 소비문화의 차이 때문이다. 각국이 저마다 보유하고 있는 강점분야에 특화하여 재화와 서비스를 생산하고 교환하면 생산가능곡선이 오른쪽으로 이동한다. 자급자족하던 시절에는 생산과 소비가 불가능했던 영역이 가능한 영역으로 바뀌며, 훨씬 많은 양을 생산하고 소비할 수 있어 국민들의 삶이 더욱 풍요로워지고 사회적 후생이 증가하게 된다.

(1) 절대우위론

무역 발생에 관한 이론에는 절대우위론과 비교우위론이 있다. **절대우위론**absolute advantage은 어떤 국가가 어떤 재화를 다른 국가보다 더 낮은 생산비로 생산할 수 있을 경우 그 재화에 특화하여 생산하고 다른 국가와 교환하면 상호 이익을 얻을 수 있다는 이론이다. 일반적으로 동일한 재화를 더 적은 비용으로 생산할 수 있거나, 동일한 비용으로 더 많이 또는 더 빨리 생산할 수 있으면, 절대우위를 갖는다고 한다.

아담 스미스는 절대우위 개념을 사용하여 18세기 당시 주류였던 중상주의의 보호무역론과 귀금속 축적론에 반대하고, 상품의 가치는 그 상품을 생산하는 데 투입된 노동시간에 의해 결정된다는 노동가치설labor value theory과 적극적인 국제무역을 주장하였다. 당시 중상주의는 국내시장을 보호하면서 해외시장을 개척할 것과 귀금속 축적이 부의 본원적 형태라고 주장하였다. 그러나 아담 스미스는 노동이 부의 본원적 형태이며 노동을 투입하여 생산한 생산물이 삶을 풍요롭게 만들며, 절대적으로 낮은 생산비로 생산할 수 있는 재화에 특화하여 생산하고 무역을 통하여 교환한다면 이득이라는 **절대생산비설**을 주장하였다.

[표 9.1] 절대우위론 사례(1)   (단위: 명)

	X재	Y재
A국	2	1
B국	1	2

절대우위

스미스가 주장한 절대우위론은 다음과 같다. 먼저 노동이 유일한 생산요소이며, 모든 노동은 동질적이고 각국의 임금은 같으며, 재화의 생산량과 관계없이 재화 1단위 생산에 필요한 노동량은 일정하고,[31] 국가 간 노동의 이동은 불가능하다는 것을 가정한다.

---

31 제7장에서 설명한 생산함수의 규모에 대한 수익불변constant return of scale을 말한다.

현재 A국과 B국이 각각 X재와 Y재 1단위를 생산할 때 투입되는 노동이 [표 9.1]과 같다고 하자. A국은 X재 1단위 생산하는 데 투입되는 노동은 2명이며, Y재 1단위 생산하는 데 투입되는 노동은 1명이라고 했을 때 Y재 생산에 절대우위를 보유하고 있다. 또한 B국은 X재 1단위 생산하는 데 투입되는 노동은 1명, Y재 1단위 생산하는 데 투입되는 노동은 2명이라고 했을 때 X재 생산에 절대우위를 보유하고 있다.

각국의 노동 부존량은 각각 300명이며, 각국에서 생산한 재화는 모두 자국에서 소비한다고 할 때 무역 이전의 생산과 소비현황은 [표 9.2] (a)와 같다. 현재 A국은 총 노동 300명을 X재와 Y재 생산에 각각 150명을 투입하여 X재는 75단위(노동 150명 = 2명 × X재 75단위)를 생산하고, Y재는 150단위(노동 150명 = 1명 × Y재 150단위)를 생산하여 소비하고 있다.

B국도 현재 X재와 Y재 생산에 각각 노동 150명을 투입하여 X재는 150단위(노동 150명 = 1명 × X재 150단위)를 생산하고, Y재는 75단위(노동 150명 = 2명 × Y재 75단위)를 생산하여 소비하고 있다.

이제 각국이 절대우위 재화에 특화하여 생산한다고 하자. A국은 Y재 생산에 노동 300명을 모두 투입하면 Y재 300단위(300명 = 1명 × Y재 300단위)를 생산할 수 있다. B국은 X재 생산에 노동 300명을 모두 투입하면 X재를 300단위(300명 = 1명 × X재 300단위)를 생산할 수 있다.

[표 9.2] 절대우위론 사례(2)　　　　　　　　　　　　　　　　　　　　(단위: 개)

		(a) 무역 이전		(b) 특화 후 교환		(c) 무역 이후	
		생산	소비	생산	무역	소비	추가소비
A국	X재	75	75	0	수입 150	150	75
	Y재	150	150	300	수출 150	150	0
B국	X재	150	150	300	수출 150	150	0
	Y재	75	75	0	수입 150	150	75

양국이 생산한 X재와 Y재를 각각 150단위를 서로 1:1로 교환하면, 표 (b)와 같이 A국은 Y재 300단위를 생산하여 150단위는 소비하고 150단위를 수출하며, X재 150단위를 수입하여 소비한다. 그리고 B국은 X재 300단위를 생산하여 150단위를 소비하고 150단위를 수출하며, Y재 150단위를 수입하여 소비한다. 따라서 표 (c)와 같이 교역 이후 A국은 X재와 Y재를 각각 150단위씩 소비할 수 있으며, B국도 X재와 Y재를 각각

150단위씩 소비할 수 있다. 결국 A국은 무역 이전보다 X재를 75단위 추가 소비할 수 있으며, B국은 Y재를 75단위 추가 소비할 수 있다. 이것이 바로 무역의 이익이라고 할 수 있다. 각국은 절대우위 분야의 재화에 특화하여 생산하고 교환한다면, 무역의 이익을 얻을 수 있다.

스미스의 절대우위론은 자유무역의 근거를 처음으로 제시하였다는 점에서 큰 의미가 있다. 그러나 특정국가가 모든 재화 생산에서 절대우위를 가질 수도 있는데, 이런 경우에도 무역이 발생할 수 있다는 것을 설명하지 못한다. 또한 각국이 한 재화의 생산에 완전특화하는 것이 현실적으로 가능한지 그리고 생산요소를 노동 하나에 국한시킨 것이 현실적인지에 대한 의문이 제기될 수 있다.

(2) 비교우위론

리카도David Ricardo는 절대우위론의 단점을 보완하여 비교우위론을 주장하였다. **비교우위론**comparative advantage은 양국이 생산비가 상대적으로 낮은 재화에 특화하여 생산하고 무역할 경우 양국 모두 이익을 얻을 수 있다는 이론이다. 일반적으로 어떤 재화를 생산할 때 다른 생산자보다 더 적은 기회비용으로 생산하는 경우 그 재화 생산에 비교우위를 갖는다고 말한다. 그리고 어떤 기업이나 국가는 모든 재화의 생산에서 절대우위를 가질 수 있으나 모든 재화의 생산에 비교우위를 가질 수는 없다. 따라서 비교우위분야에 특화하여 무역하면 상호 이득을 얻을 수 있다는 이론이 리카도의 비교우위론이다.

비교우위론의 사례를 살펴보자. 기본적인 가정은 절대우위론과 동일하다. A국과 B국이 X재와 Y재를 생산하고, 두 재화를 생산하는 데 사용되는 생산요소는 노동밖에 없으며 A국은 300명, B국은 3,200명의 노동량을 보유하고 있다고 가정하자.

[표 9.3] 비교우위론 사례(1)   (단위: 명)

	X재	Y재	X재의 기회비용	Y재의 기회비용
A국	2 ←절대우위→ 1		2	0.5
B국	4	16	0.25 ←비교우위→	4

[표 9.3]에서 X재 1단위를 생산하는 데 A국은 노동 2명, B국은 4명이 필요하므로 A국이 X재 생산에 절대우위가 있다. 또한 Y재 1단위를 생산하는 데 A국은 노동 1명, B국은 16명이 필요하므로 Y재 생산도 A국이 절대우위가 있다.

비교우위의 경우는 어떠한가? A국은 X재 1단위를 생산하는 데 2명이 필요하고 Y재 1단위를 생산하는 데 1명이 필요하므로 Y재 생산에 비교우위가 있다. B국은 X재 1단위를 생산하는 데 4명이 필요하고 Y재 1단위를 생산하는 데 16명이 필요하므로 X재 생산에 비교우위가 있다.[32]

[표 9.4] (a)에서 무역 이전 양국의 생산 및 소비현황을 살펴보자. A국의 노동 부존량은 300명, B국의 노동 부존량은 3,200명이며, 각국에서 생산한 재화는 모두 자국에서 소비한다고 가정하자. 현재 A국은 X재와 Y재 생산에 각각 노동 150명을 투입하여 X재 75단위(노동 150명 = 2명 × X재 75단위)와 Y재 150단위(노동 150명 = 1명 × Y재 150단위)를 생산하여 소비하고 있다. B국은 X재와 Y재 생산에 각각 노동 1,600명을 투입하여 X재 400단위(노동 1,600명 = 4명 × X재 400단위), Y재 100단위(노동 1,600명 = 16명 × Y재 100단위)를 생산하여 소비하고 있다.

이제 각국이 비교우위가 있는 재화에 특화하여 생산한다고 하자. 표 (b)에서 A국은 Y재 생산에 노동 300명을 모두 투입하면 Y재 300단위(300명 = 1명 × Y재 300단위)를 생산할 수 있다. B국은 X재 생산에 노동력 3,200명을 모두 투입하면 X재 800단위(3,200명 = 4명 × X재 800단위)를 생산할 수 있다.

[표 9.4] 비교우위론 사례(2)   (단위: 개)

		(a) 무역 이전		(b) 특화 후 교환		(c) 무역 이후	
		생산	소비	생산	무역	소비	추가 소비
A국	X재	75	75	0	수입 150	150	75
	Y재	150	150	300	수출 150	150	0
B국	X재	400	400	800	수출 150	650	250
	Y재	100	100	0	수입 150	150	50

양국이 특화하여 생산한 재화 가운데 X재와 Y재 150단위를 서로 1:1로 교환한다면, 표 (c)에서 A국은 X재 150단위, Y재 150단위를 소비할 수 있게 되고, B국은 X재 650단위, Y재 150단위를 소비할 수 있게 된다. 결국 A국은 무역 이전보다 X재 75단위를 추가 소비할 수 있게 되고, B국은 X재 250단위, Y재 50단위를 추가 소비할 수 있게된다. 이것이 바로 무역의 이익이라고 할 수 있다.[33]

---

32 A국은 X재 1단위 생산에 2명이 필요하고 Y재 1단위 생산에 1명이 필요하므로 X재의 기회비용은 2, Y의 기회비용은 0.5가 된다. 그리고 B국은 X재 1단위 생산에 4명이 필요하고 Y재 1단위 생산에 16명이 필요하므로 X재의 기회비용은 0.25, Y의 기회비용은 4가 된다. 따라서 A국은 Y재 생산에, B국은 X재 생산에 각각 비교우위가 있다.

비교우위의 사례를 생산가능곡선으로 나타내 보자. [그림 9.1]에서 A국의 생산가능곡선은 가로축 150단위(노동 300명을 모두 X재를 생산할 경우)와 세로축은 300단위(노동 300명을 모두 Y재를 생산할 경우)를 연결한 직선이 된다. 또한 B국의 생산가능곡선은 가로축 800단위(노동 3,200명을 모두 X재를 생산할 경우)와 세로축 200단위(노동 3,200명을 모두 Y재를 생산할 경우)를 연결한 직선이 된다. 무역 이전에는 양국이 자국에서 생산한 양만큼 소비하므로 생산가능곡선이 곧 소비가능곡선이 된다.[34] 현재 양국의 생산 및 소비점은 각각 점 a와 점 b가 된다.

[그림 9.1] 무역 전후 생산 및 소비가능곡선

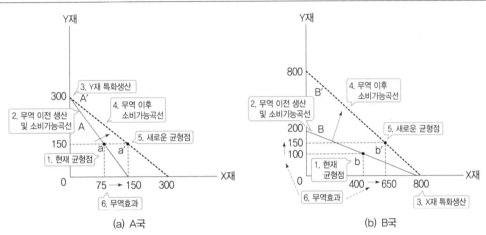

(a) A국 (b) B국

이번에는 양국이 비교우위분야에 특화하여 무역을 할 경우 생산가능곡선과 소비가능곡선이 어떻게 변화하는지 살펴보자. A국이 Y재에 특화하여 생산하고 B국의 X재와 교환하면 생산가능곡선은 변화가 없지만, 소비가능곡선은 무역 이전 실선 A에서 무역 이후 점선 A'로 이동한다. A국의 소비점은 무역 이전 점 a(X재 75단위, Y재 150단위)에서 무역 이후 점 a'(X재 150단위, Y재 150단위)로 이동하게 된다. 즉 X재 소비량은 75단위에서 150단위로 증가하게 된다.

B국도 X재 생산에 특화하여 생산하고 A국의 Y재와 교환하면 생산가능곡선은 변

---

33 원래 리카도의 비교우위론은 각국이 비교우위에 있는 재화의 생산에 '완전특화'하는 경우를 상정하고 있다. 그러나 본서에서는 소국(A국)과 대국(B국) 간 무역을 할 때 소국이 대국의 재화 소비량을 모두 충족시켜 줄 수 없으므로 대국은 소비량의 일정부분(B국의 X재)을 자체 생산한다고 상정하였다(이를 '부분특화' 또는 '불완전특화'라고 한다).

34 Taylor · Weerapana(2010년), 『테일러의 경제학』, Cengage Learning Korea.

화가 없지만, 소비가능곡선은 무역 이전 실선 B에서 무역 이후 점선 B'로 이동하게 된다. B국의 소비점은 무역 이전 점 b에서 무역 이후 점 b'로 이동하게 되어 X재 소비량은 400단위에서 650단위로, Y재 소비량은 100단위에서 150단위로 늘어나게 된다. 각국은 모두 생산가능곡선 바깥쪽에서 소비가 가능하므로 무역 이전보다 무역 이후 양국의 후생수준은 증가한다.

이와 같이 비교우위론은 절대우위론의 단점을 보완하여, 상호 이익의 원리는 '절대우위'가 아니라 '비교우위'에서 비롯된다는 무역의 원리를 체계적으로 규명한 최초의 시도라는 측면에서 큰 의의가 있다.

요약하면, 국가 간 생산요소의 부존량, 자연자원의 부존량, 지리적 여건, 기후 또는 생산기술 수준, 생산성, 문화수준의 차이 등 여러 가지 요인으로 생산비에서 차이가 발생하여 비교우위분야가 발생하게 된다. 비교우위분야에 전문화하여 생산하고 무역을 통하여 교환하면 후생수준이 향상된다는 것이 비교우위론이다.

02 무역의 효과

국제무역의 효과를 소비자잉여와 생산자잉여 개념을 활용하여 살펴보자.[35] 무역 이전 우리나라의 X재 국내수요곡선과 공급곡선이 [그림 9.2] (a)와 같다고 하자. 수요곡선과 공급곡선이 만나는 점에서 균형을 이루고 있을 때 소비자잉여는 'A + B'가 되며 생산자잉여는 'C + D'가 되며, 총잉여(사회적 잉여)는 'A + B + C + D'가 된다.

만약 그림 (b)와 같이 X재의 국제가격이 국내가격보다 높은 상황에서 다른 국가와 FTA를 체결하면 FTA 체결국과 국내시장이 통합이 되므로, 국내가격이 국제가격과 같아지고 자유롭게 무역이 이루어진다고 상정하자. X재 생산자는 이윤극대화를 위하여 국제가격과 공급곡선이 만나는 점에서 생산하면 생산량이 크게 증가한다. 반면에 국내소비자는 X재 가격의 상승으로 소비량을 줄이게 된다. 생산자는 남은 물량을 수출하면 이윤극대화를 이룰 수 있게 된다.

무역의 결과 소비자잉여는 A이며, 생산자잉여는 'B + C + D + E'가 된다. 총잉여는 E만큼 증가하여 국가 전체적으로 볼 때 무역을 통하여 이득을 얻게 된다. 그러나 무역 이전 소비자잉여였던 B는 생산자잉여로 전환되어 소비자는 손해를 보게 되며, 생

---

35 Mankiw(2015년), 『맨큐의 경제학』, 한티에듀.

[그림 9.2] 무역 전후 총잉여의 변화

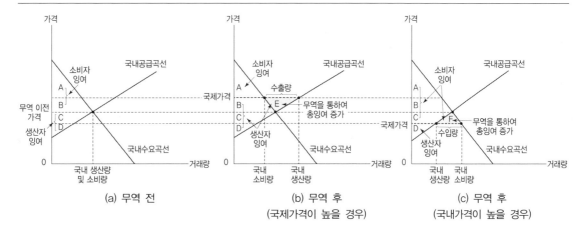

산자는 소비자잉여 B와 무역을 통하여 추가로 얻는 E만큼 이득을 보게 된다.

이번에는 그림 (c)와 같이 X재의 국내가격이 국제가격보다 높은 상황을 상정하여 보자. 무역 이전의 상황은 앞의 사례와 같이 그림 (a)와 같다. X재의 국내가격이 국제가격보다 높은 상황이므로 어떤 국내 수입업체가 해외 생산업자로부터 X재를 수입하여 낮은 가격으로 판매한다고 상정하자. X재 가격이 하락하면 국내 생산자는 생산량을 줄이게 되지만, 국내 소비자는 소비량이 늘리게 된다. 그 결과 국내 소비자의 소비량과 국내 생산자의 생산량 차이만큼을 수입량이 차지하게 된다.

무역의 결과 그림 (c)에서 보는 바와 같이 소비자잉여는 무역 이전 'A + B'에서 무역 이후 'A + B + C + F'로 증가하게 되며, 생산자잉여는 무역 이전 'C + D'에서 무역 이후 D로 줄어들게 되며, 총잉여는 F만큼 증가하게 된다. 수입을 하더라도 국가 전체적으로 이득을 보게 된다. 그러나 무역 이전 생산자잉여였던 C가 소비자잉여로 전환되어 생산자는 손해를 보게 되며, 소비자는 'C + F'만큼 추가 이득을 보게 된다.

이와 같이 수입이든 수출이든 국제무역을 통하여 모든 국가는 이득을 보게 된다. 그럼에도 불구하고 무역 자유화를 추진할 때 반대론자들이 많다. 왜 반대하는 것일까? 앞서 분석한 바와 같이 특정분야 또는 특정집단이 손해를 보기 때문이다. 수입이 증가하면 국내 소비자는 이득을 보지만 수입품의 국내 생산자는 손해를 보게 된다. 또한 수출이 증가하면, 국내 소비자는 손해를 보지만 수출업자는 이익을 보게 된다.[36]

36　Bernanke · Frank(2016년), 『버냉키 · 프랭크 경제학』, 박영사.

03 무역정책의 효과

정부가 자국의 경제발전을 위하여 다른 나라와의 무역에 관여하는 것을 무역정책이라고 한다. 무역정책에는 자유무역정책과 보호무역정책이 있다.

자유무역정책은 정부가 수출과 수입에 인위적인 제한을 두지 않고 자유로운 무역을 할 수 있도록 제도적으로 보장하는 정책이다. 리카도의 비교우위설에 따른 자유무역은 무역 당사국 모두 소비가능 규모를 늘리고 자국 소비자들이 다양한 상품을 저렴하게 구입할 수 있다는 점에서 사회적 후생을 증가시킨다. 또한 비교우위분야에 특화하면 시장규모가 확대되어 규모의 경제 실현이 가능하고 특화산업의 경쟁력이 크게 제고되며, 국내 경쟁을 촉진시켜 독과점으로 인한 폐해를 줄이고, 해외업체와 경쟁하면서 새로운 아이디어와 기술을 전수받거나 개발하여 기술발전 속도를 앞당겨 경제성장을 촉진하는 장점이 있다.

세계 각국은 자유무역을 뒷받침하기 위하여 GATT(관세 및 무역에 관한 일반협정)와 WTO(세계무역기구)를 설치하여 운영하고 있으며, 국가 간 FTA(자유무역협정) 체결을 늘리고 있다.

그러나 국가 간 무한경쟁으로 자국의 비교우위산업이 경쟁력을 상실하게 되면, 자국의 산업 기반이 붕괴되고 실업자가 발생하며 해외의존도가 심화되는 문제점이 발생한다.

자유무역의 단점을 보완하기 위하여 각국은 자유무역정책과 함께 보호무역정책을 병행 사용하고 있다. **보호무역정책**은 자국의 산업과 기업을 보호하고 자국의 이익을 수호하기 위하여 정부가 각종 규제를 통하여 직·간접적으로 무역에 개입하는 정책이다. 보호무역론자들은 유치산업을 보호하고 자국민의 실업을 방지하며, 외국의 불공정무역에 대응하고 궁극적으로 경제안보를 지키기 위하여 적극적인 보호무역정책을 강구하여야 한다고 주장한다.

보호무역정책에는 관세부과, 비관세 무역장벽, 반덤핑관세, 상계관세 등이 있다. **관세정책**은 수입품에 대하여 세금을 부과하는 정책으로 관세를 부과하면 수입상품의 가격이 상승하여 수입이 감소하고 국내기업의 생산이 증가하는 긍정적인 효과가 있다. 비관세 무역장벽은 관세를 부과하지 않는 대신 수입할당제(수입쿼터제), 수출보조금, 수입허가제 등을 실시하여 수입을 제한하는 정책이다.

반덤핑관세는 외국기업이 덤핑하고 있다는 의심이 들 때 국내기업에게 돌아가는 피해를 방지하기 위해 외국기업에게 부과되는 관세를 말하며, **상계관세**는 수출국 정부가 자국 수출상품의 가격경쟁력을 높이기 위하여 장려금 또는 보조금을 지급하였다고 판단될 경우 외국정부가 보조금을 받은 수출업체에게 부과하는 관세이다. 세이프 가드 safeguard는 긴급 수입제한 조치로서 특정품목의 수입이 급증하여 국내 업계에 중대한 손실이 발생하거나 타격을 받을 우려가 있다고 판단될 경우 국내 업체를 보호하기 위하여 도입된 국제규범이다.

우리나라에서도 '불공정무역행위조사 및 산업피해구제에 관한 법률'과 'WTO 세이프가드협정' 및 'GATT 제19조'의 법적 근거를 활용하여 보호무역정책을 사용하고 있다.

그렇다면, 보호무역정책이 과연 경제적인 효과가 있을까? 보호무역정책 중에서 가장 일반적인 관세정책이 어떤 효과가 있는지에 대하여 구체적으로 살펴보자.[37]

[그림 9.3]은 관세정책의 효과를 설명하고 있다. 그림 (a)에서 무역 이전 A국의 X재는 국내수요곡선과 국내공급곡선이 교차하는 점에서 균형을 이루고 있다고 가정하자. 그러나 무역 자유화 이후 X재의 국제가격 P_1이 국내 균형가격 P_0보다 현저히 낮아 X재가 대량으로 수입되었다고 상정하자. X재 국내가격이 P_1으로 크게 하락하여 국내 소비량은 Q_0에서 Q_1으로 크게 증가하였으며, 국내업체의 생산량은 Q_1'로 크게 줄었다. 소비량과 생산량의 차이 $Q_1'Q_1$만큼 수입량이 차지하였다.

이에 정부는 국내산업 보호차원에서 P_1P_1'만큼 관세를 부과하였다. 그림 (b)에서 정부의 관세부과로 수입가격은 P_1에서 P_1'로 상승하게 된다. 가격이 P_1'로 상승하면, 국내 소비량은 Q_1에서 Q_2로 감소하고 국내 업체의 공급량은 Q_1'에서 Q_2'로 증가하고 수입량은 $Q_2'Q_2$로 줄어들었다.

이와 같은 상황에서 관세로 인한 이해득실을 소비자잉여와 생산자잉여 개념을 활용하여 분석해 보자. 그림 (b)에서 관세부과 이전 소비자잉여는 'A + B + C + E + F + G + H'이었으나, 관세부과 이후 'A + B + E'로 감소하게 된다. 즉 소비자는 관세부과로 인하여 가격이 상승한 만큼 손해를 본다.

그리고 생산자잉여는 관세부과 이전 D에 불과하였으나, 관세부과 이후 'C + D'로 증가하게 된다. 즉 관세부과로 인하여 국내 생산자는 생산량이 증가한 만큼 이득을 본다. 정부는 'G'만큼 관세수입을 얻게 된다.

따라서 총잉여는 관세부과 이전 'A + B + C + D + E + F + G + H'에서 관세부과 이후 소비자잉여(A + B + E) + 생산자잉여(C + D) + 정부 관세수입(G)이 되어 'F + H'만큼 줄어들게 된다. 결국 관세부과로 인하여 국가 전체적인 후생은 'F +

37 Mankiw(2015년), 『맨큐의 경제학』, 한티에듀.

H'만큼 자중손실이 발생하게 된다.

요컨대, 보호무역정책을 사용하여 수입상품에 관세를 부과하면, 국내 생산자와 정부는 이득을 보는 반면, 소비자는 손해를 보게 되고, 총잉여는 감소하게 된다.

[그림 9.3] 관세부과의 효과

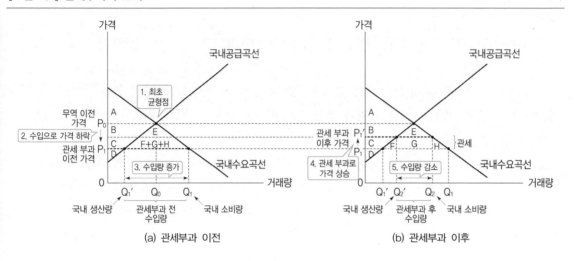

(a) 관세부과 이전

(b) 관세부과 이후

시장 작
장 동
종 원
류 리
별

CONTENTS

'시장은 어떻게 움직이는가?'
제4편에서는 시장 종류별 작동원리에 대하여 살펴본다.
시장에는 생산물시장, 생산요소시장, 화폐 및 금융시장,
외환시장이 있다. 이 시장들이 어떤 논리로 움직이며, 시
사하는 바가 무엇인지를 알아본다.

10 생산물시장 작동원리

생산물시장은 기업이 생산하는 재화와 서비스가 거래되는 시장을 말하며, 수요 − 공급모형이 작동된다. 생산물시장의 종류는 생산자의 수와 제품의 수에 따라 크게 네 가지 종류로 구분된다. 생산자가 다수이며 동질적인 제품이 거래되는 시장을 완전경쟁시장perfect competitive market이라고 하며, 생산자가 하나이며 동질적인 제품이 거래되는 시장을 독점시장monopoly market이라고 한다. 그리고 생산자가 소수이며 동질적인 제품이 거래되는 시장을 과점시장oligopoly market이라고 하며, 생산자가 다수이며 차별적인 제품이 거래되는 시장을 독점적 경쟁시장monopolistic competition market이라고 한다.

[그림 10.1] 생산물시장의 종류

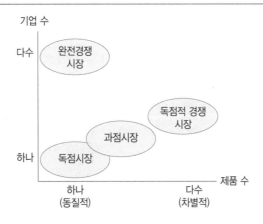

이들 생산물시장은 경쟁구조에 따라 개별기업이 시장에 미치는 힘(시장지배력)이 다르기 때문에 이윤극대화를 추구하더라도 균형점에 도달하는 과정과 작동원리는 다르다. 제10장에서는 생산물시장의 종류별 작동원리에 대하여 설명한다.

01 완전경쟁시장

완전경쟁시장은 다수의 시장 참여자가 완전히 동질적인 제품을 거래하는 시장을 말한다. 완전경쟁시장이 존재하기 위해서는 다음과 같은 네 가지 조건이 충족되어야 한다.

첫째, 시장 참여자가 다수이므로 개별기업은 가격 결정에 아무런 영향력을 미칠 수 없으며 시장에서 결정된 가격을 그대로 받아들이는 **가격수용자**price taker여야 한다. 둘째, 모든 시장에는 동질적인 제품이 거래되며 모든 시장에서 하나의 가격만 존재하는 일물일가一物一價의 법칙이 적용된다. 그리고 동질적인 제품이 거래되므로 시장에는 대체재가 많이 존재한다. 셋째, 시장으로 진입하거나 시장으로부터 탈퇴하는 것이 자유로워 초과이윤이 발생하면 새로운 기업이 진입하고 적정 마진을 남기지 못한 기업은 언제든지 시장에서 탈퇴할 수 있다. 넷째, 시장에 참여하는 모든 수요자나 공급자는 상품의 가격이나 품질 등에 관한 정보를 모두 알고 있다.

물론 네 가지 조건을 모두 만족시키는 완전경쟁시장을 현실경제에서는 찾기 어렵다.[1] 그러나 경제학에서 완전경쟁시장을 분석의 출발점으로 삼는 이유는 아담 스미스가 말하는 '보이지 않는 손'이 작동하는 이상적인 시장 형태로서 현실경제에서 마땅히 추구해야 하는 목표이기 때문이다.

수요곡선과 공급곡선

완전경쟁시장에서 수요곡선은 기업수요곡선과 산업수요곡선으로 구분된다.[2] 먼저 **기업수요곡선**을 살펴보자. 개별기업들은 가격수용자로서 시장에서 결정된 가격으로 제품을 판매하므로 개별기업이 직면하는 수요곡선은 수평선이다.

개별기업의 수요곡선이 수평선이라는 것은 무슨 의미인가? 기업수요곡선에는 일

---

1 본서에서는 완전경쟁시장과 경쟁시장의 개념을 같이 사용한다. 완전경쟁시장은 가격수용자, 동질품, 진출입 자유, 완전정보의 4가지 조건을 충족하여야 하나 현실적이지 못하므로, 현실경제에 보다 적합한 경쟁시장(또는 순수경쟁시장) 개념을 사용한다. 경쟁시장의 조건은 가격수용자, 동질품, 진출입 자유의 조건만 충족하면 된다. 그리고 경쟁시장에 참여하는 기업을 '경쟁기업'이라고 부른다. 조순 외(2013년), 『경제학원론』, 율곡출판사.

2 재화와 서비스의 수요곡선은 서로 다르게 불린다. 제3장 수요 – 공급모형에서는 개별수요곡선과 시장수요곡선, 제10장 생산물시장에서는 기업수요곡선과 산업수요곡선, 제15장 총수요 – 총공급모형에서는 총수요곡선으로 불린다. 시장수요곡선과 산업수요곡선의 차이도 중요하다. 시장수요곡선은 수요자와 공급자의 재화와 서비스 교환 관점에서, 산업수요곡선은 생산자의 재화와 서비스 생산 관점에서 분석한 것이다.

반적으로 가격과 수요량 사이에 존재하는 '수요의 법칙', 즉 음(−)의 관계가 작용하지 않는다는 의미이다. 환언하면, 개별기업은 시장가격에 아무런 영향력을 행사할 수 없다는 의미이다. 제7장에서 배운 내용을 잠시 되새겨 보자. 생산자의 총수입(TR)은 가격(P) × 판매량(Q)이며 가격은 시장에서 주어지므로, 총수입은 판매량에 의해 결정된다. 평균수입(AR)은 $\frac{총수입}{생산량} = \frac{TR}{Q} = \frac{P \times Q}{Q} = P$로 재화의 시장가격과 동일하며, 한계수입(MR)은 $\frac{총수입\ 증가분}{생산량\ 증가분} = \frac{\triangle TR}{\triangle Q} = \frac{P \times \triangle Q}{\triangle Q} = P$로 역시 재화의 시장가격과 동일하다. 요컨대 기업수요곡선은 시장가격이므로 수평선이며, 기업수요곡선과 한계수입곡선 및 평균수입곡선은 일치(P = AR = MR)한다고 할 수 있다.

[그림 10.2] 기업수요곡선과 산업수요곡선

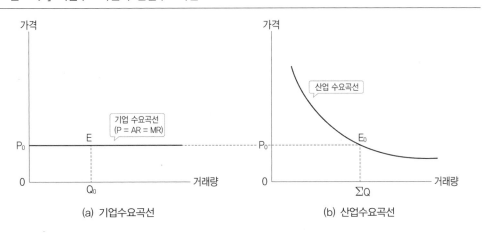

(a) 기업수요곡선   (b) 산업수요곡선

산업수요곡선은 여러 형태의 개별기업 수요곡선을 합한 곡선으로 해당 산업에 속해 있는 모든 기업이 직면하는 수요곡선이다. 산업수요곡선은 우하향하는 형태이며, 시장가격에 따라 수요량이 변화하는 수요의 법칙이 적용된다.

이번에는 공급곡선을 살펴보자. 완전경쟁시장의 공급곡선도 기업공급곡선과 산업공급곡선으로 구분된다. 우선 제7장에서 학습한 내용을 통하여 **기업공급곡선**을 다시 도출해 보자.

생산자(공급자)는 시장가격을 그대로 수용하므로 생산자가 제품 1단위를 판매할 때 얻는 한계수입(MR)은 가격(P)이 된다. 그리고 생산자가 제품 1단위를 생산할 때 추가적으로 드는 비용을 한계비용(MC)이라고 하였을 때 이윤극대화조건은 P = MR = MC가 된다.

[그림 10.3] 기업공급곡선과 산업공급곡선

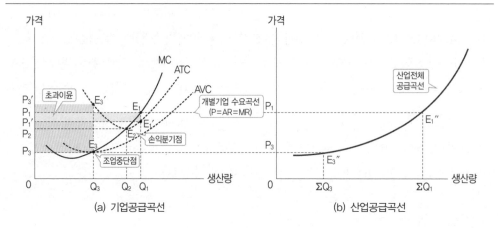

(a) 기업공급곡선 (b) 산업공급곡선

[그림 10.3] (a)에서 현재 가격 P_1, 생산량 Q_1이라면, 총수입은 가격 × 판매량이므로 사각형 $OP_1E_1Q_1$의 면적이 되며, 총비용은 평균총비용(ATC) × 생산량이므로 사각형 $OP_1'E_1'Q_1$의 면적이 된다. 따라서 가격이 P_1일 때 ▨▨▨▨ 부분만큼 초과이윤이 발생한다.

만약 가격이 평균총비용(ATC)곡선의 최저점(E_2) 수준인 P_2로 하락하면, 총수입과 총비용은 사각형 $OP_2E_2Q_2$의 면적으로 같으므로 초과이윤은 0이 되며, 점 E_2가 개별기업의 손익분기점이 된다. 즉 손익분기점 조건은 'P = ATC의 최저점'이 된다.

만약 가격이 계속 하락하여 평균가변비용(AVC)의 최저수준(E_3)에 도달하면 어떻게 되는가? 가격이 P_3일 때 총수입은 사각형 $OP_3E_3Q_3$의 면적이며, 총비용은 사각형 $OP_3'E_3'Q_3$의 면적이므로 ▨▨▨ 부분만큼 손실이 발생한다. 즉 가격이 평균가변비용(AVC)의 최저점보다 아래로 하락하면, 고정비용은커녕 가변비용도 보전하지 못하게 되어 손실의 규모는 더욱 커지게 되므로 생산을 중단하는 것이 바람직하다. 점 E_3는 조업중단점이 되며, 조업중단조건은 'P < AVC의 최저점'이 된다.

평균총비용(ATC)곡선의 최저점(P_2)과 평균가변비용(AVC)곡선의 최저점(P_3) 사이의 구간은 초과이윤이 발생하지 않지만 정상이윤은 발생한다. 왜냐하면 가변비용은 보전되고 고정비용도 일부 보전되기 때문이다. 따라서 단기적으로 계속 생산하는 것이 유리하다.[3]

요컨대, 경쟁기업의 생산량은 'P ≥ AVC의 최저점'에 해당하는 한계비용곡선에서 결정되므로, 평균가변비용(AVC)곡선의 최저점보다 위에 있는 한계생산비(MC)곡선이

---

3 제7장에서 설명한 이윤(π) = (P−AVC) × Q − TFC를 기억하고 있으면 이해하기 쉽다. TFC(총고정비용)은 매몰비용이므로 P와 AVC의 관계에서 생산량이 결정된다. P − AVC ≥ 0일 때 손실이 최소화된다.

개별기업의 공급곡선이 된다. 그림 (a)에서 공급곡선은 OP_3와 점 E_3 위의 한계비용곡선이 된다.

산업공급곡선은 개별기업 공급곡선을 합한 것이므로 기업공급곡선보다 더 완만한 형태를 갖는다. 한계생산비가 서로 다른 개별기업들의 MC곡선은 여러 형태가 존재하므로 이들을 모두 합한 산업공급곡선은 당연히 개별기업들의 공급곡선보다 더 완만한 형태를 갖게 된다.

완전경쟁시장의 균형

완전경쟁시장의 균형점은 어디인가? 먼저 **단기균형점**은 단기 수요곡선과 단기 공급곡선이 만나는 점에서 균형을 이룬다. [그림 10.4] (a)에서 현재 가격이 P_1이라고 할 때 개별기업의 수요곡선은 P_1의 수평선이므로 공급곡선과 만나는 점 E_1가 단기균형점이 되고, 균형가격은 P_1, 균형생산량은 Q_1이 된다. 산업의 단기균형점은 그림 (b)에서 산업수요곡선과 공급곡선이 만나는 점 E_1'이며 균형가격은 P_1으로 동일하고 균형생산량은 개별기업의 공급량 합계인 ΣQ_1이 된다.

[그림 10.4] 기업과 산업의 단기균형

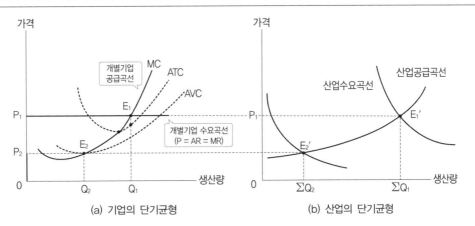

(a) 기업의 단기균형   (b) 산업의 단기균형

만약 현재 시장가격이 P_2라고 하면, 개별기업의 단기균형점은 P_2의 수평선과 공급곡선이 만나는 점 E_2가 된다. 산업 전체의 단기균형점은 그림 (b)에서 산업수요곡선과 공급곡선이 만나는 점 E_2'이며 균형가격은 P_2로 동일하고 균형생산량은 개별기업의 공급량 합계인 ΣQ_2가 된다.

이번에는 [그림 10.5]를 통하여 **장기균형점**을 찾아보자. 현재 그림 (a)의 점 E_1에서 단기균형을 이루고 있으며 균형거래량은 Q_1, 균형가격은 P_1이다. 균형가격 P_1이 평균 총비용(ATC)곡선의 최저점보다 위에 위치하고 있으므로 ███████ 부분만큼 초과이윤이 발생하고 있다. 초과이윤 발생으로 새로운 기업이 시장에 진입하여 그림 (b)의 산업공급곡선은 오른쪽으로 이동하게 된다. 이에 따라 산업 전체의 생산량이 증가하여 균형가격 P_1에서 초과공급이 발생하여 가격하락압력을 받게 된다. 결국 개별기업들의 초과이윤이 0이 될 때까지 가격이 하락하여 E_2'에서 장기균형을 이루게 된다. 개별기업은 E_2(ATC곡선의 최저점)에서 장기균형을 이루게 된다.

[그림 10.5] 완전경쟁시장의 장기균형

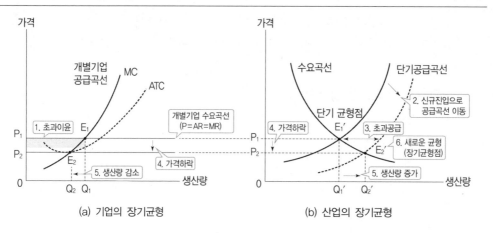

(a) 기업의 장기균형   (b) 산업의 장기균형

장기균형점을 살펴보면, 단기균형점보다 산업 전체의 생산량은 증가하지만, 개별기업 생산량은 새로운 기업의 진입으로 소폭 감소할 수도 있고 소폭 증가할 수도 있다. 또한 평균적으로 초과이윤이 사라지지만, 기업에 따라 초과이윤이 (+) 또는 (−)가 될 수도 있다. 왜냐하면 개별기업의 생산비함수는 서로 다르기 때문이다. 한계생산비가 높아 가격을 맞출 수 없는 한계기업은 퇴출하게 되지만, 한계생산비가 낮아 경쟁력 있는 기업은 여전히 초과이윤을 얻게 된다. 따라서 산업의 장기공급곡선은 단기균형점 E_1'와 새로운 균형점 E_2'를 연결하는 곡선이 된다.

산업의 장기공급곡선은 [그림 10.6]에서 보는 바와 같이 생산량이 증가하면서 생산비용이 증가하느냐, 불변이냐, 감소하느냐에 따라 우상향, 수평, 우하향의 세 가지 형태가 나타난다.

그림 (a)는 우상향하는 장기공급곡선을 보여 준다. 현재 산업 전체의 균형점이 E_0 라고 할 때 균형가격은 P_0, 균형생산량 Q_0이다. 그러나 갑자기 시장 수요가 크게 증가하여 산업수요곡선이 오른쪽으로 이동하여 가격이 P_0에서 P_1으로 상승하면, 기존 기업들의 생산량이 단기적으로 크게 증가하여 시장공급량은 Q_1으로 증가하고 초과이윤을 얻게 된다.

[그림 10.6] 장기공급곡선의 종류

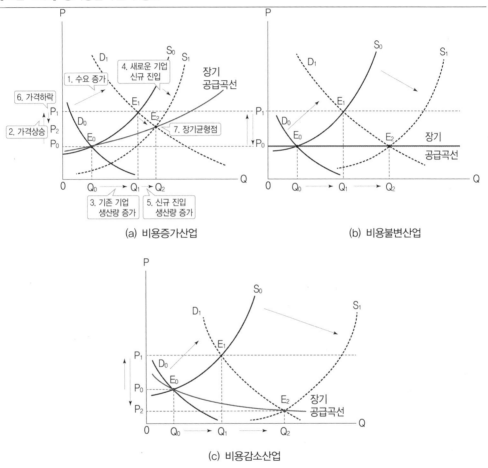

(a) 비용증가산업   (b) 비용불변산업

(c) 비용감소산업

초과이윤 발생으로 장기적으로 새로운 기업들이 진입하면서 공급곡선은 오른쪽으로 이동하게 되어 공급량이 증가하면 초과공급이 발생하여 가격하락압력을 받게 된다. 가격하락압력은 초과이윤이 0이 될 때까지 계속되어 결국 점 E_2에서 장기균형을 이루게 된다. 따라서 장기공급곡선은 기존 균형점 E_0와 새로운 균형점 E_2를 연결한 선이 된다. 우상향하는 형태가 된다.

산업 전체의 생산량이 많아지면서 대부분의 경우 비용이 증가하므로 장기 산업공급곡선은 우상향 형태가 된다. 그러나 규모의 경제가 작용하여 비용이 감소하는 산업은 그림 (c)와 같이 우하향하는 형태가 되며, 비용이 불변인 산업은 그림 (b)와 같이 수평선의 형태가 된다.

장기균형상태의 유의점[4]

완전경쟁시장의 장기균형상태에서 유념해야 할 사항 몇 가지가 있다. 첫째, 단기 조업중단조건과 장기 퇴출조건의 차이점이다. 단기 조업중단조건은 'P < AVC의 최저점'이다. 시장가격이 평균가변비용보다 낮으면, 가변비용도 보전할 수 없어 손실규모가 커지므로 조업을 중단하여야 한다. 그러나 장기 퇴출조건은 'P < ATC의 최저점'이다. 시장가격이 평균총비용보다 낮으면 초과이윤이 (−)가 되므로 퇴출하여야 한다.

여기에서 궁금한 사항이 나타난다. 평균총비용(ATC) = 평균고정비용(AFC) + 평균가변비용(AVC)이므로 ATC의 최저점(장기 퇴출조건)이 AVC의 최저점(단기 조업중단조건)보다 높다. 왜 장기 퇴출조건이 단기 조업중단조건보다 더 엄격한가 하는 점이다. 조업중단shutdown이란 시장상황이 악화되어 일시적으로 아무것도 생산하지 않는 단기 의사결정을 말하며, 퇴출exit이란 아예 시장을 떠나는 장기 의사결정을 말한다. 일시적으로 시장상황이 좋지 않을 때에는 향후 시장상황을 예의 주시하는 것이 좋다. 초과이윤이 (−)이더라도 가변비용을 보전할 수 있으면 생산을 계속하면서 향후 상황을 살피는 것이 좋고, 가변비용도 보전하지 못하면 일시적으로 조업을 중단하면서 기다리는 것이 올바른 의사결정이다.

그러나 장기적으로는 모든 생산요소를 변화시킬 수 있으므로 고정비용이 존재하지 않고, 모두 가변비용이 된다. 시장상황을 장기적으로 예의 주시하면서 모든 생산요소를 최적으로 활용했음에도 계속 초과이윤이 (−)이면 어떤 기업이라도 일시적으로 손해를 감수할 수는 있어도 장기적으로 계속 손해를 보면 버틸 수 없다. 따라서 퇴출 여부를 결정할 때 오로지 초과이윤만 의사결정기준이 된다. 퇴출을 결정할 때 고정비용은 없으며 그동안 투자하였던 모든 자산(토지, 건물, 기계기구 등)을 처분하게 되므로 고정비용은 단기 의사결정과정에서는 매몰비용이지만, 장기 의사결정에서는 투자한 자산의 일부 회수가 된다.

둘째, 장기적으로 초과이윤이 0임에도 불구하고 왜 생산자들은 시장에 남아 있는가? 제7장에서 설명한 명시적 비용과 암묵적 비용 때문이다. 장기적으로 기업의 이윤

---

4 Mankiw(2015년), 『맨큐의 경제학』, 한티에듀.

이 0이라는 것은 '경제적 이윤 = 0'을 의미하므로 회계장부상의 이윤은 0보다 크다. 즉 정상이윤은 발생하고 있다. 경제학에서 총비용은 생산자의 기회비용을 포함하므로, 경제적 이윤이 0이라 함은 생산자의 기회비용만큼 벌어들인다는 것을 의미한다.

셋째, 현실경제에서 대부분의 장기공급곡선은 우상향한다. 그 이유는 무엇인가? 앞에서 설명한 바와 같이 장기공급곡선이 우상향하는 이유는 생산량이 증가하면 자원의 희소성으로 한계생산비가 증가하기 때문이다. 새로운 기업이 진입하더라도 생산요소(노동, 토지, 자본)의 공급에는 한계가 있으므로 생산량이 증가할수록 생산비용은 상승할 수밖에 없다.

넷째, 장기균형 분석에서 개별기업은 어떤 기업을 말하는가? 단기균형에서 '개별기업이 직면하는 수요곡선은 수평선이다'라고 했을 때 개별기업은 산업에 존재하는 모든 기업을 의미하지만, 장기균형에서 '개별기업은 P = ATC곡선의 최저점에서 장기균형을 이룬다'라고 하였을 때 개별기업은 산업에 존재하는 대표기업 또는 평균적인 기업을 말한다. 그 이유는 모든 개별기업들의 생산비함수가 서로 달라 장기균형을 분석할 때 모든 기업을 분석할 수 없으므로 대표적인 기업을 상정하고 분석하기 때문이다. 즉 어떤 기업은 앞선 기술과 숙련공을 보유하고 있으나, 다른 기업은 그렇지 않아 생산비가 높을 수 있으므로 평균적인 기업을 분석대상으로 한 것이다. 따라서 시장가격이 평균총비용(ATC)의 최저점까지 하락하더라도 생산비가 낮은 기업은 여전히 초과이윤을 남길 수 있지만, 고비용의 한계기업은 초과이윤이 (−)이므로 시장에서 퇴출하게 된다.

다섯째, 장기공급곡선과 장기비용곡선의 차이점이다. 제7장 규모의 경제에서 설명한 장기비용곡선은 개별기업의 비용곡선이지만, 제10장의 장기공급곡선은 규모의 경제가 작용하는 기업과 규모의 불경제가 작용하는 기업 등 모든 기업을 포함한 산업공급곡선이므로 서로 다르다. 개별기업의 장기비용곡선은 기업에 따라 다르지만, 산업 전체의 장기공급곡선은 산업 전체의 생산요소 조달상황이 반영되기 때문이다.

완전경쟁시장의 효율성

제3장 수요 − 공급모형에서 시장의 효율성을 설명한 바 있다. 왜냐하면 제3장 수요 − 공급모형은 완전경쟁시장의 장기균형을 전제로 하고 있기 때문이다. 여기에서 완전경쟁시장의 효율성을 다시 익혀 보자.

[그림 10.7] (a)의 장기균형점 E_0에서 균형가격은 P_0, 균형생산량은 Q_0이며 초과이윤은 0이 된다. 균형생산량 Q_0의 왼쪽 영역은 MB > MC로 과소생산이 되며, 오른쪽

영역은 MB < MC로 과다생산이 된다. 따라서 균형생산량 Q_0는 MB = MC를 충족시키는 효율적인 생산량이고, 소비자잉여와 생산자잉여가 최대가 되어 사회적 잉여가 극대화되므로 경제적 효율성이 극대화되는 점이다. 또한 그림 (b)에서 기업의 평균총비용이 극소가 되는 점이므로 자원배분이 효율적으로 이루어지며, 이때 공급되는 생산량은 최적생산량(효율적 생산량)이라고 할 수 있다.

[그림 10.7] 완전경쟁시장의 장기균형

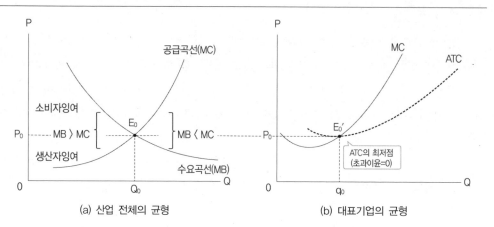

(a) 산업 전체의 균형   (b) 대표기업의 균형

완전경쟁시장의 장기균형점을 다시 분석해 보자.[5] 첫째, 장기균형점 E_0는 생산자의 'P = ATC의 최저점' 조건을 충족시킨다. 평균총비용이 최소화되는 점에서 가격이 결정된다는 것은 초과이윤이 0이며, 시장에서 최저비용으로 생산한다는 것을 의미하므로 자원배분의 효율성이 달성된다. 이를 **생산적 효율성**productive efficiency이라고 한다. 기업들 중에서 'P = ATC의 최저점' 조건을 충족시키지 못한 기업, 즉 생산비용이 높은 기업은 생존하기 어렵다.

둘째, 장기균형점은 생산자의 'P = MC' 조건을 충족시킨다. 생산자가 시장에서 1단위 판매할 때 얻는 한계수입(MR)은 가격과 같고(P = MR), MC곡선이 장기균형점을 통과하므로 장기균형점에서 MR = MC라는 이윤극대화조건을 만족시킨다. 또한 생산자가 시장에서 1단위 판매하여 벌어들이는 가격(P)은 생산자가 얻는 한계편익(MB)이 되므로 장기균형점에서 이윤극대화조건(MR = MC)과 생산자잉여의 극대화조건(MB = MC)을 동시에 만족시킨다.

셋째, 장기균형점에서 소비자의 'P = MB' 조건이 성립된다. 소비자에게 가격은 1

---

5 McConnell 외(2013년), 『경제학 이해』, 생능출판사.

단위 소비할 때 소요되는 한계비용(MC)이면서 1단위 소비할 때 얻는 한계편익(MB)이 된다. 결국 MB = MC라는 효용극대화조건을 만족시키며 소비자잉여를 최대로 만들어 준다. 소비자잉여가 최대가 될 때까지 생산자들이 가장 낮은 비용으로 재화를 생산하여 소비자들에게 배분한다. 이를 **배분적 효율성**allocative efficiency이라고 한다.

넷째, 장기균형점은 생산자와 소비자 모두에게 MB = MC가 성립하는 점이다. 생산자잉여와 소비자잉여가 최대가 되므로 사회적 잉여가 최대가 되는 점이다. 시장의 자원배분은 더 이상 개선이 불가능한 수준으로 효율성이 달성된다고 할 수 있다. 이것이 바로 완전경쟁시장의 장점이 된다.

02 독점시장

독점시장의 특징

독점시장monopoly market은 하나의 기업이 시장 전체의 공급을 담당하고 있는 시장형태를 말한다. 독점시장은 다음과 같은 특징이 있다. 첫째, 상품의 공급자는 단 하나밖에 없다. 유일한 공급자를 독점기업이라고 한다. 둘째, 대체재가 존재하지 않는다. 소비자들이 가격, 품질 등의 이유로 다른 제품을 선택할 수 없다. 셋째, 진입과 탈퇴의 장벽이 높아 새로운 경쟁기업이 진입할 수 없는 높은 장벽이 있다.

따라서 독점기업은 **시장지배력**market power을 가지고 있으며 **가격설정자**price maker가 되어 시장가격을 임의로 조정할 수 있으며, 초과이윤이 발생하더라도 새로운 기업의 신규 진입이 없으므로 자원배분의 효율성이 저해된다.

독점시장의 발생원인

독점시장은 어떻게 발생하는가? 첫째, 정부에 의한 진입장벽이 매우 높은 경우에 발생할 수 있다. 정부의 인·허가제도는 법적 또는 제도적으로 새로운 기업의 진입을 어렵게 만든다. 각국의 공기업, 은행 등은 법적으로 허가를 받아야 진입이 가능하다. 물론 정부의 인·허가제도는 공공성이 높거나 중요산업인 경우에 한하여 운용되고 있다.

둘째, 규모의 경제가 발생하여 자연독점이 발생하는 경우이다. 철도, 우편, 전기, 전화, 도시가스 등 사회간접자본(SOC) 분야는 정부의 허가를 받아야 하고, 산업 초기에 대규모의 자본투자가 필요하며, 생산량이 증가할수록 평균생산비용이 하락하는 규모의 경제가 발생하여 새로운 민간기업의 진입이 어렵다.

셋째, 특정기업이 만든 진입장벽에 의하여 독점이 발생할 수 있다. 특정기업이 희소자원 또는 생산요소를 독점하고 있거나 유통과정을 완전히 점유하고 있을 때 그리고 협소한 시장 전체를 장악하고 있을 때 새로운 기업의 진입 자체가 어려워 독점이 발생한다.

넷째, 기술적·경제적 우월성을 갖고 있거나 네트워크 외부효과가 발생하는 경우에 독점이 발생한다. 기술적·경제적 우월성은 특허권·저작권·상표권 등을 획득함으로써 장기간 독점적으로 제품을 공급할 수 있게 된다. 그리고 **네트워크 외부효과**network externality란 인터넷 등과 같이 사용자가 많을수록 가치가 상승하는 현상을 말하는 것으로, 소비자들은 사용자가 적은 신규 기업의 재화나 서비스를 이용할 유인이 떨어지므로 선점한 기업을 중심으로 독점이 발생한다. 대표적인 예로 마이크로소프트 회사를 들 수 있다. 인터넷 개막 초기에 윈도우 프로그램을 개발하여 저작권을 획득하고 시장을 독점한 경우이다. 마이크로소프트 회사와 같은 유형의 독점기업은 향후 4차 산업혁명 시대를 맞이하여 많이 등장할 것으로 예상된다.

독점기업의 수요곡선과 공급곡선

독점시장의 유일한 공급자인 독점기업은 완전경쟁시장의 경쟁기업과는 달리 가격설정자이므로 이윤극대화를 위하여 임의로 가격과 공급량을 조정할 수 있다. 따라서 공급곡선은 별도로 존재하지 않는다. 그러나 수요의 법칙이 적용되는 수요곡선은 존재

[그림 10.8] 독점시장의 수요곡선과 공급곡선

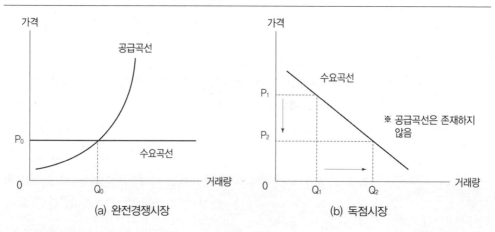

(a) 완전경쟁시장   (b) 독점시장

한다. 독점기업이 임의로 가격을 올리거나 내릴 때 수요자들이 민감하게 반응하므로 완전경쟁시장과는 달리 우하향하는 수요곡선을 갖는다.

독점기업의 총수입곡선

모든 기업의 총수입(TR)은 가격 × 판매량으로 계산된다. 경쟁기업의 경우 가격(P)은 시장에서 주어지는 상수이므로 총수입은 판매량에 의해 결정되며, 총수입곡선은 원점을 지나는 직선이다. 그러나 가격을 임의로 결정하는 독점기업의 경우 가격은 변수가 되므로 총수입은 가격과 판매량 모두 영향을 받으며, 총수입곡선은 [그림 10.9] (b)와 같이 곡선의 형태를 갖는다.

[그림 10.9] 독점기업의 총수입곡선

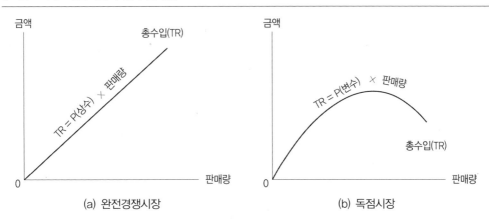

(a) 완전경쟁시장   (b) 독점시장

독점기업의 총수입곡선이 곡선의 형태를 갖는 이유는 무엇인가? 제3장 총수입과 탄력성의 관계에서 배운 내용을 다시 확인해 보자. [그림 10.10]에서 보는 바와 같이 '총수입 = 가격 × 판매량'에서 가격이 상승하면 판매량이 줄어들고 가격이 하락하면 판매량이 늘어난다. 여기서 가격변화에 의한 총수입의 변화를 **가격효과**($\triangle P \times Q$)라고 하고, 판매량의 변화에 의한 총수입의 변화를 **수량효과**($P \times \triangle Q$)라고 한다. 가격이 하락하는 경우 가격이 하락하는 만큼 총수입은 감소하므로 가격효과는 ($-$)가 되고, 가격하락으로 판매량이 증가할 경우 판매량이 증가한 만큼 총수입은 증가하므로 수량효과는 ($+$)가 된다.

따라서 총수입은 가격이 하락할 때 수량효과가 크면 총수입은 증가하고, 가격효과가 크면 총수입은 감소하게 된다. 일반적으로 판매량이 일정수준 이하일 때 가격 하락률보다 판매량 증가율이 크므로 총수입은 증가하지만, 판매량이 일정수준을 넘어서면 판매량 증가율이 가격 하락률보다 작으므로 총수입은 감소한다. 즉 총수입곡선은 우상향한 후 우하향하는 곡선의 형태를 갖는다.

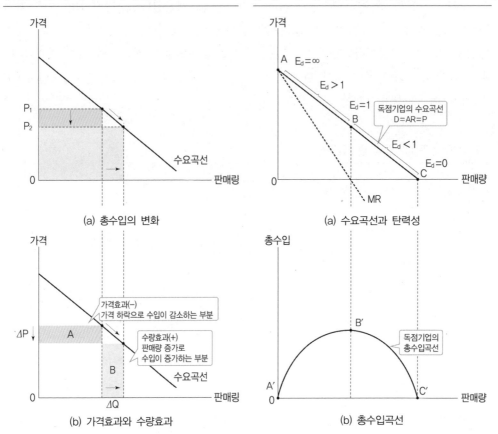

[그림 10.10] 가격효과와 수량효과

(a) 총수입의 변화

(b) 가격효과와 수량효과

[그림 10.11] 총수입과 탄력성의 관계

(a) 수요곡선과 탄력성

(b) 총수입곡선

이와 같은 내용을 탄력성에 적용시키면, [그림 10.11]과 같다. 그림 (a)에서 수요가 탄력적이면(AB구간) 가격이 하락할 때 가격의 하락률보다 판매량이 더 많이 증가하므로 총수입이 증가하고, 단위 탄력적이면(점 B) 가격의 하락률과 판매량의 증가율이 같으므로 총수입은 변하지 않는다. 그리고 비탄력적이면(BC구간) 가격의 하락률보다 판매량이 적게 증가하므로 총수입은 줄어들게 된다. 따라서 총수입곡선은 그림 (b)와 같이 종 모양의 형태가 된다.[6]

---

6 수학적으로 풀이하면 $MR = \dfrac{총수입의\ 증가분}{판매량의\ 증가분} = \dfrac{\triangle TR}{\triangle Q} = \dfrac{\triangle (P \times Q)}{\triangle Q} = P \times \left(1 - \dfrac{1}{탄력성}\right)$이므로 한계수입은 가격탄력성과 비례관계를 갖는다는 것을 알 수 있다.

이제 독점기업의 평균수입곡선과 한계수입곡선에 대하여 살펴보자. 독점기업의 평균수입(AR)은 $\dfrac{총수입}{판매량} = \dfrac{TR}{Q} = \dfrac{P \times Q}{Q} = P$이므로 가격(P)과 동일하다. 즉 수요곡선과 평균수입곡선은 동일하며 우하향하는 형태를 갖는다.

한계수입(MR)은 제7장에서 설명한 '평균 − 한계규칙'에 따라 '평균이 하락하면 한계가 먼저 하락'하므로 한계수입은 평균수입(가격)보다 작다(MR < AR = P). 따라서 한계수입곡선은 그림 (a)에서 보는 바와 같이 평균수입곡선 아래쪽에 위치하게 된다.[7]

[그림 10.12] 독점기업의 이윤극대화

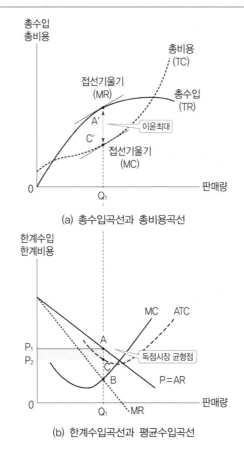

(a) 총수입곡선과 총비용곡선

(b) 한계수입곡선과 평균수입곡선

---

7 수학적으로 도출하면 다음과 같다. 한계수입은 총수입을 생산량에 대하여 미분한 것이므로 수요곡선의 기울기는 − b이며, 한계수입곡선의 기울기는 − 2b가 된다. 따라서 한계수입곡선은 수요곡선보다 2배 가파른 형태가 된다.

수요곡선 $P = a - bQ$ → 총수입 $TR = P \times Q = (a - bQ) \times Q = aQ - bQ^2$

→ 한계수입 $MR = \dfrac{dTR}{dQ} = \dfrac{d(aQ - bQ^2)}{dQ} = a - 2bQ$

이윤극대화점

그렇다면 독점기업의 이윤극대화는 어떻게 이루어지는가? 두 가지 방법의 접근이 가능하다. 첫 번째는 **총수입 – 총비용 접근법**이다. [그림 10.12] (a)에서 보는 바와 같이 총비용곡선은 완전경쟁시장의 경우와 동일하지만, 총수입곡선은 직선이 아니라 곡선의 형태를 띤다. 따라서 총수입곡선과 총비용곡선의 수직거리가 가장 먼 곳(Q_1)에서 이윤극대화를 이룬다.

두 번째 방법은 **한계분석법**이다. 독점시장의 균형도 이윤극대화조건인 MR = MC에서 결정된다. 즉 그림 (b) MR곡선과 MC곡선이 만나는 점 B에서 이윤극대화를 이루며, 이때 균형점은 수요곡선 상의 점 A이므로 균형가격은 P_1, 균형판매량은 Q_1이 된다. 완전경쟁시장과 다른 점은 이윤극대화조건은 MR = MC로 동일하지만, 독점시장에서는 항상 수요곡선(P)이 한계수입(MR)곡선 위에 존재하므로, 즉 P > MR이므로 사각형 P_1P_2CA만큼 독점이윤이 발생하게 된다.

그러나 독점시장에서 항상 독점이윤이 존재하는 것은 아니다. 수요곡선의 균형점이 평균비용곡선(ATC)의 아래에 존재하면 음(−)의 독점이윤이 발생한다. 음의 독점이윤이 발생하는 기업은 존립할 수 없지만, 정부에서 설립한 공기업은 공공성 유지를 위하여 음의 독점이윤이 발생하더라도 정부의 지원으로 존립할 수 있다.

가격차별

독점시장에서는 이윤극대화를 위하여 독점기업이 가격을 차별화하기도 한다. 가격차별이 존재하려면 먼저 독점권이 있어야 하고, 두 개 이상의 시장으로 분리 가능하며, 이들 시장에서 가격을 달리 책정하더라도 고객들의 반응이 달라야, 즉 수요의 가격탄력성이 상이하여야 한다. 그리고 구매자들 간 제품의 매매arbitrage가 불가능하여야 한다.

가격을 차별화하는 첫 번째 방법은 소비자들로부터 최고 지불용의가격을 받아 내는 방법이다.[8] 이는 고객에 따라 수요의 가격탄력성이 다를 때 가능하다. 대표적인 예가 병원에서 고객에 따라 가격을 차별화하는 방법이다. 두 번째 방법은 소비자들의 구매량에 따라 가격을 차별화하는 방법이다. 대형 할인점에서 일시에 대량 구입하도록 하고, 가격을 할인해 주는 경우가 여기에 속한다. 세 번째는 소비자들을 계층별로 구분하여 가격을 차별하는 방법이다. 기차 승차권을 유아 승차권, 일반 승차권, 경로 우대석 등으로 차별화하는 방법이 대표적인 사례이다.

---

8 이를 소비자들의 유보가격에 따른 차별화방법이라고 한다. 유보가격이란 소비자의 최대 지불용의가격을 말한다. 원가 차이가 아니라, 소비자들이 주관적으로 평가하는 최대 지불용의가격만큼 받아 내는 방법이다.

이와 같은 가격차별은 독점기업의 이윤극대화를 위하여 활용되고, 수요자를 차별 대우하는 수단이 되며 소비자잉여를 감소시킨다. 그러나 판매량이 증가하고, 때로는 일자리가 창출되어 국민소득이 증가하기도 하며 소득이 재분배된다는 장점도 있다.

독점시장의 단점과 정부의 정책

[그림 10.13]을 통하여 독점시장의 균형점과 완전경쟁시장의 균형점을 비교하여 보자. 독점시장에서 이윤극대화조건을 충족시키는 균형점은 E_0(균형가격 P_0, 균형거래량 Q_0)이며, 완전경쟁시장에서의 균형점은 E_1(균형가격 P_1, 균형거래량 Q_1)이다. 따라서 독점시장은 완전경쟁시장보다 공급량이 적고 가격은 높으며,   만큼 초과이윤이 존재한다는 단점이 있다.

[그림 10.13] 독점시장의 폐해

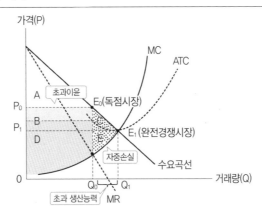

또한 완전경쟁시장에서 소비자잉여는 'A + B + C'이며, 생산자잉여는 'D + E'이다. 반면에 독점시장에서 소비자잉여는 A이며, 생산자잉여는 'B + D'이다. 따라서 완전경쟁시장에서 소비자잉여 B는 생산자잉여로 전환되어 독점기업의 독점이익이 증가되며, 사회적 잉여는 완전경쟁시장의 'A + B + C + D + E'에서 'A + B + D'로 줄어들고, 'C + E'만큼 자중손실이 발생한다. 특히 'C + E'는 독점에 의한 사회후생의 손실이 삼각형 형태로 나타난다고 하여 후생삼각형triangle welfare이라고 부른다.

이와 같이 자원배분 측면에서 가격이 높고 생산량이 적으며, 소득분배 측면에서 소비자잉여 일부가 생산자잉여로 전환되고, 기술개발 측면에서는 경쟁상대가 없으므로 기술개발을 소홀히 하여 혁신과 발전기회가 부족할 수 있다.

정부는 독점시장의 폐해를 줄이기 위하여 다양한 독점규제정책을 사용하고 있다.

독점시장에 최고가격제도를 도입하여 독점기업이 임의대로 가격을 높이지 못하도록 하거나, 세금을 부과하여 독점이익의 일부를 세금으로 환수하고 있다. 또한 독과점법 (공정거래법)을 강화하여 시장점유율이 일정비율을 넘지 못하도록 규제하고 있으며, 독점기업을 공기업으로 전환하여 정부에서 직접 운영하기도 한다.

03 독점적 경쟁시장

독점적 경쟁시장monopolistic competition market은 다수의 공급자가 서로 경쟁하면서 서로 다른 제품을 공급하는 시장 형태를 말한다. 따라서 공급자들은 차별적인 제품을 제공하여 어느 정도 시장지배력을 가지고 있으며 가격을 설정할 수 있는 힘도 갖고 있다. 그러나 대체재가 많고 진입과 탈퇴 장벽이 낮아 가격설정자price maker로서 한계가 있다. 또한 비가격경쟁non price competition이 존재하는 것도 특징이다. 상품 가격보다는 품질이나 서비스의 개선 또는 자기 상품이 다른 상품보다 우수하다는 광고 등의 형태로 비가격경쟁을 한다. 독점적 경쟁시장의 형태는 의사, 이발사, 약국, 변호사 등 주변에서 쉽게 찾아볼 수 있다.

수요곡선과 공급곡선

독점적 경쟁시장에서 공급자들은 경쟁적으로 차별적인 제품을 공급하므로 가격과 판매량에는 음($-$)의 관계가 존재하며, 수요곡선은 우하향한다. 공급자들이 나름대로 제한적인 가격 설정력을 보유하고 있으므로 공급곡선은 별도로 존재하지 않는다. 균형점은 이윤극대화조건인 MR = MC에서 이루어지며 균형점에서 균형공급량과 균형가격이 결정된다.

[그림 10.14] (a)에서 독점적 경쟁시장의 단기 이윤극대화점은 한계수입곡선과 한계비용곡선이 만나는 점 B이므로, 단기균형점은 수요곡선 상의 점 A이며 균형가격은 P_1, 균형생산량은 Q_1이 된다. 따라서 사각형 P_1P_2CA만큼 초과이윤이 발생하게 된다.

[그림 10.14] 독점적 경쟁시장의 균형

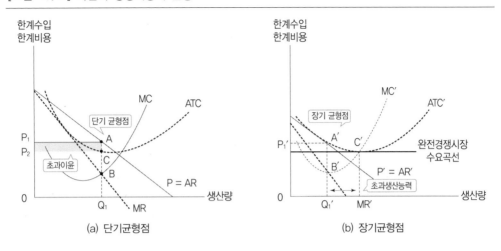

(a) 단기균형점   (b) 장기균형점

단기균형점에서 초과이윤 발생은 장기적으로 새로운 기업이 진입할 유인으로 작용한다. 그림 (b)에서 새로운 기업이 진입하면 개별기업의 생산량이 감소하여 개별기업이 직면하는 수요곡선과 한계수입곡선은 왼쪽으로 이동하여 장기 이윤극대화점은 장기 한계비용곡선과 장기 한계수입곡선이 만나는 점 B'가 되며, 이에 대응하는 수요곡선 상의 점 A'가 장기균형점이 된다. 장기균형점에서는 초과이윤이 0이 되므로 더 이상 새로운 기업의 진입이 없게 된다. 물론 독점적 경쟁기업이 계속 차별적인 제품을 제공하고 가격경쟁 이외에 비가격 경쟁을 하면, 나름대로의 시장점유율을 유지할 수 있으므로 초과이윤을 얻을 수도 있다.

독점적 경쟁시장의 평가

독점적 경쟁시장은 완전경쟁시장과 몇 가지 점에서 다르다. 첫째, 완전경쟁시장의 장기균형점에서는 P = MR = MC의 조건이 성립되지만, 독점적 경쟁시장의 장기균형점에서는 P > MR = MC가 되어 완전경쟁시장의 가격보다 높다. 가격이 한계비용보다 높은 이유는 수요곡선이 수평선이 아니라 우하향하기 때문이며 제품 차별화로 기인하며, 독점적 경쟁시장의 독점적 성격이 존재한다는 것을 의미한다.

두 번째는 장기균형점에서 완전경쟁시장과 같이 P = ATC의 조건을 충족시키지만, 독점적 경쟁시장의 장기균형점(A')은 'ATC의 최저점(C')'이 아니라는 것이다. 가격과 평균총비용이 일치하여 초과이윤은 없지만, ATC의 최저점이 아니므로 초과생산능력excess capacity을 보유하게 된다.

따라서 독점적 경쟁시장은 초과생산설비를 보유하면서 ATC의 최저점에서 생산하지 않으므로 생산의 비효율성이 존재하며, 제품 차별화를 위한 비가격경쟁으로 자원이 낭비된다. 그러나 제품 차별화를 통하여 다양한 제품을 소비자들에게 제공한다는 측면에서 소비자들의 후생이 증가하는 긍정적인 요소도 있다.

04 과점시장

과점시장oligopoly market은 소수의 공급자가 시장을 지배하는 형태로서 시멘트, 철강, 주류, TV, 냉장고, 자동차, 석유, 항공 등에서 찾아볼 수 있다. 과점시장에 소수의 공급자만 존재하는 이유는 독점시장과 유사하게 다른 기업이 진입하기 힘든 진입장벽이 있기 때문이다. 기술적인 우위로 해당 산업 전체를 지배하거나, 항공산업 등과 같이 규모의 경제가 발생하는 경우 그리고 석유산업 등과 같이 생산요소를 장악하는 경우에 과점시장은 발생한다.

따라서 과점시장에서 소수의 과점기업들은 각자 시장지배력을 보유하고 있으며 스스로 가격을 설정한다. 그리고 제공하는 제품은 완전 동질적(시멘트, 휘발유 등)일 수도 있으며, 교차탄력성이 높은 이질적인 제품(냉장고, 자동차 등)일 수도 있다.

그리고 과점시장의 또 다른 특징은 과점기업들이 경쟁상대의 행동에 따라 반응reactions한다는 것이다. 경쟁상대의 전략에 따른 반응은 게임의 성격이 많아 과점시장을 설명할 때 게임이론game theory이 많이 활용된다.

과점시장의 세 가지 유형

과점기업들의 행동은 다른 과점기업들과 상호 경쟁할 수도 있고 상호 협조할 수도 있다. 이윤극대화를 위하여 상호 경쟁할 경우 가격경쟁 또는 비가격경쟁이 발생하며, 상호 협조할 경우 담합이 발생한다.

따라서 과점시장에는 크게 세 가지 유형이 존재한다. 첫 번째는 경쟁유형이다. 여기에는 꾸르노모형, 베르뜨랑모형, 굴절수요곡선모형이 있다. 두 번째는 불완전담합유형으로 가격선도모형이 있다. 세 번째는 완전담합유형으로 카르텔모형이 있다.

먼저 경쟁유형 중에서 **꾸르노모형**Cournot model을 살펴보자. 두 기업만 존재하는 복점duopoly시장에서 각 기업은 상대기업의 현재 생산량을 주어진 것으로 보고 자신의 이윤극대화 생산량을 선택한다는 이론이다. 생산량의 경쟁이므로 수량경쟁모형에 해당된다.

　　[그림 10.15] (a)는 꾸르노모형을 설명한다. 시장에 두 기업만 존재하므로 A기업은 시장 전체의 절반수준$\left(\frac{1}{2}Q\right)$에서 생산량을 결정하면, B기업은 A기업의 생산량이 계속 유지될 것으로 생각하고 B기업의 반응곡선을 따라 이윤극대화할 수 있는 생산량을 E_1에서 결정한다. B기업의 생산량이 결정되면, 이번에는 A기업이 A기업의 반응곡선에 따라 E_2에서 생산량을 결정한다. 이렇게 두 기업이 반복하여 반응을 하게 되면, E_0에서 균형상태에 도달하는데, 각 기업의 균형생산량은 완전경쟁시장의 $\frac{1}{3}$씩 생산하게 되어 전체 생산량은 $\frac{2}{3}$ 수준이 된다. 각 기업은 균형상태에 도달하면 더 이상 생산량을 바꾸지 않아 균형상태가 지속된다.

[그림 10.15] 꾸르노모형과 베르뜨랑모형

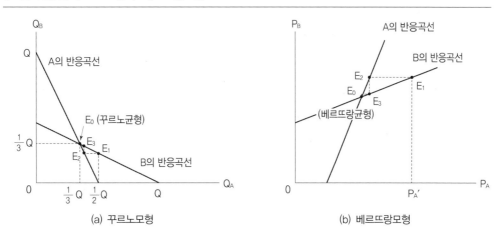

(a) 꾸르노모형　　　　　　　　　(b) 베르뜨랑모형

　　베르뜨랑모형Bertrand model은 각 기업이 현재의 가격을 그대로 유지할 것으로 가정하고 자신의 가격을 결정한다는 이론이다. 자신이 제품 가격을 변화시켜도 상대방은 가격을 변화시키지 않을 것이라는 전제이다. 두 기업의 가격경쟁모형에 해당된다.

　　시장에 존재하는 두 기업이 동질의 제품을 생산하고 비용곡선도 동일하다고 가정할 때 한 기업이 상대기업보다 낮은 가격을 결정하면 모든 소비자들이 자사 제품을 이용한다는 전제이다. 그림 (b)에서 A기업이 P_A'에서 가격을 결정하면, B기업은 B기업의 반응곡선을 따라 E_1에서 가격을 결정한다. B기업의 가격이 결정되면 이번에는 A기업은 자신의 반응곡선에 따라 E_2에서 가격을 결정하게 되고, A기업이 가격을 인하하였다는 것을 인지한 B기업은 자신의 반응곡선에 따라 E_3에서 다시 가격을 결정하게 된다. 이렇게 상대가격에 반응하다 보면, 더 이상 가격을 내릴 수 없는 수준, 즉 이윤이 0인

P = MC = AC인 수준까지 가격을 인하하게 되고 균형이 이루어진다는 것이다. 베르트랑모형은 과점시장에서 과연 완전경쟁시장과 같은 점에서 균형이 이루어질 수 있느냐하는 점에서 비판을 받는다.

이번에는 **굴절수요곡선모형**kinked demand curve model이다. 과점시장에서 기업들이 서로 담합하지 않고 독자적인 행동을 하더라도 경쟁상대가 가격을 인상하면 반응하지 않지만, 가격을 인하하면 반응한다는 이론이다.

[그림 10.16]는 굴절수요곡선모형을 보여 준다. 현재 두 과점기업 A와 B가 그림 (a)의 점 E_0(가격 P_0, 거래량 Q_0)에서 균형을 이루고 있다고 하자. 각 기업이 직면하는 수요곡선은 각각 D_AD_A', D_BD_B'이다. 만약 B기업이 D_BD_B'선을 따라 가격을 인상하면, A기업은 반응하지 않고 원래 자신의 수요곡선인 D_AD_A'선을 따르게 되고, B기업이 가격을 인하하면, A기업은 수용하여 B기업의 수요곡선인 D_BD_B'선을 따라 가격을 인하하게 된다. 따라서 수요곡선은 굴절된 형태인 $D_AE_0D_B'$가 된다.

[그림 10.16] 굴절수요곡선모형

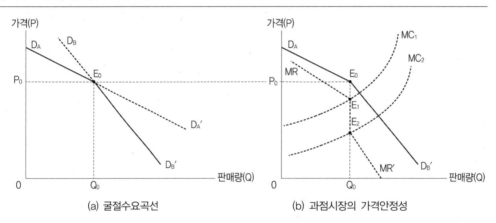

(a) 굴절수요곡선 (b) 과점시장의 가격안정성

굴절수요곡선 $D_AE_0D_B'$에 한계수입곡선을 추가하면, 그림 (b)의 MR − E_1 − E_2 − MR'가 된다. 만약 한계비용곡선이 비연속구간 E_1E_2에 존재하게 되면, 이윤극대화조건 MR = MC를 충족하므로 가격과 판매량은 변화하지 않는다.

1939년 경제학자 스위지Paul Sweezy등은 당시 과점시장에서 형성된 과점가격이 비교적 안정적인 것을 발견하고 연구한 결과, 과점시장의 가격 안정은 굴절수요곡선이 존재하기 때문이며 담합의 결과가 아니라고 주장하였다.[9]

---

9 그러나 스티글러G. Stigler 교수는 1947년 미국의 과점기업을 대상으로 실증분석한 결과, 굴절수요곡선이론과는 반대로 어떤 과점기업이 가격을 인상할 때 경쟁기업들도 같이 인상하고, 내릴 때는 경쟁기업들이

이와 같이 꾸르노모형, 베르뜨랑모형, 굴절수요곡선모형은 모두 경쟁모형(비담합모형)이다. 그러나 과점시장에서 담합이 발생되는 경우도 많다. 불완전담합유형으로 가격선도모형이 있다. **가격선도모형**price leadership model은 지배적인 기업이 가격선도자price leader가 되어 가격을 결정하면 다른 기업들은 추종자price follower로서 수용한다는 이론이다. 과점기업들이 공개적으로 가격이나 생산량을 합의하지는 않지만, 서로 이익이 되는 방향으로 은밀히 서로 협력하는 일종의 묵시적 또는 불완전한 담합이 이루어지는 경우라고 할 수 있다.

그리고 완전담합유형으로 **카르텔모형**Cartel model이 있다. 카르텔모형은 가격이나 생산량을 결정할 때 공개적으로 서로 담합하는 경우로서 대표적인 예가 석유수출국기구(OPEC)이다.

[그림 10.17] 완전담합: 카르텔모형

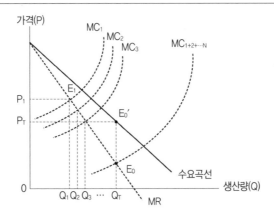

카르텔은 서로 독립적인 기업들이 동질적인 제품을 생산하지만, 담합하여 카르텔 전체의 이윤을 극대화한 후 참여기업 간 생산량을 적절히 나눠 갖는 방법을 선택한다.

카르텔모형은 독점기업이 여러 개의 공장을 보유하고 있는 경우와 동일한 효과가 발생하므로 카르텔 전체는 독점 생산량과 독점가격을 실현하여 독점이윤을 얻게 된다. [그림 10.17]에서 카르텔 전체의 한계수입곡선과 한계비용곡선이 일치하는 점 E_0에서 생산량 Q_T를 결정하고 수요곡선과 만나는 점 E_0'에서 가격 P_T를 결정하면 이윤이 극대화된다.

반응하지 않는다는 상반된 결론을 도출하였다.

카르텔의 주요 이슈는 생산량 분배방식이다. 카르텔 전체의 이윤은 극대화될지는 모르지만, 개별기업의 이윤은 극대화되지 않을 수 있다. 왜냐하면 개별기업의 한계비용곡선이 서로 달라 이윤극대화조건을 충족시키는 가격이 다르기 때문이다. 한계비용곡선이 MC_1인 기업은 한계수입곡선과 만나는 점 E_1에서 생산량을 결정하지만, 기대하는 가격은 균형가격보다 높은 P_1이다. 따라서 생산량 분배방식에 불만이 있는 기업은 약속을 위반하고 추가 생산하여 판매하게 되므로 카르텔이 붕괴되거나 불안정하게 지속되기도 한다.

전략적 의사결정과정으로 게임이론

과점시장의 특징은 상호 의존성과 경쟁상대의 반응이다. 이는 과점기업들이 이윤극대화를 위하여 상대방의 전략에 따라 의사결정을 다르게 내리고 있다는 것을 의미한다. 상대방의 전략을 감안하여 자신에게 유리한 대안을 찾는 행위를 분석하는 방법이 게임이론이다. 게임이론은 서로 경쟁하는 상호 의존적 상황에서 상대방의 반응까지 상정하고 자신에게 유리한 대안을 전략적으로 찾아가는 과정을 연구하는 분야이다.[10]

간단한 게임 사례

과점시장에 적용할 수 있는 간단한 게임을 살펴보자. 현재 두 기업이 생산량을 100, 200, 300 중에서 한 가지를 선택하여야 할 때 어떤 전략이 최선의 선택인가? 두 기업이 어떤 생산량을 선택하느냐에 따라 각 기업이 얻을 수 있는 이득을 정리한 보수행렬표[11]는 [표 10.1]이다.

[표 10.1] 두 기업의 생산량 결정

기업 A		기업 B		
		100	200	300
	100	15, 10	10, 20	20, 18
	200	20, 15	16, 16	10, 10
	300	15, 20	10, 10	18, 18

〈 보수 행렬표 읽는 방법 〉
- 기업 A와 B 모두 100을 선택하면 A는 15, B는 10의 이득을 얻는다.
- 기업 A가 200, 기업 B가 100을 선택하면 A는 20, B는 15의 이득을 얻는다.
- 기업 A와 B 모두 300을 선택하면 A와 B 모두 18의 이득을 얻는다.

---

10 김영세(2018년), 『게임이론』, 박영사.

11 게임이론에서 게임의 참여자를 경기자player라고 하며, 경기자가 어떤 전략을 선택함으로써 얻는 대가를 보수payoff라고 하며, 경기자의 전략에 따라 주어지는 보수를 정리한 표를 보수행렬payoff matrix이라고 한다.

먼저 기업 A의 전략을 찾아보자. 기업 B가 100을 선택할 때 A는 200을 선택하는 것이 이득 20으로 이득이 제일 크고, 기업 B가 200을 선택할 때도 200을 선택하는 것이 이득 16으로 이득이 제일 크다. 그리고 기업 B가 300을 선택할 때 A는 100을 선택하는 것이 이득 20으로 제일 유리하다.

이번에는 기업 B의 전략을 찾아보자. 기업 A가 100을 선택할 때 B는 200을 선택하는 것이 제일 이득이 크고, 기업 A가 200을 선택할 때도 200을 선택하는 것이 제일 이득이다. 그리고 기업 A가 300을 선택할 때 B는 100을 선택하는 것이 유리하다.

따라서 두 기업은 모두 생산량 200을 선택할 때 16의 이득을 얻게 되므로 (200, 200)이 균형점이 되고, 모두 16의 이득을 받게 된다.

그러나 만약 두 기업이 담합한다면, 어떤 생산량을 선택하는 것이 이득인가? 두 기업이 서로 담합하여 각자 300만큼 생산하기로 한다면, 두 기업 모두 18의 이득을 얻게 된다.

내쉬균형Nash equilibrium

게임에는 경기자들이 전략을 결정할 때 서로 협의하여 결정하느냐 아니면 독자적으로 결정하느냐에 따라 협조적 게임과 비협조적 게임으로 구분한다. 비협조적 게임의 균형을 내쉬균형이라고 한다. 즉 내쉬균형이란 각 경기자가 다른 경기자들의 전략이 주어진 것으로 보고 자신에게 가장 유리한 전략을 선택할 때 이루어지는 균형을 말한다. 앞서 설명한 꾸르노모형과 베르뜨랑모형 그리고 다음에 설명하는 용의자의 딜레마 등이 대표적인 내쉬균형에 속한다.

꾸르노모형은 상대기업들의 현재 생산량을 주어진 것으로 보고 자기의 이윤극대화 생산량을 결정한다는 이론으로 자신의 예상이 맞지 않을 수도 있다. 그러나 일련의 반응을 거쳐 서로의 균형상태에 도달하게 되는데, 이 균형상태를 꾸르노경쟁에서의 내쉬균형이며 꾸르노균형이라고 부른다.

또한 베르뜨랑모형은 상대기업들의 현재 가격을 주어진 것으로 보고 자신의 이윤을 극대화시키는 가격을 결정한다는 이론으로 일련의 반응을 거쳐 도달하는 균형상태를 베르뜨랑경쟁에서의 내쉬균형이며 베르뜨랑균형이라고 부른다.

용의자의 딜레마

게임이론에서 가장 많이 알려져 있는 게임이 용의자의 딜레마prisoner's dilemma이다. 공범으로 보이는 두 명의 용의자가 서로 격리되어 심문을 받고 있다고 가정하자. 두 용의자의 형량은 자백여부에 따라 달라지는데, 이를 정리한 보수행렬표는 [표 10.2]이다.

[표 10.2] 용의자 딜레마의 보수행렬

		용의자 B	
		자백	부인
용의자 A	자백	10년, 10년	2년, 15년
	부인	15년, 2년	5년, 5년

먼저 용의자 B가 자백할 때 용의자 A는 자백하여 10년 형을 받는 것이 유리하고, 용의자 B가 부인할 때 용의자 A는 자백하여 2년 형을 받는 것이 유리하다. 따라서 용의자 A는 용의자 B의 선택에 관계없이 '자백'을 전략적으로 선택하게 된다.

이번에는 용의자 B의 전략을 찾아보자. 용의자 A가 자백할 때 용의자 B는 자백하여 10년 형을 받는 것이 유리하고, 용의자 A가 부인할 때 용의자 B가 자백하여 2년 형을 받는 것이 유리하다. 따라서 용의자 B도 용의자 A의 선택에 관계없이 '자백'을 전략적으로 선택하게 된다.

두 용의자 모두 '자백'을 전략으로 선택하므로 (자백, 자백)이 균형점이 되고, 모두 10년 형을 받게 된다. 그러나 만약 두 용의자가 담합하여 '부인'을 선택하면 (부인, 부인)이 균형점이 되고, 모두 5년 형을 받게 된다.

용의자의 딜레마에서 얻을 수 있는 시사점은 다음과 같다. 먼저, 균형점이 최선책이 아닐 수 있다는 것이다. 두 용의자가 담합한다면 서로 최선의 이득을 얻게 되지만, 서로 경쟁함으로써 차선책을 선택하게 된다. 아담 스미스는 각자 이기심이 발로하면 보이지 않는 손에 의해 자동적으로 최선의 균형을 찾아간다고 하였지만, 용의자의 딜레마에서는 차선책이 선택되므로 시장실패가 발생한다고 볼 수 있다.

둘째, 구성의 오류fallacy of composition이다. 개인들의 합리적인 선택이 반드시 사회 전체의 합리적인 선택이 아니다. 구성의 오류는 용의자의 딜레마뿐만 아니라 공유자원의 비극에서도 발생한다. 구성의 오류가 발생하면, 사회 구성원들에게는 이익이지만, 사회 전체적으로 손해가 발생하게 된다.

반복게임

이번에는 게임이 단 한 번만 이루어지는 것이 아니라 여러 번 반복하여 이루어질 때 어떤 선택이 바람직한가? 반복게임repeated game에서는 비협조적으로 나오는 상대방에게 보복할 수 있다는 것을 전제로 한다. 과점시장의 담합모형에서 구성원이 위반할 경우 어떤 결과가 나오는지 살펴보자.

먼저 게임의 횟수가 n번으로 정해져 있는 **유한반복게임**을 살펴보자. 두 경기자는 모두 게임이 n번 반복된다는 것을 알고 있기 때문에 마지막 n번째 게임에서 비협조적인 선택을 하는 것이 유리하다. 왜냐하면 n번째 게임이 마지막 게임이므로 이후 보복이 없기 때문이다. 이 경우 동일한 논리로 n − 1번째 게임에서도 비협조적인 선택을 하는 것이 유리하다. 따라서 유한반복게임에서는 첫 번째 게임부터 비협조적인 전략을 선택하는 것이 균형전략이 된다.

무한반복게임인 경우에는 어떠한가? 대표적인 예가 갚아주기^{tit for tat} 전략이다. 우선 '협조'로 게임을 시작하다가 상대방이 '비협조'로 바꾸면 자신도 '비협조'로 바꾸어 보복하고, 상대방이 '협조'로 바꾸면 자신도 '협조'로 바꾸는 전략을 반복하는 것이다. 모든 경기자가 무한 반복적으로 '눈에는 눈, 이에는 이'라는 맞대응 전략을 선택한다면, 처음부터 암묵적 담합이 이루어질 수 있게 된다. 따라서 무한반복게임에서 '협조' 적 행위가 균형전략이 된다. 예컨대 카르텔 체제에서 가맹기업들이 이탈자에게 갚아주기 전략을 사용하면, 카르텔이 오랫동안 유지될 수 있다.

과점시장의 장단점

과점시장은 독점시장보다는 폐해가 적지만 완전경쟁시장과 비교하면 여전히 단점을 갖고 있다. 첫째는 자원배분의 비효율이 발생한다. 이윤극대화조건에서 완전경쟁시장은 $P = MR = MC$이지만 과점시장은 $P > MR = MC$이므로 가격이 한계비용보다 높은 곳에서 결정되어 완전경쟁시장보다 생산량이 적고 가격이 높아 자중손실이 발생한다.

둘째는 경제주체 및 기업들 간 소득분배의 불공평성이 발생한다. 과점기업은 초과이윤을 얻게 되어 소득과 자원을 차지하는 반면, 진입장벽으로 인하여 새로운 기업의 진입이 어려워 시장 전체 생산량이 줄어들고 일자리 창출도 줄어들게 된다.

그러나 장점도 존재한다. 과점기업들은 상호 간 치열하게 경쟁하므로 그들이 초과이윤을 활용하여 신상품 개발 또는 상품 고급화 및 차별화를 위하여 기술개발에 집중한다면, 경제전체적으로 이득은 많아지는 장점도 존재한다.

11 생산요소시장 작동원리

생산요소factors of production시장은 재화나 서비스를 생산하기 위하여 투입되는 노동, 자본, 토지, 기업가정신 등 생산요소[12]가 거래되는 시장으로 간략하게 요소시장이라고도 한다. 요소시장에서 임금, 이자, 지대, 이윤이 결정된다.

먼저 생산요소시장의 특성을 살펴보자. 생산요소는 중간재와 다르다. 생산요소는 최종재를 생산하기 위하여 투입되지만, 반복적으로 사용되고 지속적으로 사용료를 받는다는 점에서 중간재와 다르다. 중간재는 한 번 사용되며 대가는 한 번만 받는다. 예컨대 의류회사에서 옷을 생산할 때 근로자(노동), 기계(자본), 옷감(중간재) 등을 사용한다. 근로자와 기계는 반복적으로 사용되고 지속적으로 대가를 받으므로 생산요소로 분류되지만, 옷감은 한 번 사용되면 버려지므로 중간재로 분류된다.

또한 생산요소시장은 생산물시장과 다르다. 첫째, 생산물시장의 수요자와 공급자는 생산요소시장에서 공급자와 수요자로 서로 바뀐다. 가계는 생산물시장에서 재화의 수요자이지만, 생산요소시장에서는 요소를 제공하는 공급자가 되며, 기업은 생산물시장에서 재화의 공급자이지만, 생산요소시장에서는 요소의 수요자가 된다.

둘째, 생산요소의 수요는 파생수요derived demand이다. 생산요소에 대한 수요는 생산물에 대한 수요가 존재하기 때문에 발생하며, 생산물에 대한 수요가 없으면 생산요소에 대한 수요도 당연히 없다. 소비자들의 생산물에 대한 수요가 1차 수요(직접수요)라고 한다면, 기업의 생산요소에 대한 수요는 2차 수요(간접수요, 파생수요)가 된다.

---

12 경제학에서 3대 생산요소는 노동(L), 자본(K), 토지(N)를 말하며, 4대 생산요소로 기업가정신 entrepreneurship 또는 기업경영능력enterprise를 포함시키며, 피터 드러커는 5대 생산요소로 지식knowledge을 포함시킨다. 3대 생산요소 중에서 토지는 넓은 의미로 토지 이외에 태양, 바람, 바다 등을 모두 포함하는 '자연자원'natural resources을 말한다.

셋째, 생산요소의 대가는 국민소득과 밀접하게 관련되어 있다. 생산요소를 사용한 대가는 임금, 이자, 지대, 배당금 등의 형태로 분배된다. 2017년 우리나라 국민소득 중에서 근로자 임금의 비중은 약 56%에 이르며, 나머지는 임대료, 배당금, 이자소득 등으로 토지 소유자와 자본가에게 지급되었다. 이러한 측면에서 생산요소시장이론을 분배이론이라고도 하며, 기업이 생산한 '생산국민소득'은 임금, 이자, 지대 등의 형태로 분배된다는 의미에서 '분배국민소득'이 된다.

01 노동

(1) 노동의 수요

노동시장도 수요 – 공급모형이 적용된다. 그리고 제7장 생산자 행동원리에서 MP_L = MP_K일 때 그리고 임금과 이자를 반영하면 $\frac{MP_L}{w} = \frac{MP_K}{r}$일 때 생산자 균형을 이루며, 생산자의 이윤극대화조건은 MR = MC이라는 생산자 행동원리도 노동시장에 동일하게 적용된다.

다만, 노동시장이 생산물시장과 다른 점은 앞서 설명한 바와 같이 노동의 수요가 파생수요라는 점이다. 노동자가 생산한 생산물이 시장에서 얼마나 팔리느냐에 따라 노동의 수요가 결정된다는 것이다. 노동자가 숙련공이어서 생산성이 높을수록 생산자에게 기여를 많이 하게 되고, 또 그 생산물이 시장에서 높은 가격으로 팔릴수록 수입이 증가하므로 기여를 많이 하게 된다. 결국 노동자가 기여하는 부분은 생산의 증가분(한계생산)과 수입의 증가분(한계수입)이다. 따라서 노동자의 가치는 한계생산과 한계수입의 곱으로 계산된다. 이를 노동의 한계수입생산이라고 한다.

다시 설명하면, **노동의 한계수입생산(MRP_L)**marginal revenue product of labor은 노동 1단위를 추가 고용할 때 추가로 얻는 수입이다. MRP_L은 노동 1단위를 추가 고용할 때 늘어나는 생산의 증가분(MP_L)과 그 생산의 증가가 가져오는 수입의 증가분(MR)을 곱하여 산출되므로 $MRP_L = MP_L \times MR$이 된다.

노동의 한계수입생산이 증가하면 노동자가 기여하는 부분이 증가하므로 노동의 수요는 증가하고, 노동의 한계수입생산이 감소하면 노동자의 기여부분이 감소하므로 노동의 수요는 감소한다.

$$\text{노동의 한계수입생산} \quad MRP_L = MP_L \times MR \qquad \text{(식 11.1)}$$

만약 생산물시장이 완전경쟁시장일 때 P = MR이므로 $MRP_L = MR \times MP_L = P \times MP_L$이 된다. $P \times MP_L$은 노동 1단위를 추가 고용할 때 늘어나는 생산물의 가치가 된다. 이를 **노동의 한계생산물가치**(VMP_L)value of marginal product of labor라고 한다. 노동의 한계생산물가치 $VMP_L = P \times MP_L$는 판매가격(P)이 높을수록, 노동의 한계생산(MP_L)이 증가할수록 상승한다. 노동의 한계생산물가치가 증가하면 노동의 수요는 증가하고, 노동의 한계생산물가치가 감소하면 노동의 수요는 감소한다.[13]

따라서 노동시장과 생산물시장이 완전경쟁시장이라고 할 때 **노동의 수요**는 한계생산물가치(VMP_L)에 의해 결정된다. $VMP_L = P \times MP_L$에서 판매가격(P)은 시장에서 주어지므로 결국 노동의 수요는 한계생산(MP_L)에 의해 결정된다고 할 수 있다.

노동의 수요가 기업 내부적으로 VMP_L에 의해 결정되지만, 기업 외부에서 결정되는 시장 임금수준에 따라 영향을 받는다. 임금이 상승하면 고용량은 감소하고, 임금이 하락하면 고용량은 증가한다.

임금과 고용량의 관계를 나타낸 것이 노동의 수요곡선이다. 노동의 수요곡선을 그래프로 나타내면, [그림 11.1] (a)와 같이 가로축은 고용량, 세로축은 임금이다. 현재 임금수준이 w_1일 때 고용량은 L_1이 된다. 이를 정확하게 설명하면, 점 E_1에서 w = VMP_L이라고 할 수 있다. 외부적으로 임금수준(w)이 결정되면 기업들은 내부적으로 자신의 VMP_L과 비교하여 고용량을 결정하게 된다.

이를 함수관계로 나타내면, $L_D = f(w)$ 단, $VMP_L = P \times MP_L$이라고 할 수 있다. 만약 임금이 상승하면 VMP_L < w이 되므로 고용량을 줄이고, 임금이 하락하면 VMP_L > w이 되므로 고용량을 늘리는 것이 이윤을 증가시킨다. 임금과 고용량은 음(−)의 관계가 존재하므로 노동의 수요곡선은 우하향하게 된다. 노동의 수요곡선이 우하향하는 이유는 $VMP_L = P \times MP_L$에서 한계생산(MP_L)은 수확체감의 법칙이 존재하기 때문이다.

$$\text{노동의 수요} \quad L_D = f(w) \text{ 단, } VMP_L = P \times MP_L \text{ 과 기술수준은 동일} \quad \text{(식 11.2)}$$

---

13 노동의 비용 측면을 살펴보면, 노동 1단위를 추가 고용할 때 늘어나는 비용의 증가분을 한계요소비용(MFC_L)marginal factor cost of labor이라고 한다. 완전경쟁시장에서 한계요소비용은 곧 임금이 된다. MFC_L = w이다.

[그림 11.1] 노동의 수요곡선

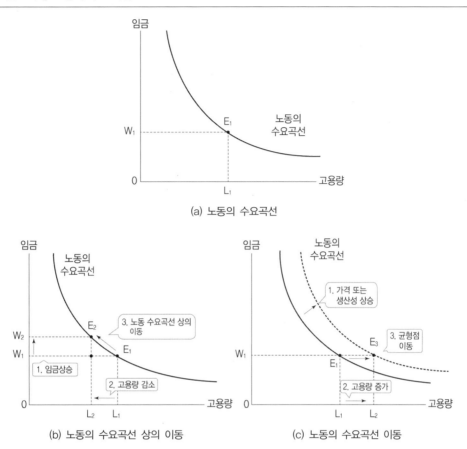

(a) 노동의 수요곡선

(b) 노동의 수요곡선 상의 이동

(c) 노동의 수요곡선 이동

　　지금까지의 설명을 노동의 수요곡선 상의 이동과 수요곡선 자체의 이동으로 부언
설명하면, [그림 11.1] (b)와 (c)와 같다. 외부의 임금수준이 변화하여 고용량이 변화하
는 것은 노동의 수요곡선 상의 이동이 되며, 재화의 판매가격(P)이나 노동의 한계생산
(MP_L)의 변화로 노동의 한계생산물가치(VMP_L)가 변화하여 고용량이 변화하면 수요곡
선의 이동이 된다. VMP_L이 상승하면 노동의 수요곡선은 오른쪽으로 이동하게 되고,
VMP_L이 하락하면 노동의 수요곡선은 왼쪽으로 이동하게 된다.

(2) 노동의 공급

노동의 공급은 임금수준에 의해 결정된다. 그러나 내부적으로는 노동과 여가의 선택이라는 가계의 효용극대화원칙에 따라 결정된다. 소득수준이 낮을 때 임금이 상승하면 당연히 노동의 공급은 증가하지만, 소득이 일정수준에 도달하면 노동자들은 노동과 여가 사이에서 고민하게 된다. 노동으로 얻는 소득의 증가(소득효과, 한계효용)와 노동으로 인한 정신적·육체적 피로(한계비효용) 사이에 상충이 일어나면서 여가를 선호(대체효과)하게 된다.

노동의 공급 $L_S = f(w)$ 단, 여가 선호기준, 근로자의 수 등은 동일   (식 11.3)

따라서 노동의 공급은 노동의 한계효용과 한계비효용의 크기에 의해 결정된다. 임금수준이 상승할수록 노동의 한계효용은 증가하지만, 노동시간이 증가할수록 한계효용보다 한계비효용이 더 크므로(여가를 선호하므로) **후방굴절 공급곡선**backward bending supply curve이 된다. 임금수준이 낮을 때는 한계효용(소득의 증가)이 한계비효용(피로의 증가)보다 크므로 우상향하게 되지만, 임금이 일정수준을 넘게 되면 한계비효용이 더 크므로 좌상향하게 된다.

[그림 11.2] 노동의 공급곡선

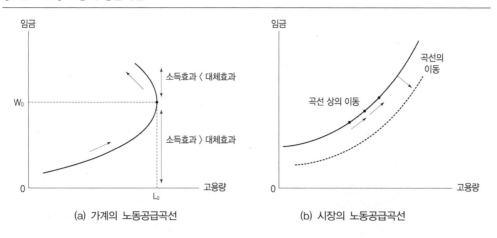

(a) 가계의 노동공급곡선   (b) 시장의 노동공급곡선

여기서 유념해야 할 사항은 가계의 노동공급곡선은 후방굴절 형태이지만, 시장의 노동공급곡선은 우상향한다는 것이다. 시장의 노동공급곡선은 소득과 여가의 선호도가 다른, 수많은 가계들의 수평 합이므로 후방굴절 형태가 아닌 우상향 형태가 되는 것이다.

시장의 노동공급곡선도 공급곡선 상의 이동과 곡선 자체의 이동으로 구분된다. 임금 수준이 변화하면 공급곡선 상의 이동이 있게 된다. 그러나 근로자의 노동과 여가를 선택하는 가치관이 바뀌거나 인구 증가, 해외근로자 증가, 여성 및 노인의 경제활동참가 증가 등이 발생하면 노동의 공급곡선 자체가 오른쪽으로 이동하게 된다.

(3) 노동시장의 균형

노동시장의 균형은 노동 수요곡선과 공급곡선이 만나는 점에서 이루어진다. 노동의 수요곡선은 VMP_L 곡선이며, 노동의 공급곡선은 근로자의 선호기준(노동과 여가의 선택)이다. 따라서 노동시장의 균형은 임금(노동의 가격)을 매개로 노동의 수요와 노동의 공급에 의해 이루어진다.

노동시장의 균형을 기업의 이윤극대화 논리에서 살펴보자. 기업은 MR = MC일 때 이윤극대화를 이룬다. 여기서 MR = P이며, MC는 $\frac{w}{MP_L}$이므로 P = $\frac{w}{MP_L}$이 이윤극대화조건이 된다. 이를 변형하면, $P \times MP_L = w$가 된다. 즉 $VMP_L = w$이다.[14]

$$\text{노동시장의 균형조건 } VMP_L = P \times MP_L = w \qquad \text{(식 11.4)}$$

여기서 $VMP_L = P \times MP_L = w$는 무슨 의미인가? 재화가격(P)은 생산물시장에서 결정되므로 결국 임금은 노동자의 한계생산물(MP_L)에 의해 결정된다. 즉 노동자들은 자신이 생산에 기여한 만큼 보수를 받는다는 것을 의미한다. 이를 **한계생산성이론** marginal productivity theory이라고 한다. 노동의 임금은 한계생산물가치(VMP_L)에 의해 결정된다.

노동시장의 균형조건은 자본, 토지 등 다른 생산요소시장에도 그대로 적용된다. 만약 노동시장과 자본시장을 고려하면, 균형조건은 다음과 같다.

노동시장의 균형조건 $VMP_L = w$와 자본시장의 균형조건 $VMP_K = r$을 동시에 충족할 때 생산요소시장은 균형을 이룬다. 즉 $\frac{VMP_L}{w} = \frac{VMP_K}{r} = 1$일 때 균형이 이루어진다.

---

14 이를 간단한 수식을 통하여 정리하면 다음과 같다.

단, 생산요소시장이 완전경쟁시장이며, 단기(자본은 고정)라고 가정한다.

$\max \pi = TR - TC = P \times X - [wL + rK] = P \times f(L, K) - [wL + rK]$

L을 중심으로 미분하면,

$P \times \frac{\Delta X}{\Delta L} - w = 0 \rightarrow P \times MP_L = w$ (즉 $VMP_L = w$일 때 이윤극대화된다.)

생산요소시장의 균형조건 $\dfrac{VMP_L}{w} = \dfrac{VMP_K}{r} = 1$ ··· 이윤극대화원칙 (식 11.5)

그리고 노동조합이 결성되어 임금 인상을 요구할 경우 균형점은 어떻게 바뀌는가? [그림 11.3]는 노동조합이 균형임금보다 높은 임금을 요구할 경우를 설명하고 있다. 현재 시장균형점을 E_0이라고 했을 때 균형임금은 w_0, 균형고용량은 L_0이다. 만약 노동조합에서 임금 w_1을 요구했을 경우 임금은 w_1으로 상승하여 노동 공급량은 L_2이지만 고용량은 L_1이므로 $L_2 - L_1$만큼 초과공급이 발생한다.

[그림 11.3] 노동조합과 임금 협상

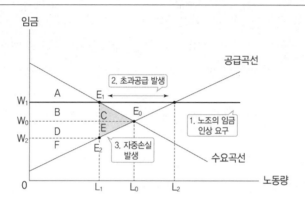

이를 사회적 잉여 측면에서 분석해 보자. 기업의 수요자잉여는 당초 'A + B + C'에서 A로 크게 줄어들고, 노동자의 공급자잉여는 'D + E + F'에서 'B + D + F'로 변화하게 된다. 요컨대, 노동조합의 임금 인상 요구로 임금은 상승할 수 있으나 고용은 감소하게 되며, 기업의 수요자잉여였던 B가 노동자의 공급자잉여로 전환되고, 사회적 잉여는 'A + B + C + D + E + F'에서 'A + B + D + F'로 줄어들어 'C + E'만큼 자중손실이 발생하여 사회적 후생은 감소하게 된다.

02 자본

(1) 자본의 종류

경제학에서 자본은 크게 실물자본과 금융자본으로 구분된다. **실물자본**physical capital은 기계, 공장, 건물, 소프트웨어, 사회간접자본(SOC) 등과 같이 생산과정에 사용되는 자본을 말하며, **금융자본**financial capital은 실물자본을 구입하거나 임대하는 데 필요한 자금과 회사 운영에 필요한 자금을 말한다. 금융자본에는 자본금을 포함하여 금융시장에서 조달하는 모든 화폐자본이 포함된다.[15]

(2) 자본의 가격

자본의 의미는 두 가지 관점에서 설명된다. 첫 번째는 실물자본의 **우회생산**round-about methods of production 개념이다. 어부가 고기를 잡을 때 맨손으로 잡는(직접생산) 것보다 낚싯대 또는 그물이나 어선을 이용(우회생산)하면 더 많이 잡을 수 있다. 우회생산에 사용되는 낚싯대, 그물, 어선을 자본재라고 하고, 자본재를 구입 또는 임대하는 행위를 투자라고 하고, 투자금액을 화폐자본이라고 한다. 그리고 일정기간 동안 자본재를 구입 또는 임대한 대가(자본재에 투자한 대가)를 임대료 또는 이자라고 한다.[16]

두 번째는 화폐자본의 **시간선호**time preference 개념이다. 시간선호란 사람들은 불확실성 등으로 미래 소비보다는 현재 소비를 더 선호한다는 의미이다. 저축은 미래의 소비를 위하여 현재의 소비를 억제하는 행위를 말하며, 투자는 미래의 수익을 위하여 현재의 소비를 억제하고 실물시장이나 금융시장에 자금을 투입하는 행위를 말한다. 따라서 현재의 자금(현재가치)을 일정기간 동안 저축 또는 투자를 하면, 미래에 얻을 수 있는 수익(미래가치)은 당연히 커야 한다. 미래의 수익과 현재가치 간의 비율을 수익률이라고 하고, 미래의 수익을 현재가치로 환산하는 비율을 할인율이라고 하며, 일정기간 동안 저축 또는 투자한 대가를 이자라고 한다.[17]

---

15 두 종류의 자본은 시장 종류에 따라 달리 사용된다. 생산물시장에서의 자본은 주로 실물자본(자본재)을 의미하며 거시경제에서의 자본은 주로 화폐자본을 의미한다.

16 실물자본은 소유 또는 임대하여 사용된다. 소유하면 기회비용이 발생하며, 임대하면 임대료가 발생하므로 궁극적으로 소요되는 금액은 동일하다. 그리고 실물자본은 여러 해 동안 계속 사용되며, 시간이 지남에 따라 발생하는 자산가치의 감소분은 감가상각으로 처리된다.

17 실물자본의 우회생산으로부터 발생하는 자본재에 대한 수익과 화폐자본의 시간선호설에 의하여 발생하

수익률과 할인율의 가장 기본적인 형태가 이자율이다. **이자율**rate of interest을 **자본의 가격**이라고 하며, 현재가치를 포기하고 미래가치에 투자한 대가이므로 다음과 같이 계산된다.

$$r = \frac{1년후금액 - 현재금액}{현재금액} = \frac{A - P_1}{P_1} \quad \Rightarrow \quad A = P_1(1+r) \qquad (식 \ 11.6)$$

(3) 투자의 결정기준

투자를 결정할 때 현재의 소비를 포기한 대가로 투자수익률을 검토한다. 수익률의 평가방법에는 크게 현재가치법, 내부수익률법, 비용 – 편익비율법 등이 있다.

현재가치법(PV)present value은 고전학파 피셔Fisher가 주장한 것으로 미래에 발생하는 수익이나 비용을 현재의 시점에서 가치를 평가하는 방법이다. 현재가치는 주로 미래소득 또는 비용을 이자율로 할인하여 계산한다. 예컨대 어떤 기업이 C원(투자원금)을 투자하여 기계를 구입하고 n년 동안 사용하였을 때 매년 얻는 예상수익을 R_1, R_2, R_3, $\cdots$, R_n이라고 하였을 때, 전체 예상수익은 매년 예상수익의 단순합계 '$R_1 + R_2 + R_3 + \cdots + R_n$'이다.

그러나 만약 전체 예상수익을 지금 받는다면, 얼마가 되는가? 현재의 시점에서 평가한 수익(현재가치)은 각 연도별 예상수익을 이자율(r)로 나눠 주어야 한다. 즉 미래 투자수익의 현재가치(PV)는 $\frac{R_1}{(1+r)} + \frac{R_2}{(1+r)^2} + \frac{R_3}{(1+r)^3} + \cdots + \frac{R_n}{(1+r)^n}$이 된다.

또한 미래투자수익의 현재가치(PV)에서 투자원금(C)을 차감한 것을 **순현재가치**(NPV)net present value라고 하며, $NPV = \left[\frac{R_1}{(1+r)} + \frac{R_2}{(1+r)^2} + \frac{R_3}{(1+r)^3} + \cdots + \frac{R_n}{(1+r)^n} \right] - C$가 된다. 따라서 NPV > 0이거나 PV > C일 때 투자가 이루어진다.

투자를 결정할 때 이자율이 큰 변수가 된다. 왜냐하면 동일한 수익이 예상된다고 하더라도 이자율이 높으면, 할인되는 금액이 많아 현재가치가 내려가고, 이자율이 낮으면 현재가치가 올라간다. 따라서 투자자들의 투자수요와 이자율 사이에는 음(−)의 관계가 성립하며, 투자수요곡선은 우하향의 형태를 갖는다.

는 대부자금에 대한 대가를 모두 이자라고 한다. 금융시장이 발달할수록 실물자본의 이자와 화폐자본의 이자는 같아진다.

현재 투자금액 C원, 매년 예상수익 R_1, R_2, R_3, $\cdots$, R_n 그리고 이자율 r일 때

현재가치 $PV = \dfrac{R_1}{(1+r)} + \dfrac{R_2}{(1+r)^2} + \dfrac{R_3}{(1+r)^3} + \cdots + \dfrac{R_n}{(1+r)^n}$ (식 11.7)

순현재가치 $NPV = [\dfrac{R_1}{(1+r)} + \dfrac{R_2}{(1+r)^2} + \dfrac{R_3}{(1+r)^3} + \cdots + \dfrac{R_n}{(1+r)^n}] - C$ (식 11.8)

NPV > 0 또는 PV > C일 때 → 투자 결정
NPV < 0 또는 PV < C일 때 → 투자 포기

반면, **내부수익률법**(IRR)internal rate of return은 케인즈가 주장한 것으로, 기업들이 투자를 결정할 때 내부적으로 기대하는 최소 투자수익률을 평가하는 방법이다. 여기서 기업이 주관적으로 기대하는 예상수익률을 내부수익률이라고 한다.[18] **내부수익률**(m)은 투자안의 순현재가치(NPV)를 0으로 만드는 할인율이다. 기업은 내부수익률(m)이 이자율(자금조달비용)보다 클 때 투자하려고 하며, 내부수익률이 이자율보다 작을 때 투자를 포기하게 된다. 그리고 예상수익이 동일할 때 이자율이 상승하면 내부수익률이 더 높아야 하므로 투자는 감소하고, 이자율이 하락하면 내부수익률이 더 낮아지므로 투자는 증가하게 된다. 따라서 현재가치법과 마찬가지로 투자수요와 이자율은 음(−)의 관계가 있으며, 투자의 수요곡선은 우하향하는 형태를 갖는다.

$$NPV = [\dfrac{R_1}{(1+m)} + \dfrac{R_2}{(1+m)^2} + \dfrac{R_3}{(1+m)^3} + \cdots + \dfrac{R_n}{(1+m)^n}] - C$$ (식 11.9)

m > r → 투자 결정
m < r → 투자 포기

비용 − 편익비율법(B/C ratio)benefit cost ratio은 제5장에서 공부한 바와 같이 편익을 비용으로 나누어 계산된 비율$\left(\dfrac{편익}{비용} \right)$을 평가하는 방법이다. 비용 − 편익비율이 1보다 크면 투자하기로 결정하고, 1보다 작으면 투자를 포기하게 된다. 비용 − 편익비율이 높을수록 투자수익률이 높다.

---

18 케인즈는 내부수익률을 투자의 한계효율이라고 하였으며, 투자의 수요곡선을 투자의 **한계효율곡선** (MEI)marginal efficiency of investment이라고 하였다.

(4) 이자율 결정: 대부자금설과 유동성선호설

이자율의 결정은 고전학파의 견해와 케인즈학파의 견해가 서로 다르다. 고전학파는 생산물시장에서 남에게 빌려주는 돈(대부자금)의 수요와 공급에 의해 이자율이 결정된다는 **대부자금설**theory of loanable funds을 주장한다. 대부자금의 수요는 기업이 투자하는 과정에서 부족자금을 조달할 때 발생하며, 대부자금의 공급은 가계가 현재 소비를 억제하고 미래 수익을 위하여 저축할 때 발생한다. 따라서 대부자금시장은 투자자와 저축자가 이자율을 매개로 자금이 거래되는 시장을 말한다.[19]

[그림 11.4] (a)는 대부자금시장의 수요곡선과 공급곡선을 보여 준다. 대부자금의 수요곡선은 우하향한다. 이자율이 상승할수록 투자자금의 차입비용이 증가하므로 대부자금 수요는 감소한다. 대부자금의 공급곡선은 우상향한다. 이자율이 상승할수록 이자가 많아지므로 소비를 줄이고 저축을 많이 하므로 대부자금의 공급은 증가한다. 투자와 저축이 일치하는 점에서 균형이자율이 결정된다.

요컨대, 고전학파의 대부자금설은 생산물시장에서 필요로 하는 대부자금의 수요와 공급에 의하여 이자율이 결정된다는 이론이다. 고전학파는 이자율이 화폐부문이 아닌 실물부문에서 투자와 저축에 의해 결정되는 실물변수로 인식한다.

[그림 11.4] 대부자금설과 유동성선호설

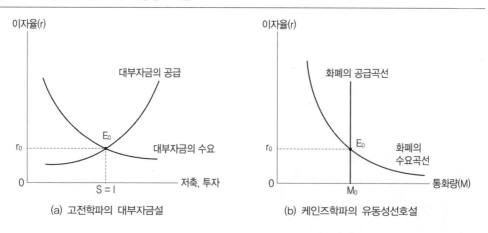

(a) 고전학파의 대부자금설   (b) 케인즈학파의 유동성선호설

반면, 케인즈학파는 **유동성선호설**liquidity preference을 주장하며 이자율은 화폐시장에서 화폐에 대한 수요와 공급에 의해 결정되며, 화폐의 수요는 유동성선호에 따라 발

---

19 대부자금시장은 실존하는가? 현실경제에는 대출시장, 예금시장, 주식시장, 채권시장 등 다양한 금융시장이 존재하지만, 고전학파는 이를 단순화시켜 하나의 대부자금시장이 존재한다고 상정한다.

생하며 화폐의 공급은 중앙은행의 정책적 판단에 의하여 결정된다고 가정한다. 여기에서 유동성이란 어떤 자산이 원금 손실 없이 즉시 현금으로 전환될 수 있는 용이성을 말한다. 사람들은 특별하게 투자할 목적이 발생하지 않는 한 화폐를 보유하려고 하는데, 이를 유동성선호라고 말한다. 케인즈는 화폐를 유동성으로, 화폐수요를 유동성선호로 표현하였고, 유동성선호는 이자율의 변동에 따라 변화한다고 주장하였다.

따라서 이자는 유동성을 포기한 대가로 얻는 수익이므로 이자율이 상승할수록 유동성을 포기하므로 화폐수요는 감소하고, 이자율이 하락할수록 유동성을 선호하므로 화폐수요는 증가한다. 즉 이자율과 화폐수요는 음(−)의 관계가 존재하며 화폐수요곡선은 우하향한다.

반면에 화폐공급은 중앙은행의 정책적 판단에 따라 독립적으로 결정되므로 화폐공급곡선은 수직선의 형태가 된다. [그림 11.4] (b)에서 화폐수요곡선은 우하향하며, 화폐공급곡선은 수직의 형태가 되며, 균형이자율은 화폐수요곡선과 공급곡선이 만나는 E_0에서 결정된다.

결국 이자율은 화폐시장에서 중앙은행의 화폐공급량에 따라 유동성선호와 유동성 포기의 관계에서 결정된다.

요컨대, 케인즈학파의 유동성선호설은 화폐시장에서 화폐에 대한 수요와 공급에 의하여 이자율이 결정된다는 이론이다. 케인즈학파는 이자율이 유동성을 포기한 대가로 결정되는 화폐적 현상으로 인식한다.

03 토지

(1) 지대의 결정

토지를 사용한 대가를 지대^{rent}라고 한다.[20] 지대는 어떻게 결정되는가? 19세기 초 영국의 주식인 밀의 가격이 크게 상승하였는데, 상승 이유에 대하여 논쟁이 벌어졌다. 대부분의 전문가들은 '지대의 급격한 상승이 밀의 가격을 상승시켰다'라는 **원가상승론**

---

20 지대와 임대료는 다르다. 지대는 토지와 같이 공급량이 고정되어 있는 생산요소에서 발생하는 소득을 말하며, 임대료(또는 임차료)는 아파트 등과 같은 자본재를 일정기간 사용하고 지불하는 사용료를 말한다. 그리고 지가와 지대도 다르다. 지가는 일정시점의 토지 매매가격으로 저량(stock) 개념이며, 지대는 일정기간 동안 토지를 사용한 대가로서 유량(flow) 개념이다. 장래 토지에서 발생하는 지대를 이자율로 할인하여 현재가치로 환산한 금액이 지가이다. 지가와 지대는 서로 정(+)의 관계가 있다.

을 제기하였으나, 경제학자 리카도는 '밀의 가격상승이 지대를 상승시켰다'라는 상반된 논리를 제기하였다. 리카도는 토지는 생산요소이므로 파생수요일 뿐이며, 토지에 대한 수요가 없으면 지대도 있을 수 없으며 지가도 낮을 수밖에 없다면서, 밀의 가격이 상승하자 농민들이 밀을 생산하기 위하여 토지 임대수요가 늘어나 지대가 상승한 것이라는 **차액지대론**을 주장하였다.[21]

[그림 11.5] 토지시장의 균형

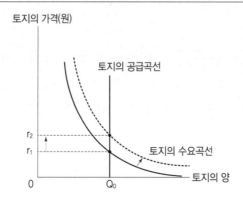

지대는 토지의 수요와 공급에 의해 결정된다. 토지의 수요는 토지에서 생산되는 생산물의 가치가 높을수록 수요가 증가한다. **토지의 한계생산물가치**(VMP_N)value of marginal product of natural resources는 토지 1단위를 임차하여 얻는 수입의 증가분으로 $VMP_N = MP_N \times P$로 계산된다. 즉 VMP_N은 토지의 한계생산(MP_N)이 많을수록, 판매가격(P)이 높을수록 증가한다. 토지의 한계생산(MP_N)은 수확체감의 법칙이 적용되므로 토지의 수요곡선은 우하향한다.

반면, 토지의 공급은 일정하므로 토지의 공급곡선은 수직선이 된다. 토지의 수요가 없으면 지대와 지가는 0이다. 토지의 수요가 증가할수록 지대와 지가는 상승한다. 토지의 수요와 공급이 만나는 점이 균형점이며, 균형가격은 오직 수요의 상황에 따라 결정된다.

---

21 리카도의 차액지대론은 우등지와 열등지에서 얻어지는 수확량의 차이에서 지대가 발생한다는 이론이며, 마르크스의 절대지대론은 수확량의 차이와 관계없이 토지 소유자가 사용자에게 요구하는 대가라는 이론이다.

[그림 11.6] 지대 · 전용수입 · 경제적 지대

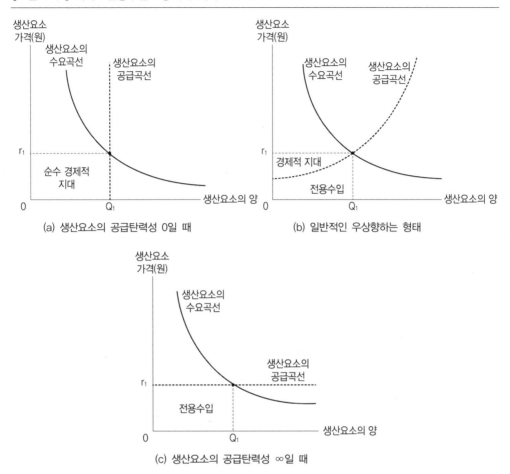

(a) 생산요소의 공급탄력성 0일 때

(b) 일반적인 우상향하는 형태

(c) 생산요소의 공급탄력성 ∞일 때

(2) 지대 개념의 확장

아무도 사용하지 않던 어떤 토지에 대하여 토지 사용자가 나타나면, 토지의 주인은 아무런 비용(생산비)도 들이지 않으면서 지대라는 불로소득을 얻게 된다. 경제학자들은 토지의 사용료를 **지대**rent라고 하고, 생산비를 **전용수입**transfer earnings이라고 하며, 생산비를 제외한 지대를 **경제적 지대**economic rent라고 부른다. 특히 전용수입이 0인 경제적 지대를 **순수 경제적 지대**pure economic rent라고 한다.

그러나 지대의 개념은 점차 확장되어 사용되고 있다. 즉 지대는 당초 토지의 사용료만을 의미하였으나, 현재에는 토지뿐만 아니라 공급이 제한되어 있는 생산요소에 대한 보수라는 개념으로 사용되고 있다. 전용수입은 어떤 생산요소가 다른 용도로 전용되지 않고 현재의 용도로 사용될 때 지급하여야 하는 최소금액을 말하며 생산물시장에서의 기회비용과 유사한 개념이다.[22] 경제적 지대는 지대와 전용수입의 차액을 말하며, 생산물시장에서의 생산자잉여와 유사한 용어이다.

[그림 11.7]는 지대와 전용수입, 경제적 지대를 나타낸다. 그림에서 알 수 있듯이 전용수입과 경제적 지대의 크기는 공급탄력성에 달려 있다. 생산요소의 공급이 탄력적일수록(공급곡선의 기울기가 완만할수록) 경제적 지대가 적고 전용수입이 많으며 그림 (c)와 같이 공급탄력성이 완전 탄력적이면, 모두 전용수입이 된다.[23]

최근 지대의 개념은 더욱 일반화되어 요즘에는 일상생활에서도 널리 사용되고 있다. 예컨대 의사, 변호사 등과 같이 자격증을 취득하여야 하는 전문가라든가 운동선수, 전문기술자, 예술인 등과 같이 특수 재능을 가진 사람은 단기적으로 공급량이 제한되어 있어 이들의 보수를 지대라고 한다.

또한 자신들의 지대를 증가시키기 위하여 의사·변호사의 신규 자격증 취득인원을 제한하거나 정부의 각종 인·허가를 얻기 위하여 공무원에게 로비를 하는 행위 등을 **지대추구행위**rent seeking behavior라고 한다. 지대추구행위는 공급량을 제한함으로써 발생하는 경제적 지대를 지키거나 확대하기 위한 행위로서, 신규 진입을 억제하여 자신의 독점권 또는 독점적 지위를 유지하려는 행위이므로 사회적으로 볼 때 경쟁을 제한하며 자원을 낭비하는 요인으로 작용한다.

04 기업가정신

노동, 자본, 토지의 3대 생산요소 이외에 4대 생산요소로서 기업가정신entrepreneurship 또는 기업경영능력enterprise의 역할이 최근 중요시되고 있다. 임금이 노동의 대가이며, 이자가 자본의 대가이고, 지대가 토지의 대가이듯이 이윤은 기업가정신이라는 생산요소에 대한 대가라고 본다.

이윤에 관한 이론은 크게 다섯 가지가 존재한다. 첫 번째는 능력의 대가가 이윤이

---

22 전용수입과 기회비용의 차이점은 전용수입이 생산요소의 소유자 입장에서 본 개념이라면, 기회비용은 생산요소의 사용자 입장에서 본 개념이다.

23 마셜은 토지 이외에 사람들이 만든 기계기구, 공장 등 자본재에 대하여 지불되는 대가를 **준지대**quasi rent 라고 불렀다. 즉, 토지 이외에 단기적으로 공급이 고정된 생산요소도 지대와 유사한 보수를 받으며 장기적으로 공급량이 증가하면 경제적 지대가 0이 되는 경우를 준지대라고 하였다.

라는 워커F. A. Walker의 **능력지대론**rent of ability이다. 워커는 비옥한 토지가 척박한 토지보다 수확량이 많듯, 특출한 기업가가 열등한 기업가보다 훨씬 많은 이익을 창출한다는 측면에서 보상받는 대가가 바로 이윤이라는 것이다.

　두 번째는 변동하는 시장에서 기업가정신을 발휘한 대가가 이윤이라는 클라크J. B. Clark의 **동태적이윤론**dynamic theory of profit이다. 클라크는 경제를 정태적 경제와 동태적 경제로 구분하고, 정태적 경제static economy는 모든 상황이 불변하므로 정상이윤을 얻지만, 동태적 경제dynamic economy는 장기적으로 모든 환경이 변화하고 다른 기업들이 모두 모방하므로 정상이윤을 얻기가 어렵고, 이윤을 얻더라도 일시적이라는 것이다. 따라서 동태적인 경제상황에서 새로운 상품과 새로운 생산방법을 찾아내고 경영능력을 발휘하는 대가가 이윤이라면서 동태적 기업가정신을 강조하였다.

　세 번째는 리스크를 감수한 대가가 이윤이라는 홀리F. B. Hawley의 **리스크이론**이다. 홀리는 기업가는 생산과정에서 상품의 진부화, 가격의 폭락, 원자재의 확보난, 경쟁자 출현, 자연재해 발생 등 각종 리스크를 감수하고 생산요소를 투입하고 상품을 생산하여 이윤을 창출하고, 생산과정에 참여한 사람들에게 소득으로 나눠 주고 남은 이윤을 가지고 가는 사람이라고 주장하여 그의 이론을 **잔여이윤설**residual theory of profit이라고도 한다.

　네 번째는 불확실성에 대한 보상이 이윤이라는 나이트F. H. Knight의 **불확실성이론**이다. 나이트는 경제학에 불확실성 개념을 처음으로 도입한 학자로서 두 가지 종류의 불확실성이 있다고 주장한다. 하나는 어떤 사건이 발생할 가능성은 불확실하지만 통계적으로 측정할 수 있는 경우이며, 다른 하나는 발생 가능성이 불확실하면서 통계적으로도 측정할 수 없는 경우로서, 전자를 '위험'risk이라고 하고, 후자를 '불확실성'uncertainty이라고 엄격히 구분하였다.

　위험은 사건이 발생할 확률이므로 예측 가능하여 보험 가입이 가능하지만, 불확실성은 확률을 모르기 때문에 예측이 불가능하며 보험에 가입할 수 없다. 기업가정신은 불확실한 상황에서 손실 가능성의 부담을 지고 사업상 판단을 내리는 것이며, 보험에 가입할 수 없는 위험이 존재하므로 그 위험에 대한 보상이 바로 이윤이라고 주장하였다.

　다섯 번째는 혁신의 대가가 이윤이라는 슘페터J. A. Schumpeter의 **혁신설**이다. 슘페터는 진정한 의미에서 기업가entrepreneur는 사람들이 흔히 생각하는 사업가businessman와는 달리 기업가정신을 발휘하는 특유의 자질을 보유한 사람으로서, 불확실성을 감수하면서 창조적 파괴과정을 주도하는 사람이라고 정의를 내린다. 토지·노동·자본을 결합·조직화한 새로운 제품의 개발, 새로운 생산방식의 도입, 새로운 시장의 개척, 새로운 자원의 사용 또는 발견, 새로운 경영기법 도입 등을 달성하는 능력이 바로 기업가정신 또는 기업경영능력이다. 이러한 기업가의 혁신활동은 이윤 발생의 원천이며 경제발전의 원동력이라고 할 수 있다.

이와 같이 이윤이 동태적인 환경 속에서 경영능력을 발휘한 대가이든 불확실성의 대가이든 혁신의 보상이든 기업가를 움직이는 유인으로 작용한다. 환언하면, 이윤은 기업인들이 기업가정신을 발휘하도록 유인할 뿐 아니라 기업을 끊임없이 발전시키고, 국가경제 나아가서는 세계경제를 성장시키는 원동력이 된다. 따라서 4대 생산요소로서 기업가정신 또는 기업경영능력의 중요성은 최근 더욱 부각되고 있다.

12 화폐 및 금융시장 작동원리

화폐시장과 금융시장은 어떻게 다른가? 화폐시장은 화폐의 수요량과 공급량에 따라 이자율이 결정되고 정부의 통화정책이 전달되는 시장을 말하며, 금융시장은 경제주체들이 자금을 조달하고 운용하는 시장을 말한다. 제12장에서는 화폐시장에서 이자율의 결정과정, 정부의 화폐정책과 전달경로 등을 설명하고, 금융시장에 존재하는 금융기관과 금융시장의 종류 그리고 금융시장의 작동원리에 대하여 설명한다.

01 화폐시장

(1) 화폐란 무엇인가?

화폐money는 우리가 일상생활에서 사용하는 현금(지폐와 주화)을 말한다. 경제학에서 화폐는 재화와 서비스를 구입하거나 채무를 상환할 때 사용되는 자산으로 정의된다.

화폐와 유사한 용어로 통화와 금융이 있다. **통화**currency는 시중에 유통되고 있는 화폐를 말하며, 현금 이외에 즉시 현금화할 수 있는 예금과 유가증권 등을 포함한다. **금융**finance은 화폐의 융통, 즉 돈을 빌리고 빌려주는 행위를 말하며, 돈이 융통되는 장소를 금융시장이라고 하고, 돈의 융통을 중개하는 기관을 금융기관이라고 한다.

화폐는 기본적으로 교환수단, 가치척도, 가치저장의 기능을 가지고 있다. 교환수단이란 재화와 서비스의 지불수단으로 사용되는 것을 말하며, 가치척도는 재화와 서비스의 가치를 측정하거나 거래 또는 회계의 단위로 사용되는 것을 말한다. 가치저장수단이란 다른 재산을 화폐로 보유하면 일정기간 동안 가치를 보존할 수 있다는 것을 의미한다.

(2) 화폐의 수요와 공급

제11장 자본의 가격에서 고전학파의 대부자금설과 케인즈의 유동성선호설을 설명한 바 있다. 여기에서는 유동성선호설을 중심으로 화폐의 수요와 공급에 대하여 구체적으로 설명한다.

화폐수요는 거래적 동기, 예비적 동기, 투기적 동기로 이루어진다. **거래적 동기**는 경제주체들이 거래할 때 사용하기 위하여 화폐를 보유하려고 하는 것을 말한다. 소득이 증가하면 가계의 씀씀이가 커져 더 많은 화폐가 필요하므로 거래적 동기의 화폐수요는 증가하고, 또한 물가수준이 상승하면 동일한 재화이더라도 더 많은 화폐가 필요하므로 거래적 동기의 화폐수요는 증가한다. **예비적 동기**는 미래의 예기치 않은 사건에 대비하여 화폐를 보유하려는 욕구를 말한다. 소득이 증가하면 아무래도 거래규모가 커지고 생활반경이 확대되므로 예비적 동기의 화폐수요도 증가한다. **투기적 동기**는 향후 주식, 채권 등 더 유리한 투자기회를 얻기 위하여 화폐를 보유하려는 것으로 이자율에 따라 변동한다.

화폐를 보유하면 유동성이라는 편리함을 얻는 대신, 수익이라는 기회비용을 잃어버린다. 여기서 수익은 금융자산의 이자를 말한다. 이자율이 상승할수록 화폐보유의 기회비용은 증가하므로 채권투자가 늘어나고 화폐수요는 감소한다. 그리고 이자율이 하락할수록 화폐보유의 기회비용은 줄어들므로 채권투자는 감소하고 화폐수요는 늘어난다. 환언하면, 이자율과 화폐수요는 음($-$)의 관계가 존재한다. 따라서 이자율과 화폐수요의 관계를 나타내는 **화폐수요함수**(MD)money demand는 우하향한다.

[그림 12.1] (a)에서 화폐수요곡선의 이동은 곡선 상의 이동과 곡선 자체의 이동으로 구분된다. 현재 균형점 E_1(균형통화량 M_1, 균형이자율 r_1)에서 만약 이자율이 r_1에서 r_2로 하락하면 채권투자가 감소하고 화폐수요량이 늘어나 균형점은 화폐수요곡선 상의 E_2로 이동하게 된다.

반면에 국민소득이 증가하면, 가계의 소득도 늘어나므로 동일한 이자율이더라도 거래적 동기와 예비적 동기에 의한 화폐수요가 늘어나므로 화폐수요곡선이 오른쪽으로 이동하게 된다. 그리고 동일한 이자율이더라도 물가수준이 상승하면 구매력이 하락하여 더 많은 돈이 필요하므로 화폐수요가 늘어나므로 화폐수요곡선이 오른쪽으로 이동한다.

요컨대, 화폐수요곡선은 이자율과 통화량 사이의 관계를 말하므로 이자율이 변화하면 균형점이 곡선 상에서 이동하게 되고, 국민소득과 물가수준 등 다른 외부변수가 변화하면 곡선 그 자체가 이동하게 된다.

[그림 12.1] 화폐의 수요곡선과 공급곡선

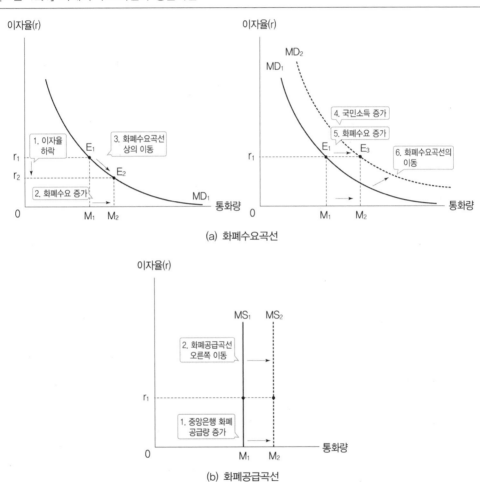

(a) 화폐수요곡선

(b) 화폐공급곡선

한편 화폐공급은 중앙은행의 정책적 판단에 의하여 결정되므로 **화폐공급곡선** (MS)money supply은 수직선의 모양을 갖는다. [그림 12.1] (b)에서 중앙은행이 화폐 공급량을 늘리면 화폐공급곡선은 오른쪽으로 이동하고, 공급량을 줄이면 왼쪽으로 이동한다.

화폐시장의 균형은 [그림 12.2] (a)에서 화폐수요곡선과 화폐공급곡선이 만나는 점 E_0에서 이루어지며, 이때 균형이자율 r_0이 결정된다. 만약 현재 시장이자율 r_1으로 균형이자율 r_0보다 높으면, 화폐의 초과공급현상이 발생한다. 화폐의 초과공급은 거래적 동기와 예비적 동기에 의한 화폐수요보다 더 많은 양의 화폐가 존재하므로 채권 등 자산에 대한 투자가 증가하게 된다. 채권 등 자산에 대한 투자가 증가하면 채권 등 자산가격을 상승시키고 이자율을 하락시켜 균형점은 다시 E_0로 되돌아온다.

[그림 12.2] 화폐시장의 균형

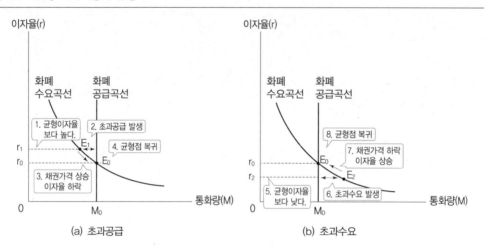

만약 그림 (b)와 같이 시장이자율이 균형이자율 r_0보다 낮은 r_2이라면, 화폐의 초과수요현상이 발생한다. 화폐의 초과수요는 현재보다 더 많은 현금을 보유하려고 하므로 채권 등 자산을 매각하게 되므로 자산가격은 하락하고 이자율은 상승하게 되어 균형점은 다시 E_0로 되돌아오게 된다.

이와 같이 화폐에 대한 수요와 공급이 존재하는 시장을 **화폐시장**money market이라고 한다. 화폐시장은 고전학파의 대부자금시장과는 달리 케인즈학파들의 유동성선호설에 기반을 둔다. 중앙은행이 통화량을 조절하면 1차적으로 화폐시장에 영향을 미치게 되고 화폐시장에서 화폐의 수요와 공급에 의해 이자율이 결정되면, 2차적으로 대부자금시장의 저축과 투자에 영향을 미치게 되므로 화폐시장이 통화정책의 기반이 된다. 대부자금설과 유동성선호설의 관계, 채권가격과 이자율의 관계 등은 '(4) 화폐시장의 작동원리'에서 자세히 설명한다.

(3) 통화량의 공급경로

통화량의 범위

한 나라 경제가 안정적으로 유지·발전되려면, 적정 통화량을 유지하는 것이 중요하다. 통화량이 많으면 물가상승이 발생하고, 적으면 이자율이 상승하여 투자가 감소한다. 여기서 **통화량**이란 일정시점에서 시중에 유통되고 있는 화폐의 양을 말한다. 통화량을 측정하는 지표는 나라마다 다르다. 우리나라는 한국은행에서 M_1, M_2, L_f, L 등으로 구분하여 관리하고 있다.[24]

M_1(협의의 통화)은 현금과 예금취급기관의 결제성예금을 합한 것이다. 결제성예금이란 수표 발행, 자동이체 등 입출금이 자유로워 언제든지 현금으로 교환될 수 있는 요구불예금, 수시입출식 저축성예금 등을 말한다.

M_2(광의의 통화)는 M_1에 만기 2년 미만의 기타 예금을 합한 것이다. M_2에 포함된 예금은 약간의 이자소득만 포기하면, 언제든지 현금화할 수 있으므로 M_2에 포함된다. 한국은행에서 통화량이라고 할 때 M_2를 말한다.

L_f(금융기관 유동성)는 M_2에 만기 2년 이상 예금 등이 포함된 것이며, L(광의 유동성)은 L_f에 기타 금융기관의 금융상품과 기업·정부가 발행한 유가증권까지 포함한다.[25]

[표 12.1] 우리나라 통화지표별 범위

통화지표	범위
M_1(협의의 통화)	현금통화 + 결제성예금
M_2(광의의 통화)	M_1 + 2년 미만 예금
L_f(금융기관 유동성)	M_2 + 2년 이상 예금 + 생보사 보험계약준비금 + 증권금융 예수금
L(광의의 유동성)	L_f + 기타금융기관 상품 + 정부·기업 발행채권 등

통화량의 공급경로

통화량의 공급은 중앙은행의 본원통화와 예금은행의 신용창조로 이루어진다. 본원통화monetary base or high-powered money란 중앙은행의 창구를 통하여 1차적으로 공급되는 통화를 말한다.

---

24 한국은행(2018년), 『알기 쉬운 경제지표해설』.

25 한국은행은 2002년부터 IMF 국제적 편제기준에 따라 기존에 통화, 준통화, 총통화 등으로 분류하던 통화지표 분류기준을 협의 통화(M_1), 광의 통화(M_2), 금융기관 유동성(L_f), 광의 유동성(L)으로 변경하였다.

중앙은행이 본원통화를 공급하면, 민간이 보유(현금통화)하거나 은행에 예치된다. 은행에 예치된 돈은 인출에 대비하여 일정금액(지급준비금)을 남기고 나머지는 대출 등으로 운용된다. 대출된 돈이 다시 은행에 예금되면, 은행은 지급준비금을 남기고 다시 대출한다. 이와 같은 예금 - 대출 - 예금…의 순환과정이 반복되면 결과적으로 중앙은행의 본원통화는 당초 공급량보다 몇 배 증가하게 된다. 이를 **신용창조** 또는 **예금창조**라고 하고, 신용창조로 몇 배 증가한 돈을 **예금통화**라고 한다.

통화량
- 본원통화 = 민간보유 현금(현금통화) + 은행보유 지급준비금
- = 민간보유 현금(현금통화) + 은행보유 시재금 + 중앙은행 예치금
- = 화폐 발행액(중앙은행권) + 중앙은행 예치금
- 예금통화 = 예금은행들이 신용창조로 공급된 돈

지급준비금[26]은 예금자 보호를 위하여 예금액의 일부를 중앙은행에 의무 예치하도록 하는 법정 지급준비금required reserves과, 은행이 자율적으로 고객의 예금인출에 대비하여 현금을 보유(시재금)vault cash하거나 중앙은행에 추가 예치(초과 지급준비금 excess reserves)한 것을 말한다.

신용창조

앞에서 언급한 신용창조를 구체적으로 살펴보자. 사람들이 보유한 현금은 모두 은행에 예금되며, 은행은 예금의 10%를 지급준비금으로 남기고 나머지 90%를 모두 대출한다고 가정하자. 먼저 중앙은행이 1차로 100만원을 A은행에 예금한다고 하면, A은행은 10%의 지급준비금을 남겨 두고 90%를 대출한다. 90만원을 대출받은 사람은 모두 B은행에 예금하고, B은행은 다시 10% 지급준비금을 남기고 다른 사람에게 대출한다.

이러한 예금 - 대출 - 예금…의 순환과정이 무제한 반복되면 예금통화는 다음과 같은 계산식에 의해 최대 1,000만원까지 늘어나게 된다. 이를 은행의 **신용창조**라고 하며, $\frac{1}{\text{법정지급준비율}}$을 **신용승수**credit multiplier라고 한다.

---

26 지급준비제도 도입 초기에는 예금의 100%를 지급준비금으로 보유하도록 하는 '전액지급준비제도'full reserve banking가 시행되었으나, 금융이 발전하면서 예금의 일부만 보유하는 '부분지급준비제도'fractional reserve banking로 변경되었다. 부분지급준비제도가 신용창조를 가능하게 한 요인이었지만, 2008년 글로벌 금융위기 발생요인으로 작용하여 최근 유럽은행은 전액지급준비제도로 복귀를 검토하고 있다.

$$예금창조 = 100 + 90 + 81 + 72.9 + \cdots$$
$$= 100 + (100 \times 0.9) + (100 \times 0.9^2) + (100 \times 0.9^3) + \cdots$$
$$= 100 \times (1 + 0.9 + 0.9^2 + 0.9^3 + \cdots)$$
$$= \frac{1}{1-0.9} \times 100 = 1,000(만원)$$

신용승수와 혼동하기 쉬운 용어가 **통화승수**이다. 신용승수는 민간이 보유한 현금이 예금 − 대출 − 예금…의 신용창조과정을 통하여 예금이 얼마나 증가하였는가를 보여 준다면, 통화승수(m)money multiplier는 중앙은행이 본원통화를 증가시킬 때 통화량(M_2)이 얼마나 늘어났는가를 보여 준다.

$$통화승수(m) = \frac{\triangle 통화량(M)}{\triangle 본원통화(B)} = \frac{\triangle (현금통화 C + 예금통화 D)}{\triangle (현금통화 C + 지급준비금 R)}$$

통화승수 계산식 $\frac{\triangle 통화량(M)}{\triangle 본원통화(B)}$에서 먼저 분모를 살펴보자. 늘어난 본원통화는 앞에서 설명한 바와 같이 현금통화와 지급준비금의 증가로 나타난다. 현금통화는 민간의 현금보유성향(현금통화비율)에 따라 결정되며, 지급준비금은 중앙은행의 지급준비율에 의하여 결정된다. 현금보유성향은 단기에 변화하지 않으므로 결국 본원통화의 증가는 지급준비율에 의하여 결정된다고 볼 수 있다.

이번에는 분자를 살펴보자. 통화량의 증가는 현금통화의 증가와 예금통화의 증가로 나타난다. 현금통화는 단기에 변화하지 않으므로 통화량 증가는 예금통화에 의하여 결정된다. 예금통화는 신용승수에 의한 신용창조로 계산된다.

따라서 통화승수는 지급준비율과 신용승수에 의해 결정된다. 지급준비율이 낮을수록 그리고 신용승수가 클수록 통화승수가 커지므로 통화량은 늘어난다. 또한 지급준비율이 높을수록 그리고 신용승수가 작을수록 통화승수가 작아지므로 통화량은 줄어든다.

중앙은행의 통화량 조절

중앙은행의 통화량은 1차적으로 본원통화에 의해 직접적으로 공급되며, 2차적으로 공개시장조작, 재할인율, 지급준비율 등을 통하여 간접적으로 공급된다.

공개시장조작open market operation은 중앙은행이 금융시장에서 국공채 등을 매입하거나 매각하여 통화량과 이자율을 조절하는 수단이다. 중앙은행이 국공채를 매입하면 매입대금이 시중에 공급되므로 통화량이 증가하게 되고, 반대로 국공채를 매각하면 시중자금을 매각대금으로 흡수하게 되므로 그만큼 통화량이 줄어들게 된다.[27]

　　재할인율정책rediscount rate policy은 일반은행이 기업들에게 할인해 준 어음을 중앙은행이 다시 할인 매입해 주거나 이를 담보로 대출해 주면서 적용되는 이자율(재할인율)을 조정하는 정책수단이다. 중앙은행이 재할인율을 인상하면, 일반은행들은 이자부담이 증가하므로 중앙은행으로부터 차입을 줄이게 되어 통화량이 감소하게 된다. 반대로 중앙은행이 재할인율을 인하하면, 일반은행들은 이자부담이 경감되므로 중앙은행으로부터 차입을 늘리게 되어 통화량은 증가하게 된다.

[표 12.2] 통화정책의 파급경로

통화정책의 종류	통화정책의 파급경로
공개시장조작	• 국공채 매입 → 시중에 자금공급 → 통화량 증가, 이자율 하락 　(→ 가계소비와 기업투자 증가 → 총수요 증가 → 총수요곡선 오른쪽 이동) • 국공채 매각 → 시중자금 흡수 → 통화량 감소, 이자율 상승 　(→가계소비와 기업투자 감소 → 총수요 감소 → 총수요곡선 왼쪽 이동)
재할인율정책	• 재할인율 인상 → 이자부담 증가 → 통화량 감소, 이자율 상승 • 재할인율 인하 → 이자부담 경감 → 통화량 증가, 이자율 하락
지급준비율정책	• 지급준비율 인상 → 대출여력 감소 → 통화량 감소, 이자율 상승 • 지급준비율 인하 → 대출여력 증가 → 통화량 증가, 이자율 하락

　　지급준비율 정책reserve requirements ratio policy은 당초 예금자 보호를 위하여 도입된 제도였지만, 현재는 통화량 조절수단으로 널리 활용되고 있다. 중앙은행이 지급준비율을 인상하면, 은행들은 더 많은 지급준비금을 예치해야 하므로 통화승수가 낮아지고 대출여력이 줄어들어 신용창조가 줄어들므로 시중자금은 감소하게 된다. 반대로 지급준비율을 인하하면, 신용창조가 늘어나고 은행의 대출여력이 증가하므로 시중 통화량이 증가하고 이자율은 하락한다.

　　우리나라의 통화정책[28]은 한국은행 금융통화위원회에서 결정하고, 그 집행은 한국은행에서 담당한다. 우리나라의 통화정책 집행과정은 다음과 같다.[29] 먼저 금통위에서

27　한국은행은 2016년부터 부정적인 이미지 해소 등을 위하여 '공개시장조작'의 용어를 '공개시장운영'으로 바꾸었으나, 본서에서는 다른 교과서와의 혼동 방지를 위하여 그대로 '공개시장조작'을 사용하고자 한다.

28　금융정책과 통화정책(또는 화폐정책)은 범위에서 차이가 발생한다. 금융정책은 통화정책 이외에 금융기관 인허가제도, 감독 등 금융시장 및 금융기관에 대한 다양한 정책들도 포함한다.

29　한국은행(2017년), 『한국의 통화정책』.

기준금리를 결정하면, 한국은행은 콜금리의 수준을 기준금리에 맞추기 위하여 필요한 지급준비금 규모를 추정하고 공개시장조작에 필요한 규모를 산정한다. 그다음에는 금융시장에서 통화안정증권 발행 또는 매입, 국공채의 RP 매입 또는 매각 등 공개시장조작을 통하여 기준금리 목표를 달성한다.

[그림 12.3] 공개시장 운영체제

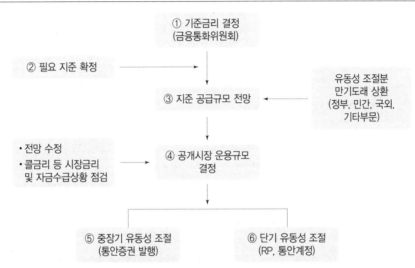

자료: 한국은행(2017년), 『한국의 통화정책』

(4) 화폐시장의 작동원리

대부자금설과 유동성선호설의 관계

제11장에서 고전학파의 대부자금설과 케인즈학파의 유동성선호설에 입각한 이자율 결정과정을 간략하게 설명하였다. 여기에서는 두 이론의 관계를 단기와 장기로 구분하여 살펴보기로 한다.[30]

[그림 12.4]는 단기적으로 이자율이 어떻게 결정되는지를 설명하여 준다. 그림 (a)는 케인즈학파의 유동성선호설을 설명하고, 그림 (b)는 고전학파의 대부자금설을 설명한다. 우선 그림 (a) 화폐시장에서 화폐수요곡선과 화폐공급곡선이 만나는 점 E_1에서 현재 균형을 이루고 있으며, 그림 (b) 대부자금시장에서 이에 상응하는 균형점은 대부자금 수요곡선과 공급곡선이 만나는 점 E_1'이다.

---

30 Krugman · Wells(2017년), 『크루그먼의 경제학』, 시그마프레스.

[그림 12.4] 단기 이자율 결정

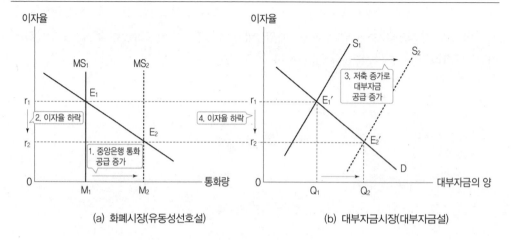

(a) 화폐시장(유동성선호설)   (b) 대부자금시장(대부자금설)

만약 중앙은행이 통화공급을 M_1에서 M_2로 증가시킬 경우 그림 (a) 화폐시장에서 화폐공급곡선은 MS_1에서 MS_2으로 이동하여 이자율은 r_2로 하락하게 된다. 이자율 하락은 투자지출을 증가시켜 국내총생산이 증가하고 이는 다시 승수과정을 거쳐 소비지출과 저축이 증가하게 한다. 저축의 증가는 그림 (b)에서 대부자금의 공급곡선을 오른쪽으로 이동시켜 균형점은 E_2'로 이동하게 되어 대부자금시장의 이자율은 r_2로 하락하게 된다. 따라서 중앙은행이 통화공급을 증가시키면, 화폐시장의 균형이자율과 대부자금시장의 균형이자율은 동일하게 움직이며, 대부자금시장에서 투자와 저축이 증가하게 된다.

이번에는 [그림 12.5]를 통하여 장기적으로 이자율이 어떻게 결정되는지를 살펴보자. 중앙은행이 화폐공급을 증가하면 화폐시장에서 단기적으로 이자율이 하락하여 점 E_2에서 단기균형을 이룬다. 그러나 화폐공급의 증가는 장기적으로 물가상승을 유발하여 같은 비율로 화폐수요도 증가하게 하여 화폐수요곡선은 오른쪽으로 이동하여 이자율이 다시 상승하고 점 E_3에서 장기균형을 이룬다. 결국 화폐공급의 증가는 장기적으로 물가상승률을 유발하고 이자율을 원래 수준으로 돌아오게 한다.

대부자금시장에서는 어떻게 움직이는가? 중앙은행의 화폐공급 증가는 단기적으로 이자율 하락 → 투자지출 증가 → 국내총생산 증가 → 소비지출과 저축 증가의 과정을 거쳐 대부자금 공급곡선을 오른쪽으로 이동시켜 점 E_2'에서 단기균형을 이룬다. 그러나 통화공급 증가는 장기적으로 물가상승을 유발하여 임금을 포함한 모든 가격변수들이 상승하므로 저축이 감소하여 대부자금 공급이 감소하므로 대부자금 공급곡선이 왼쪽으

[그림 12.5] 장기 이자율 결정

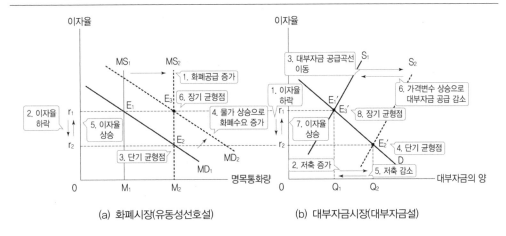

(a) 화폐시장(유동성선호설)   (b) 대부자금시장(대부자금설)

로 이동하게 되고, 이자율이 상승하여 실질 국내총생산은 원래 수준으로 되돌아간다. 따라서 장기균형점은 원래의 균형점으로 돌아가 점 E_3'에서 장기균형을 이루게 된다.

이와 같이 화폐시장의 유동성선호설과 대부자금시장의 대부자금설은 서로 연결되어 일관성을 갖고 있다.

채권가격과 이자율의 관계

채권가격과 이자율 사이에는 음(-)의 관계가 존재한다. 이자율이 상승하면 채권가격은 하락하고, 이자율이 하락하면 채권가격은 상승한다. 왜 그런지 구체적으로 설명하고자 한다.

먼저 채권 용어에 대하여 살펴보자. 우리가 어떤 채권을 매입하면, 채권증서에 원금, 이자율, 상환일 등이 기록되어 있다. 우리는 원금을 액면가격이라고 하고, 이자율을 표면금리 또는 액면이자율coupon rate이라고 한다.

그리고 채권이 발행된 후 채권시장에서 거래될 때 채권가격은 수시로 변화하는데, 이를 시장가격(또는 채권가격)이라고 한다. 채권가격은 시장상황에 따라 수시로 변하므로 액면가격과 다를 수 있다. 채권시장에서 거래될 때 적용되는 이자율을 시장이자율이라고 하는데, 투자자의 입장에서는 채권수익률 또는 수익률이 된다. 그리고 투자자가 시장에서 채권을 매입할 때 매입금액은 현재가치가 되고, 만기 때 회수하는 금액은 미래가치가 된다.

이제 사례를 통하여 채권가격과 이자율의 관계를 살펴보자. A기업이 오늘 오전 10시에 원금 1,000만원, 이자율 5%, 만기 1년의 조건으로 채권을 발행하였다고 하자.

이 채권의 1년 후 원리금은 1,050만원으로 고정되어 있다. 이 채권의 현재가치는 1,000만원이며, 1년 후 미래가치는 원리금으로 1,050만원이다. 현재가치는 오늘 발행하였으므로 1,000만원이 되지만, 미래가치로부터 역산하여 산출할 수도 있다. 즉 1년 후 원리금 1,050만원을 5% 할인율로 할인하면 1,000만원이 된다.[31]

$$\text{발행 당시 미래가치: } 1{,}000\text{만원} \times (1+0.05)^1 = 1{,}050\text{만원}$$
$$\text{현재가치: 원금} = \frac{1{,}050\text{만원}}{(1+0.05)^1} = 1{,}000\text{만원}$$

그런데 A기업이 채권을 발행한 후 중앙은행이 오전 11시에 금리 인하를 발표하여 시장이자율이 4%로 하락하였다면, A기업 채권의 현재가치와 미래가치는 어떻게 변화하는가?

$$\text{수익률이 4%로 하락할 경우 미래가치: } 1{,}000\text{만원} \times (1+0.05)^1 = 1{,}050\text{만원(고정)}$$
$$\text{현재가치: } \frac{1{,}050\text{만원}}{(1+0.04)^1} = 1{,}009.6\text{만원}$$

미래가치는 1년 만기 후 원리금 1,050만원으로 고정되어 있다. 그러나 현재가치는 채권수익률이 5%에서 4%로 하락하였기 때문에 할인율 4%를 적용하면 1,009.6원이 된다. 즉 발행 당시 1,000만원에서 1,009.6만원으로 상승하게 된다. 채권수익률의 하락으로 채권가격(채권의 현재가치)은 상승하게 된다.

이번에는 반대로, 중앙은행이 금리 인상을 발표하여 채권수익률이 6%로 상승하였다고 가정하면, 미래가치와 현재가치는 어떻게 변화하는가?

$$\text{수익률이 6%로 상승할 경우 미래가치: } 1{,}000\text{만원} \times (1+0.05)^1 = 1{,}050\text{만원(고정)}$$
$$\text{현재가치: } \frac{1{,}050\text{만원}}{(1+0.06)^1} = 990.6\text{만원}$$

미래가치는 여전히 변함이 없으나, 현재가치는 990.6원으로 하락하게 된다. 채권수익률이 상승하여 채권가격은 하락하게 된다.

---

[31] 현재가치와 미래가치의 계산식을 일반화하면 다음과 같다.

$$\text{현재가치} = \frac{\text{미래가치}}{(1+\text{할인율})^n}, \quad \text{미래가치} = \text{현재가치} \times (1+\text{이자율})^n$$

[그림 12.6] 이자율과 채권가격의 관계

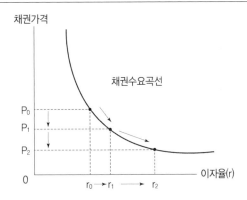

이와 같이 시장이자율(수익률, 할인율)이 상승하면 채권가격은 하락하고, 시장이
자율이 하락하면 채권가격은 상승하게 된다. 채권가격(현재가치) $= \dfrac{\text{미래가치}}{(1+\text{수익률})^n}$ 의 계
산식에서 시장이자율이 분모에 있기 때문에 시장이자율과 채권가격은 반대방향으로
움직이는 것이다.

이번에는 수요와 공급 측면에서 시장이자율과 채권가격 사이에 존재하는 음(−)
의 관계를 살펴보자. 앞의 예에서 중앙은행의 금리 인하 발표로 시장이자율이 4%로
하락한다면, A기업 채권에 대한 수요가 크게 증가한다. 왜냐하면, A채권의 액면이자율
은 5%이며, 시장이자율은 4%이므로 고수익을 찾아 A채권에 대한 수요가 증가하게 되
어 채권가격은 상승하게 된다. 즉 시장이자율이 하락하면 채권수요가 증가하여 채권가
격은 상승하게 된다.

반대로 시장이자율이 6%로 상승하게 되면, A채권의 액면이자율보다 시장이자율
이 높으므로 A채권에 투자했던 투자자들은 A채권(5%)을 매각하고 고수익 상품(6%)에
투자하게 되므로 A채권에 대한 수요가 하락하여 A채권의 가격은 하락하게 된다. 즉
시장이자율이 상승하면 채권수요가 감소하여 채권가격은 하락하게 된다.

이와 같은 채권가격과 이자율 사이에 존재하는 음(−)의 관계를 활용하여 시세차익
capital gain을 얻기 위한 채권투자가 발생한다. 향후 금리 하락이 예상되면 채권가격이
상승할 것이므로 미리 채권을 매입하면 채권가격 상승에 따른 시세차익을 얻을 수 있다.

통화정책의 전달경로[32]

중앙은행이 통화정책을 실행하면 1차적으로 금융시장과 외환시장의 가격변수가 움직이고, 2차적으로 실물부문의 투자와 소비에도 영향을 미쳐 궁극적으로 국민소득과 물가에 영향을 미친다. 통화정책의 전달경로는 크게 금리경로, 자산가격경로, 환율경로, 기대경로, 신용경로 등으로 구분할 수 있다.

금리경로는 중앙은행이 금리를 인하하면, 시장금리가 하락하여 투자와 소비가 늘어나 국민소득이 증가하고 물가가 상승하게 되는 과정을 나타낸다. 여기서 중앙은행이 금리를 인하하면 금융시장에서 시장금리가 제일 먼저 하락한다. 그 이유는 앞서 중앙은행의 통화량 조절에서 설명한 바와 같이 금통위에서 금리 인하를 결정하면 한국은행이 금융시장에서 공개시장조작을 통하여 콜금리를 기준금리에 맞게 조정하기 때문이다. 금융시장의 금리 하락은 2단계로 실물경제에 영향을 미쳐 투자와 소비가 증가하여 국민소득이 증가하고 물가가 상승하게 된다.

〈 금리경로 〉
1단계(금융시장): 중앙은행 금리 인하 → 시장금리 인하 →
2단계(실물경제): 투자 증가, 소비 증가 → 국민소득 증가, 물가상승

자산가격경로는 중앙은행이 금리를 인하하면, 주식이나 채권, 부동산 등에 대한 투자가 늘어나 가계가 보유하고 있는 자산가격이 상승하여 가계의 재산이 증가하고 소비가 늘어나 국민소득이 증가하고 물가가 상승하게 되는 과정을 나타낸다. 이를 부의 효과wealth effect라고도 한다. 자산가격경로는 1단계로 주식, 채권, 부동산 등 자산가격에 먼저 영향을 미치게 되고, 가계의 재산이 증가하면, 소비와 투자 등에 영향을 미쳐 국민소득이 증가하고 물가가 상승하게 된다.

〈 자산가격경로 〉
1단계(금융시장): 중앙은행 금리 인하 → 주식 · 부동산 가격상승 → 가계의 부 증가 →
2단계(실물경제): 소비 증가 → 국민소득 증가, 물가상승

환율경로의 경우 중앙은행이 금리를 인하하면 국내 금융자산의 수익률이 하락하여 투자자들은 국내 금융자산을 매각하고 해외 금융자산을 매입하게 된다. 이러한 과정에서 환전을 하게 되므로 환율이 상승(통화가치 하락)하게 된다. 환율상승은 2단계

---

32 한국은행(2017년), 『한국의 통화정책』.

로 수출품의 가격을 하락하게 되고, 수입품의 가격이 상승하게 되므로 경상수지가 개선된다. 또한 수입품의 가격상승은 국내물가를 상승하게 하고, 기존에 보유하고 있던 외화채권과 채무에 영향을 미쳐 외화채권이 외화채무보다 많을 경우 이득을 보게 된다. 환율경로에서도 1단계로 금융시장과 외환시장에 영향을 미치게 되고, 2단계로 실물경제에 영향을 미치게 된다.

〈 환율경로 〉
1단계(금융시장, 외환시장): 중앙은행 금리 인하 → 국내 금융자산의 상대적 수익률 하락 → 국내 금융자산 매각, 외화 금융자산 매입 증가 → 국내통화 매각, 외국통화 매입 → 국내통화 가치 하락(환율상승)
2단계(실물경제): 환율상승 → 수출품 가격하락, 수입품 가격상승 → 수출 증가, 수입 감소 → 경상수지 개선 수입품 가격상승 → 국내물가상승
외화표시 채권 〉외화표시 채무이면 재무상태 개선

기대경로는 중앙은행이 통화정책을 변경하거나 변경을 암시하는 발언을 하게 될 때 경제주체들이 미래 예측 또는 기대의 변화로 경제활동에 영향을 미치는 것을 말한다. 예컨대 중앙은행이 향후 상당 기간 저금리를 유지할 것이라는 신호를 시장에 보내면 경제주체들은 저금리가 지속될 것으로 믿고, 투자와 소비를 늘리게 되므로 국민소득이 증가하고 물가가 상승하게 된다. 기대경로도 금융자산을 운용하는 기관투자가에게 1단계로 영향을 미치고, 기업의 투자 결정 변경 등 실물경제에 미치는 영향은 2단계로 나타난다.

〈 기대경로 〉
1단계(금융시장): 중앙은행 저금리 유지 신호 → 저금리 유지 예상 →
2단계(실물경제): 투자 증가, 소비 증가 → 국민소득 증가, 물가상승

신용경로는 중앙은행의 통화정책이 은행 대출에 영향을 미쳐 실물경제에 영향을 주는 과정을 말한다. 중앙은행이 금리를 인하하면 1단계로 통화량이 증가하고 대출 수요가 증가하며, 2단계로 투자와 소비가 늘어나 국민소득이 증가하고 물가가 상승하게 된다.

〈 신용경로 〉
1단계(금융시장): 중앙은행 금리 인하 → 통화량 증가, 대출수요 증가 → 은행 대출 증가 →
2단계(실물경제): 투자와 소비 증가 → 국민소득 증가, 물가상승

02 금융시장

(1) 금융이란?

금융finance은 자금 부족자와 잉여자 사이에 이루어지는 자금의 거래를 말하며, 자금 잉여자(흑자지출단위surplus spending unit)로부터 자금 부족자(적자지출단위deficit spending unit)로 자금이 이전된다. 자금의 이전이 이루어지는 장소를 금융시장이라고 하고, 자금 이전을 중개하는 기관을 금융기관 또는 금융중개기관이라고 한다.

자금의 거래에는 산업적 유통과 금융적 유통이 있다. 생산물시장에서 재화와 서비스의 거래(실물거래)가 있으면, 반대방향으로 결제되는 자금의 흐름을 **산업적 유통**industrial circulation이라고 한다. 또한 금융시장에서 예금, 주식투자 등 금융자산의 거래(금융거래)가 있으면, 반대방향으로 결제되는 자금의 흐름을 **금융적 유통**financial circulation이라고 한다.

(2) 금융시장의 종류

금융시장은 여러 기준에 따라 여러 종류로 구분할 수 있다. 먼저 직접금융시장과 간접금융시장이다. 직접금융시장은 적자지출단위와 흑자지출단위가 직접 자금을 거래하는 시장을 말하고, 간접금융시장은 금융기관을 경유하여 간접적으로 자금을 거래하는 시장을 말한다. 예컨대 기업이 주식이나 채권을 직접 발행하여 자금을 조달할 경우 직접금융에 해당되며, 예금자의 자금을 모은 은행으로부터 대출받을 경우 간접금융에 해당된다. 그리고 직접금융시장에서 기업이 직접 발행한 주식이나 채권을 본원적 증권(또는 직접증권)이라고 하고, 간접금융시장에서 은행이 발행한 예금증서, 대출증서 등을 2차 증권(또는 간접증권)이라고 한다. 직접금융시장에서 당사자 간에 이루어지는 직접 거래를 시장중심market-based 거래라고 하고, 간접금융시장에서 이루어지는 거래를 은행중심bank-based 거래라고 한다.

또한 금융시장은 발행시장과 유통시장으로 구분된다. 자금의 차입자가 신규로 발행하는 증권이 거래되는 시장을 발행시장primary market이라고 하고, 이미 발행된 증권이 거래되는 시장을 유통시장secondary market이라고 한다.

유통시장에는 거래소시장과 장외시장이 있다. 거래소시장은 기업규모가 비교적 크고 우량 주식이 거래되는 KOSPI시장과 중소벤처기업 중심의 KOSDAQ시장, 그리고

[표 12.3] 금융시장의 종류

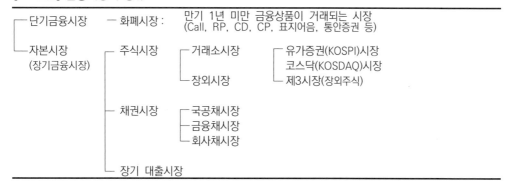

투자자 상호 간에 비상장기업 증권을 직접 거래하는 제3시장으로 구분된다. 제3시장은 장외시장을 말한다. 넓은 의미에서 장외시장은 점두시장과 제3시장을 포함하며, 좁은 의미에서 장외시장은 주로 점두시장(OTC market)over-the-counter market을 말한다. 점두시장은 일반인들이 증권 거래할 때 접촉하는 증권회사 창구를 지칭한다.

한편 금융시장은 조달기간 또는 거래되는 증권의 만기에 따라 단기금융시장과 장기금융시장으로 구분한다. 만기 1년 미만의 금융자산이 거래되는 시장을 단기금융시장 또는 화폐시장money market이라고 하며[33] 주로 Call자금, RP, CD, CP, 표지어음, 통안증권 등이 거래된다. 만기 1년 이상의 금융자산이 거래되는 장기금융시장long term market 또는 자본시장capital market은 주식시장, 채권시장, 장기대출시장 등으로 구분된다.[34]

그 밖에 업무영역에 따라 은행시장, 증권시장, 보험시장 등으로 구분하고, 금융상품의 특성을 고려하여 전통적 금융시장, 외환시장, 파생금융상품시장 등으로 구분한다.

(3) 금융기관의 종류

금융기관은 전통적으로 은행 – 증권 – 보험의 3대 축으로 운영되어 왔다. 우리나라의 은행은 은행법에 따라 설립되어 예금수취나 유가증권 발행 등을 통하여 불특정 다수로부터 자금을 조달하고 그 자금을 대출하는 업무를 기본업무로 수행한다. 은행은 상업은행업무를 담당하는 일반은행과 특수은행업무를 담당하는 특수은행으로 구분할 수 있다.

---

33 화폐시장은 ① 화폐에 대한 수요와 공급이 이루어지는 시장 ② 만기 1년 미만 단기 금융자산이 거래되는 시장으로 구분된다. 전자는 monetary market으로서 거시경제의 총수요 – 총공급 또는 통화정책이 이루어지는 시장을 말하며, 후자는 money market으로서 단기금융자산이 거래되는 금융시장을 말한다.

34 자본시장은 실물자본시장(자본재가 거래되거나 임대되는 시장)과 금융자본시장(장기금융자산이 거래되는 시장)으로 구분된다. 여기에서 설명하는 자본시장은 후자를 말한다.

[표 12.4] 우리나라 금융기관의 종류

■ 은행	• 일반은행 (국민, 신한, 우리, 하나 등) • 특수은행 (산업, 수출입, 기업, 농협, 수협)	■ 비은행 예금 취급기관	• 종합금융회사 • 신용협동기구	• 상호저축은행 • 우체국 예금
■ 금융 투자 회사	• 증권회사 • 자산운용회사 • 선물회사 • 투자자문회사 • 신탁회사	■ 여신 전문회사	리스회사, 벤처금융회사, 신용카드회사, 할부금융회사	
		■ 연금제도	• 공적연금(국민, 공무원, 군인, 사학연금) • 사적연금(기업, 개인연금)	
■ 보험 회사	• 생명보험회사 • 손해보험회사 • 우체국 보험	■ 감독· 보조기관	금융감독원, 한국거래소, 금융결제원, 신용보증기관, 신용평가기관, 자산관리공사, 예금보험공사, 자금중개회사, 무역보험공사	
		■ 기타	한국투자공사, 주택금융공사, 서민금융진흥원	

증권사는 은행업과 보험업을 제외한 모든 금융업무를 수행할 수 있는 금융기관으로 2009년 '자본시장과 금융투자업에 관한 법률'(자본시장법) 시행에 따라 금융투자회사로 명칭이 변경되었다. 금융투자회사는 과거 증권사, 종금사, 선물회사, 자산운용사, 신탁회사가 모두 합쳐진 형태로 투자매매업, 투자중개업, 집합투자업, 투자일임업, 투자자문업, 신탁업 등을 영위한다.

보험회사는 다수의 보험계약자로부터 보험료를 받아 이를 운용하여 보험계약자의 노후·사망·질병·사고가 발생할 때 보험금을 지급하는 회사로 생명보험회사와 손해보험회사, 우체국 보험이 있다.

그리고 은행 – 증권 – 보험과 함께 금융기관의 4대 축으로 불리는 여신전문회사가 있다. 여신전문회사는 여신업무만 전문적으로 수행하는 회사로서 리스회사, 벤처금융회사(중소기업창업투자회사, 신기술사업금융회사, 기업구조조정전문회사), 신용카드회사, 할부금융회사(캐피탈) 등이 있다.

또한 비은행 예금취급기관은 은행과 유사한 여·수신업무를 취급하지만, 지급결제기능과 영업대상 등이 제한되어 있다. 상호저축은행, 새마을금고, 우체국 예금, 신용협동조합, 농·축·수협의 상호금융 등이 포함된다.

그 밖에 보험과 유사한 연금제도가 있다. 연금제도에는 공적연금으로 국민연금, 공무원연금, 군인연금, 사학연금이 있고, 사적연금으로 기업연금, 개인연금 등이 있다.

그리고 금융기관을 감독하거나 보조하는 기관들이 있다. 금융시장이 원활하게 작동하도록 여건을 제공하는 것을 주된 업무로 한다. 금융감독원, 한국거래소, 금융결제원, 신용보증기관(신용보증기금, 기술보증기금), 신용평가회사, 한국자산관리공사, 예금보험공사, 자금중개회사, 무역보험공사 등이 여기에 속한다. 그 밖에 한국주택금융공사, 한국투자공사, 서민금융진흥원 등이 있다.

(4) 금융시장의 작동원리

금융의 발달과정과 금융의 기능

금융 또는 금융시장의 역사는 경제발전의 역사와 그 궤를 같이 한다. 인류 경제가 자급자족의 시대에서 물물교환시대, 산업자본시대, 금융자본시대 등으로 발전함에 따라 금융은 크게 발전하여 왔다. 금융이 탄생한 초창기에는 자금의 교환 및 지급결제기능에서 출발하여 점차 어음결제, 어음할인 등을 통하여 신용공여업무로 확대되었으며, 자금잉여자와 자금부족자를 연결하는 자금중개기능을 수행하였다. 그리고 12~13세기 국제무역이 발생하면서 외환업무가 추가되었으며, 15~16세기 머천트뱅크merchant bank가 등장하면서 증권 인수, 기업어음 매입 등으로 취급업무가 더욱 다양해졌다.

특히 산업혁명 이후 대량생산이 가능해지고 거액의 자금이 필요하게 되면서 대형 금융기관이 등장하게 되었고, 주식, 채권 등 자본시장도 발달하여 금융기관과 금융시장의 종류 및 기능이 크게 다양화되었다.

그 이후 금융시장의 주된 기능은 산업자금의 안정적 공급이었으나, 금융자본이 축적되고 글로벌 금융시스템이 구축된 현대 금융자본시대에서는 금융산업 자체가 하나의 산업으로 독립되어 새로운 부가가치를 창출하는 중요산업이 되었다.

요컨대, 금융의 역사는 처음 단순 자금교환과 환전기능에서 출발하여 산업자본이 부족하던 시절에는 금융의 실물지원기능이 강조되었으나, 최근 금융자본시대를 맞아 자체적으로 부가가치를 창출하고 높은 수익을 위해 지구촌 어디든지 자금이 이동하는 시대가 되었다.

따라서 현대 금융시장의 기능은 크게 자금잉여자로부터 자금부족자에게 자금을 이전하는 **자금중개기능**과 자체적으로 부가가치를 창출하는 **수익창출기능**으로 구분할 수 있다. 전자의 자금중개기능은 실물경제와 연계된 기능이라면, 후자의 수익창출기능은 금융시장 자체에서 발생하는 기능이다.

금융의 기능이 자금중개기능이든 수익창출기능이든 그 근저에는 시장원리가 자리 잡고 있다. 자금의 수요와 공급의 법칙에 의해 자금의 가격과 거래량이 결정되고 있다는 것이다. 여기서 자금의 가격은 이자율 또는 수익률을 의미한다. 리스크가 반영된 적정 수익률이 보장되지 않으면, 금리의 자원배분 기능이 훼손되어 시장실패를 초래한다. 따라서 자금의 중개기능은 엄격한 신용평가를 통한 신용등급과 자금제공 기간 등이 반영되어 적절한 금리가 책정되어야 효율적인 자원배분을 기대할 수 있다.

또한 수익창출 기능은 주로 금리 – 주가 – 환율의 3대 금융지표를 활용하여 고수익을 창출하는 기능이다. 국제자금은 각국의 높은 금리를 찾아 움직이기도 하고 각국의 금리 차이를 이용하여 안정적인 수익을 얻기도 한다. 또한 주가와 환율을 이용하여 높은 수익을 얻기도 한다. 최근에는 금리 – 주가 – 환율을 연계하여 복잡한 금융상품을 만들기도 하고, 현물시장과 선물시장, 옵션시장을 연계하여 다양한 파생상품을 개발하여 수익을 창출하기도 한다. 그리고 금, 은, 철, 철광석, 에너지, 원유, 천연가스, 탄소배출권, 곡물, 주택, 상업용 빌딩, 자산관리 등 돈이 된다면 금융의 손이 닿지 않는 영역이 없다.[35]

결국 금융은 **수익률을 좇아가는 돈의 흐름**이라고 정의를 내릴 수 있다. 금융이 실물부문을 지원하든, 금융 자체의 부가가치를 창출하든 금융은 '돈의 가격'(이자율, 수익률)에 따라 세계 방방곡곡을 찾아 움직인다. 수익률이 높으면 금융자산이든 실물자산이든, 대출, 주식, 채권, 파생상품 등 다양한 방법으로 투자가 이루어지며, 투자대상도 국내 대기업이든 외국 대기업이든 갓 태어난 벤처기업이든 아무런 제한을 두지 않는다. 그리고 M&A, 사모펀드, 프로젝트 파이낸싱, 부동산금융, 구조조정, 컨설팅, 자산관리 등 다양한 형태로 금융은 수익을 찾아간다. 따라서 '금융은 어떻게 움직이는가?'라는 질문에는 '높은 수익률을 찾아 움직인다'라고 대답할 수 있다.

금리 – 환율 – 주가의 상호관계

수익률을 좇아 움직이는 돈의 흐름은 최근 세계의 금융시장이 하나의 금융시장으로 통합되면서 더욱 가속화되고 있다. 높은 수익률을 찾아 세계 각국의 금융시장을 넘나들면서 세계금융시장은 동시에 움직이고 있다. 금융시장은 크게 주식시장 – 채권시장 – 외환시장으로 구분되며, 이들 3대 금융시장이 **금융의 삼각형**money triangle을 형성하여 서로 밀접하게 연계되어 회전목마처럼 어지럽게 움직인다.

---

35 수익률 게임에는 고수익을 찾아 움직이는 헤지펀드는 물론 국가의 외환보유액을 안정적으로 관리하는 국부펀드 등 세계 모든 자금운용기관들이 예외 없이 참여하고 있다. 이러한 수익률 게임은 높은 수익을 가져다주기도 하지만 2007~2008년 글로벌 금융위기를 초래하기도 하였다. 글로벌 금융위기는 비우량 주택담보대출을 의미하는 서브프라임 모기지론subprime mortgage loan에서 출발하여 미국의 3개 대형 투자은행(Bear Sterns, Lehman Brothers, Merrill Lynch)의 파산 등 세계적인 경제위기로 몰아넣었다.

[그림 12.7] 금융의 삼각형

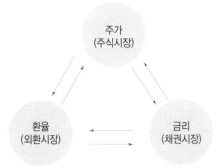

금융시장의 작동원리를 파악하려면, 가장 기본적인 금리 - 환율 - 주가의 3대 금융지표 움직임을 이해해야 하므로 여기서 자세히 설명하고자 한다.

금리 - 환율 - 주가는 기본적으로 한 나라 경제의 기초여건fundamentals에 의해 결정된다. 기초여건이란 한 나라 국민경제가 얼마나 건강하고 튼튼한가를 나타내는 기본지표들을 말한다. 주로 경상수지, 경제성장률, 실업률, 물가상승률, 재정수지, 외환보유액 등 거시경제지표들을 말한다.

주가는 기본적으로 개별기업의 실적에 따라 움직이지만, 금리와 연동되어 민감하게 반응하기도 하고, 환율의 미래 움직임을 감안하여 주가가 먼저 움직이기도 한다. 환율은 그 나라의 기초여건에 따라 결정되지만, 국가 간 금리의 차이와 주가 움직임에 따라 민감하게 반응한다. 그리고 금리는 기본적으로 해당국가의 통화 수요와 공급에 의하여 결정되지만, 주가와 환율의 움직임에 따라 변동하기도 한다. 이와 같은 금리 - 환율 - 주가의 움직임에 따라 거액을 가진 기관투자가들은 3개 시장을 연동하여 안정적인 수익률을 얻는 금융공학의 기법을 활용하기도 있다.

금리와 환율

금리와 환율은 단기적으로 음(-)의 관계를 갖는다. 국내금리가 상승하여 국내금리가 외국의 금리보다 상대적으로 높으면, 해외자본의 국내유입이 증가하여 환율은 하락한다. 그러나 이들은 장기적으로는 양(+)의 관계를 갖는다. 미래의 환율이 하락할 것으로 기대하면, 금리도 하락한다. 이와 같은 금리와 환율의 동조현상을 국제피셔효과라고 한다.

[그림 12.8] 금리와 환율의 관계

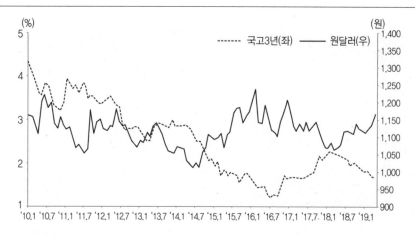

국제피셔효과international fisher effect란 국가 간 실질금리는 동일하다는 전제하에서 두 나라 간 명목금리 차이는 향후 환율의 차이와 같아진다는 이론으로 명목금리와 환율 사이의 관계를 설명한다. 즉 국가 간 자본이동이 완전히 자유로울 때 국제자본은 국내외 금융자산의 투자수익률을 좇아 이동하게 되는데, 장기적으로 보면 두 나라 간 수익률이 같아진다는 것이다. 투자수익률은 금리 차익과 환율 차익의 합으로 계산되는데, 두 나라 간 금리 차익이 발생하면 환율은 불리한 방향으로 움직이게 되어 결국 금리 차익과 환율 차익은 상쇄되어 양국 간의 수익률은 같아지게 된다.

주가와 금리

주가와 금리는 단기적으로 양(＋)의 관계를 갖는다. 주가가 상승하면, 채권투자는 감소하게 되어 채권가격이 하락하고 채권금리는 상승하게 된다. 또한 경제의 펀더멘털이 좋아질 것으로 예상될 때 주가는 상승하게 되고, 기업들의 자금조달이 증가하므로 금리도 상승하게 된다.

그러나 장기적으로 금리와 주가는 음(－)의 관계를 갖는다. 금리가 상승하면 기업의 금융비용이 증가하여 투자가 감소하고 기업의 예상수익이 하락하며 가계의 경우도 금융비용이 증가하면 소비지출을 줄이게 된다. 이에 따라 기업의 내재가치가 하락하므로 주가는 하락한다. 또한 주가가 하락하면, 주식 발행을 통한 자금조달이 줄어들고 은행 대출금이나 회사채 발행이 증가하므로 금리는 상승하게 된다.

[그림 12.9] 주가와 금리의 관계

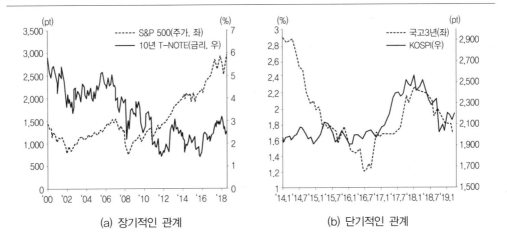

(a) 장기적인 관계   (b) 단기적인 관계

환율과 주가

환율과 주가는 단기적으로 음(−)의 관계를 가진다. 환율의 하락(평가절상)은 경제가 안정되고 수출이 수입보다 많아 경상수지가 흑자인 경우, 즉 펀더멘털이 좋은 경우에 나타난다. 경제의 기초여건이 좋으면, 주가는 상승한다. 또한 외국인 투자자들이 환전하여 국내주식에 투자하면, 환율은 하락하고 주가는 상승하게 된다.

그러나 장기적으로 환율과 주가는 양(+)의 관계를 갖는다. 환율이 상승하면 수출경쟁력이 제고되어 기업의 매출 및 수익이 증가하므로 주가는 상승한다.

[그림 12.10] 환율과 주가의 관계

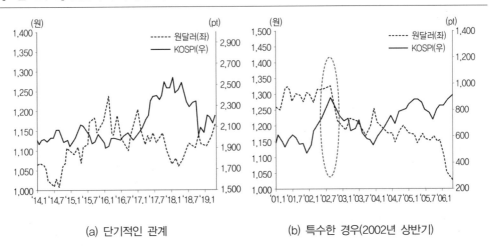

(a) 단기적인 관계   (b) 특수한 경우(2002년 상반기)

물론 외환시장과 주식시장이 별개로 움직이는 경우도 있다. 즉 단기적으로도 환율과 주가 사이에 양(+)의 관계가 나타날 수 있다. 2002년 우리나라 외환시장에서는 미국경제보다 한국경제가 더 안정되어 있어 환율이 하락하였다. 그러나 주식시장에서는 미국경제의 불안이 우리나라 경제에 좋지 않은 영향을 미칠 것이라는 우려가 제기되어 투자자들이 국내 주식을 매도하여 주가가 하락하기도 하였다. 기초여건을 반영한 외환시장과 미래의 상황을 선반영한 주식시장이 별개로 움직인 경우에 해당된다.

또한 2012년~2017년 일본의 엔/달러 환율과 니케이 주가지수의 움직임에서도 특이한 현상을 발견할 수 있다. 단기와 장기 모두에서 환율과 주식의 동조화coupling 현상이 발생되었기 때문이다. 일본 경제의 호경기로 주가 상승은 당연하다고 하더라도 환율은 하락하여야 하지만, 단기 및 장기 모두 환율과 주가 사이에 양(+)의 관계가 발견된 것이다. 엔화에 대한 안전자산 선호현상과 일본정부의 미세조정에 기인한 것으로 보인다.

[그림 12.11] 일본의 환율과 주가의 동조화

외환시장 작동원리

01 환율의 종류

(1) 환율의 정의와 종류

미국 달러화, 중국 위안화, 일본 엔화 등과 같이 다른 나라의 돈(외국 통화)을 외화foreign currency라고 하고, 외화와 외화수표, 외화어음, 외화예금, 외화채권 등과 같은 외화표시 증권을 포함하여 외환foreign exchange이라고 하며, 외환이 매매되는 시장을 외환시장이라고 한다.

환율exchange rate은 외환시장에서 거래되는 외환의 가격을 말한다. 외환을 구입하려는 욕구(수요)가 많을수록 그 외환의 가격은 올라가고, 외환을 팔려는 욕구(공급)가 많을수록 그 외환의 가격은 하락한다.

환율은 두 나라 화폐의 교환비율로 외국화폐 1단위와 교환할 수 있는 자국화폐의 비율을 말한다. 즉 우리나라 돈과 미국 달러화의 환율은 $\frac{1,000원(원화)}{1달러(외국돈)}$ 으로 계산된다.[36] 또한 환율이 \$1 = 1,000원에서 1,100원으로 변화될 때 이를 환율상승, 원화가치

---

[36] 환율의 표시방법은 자국통화표시법과 외국통화표시법이 있다. \$1 = 1,000원으로 표시하는 방법이 자국통화표시법(직접표시법)으로 대부분의 나라에서 사용하고 있으며, 1원 = 1/1,000달러로 표시하는 방법을 외국통화표시법(간접표시법)으로 영국 등 일부 국가에서 사용하고 있다.

하락, 원화절하, 원저 등으로 표현하고, 환율이 $1 = 1,000원에서 900원으로 변화할 때 환율하락, 원화가치 상승, 원화절상, 원고 등으로 표현한다.[37]

환율에는 여러 가지 종류가 있다. 모든 환율의 기준이 되는 환율은 매매기준율이다. 매매기준율이 외환시장에서 결정되면, 사용처에 따라 현찰매도율 – 현찰매입률, 여행자수표매도율 – 여행자수표매입률 등으로 적용되는 환율이 달라진다. 용도에 따라 환율이 다른 이유는 외환을 보관하고 관리하는 비용이 다르기 때문이다.

[표 13.1] 환율의 종류

현찰매도율	1,017.5	+1.75%
여행자수표매도율	1,012	+1.2%
전신환매도율	1,010	+1.0%
매매기준율	1,000	
전신환매입률	990	- 1.0%
여행자수표매입률	988	- 1.2%
현찰매입률	982.5	- 1.75%

주: 적용되는 환율의 차이는 은행별, 시기별로 다르다.

(2) 명목환율과 실질환율

환율은 또한 명목환율과 실질환율로 구분한다.[38] **명목환율**nominal exchange rate은 두 나라 화폐의 교환비율이며 외환시장에서 결정되고, 우리가 흔히 이야기하는 환율이다. **실질환율**real exchange rate은 두 나라에서 거래되는 동일한 재화의 교환비율을 말한다.

예컨대 햄버거 가격이 미국에서 4달러, 한국에서 4,000원이며 명목환율이 $1 = 1,000원이라면, 두 나라의 햄버거 교환비율은 $\frac{\$4 \times 1,000}{4,000원}$ = 1이다. 여기서 햄버거라는 단일 재화의 가격 대신에 한 나라 재화 전체의 평균가격(물가)을 고려한다면, 실질환율

---

37 고정환율제도에서 정부가 인위적으로 자국통화 가치를 인하하는 것을 '평가절하'devaluation라고 하고, 인위적으로 인상하는 것을 '평가절상'revaluation이라고 한다. 반면, 변동환율제도에서 환율이 상승하면, 원화가치 '절하'depreciation라고 하고, 환율이 하락하면, 원화가치 '절상'appreciation이라고 한다.

38 명목환율과 실질환율 이외에 실효율이 있다. 실효환율effective exchange rate은 명목환율을 교역량으로 가중평균한 환율이며, 실질실효환율real effective exchange rate은 실효환율에 다시 교역상대국의 물가지수까지 감안한 환율이다.

이 된다.

만약 1년 후 미국 물가는 변동이 없었으나, 한국 물가는 10% 상승하여 햄버거 가격이 4,400원으로 상승하였다면, 환율은 $\frac{4,400원}{4달러} = 1,100$원으로 상승한다. 이와 같이 명목환율은 두 나라의 물가상승률 차이만큼 변화하게 된다. 그러나 실질환율은 변동 없이 여전히 1이다. 왜냐하면 미국에서 햄버거 1개 구입가격인 4달러를 원화로 환전하면 4,400원이 되고, 4,400원으로 한국에서 햄버거 1개를 구입할 수 있으므로 실질환율은 $\frac{\$4 \times 1,100}{4,400원} = 1$로 변함이 없기 때문이다.

이와 같이 실질환율은 두 나라에서 거래되는 동일한 재화의 교환비율 또는 두 나라의 물가효과를 제거한 환율이며 교역조건이라고 부르기도 한다. 따라서 명목환율 e, 실질환율 ε, 국내물가 P, 해외물가 P$_f$라고 할 때 명목환율은 $e = \frac{P}{P_f}$가 되고, 실질환율은 $\epsilon = e \times \frac{P_f}{P}$가 된다.

실질환율은 매우 중요하다. 일상생활에서 경제주체들의 의사결정은 모두 실질환율을 기준으로 하기 때문이다. 예컨대 점심식사로 어떤 메뉴를 선택할 것인가? 설렁탕? 돌솥비빔밥? 물론 식당마다 맛이 다르고 개인마다 취향에 따라 다르겠지만, 모두 같다고 가정하면, 두 메뉴의 상대가격이 중요하다. 상대적으로 싼 음식이 가성비가 좋기 때문이다. 기업의 수출입도 마찬가지다. 국내상품 중에서 외국상품보다 가성비가 좋으면 수출하고, 외국상품의 가성비가 좋으면 수입하게 된다. 상품을 매매할 때 명목환율이 아니라 실질환율이 기준이 된다. 외국상품과 국내상품의 가격비율(상대가격, 실질환율)이 1보다 크면 국내상품보다 해외상품이 더 비싸므로 국내상품이 가격경쟁력을 보유하게 된다.

여기에서 몇 가지 의문점이 발생한다. 첫째, 동일한 재화의 가격이 두 나라에서 다른 이유는 무엇인가? 동일한 햄버거도 두 나라의 부존자원과 생산성의 차이로 생산비용이 달라 두 나라의 공급이 다르고, 두 나라 소비자들의 취향이 달라 두 나라의 수요가 다르므로 동일한 재화라도 두 나라의 가격은 차이가 난다.

둘째, 시간이 흐름에 따라 환율이 변하는 이유는 무엇인가? 두 나라가 최초 교역을 할 때 실질환율과 명목환율은 같다. 하지만 시간이 흐름에 따라 명목환율과 실질환율은 달라진다. 두 나라의 물가수준, 부존자원, 생산성, 기술수준, 소비자들의 취향 등이 변화하기 때문에 명목환율과 실질환율이 달라진다. 특히 두 나라의 물가수준이 다를 경우 명목환율은 더 많이 변화한다. 높은 인플레이션은 자국의 통화가치를 하락시키기 때문이다.

셋째, 명목환율과 실질환율의 변화를 어떻게 해석할 것인가? 명목환율의 계산식은 $e = \frac{P}{P_f}$ 이며, 실질환율의 계산식은 $\epsilon = e \times \frac{P_f}{P}$ 이므로 분모와 분자가 서로 바뀌어 있다. 그 이유는 명목환율은 1달러와 원화 화폐의 교환비율이며, 실질환율은 우리나라 재화 1단위와 미국 재화의 교환비율이기 때문이다. 그러나 의미는 같다. 즉 명목환율이 상승하면 달러가치의 상승과 원화가치의 하락을 의미하고, 실질환율이 상승하면 미국 재화의 가치상승과 국내 재화의 가치하락을 의미하므로 같다. 예를 들어보자. 명목환율이 1달러 = 1,000원에서 1,100원으로 상승하면, 1달러를 얻기 위하여 더 많은 원화를 지급하여야 하기 때문에 원화가치의 하락을 의미한다. 또한 실질환율이 1에서 1.3으로 상승하면, 동일한 재화이지만 미국 가격이 30% 더 상승하였으므로 한국 재화의 가치가 하락한 것을 의미한다.

넷째, 명목환율과 실질환율은 서로 어떤 관계를 갖는가? 실질환율의 계산식 $\epsilon = e \times \frac{P_f}{P}$ 에서 알 수 있듯이 실질환율은 명목환율과 두 나라 물가수준의 비율에 의하여 결정된다. 따라서 명목환율과 실질환율은 단기적으로 동조화coupling 현상을 보이겠지만, 두 나라의 물가상승률이 다르고 생산비 등 다른 변동요인이 발생하면, 장기적으로는 탈동조화decoupling 현상이 나타난다.[39]

다섯째, 실질환율이 국제 가격경쟁력을 측정하는 데 널리 사용된다. 앞에서 경제주체들의 의사결정은 실질환율을 기준으로 한다고 하였다. 실질환율은 인플레이션율을 제거한 두 나라 재화의 상대가격이므로 수출입에 영향을 미친다. 실질환율이 상승하면 국내에서 생산된 재화의 가격이 상대적으로 저렴하므로 수출이 증가한다. 실질환율은 수출입에 큰 영향을 미치므로 경상수지는 명목환율이 아니라 실질환율의 변화에 따라 변화한다.

02 구매력평가설과 이자율평가설

국가 간 거래에는 경상거래와 자본거래가 있다. 경상거래current transactions는 상품을 주고받는 거래이며, 자본거래capital transactions는 순수하게 자금을 주고받는 거래이다. 경상거래 과정에서 환율이 결정된다는 이론이 구매력평가설이며, 자본거래에서 환율이 결정된다는 이론이 이자율평가설이다.

---

39 Acemoglu — Laibson — List(2016년), 『경제학원론』, 시그마프레스.

(1) 구매력평가설

앞에서 예로 든 햄버거의 사례를 다시 살펴보자. 만약 두 나라의 교역이 자유롭고 거래비용이 없으며 일물일가법칙이 성립할 때 미국과 우리나라의 햄버거 가격이 다르면, 차익거래가 발생한다.[40] 즉 햄버거 가격이 미국 4달러, 한국 4,000원이며, 환율이 1,200원이라면, 한국에서 햄버거 1개를 구입(4,000원)하여 미국에서 판매하면 4,800원(= $4 × 1,200)을 받으므로 800원(20%)의 이익을 얻을 수 있다. 이러한 차익거래가 계속되면, 수요와 공급의 법칙에 의거 두 나라 햄버거 가격이 변화하든지 아니면 환율이 변화하여, 결국 차익이 발생하지 않으며 두 나라의 구매력이 같아진다.

이와 같이 국가 간 경상거래가 자유롭게 이루어진다면, 환율은 두 나라의 구매력이 평형을 이루는 수준에서 결정된다는 이론이 **구매력평가설**(PPP)purchasing power parity이다.

구매력평가설에는 절대적 구매력평가설과 상대적 구매력평가설이 있다. **절대적 구매력평가설**absolute PPP은 일물일가의 법칙이 성립한다면 명목환율은 두 나라 물가수준의 비율$\left(e = \dfrac{P}{P_f}\right)$이라는 이론이다. 위의 햄버거 사례는 절대적 구매력평가설을 설명한다.

반면에 **상대적 구매력평가설**relative PPP은 일물일가의 법칙이 성립하지 않더라도 두 나라의 환율변동률은 두 나라의 물가상승률 차이와 같다(명목환율상승률 = 국내 물가상승률 − 외국 물가상승률)[41]는 이론이다. 외국 물가상승률보다 국내 물가상승률이 높으면 명목환율은 상승하고, 국내 물가상승률이 낮으면 명목환율은 하락한다. 예컨대, 우리나라 물가상승률이 10%이고, 미국 물가상승률이 3%이면, 환율은 7% 상승한다.

구매력평가설과 관련하여 널리 활용되는 지표로 빅맥지수가 있다. **빅맥지수**Big Mac index는 각국의 빅맥 가격을 비교하면, 각국 환율의 고평가 또는 저평가 여부를 알 수 있다는 논리로 1986년 영국의 『이코노미스트』가 고안했다. 예컨대 빅맥 가격이 미국에서 $4, 한국에서 4,000원이라면 일물일가의 원칙을 전제로 적정 환율은 $1 = 1,000원이다. 그러나 실제 환율이 1,100원이라면, 원화가 10% 저평가되어 있다는 것이다.

이와 같은 구매력평가설은 환율이 각국의 구매력에 의해 결정된다는 측면에서 의미 있는 이론이지만, 비현실적이라는 한계가 있다. 구매력평가설은 모든 재화와 서비스가 동질적이며, 국가 간 이동이 자유롭고, 무역장벽이 없으며, 교역에 따른 거래비용이 존재하지 않는다는 것을 전제로 하고 있다. 그러나 현실경제에서는 차익거래를 할

---

40 차익거래 또는 **재정거래**arbitrage란 두 시장에서 동일한 재화의 가격이 서로 다를 때 가격이 낮은 시장에서 구입하여 가격이 높은 시장에 판매하여 차익을 얻는 거래를 말한다.

41 $E = \dfrac{P_A}{P_B}$에 자연로그를 취하고 $\ln E = \ln P_A - \ln P_B$를 전미분하면, $\dfrac{dE}{E} = \dfrac{dP_A}{P_A} - \dfrac{dP_B}{P_B}$이 되므로 (명목환율상승률) = (A국 물가상승률) − (B국 물가상승률)이 성립한다.

만큼 동질적인 재화가 없으며, 법률·의료 등 교역하기 힘든 비교역재도 존재하며, 외환의 수급에 영향을 미치는 다른 요인들도 많이 존재한다는 한계가 있다. 따라서 구매력평가설은 단기적인 환율 변화보다는 장기적인 환율 변화를 설명하는 데 적합한 이론이라고 할 수 있다.

(2) 이자율평가설

구매력평가설이 두 나라 재화의 가격 차이에 의해 환율이 결정된다는 이론이라면, **이자율평가설**(IRP)interest rate parity은 두 나라의 이자율 차이에 의해 환율이 결정된다는 이론이다.

만약 국가 간 자본이동에 아무런 제약이 없고 거래비용도 존재하지 않으며 두 금융자산이 동질적이며 위험이 비슷하다고 가정하면, 두 나라의 자본거래는 자유로울 것이다.

예컨대 미국채권이자율 5%, 한국채권이자율 10%, 환율 1,000원이라고 가정하자. 미국채권에 1년 동안 100달러 투자하면 투자 원리금은 105달러가 된다. 반면에 100달러(100,000원)를 한국채권에 투자하면 1년 후 원리금은 110,000원이 된다. 환율이 1년 후에도 1,000원이라면, 한국채권에 투자한 원리금 110,000원은 110달러가 되므로 미국채권에 투자한 것보다 5달러 이득을 볼 수 있다. 따라서 투자자들은 두 나라 채권수익률의 차이를 얻기 위하여 차익거래를 하게 되며, 결국 두 나라의 투자수익률이 같아질 때까지 환율이 상승$\left(105 = \dfrac{110,000}{e^e} \rightarrow e^e = 1,047.62\right)$하면 재정거래는 멈추게 된다.[42]

이와 같이 구매력평가설이 두 국가 간 경상거래를 할 때 재화 가격의 차이에서 환율변동이 발생한다는 이론이며, 이자율평가설은 두 국가 간 자본거래를 할 때 이자율의 차이에서 환율변동이 발생한다는 이론이다. 일반적으로 이자율평가설이 환율의 단기 변동을 설명하는 데 더 유용하다고 알려져 있다. 그러나 현실경제의 적용 가능성은 자본이동이 얼마나 자유로운가에 달려 있으며, 거래비용이 높거나 자본이동의 제약이 존재할 경우 이자율평가설은 잘 성립되지 않는다.

---

42 이를 일반화하면 다음과 같다. 국내 명목이자율 i, 미국 명목이자율 i_f, t기 환율 e_t, 1년 후 예상환율 e_{t+1}^e이라고 할 때 국내투자수익률과 해외투자수익률이 동일할 때까지 환율이 변화한다. $i = i_f + \dfrac{\triangle e_{t+1}^e}{e_t}$, 즉 국내투자수익률 = 해외투자의 예상수익률(= 해외이자율 + 환율의 예상변동률)이며, 환율의 예상변동률은 $\dfrac{\triangle e_{t+1}^e}{e_t} = i - i_f$가 된다.

03 환율제도

(1) 고정환율제도

고정환율제도fixed exchange rate system는 정부가 자국통화의 환율을 일정한 수준에 묶어 두는 제도이다. 환율이 외환시장의 수급에 의하여 결정되는 것이 아니라 정부의 정책에 의하여 결정되는 제도이다.

환율이 고정되어 있을 경우 환율변동에 따른 불확실성이 제거되어 경제주체들은 안정적인 대외거래를 할 수 있으며, 국내물가도 해외 변동요인이 제거되어 안정되고, 환차익을 얻기 위한 빈번한 단기 자본이동을 방지할 수 있다는 장점이 있다.

그러나 기초여건fundamentals이 변화하여 고정환율과 외환시장에서 결정되는 시장환율 간에 괴리가 클 경우 암시장이 발달하고 외환투기세력이 개입될 가능성이 높다. 따라서 시장환율이 고정환율과 비슷하도록 정부가 외환시장에 개입하여야 하는데, 이를 위하여 충분한 외화준비금이 필요하다. 만약 충분한 외화준비금이 없다면, 대규모 외환투기가 발생할 가능성이 있다. 실제로 1992년 당시 고정환율제도를 운영하고 있던 영국은 소로스George Soros가 주도하는 환투기세력의 공격을 받아 영란은행의 환율 방어에도 불구하고 파운드화가 대폭락하였으며 환투기세력들은 한 달 동안 10억 달러 이상 차익을 얻기도 했다.

따라서 고정환율제도는 기초여건이 크게 변화하면, 시장환율에 맞게 환율을 조정하여야 한다. 정부가 환율을 인하하는 것을 **평가절상**revaluation이라고 하며, 환율을 인상하는 것을 **평가절하**devaluation라고 한다.

우리나라 환율제도는 해방 이후 고정환율제도(해방~1964년), 단일변동환율제도(1964~80년), 복수통화바스켓제도(1980~90년), 시장평균환율제도(1990~97년)를 거쳐 1997년 12월부터 자유변동환율제도를 실시하고 있다. 1964년 도입한 '단일변동환율제도'는 사실상 고정환율제도로서 도입 당시 255원이었던 환율은 실세화를 위하여 1969년 304.35원, 1971년 370.80원, 1974년 484.00원, 1980년 580.00원으로 4차례 대폭 인상한 바 있다.

(2) 변동환율제도

변동환율제도floating exchange rate system는 정부가 외환시장에 개입하지 않고 외환의 수요와 공급에 의하여 환율이 결정되는 제도이다. 변동환율제도는 환율 결정을 완전히 시장에 맡기고 정부가 전혀 개입하지 않는 **자유변동환율제도**free floating exchange rate system와 정부가 외환시장에 직·간접적으로 개입하여 환율을 조정하는 **관리변동환율제도**managed floating exchange rate system로 분류된다.

환율이 외환시장에서 결정되므로 국제수지 불균형이 발생할 경우 환율의 변동을 통하여 자동적으로 조정되는 장점이 있다. 그러나 환율의 잦은 변동으로 불확실성이 가중되어 대외거래가 위축될 수 있으며, 일시적인 환율변동에 따른 이득을 얻기 위하여 투기성 단기자본hot money의 유출입이 발생할 수 있으며, 환율변동으로 인하여 수출입거래 또는 보유 외환의 가치가 변동되는 외환리스크가 발생하여 기업을 경영하는 데 어려움이 많다는 단점이 있다.

따라서 많은 나라에서 자유변동환율제도를 채택하지 않고, 관리변동환율제도를 채택하거나 자유변동환율제도하에서 **스무딩 오퍼레이션**smoothing operation을 채택하는 경우가 많다. 관리변동환율제도는 고정환율제도와 변동환율제도의 중간 성격으로 환율의 변화를 허용하되, 완만하게 움직이도록 정부가 시장에 적절하게 개입한다. 그리고 스무딩 오퍼레이션은 자유변동환율제도하에서 일시적인 수급 불균형이나 시장 불안심리 등으로 환율이 급등락할 때 변동 폭과 속도 조절을 위하여 정부가 개입하는 미세조정을 말한다.

04 외환시장

(1) 외환의 수요와 공급

외환시장도 수요 - 공급모형이 적용된다. 외환시장에서 외환은 재화에 해당되며, 재화의 가격은 환율이다. 환율은 외환시장의 수요와 공급에 의해 결정된다. 따라서 외환시장의 그래프에서 가로축(X축)은 거래량(외환의 수요량 또는 공급량)을 나타내며, 세로축(Y축)은 환율(외환의 가격)을 나타낸다.

[그림 13.1] 외환시장의 균형

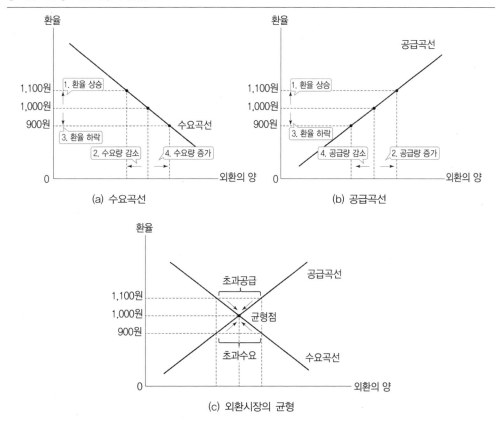

(a) 수요곡선

(b) 공급곡선

(c) 외환시장의 균형

[그림 13.1]는 외환시장의 균형을 설명한다. 그림 (a)는 외환의 수요곡선을 보여준다. 외환의 수요곡선은 우하향하며, 환율과 수요량은 음(-)의 관계를 갖는다. 환율이 상승($1 = 1,000원 → 1,100원)하면 수요량이 감소하고, 환율이 하락($1 = 1,000원 → 900원)하면 수요량이 증가한다. 여기에서 주의해야 할 사항은 수요량은 '원화에 대한 수요량'이 아니라 '외환(달러)에 대한 수요량'을 의미한다. 따라서 수요의 법칙에 따라 '환율이 상승하면, 수요량은 감소한다'라는 의미는 '달러화의 가치가 상승하면($1 = 1,000원 → 1,100원), 달러화에 대한 수요량이 감소한다'라는 것을 의미한다.

수요곡선이 우하향하는 이유는 무엇인가? 외환의 수요는 수입품의 결제, 해외투자를 위한 송금, 해외여행 경비, 유학 경비, 우리나라에 근무하는 외국인 근로자들의 송금 등에서 발생한다. $1 = 1,000원일 때 10만 달러 수입품의 결제대금은 1억원이지만, 환율이 $1 = 1,100원으로 상승하면 결제대금은 1억 1천만원으로 늘어난다. 따라서 환율이 상승하면, 수입품이 상대적으로 비싸지므로 수입은 감소하고 달러에 대한 수요량도 줄어든다.

그림 (b)는 외환의 공급곡선을 보여 준다. 외환의 공급곡선은 우상향하며, 환율과 공급량은 양(+)의 관계를 갖는다. 외환의 공급은 수출품의 결제, 외국인의 한국여행, 외국인의 국내투자, 해외 취업한 우리나라 국민의 국내 송금 등에서 발생한다. 환율이 상승하면 국내 재화의 해외 판매가격이 하락하므로 수출이 증가하고, 외환시장에 공급되는 달러의 양은 증가한다.

균형환율은 수요곡선과 공급곡선이 만나는 점에서 결정된다. 그림 (c)에서 현재 균형환율은 1,000원이다. 만약 시장환율이 균형환율보다 높은 1,100원이 되면, 외환시장에서 달러에 대한 초과공급이 발생하므로 환율하락압력으로 작용하게 된다. 그리고 시장환율이 균형환율보다 낮은 900원이 되면 달러에 대한 초과수요가 발생하여 환율상승압력으로 작용하게 되어 시장환율은 다시 균형환율로 되돌아오게 된다.

환율의 변화요인

환율을 움직이는 요인은 무엇인가? 환율의 변화요인은 곡선 상의 이동과 곡선 자체의 이동으로 구분하여 설명할 수 있다.

곡선 상의 이동은 환율과 외환의 수요량 또는 공급량 간의 관계에서 발생한다. 앞에서 수요곡선이 우하향하는 이유와 공급곡선이 우상향하는 이유에서 설명한 바와 같이 수출입, 해외투자 또는 외국인의 국내투자 등의 증감에 따라 환율이 변동하면서 균형점이 곡선 상에서 이동하게 된다.

그러나 곡선 자체의 이동은 환율 이외의 변수와 외환의 수요량 또는 공급량 간의 관계에서 발생한다. 환율 이외의 변수는 국내요인으로 국민소득, 물가수준, 이자율 등이 있으며, 해외요인으로 다른 나라의 경기, 물가수준, 이자율 등이 있다.

수요곡선과 공급곡선의 이동을 자세히 살펴보자. [그림 13.2] (a)에서 국내국민소득이 증가하면, 수입이 증가하고 외환수요가 늘어 외환의 수요곡선은 오른쪽으로 이동하게 된다. 현재의 균형점 E_1에서 균형환율은 1,000원, 균형거래량은 Q_1이지만, 수요곡선이 우측으로 이동하게 되면 균형점은 E_2로 이동하게 되어 환율은 1,100원으로 상승하고 거래량은 Q_2로 늘어나게 된다.

그림 (b)에서 해외물가수준이 상승하면, 상대적으로 저렴해진 우리나라 상품의 수출이 증가하여 외환공급이 늘어나게 되어 외환공급곡선은 오른쪽으로 이동한다. 균형점은 현재의 E_1에서 E_3로 이동하고 균형환율은 1,000원에서 900원으로 하락하게 된다.

장기적으로 환율을 변동시키는 요인은 노동량과 자본량, 기술수준, 생산성 등의 변화이다. 예컨대, 우리나라의 기술수준이 향상되어 생산성이 높아지면 생산비용이 절

[그림 13.2] 외환수요곡선과 공급곡선의 이동

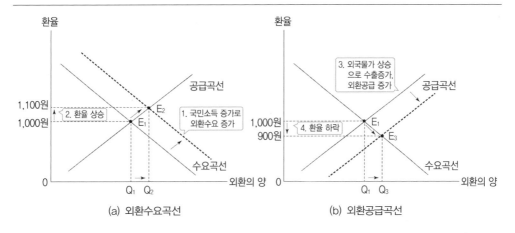

(a) 외환수요곡선   (b) 외환공급곡선

감되어 수출가격과 물가가 하락한다. 이로 인해 수출이 증가하게 되어 외환공급이 늘어나 외환의 공급곡선이 오른쪽으로 이동하여 환율은 하락하게 된다.

(2) 환율과 경제지표의 관계

이제 환율의 변동요인을 활용하여 환율과 경제지표의 관계를 정리하여 보자. 먼저 경제지표의 변화가 환율 변화에 미치는 영향을 살펴보자.

경제성장과 환율은 어떤 관계인가? 우리나라의 경제성장률이 다른 나라보다 높으면 우리나라 경제에 대한 외국인들의 신뢰가 상승하여 외국인의 국내투자가 증가하게 된다. 이에 따라 외환의 공급이 증가하여 환율이 하락(원화가치 상승)하게 된다.

경상수지와 환율의 관계이다. 우리나라 상품 수출이 상품 수입보다 많아 경상수지 흑자가 발생하면, 외환의 공급이 증가하여 환율이 하락하게 된다. 반대로 경상수지가 적자가 되면, 외환수요가 증가하여 환율이 상승하게 된다.

금리와 환율의 관계이다. 국내금리가 인상되어 상대적으로 외국금리보다 높으면 이자 수익을 얻기 위하여 외국자본의 국내 자금유입이 증가하여 환율은 하락하게 된다. 그러나 장기적으로 볼 때 국내금리 상승은 국내기업의 이자부담이 가중되어 생산비용 증가, 수출 감소 및 수익성 하락 등으로 주가가 하락하게 되고 환율의 상승으로 이어질 수도 있다.

물가와 환율의 관계이다. 우리나라의 물가가 외국보다 많이 상승하면, 우리나라 상품의 수출가격이 상대적으로 높아지고, 수입품의 가격은 상대적으로 낮아져 그만큼

[표 13.2] 환율과 주요 경제지표의 관계

경제지표 변화가 환율에 미치는 영향	경제성장률 상승 ⇒ 외환공급 ↑ → 환율 ↓
	경상수지 흑자 ⇒ 외환공급 ↑ → 환율 ↓
	적자 ⇒ 외환수요 ↑ → 환율 ↑
	국내금리 인상 ⇒ (단기) 국내로 자본유입 ↑ → 환율 ↓
	(장기) 이자부담 ↑ → 생산비 ↑ → 수출 ↓, 수익성 ↓ → 주가 ↓ → 환율 ↑
	국내물가 상승 ⇒ 수출상품 가격 ↑ → 수출 ↓ → 외환공급 ↓ → 환율 ↑
	수입상품 가격 ↓ → 수입 ↑ → 외환수요 ↑ → 환율 ↑
환율변동이 국내경제에 미치는 영향	환율상승 ⇒ 수입상품 가격 ↑ → 국내물가 ↑ → … → 금리 ↑
	⇒ 수출 ↑ 수입 ↓ → 경상수지 개선 → 국내통화량 ↑ → … → 물가 ↑
	⇒ 외채상환 부담 ↑, 외화자산 가치 ↑
	환율하락 ⇒ 수출 ↓ 수입 ↑ → 경상수지 악화 → 국내물가 ↓
	⇒ 수출 ↓ → 국내생산 ↓ → 경제성장률 하락, 실업 증가
	⇒ 외채상환 부담 ↓, 외화자산 가치 ↓

수출은 감소하고 수입은 증가하게 되어 환율이 상승하게 된다.

이번에는 환율변동이 국내경제에 미치는 영향을 살펴보자. 먼저 환율과 수출입 및 경상수지의 관계이다. 환율이 상승하면 우리나라 상품의 가격이 상대적으로 저렴하여 수출이 증가하고 수입이 감소하여 경상수지는 개선된다. 그러나 장기적으로는 외화의 유입이 증가하여 국내통화량이 증가하면, 국내물가는 상승하게 된다.

다음은 환율과 물가의 관계이다. 환율이 상승하면, 단기적으로 수입품의 가격이 상승하므로 국내물가가 상승하여 장기적으로 금리가 상승하게 된다. 환율이 하락하면 단기적으로 우리나라 상품의 가격이 상대적으로 비싸지므로 수출이 감소하고 수입이 증가하여 경상수지는 악화된다.

환율과 경제성장의 관계이다. 환율이 상승하여 수출이 증가하면 생산이 증가하여 경제성장이 촉진되고 고용도 증대된다. 환율이 하락하면 수출이 감소하고 이에 따라 국내생산이 줄어들어 경제성장이 둔화되고 고용사정이 어려워진다.

이번에는 환율과 외화자산 및 외화부채의 관계를 살펴보자. 환율이 상승하면 동일한 금액의 외화부채를 상환하기 위해 더 많은 원화가 필요하므로 외채상환부담은 가중되지만, 외화자산을 보유하고 있는 경우에는 외화자산의 가치가 상승하게 된다. 반대로 환율이 하락하면 외채상환 또는 해외 유학 경비는 경감되지만, 보유하고 있는 외화자산의 가치는 하락하게 된다.

환율과 대외채권 및 채무의 관계에서 외환포지션의 개념이 중요하다. **외환포지션**은 어떤 기업이 그동안 매입한 외환금액과 매도한 외환금액의 차이 또는 일정시점에서 보유하고 있는 외화자산과 외화부채의 차이를 말한다. 매입한 외환금액이 매도한 외환금액보다 큰 경우를 **롱포지션**long position 또는 매입포지션, 매입초과포지션이라고 한다. 반대로 매입한 외환금액보다 매도한 외환금액이 큰 경우를 **숏포지션**short position 또는 매도포지션, 매도초과포지션이라고 한다. 매입한 외환금액과 매도한 외환금액이 같은 경우 **스퀘어포지션**square position이라고 한다. 롱포지션인 경우 환율이 상승(원화가치 하락)하면 환차익을 얻게 되고, 환율이 하락(원화가치 상승)하면 환차손을 입게 된다.

long position   : 매입금액 〉 매도금액 또는 외화자산 〉 외화부채 → 환율상승 시 이득
square position: 매입금액 = 매도금액 또는 외화자산 = 외화부채
short position : 매입금액 〈 매도금액 또는 외화자산 〈 외화부채 → 환율하락 시 이득

J－curve 효과

환율과 경상수지의 관계에서 환율이 상승하면 수출이 증가하고 수입이 감소하여 경상수지가 개선된다고 설명하였다. 그러나 실증분석한 연구에 따르면, 환율이 상승하면 상승 직후에는 오히려 경상수지가 악화되고 상당한 시간이 경과한 후에야 경상수지가 개선된다고 한다. 이러한 현상을 곡선으로 표시하면 J자 형태를 갖는다고 하여 **J커브 효과**라고 한다. 우리나라의 경우 환율이 상승하면, 약 6개월 동안 경상수지가 악화되다가 조금씩 회복되어 약 15개월이 지나면 개선된다고 한다.

[그림 13.3] J커브 효과

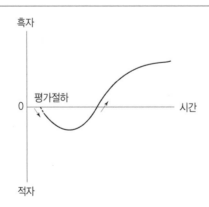

그 이유는 환율이 상승하면 수출입 결제대금은 즉시 변화되겠지만, 수출입 가격이 변화하여 수출입 물량이 변화하기까지 일정한 시간이 필요하기 때문이다. 또한 환율이

변화하더라도 수입품의 국내가격은 즉각 변화되지 않을 수도 있다. 예컨대 환율이 상승하여 국내 판매가격이 상승할 경우 외국수출업자는 국내 매출 감소를 우려하여 달러가격을 내리면 국내 판매가격은 변화가 없게 되기 때문이다. 또한 국내 수입업자도 매출 감소를 우려하여 수입품의 국내 판매가격(원화가격)을 내리면 오히려 판매수량이 늘어날 수 있기 때문이다.

거시경제의 기본원리

CONTENTS

'거시경제는 어떻게 움직이는가?'
제5편에서는 거시경제를 공부한다. 거시경제는 국가라는
큰 틀 안에서 한 나라 경제전체의 움직임을 분석하는 분
야로서 총수요 – 총공급모형을 활용하여 성장, 물가, 실
업, 인플레이션과 같은 거시경제 변수들의 작동원리에
대하여 설명한다.

14 국가경제 작동원리

01 국가경제의 중요성과 작동원리

(1) 국가경제의 중요성

세계경제는 현재까지 장기적으로는 꾸준한 성장 추세를 보이면서 단기적으로 심한 변동성을 보여 왔다. 거시경제학은 단기 변동성과 장기 성장성을 연구하는 학문이다. 어떻게 하면 단기적으로 3~5년마다 반복되는 호황과 침체의 변동성(경기변동)을 줄이면서 장기적으로 국민경제의 규모(경제성장)를 키우고, 모두가 잘사는 나라(경제발전)를 만들 수 있을까를 연구하는 학문이다. 이러한 문제들은 미시경제학에서 해결할 수 없는 문제들이므로 국민경제의 중요성을 아무리 강조하여도 지나치지 않다.

거시경제학자들은 장기적으로 경제성장을 극대화하고 단기적으로 경기변동을 최소화하기 위하여 많은 중요한 질문을 던진다.[1]

- 정부는 장기적으로 경제성장을 촉진시킬 수 있는가?
- 정부는 단기적인 변동에서 발생하는 경기침체를 막을 수 있는가?
- 통화정책이 더 효과적인가, 아니면 재정정책이 더 효과적인가?
- 실업률과 인플레이션 간에는 상충관계가 존재하는가?
- 정부정책의 사전적인 집행과 예상치 못한 집행 중 어느 것이 효과적인가?

---

1 McConnell 외(2013년), 『경제학 이해』, 생능출판사.

이와 같은 질문들에 대한 연구는 국민경제를 이해하는 데에서부터 출발한다. **국민경제**national economy란 한 나라의 모든 경제주체들이 하나의 큰 틀 안에서 전개하는 일련의 경제활동을 말한다. 세계경제가 국가 단위로 움직이며, 국가 단위로 경제규모가 측정되고 운영된다는 의미에서 **국가경제**라고도 한다.[2]

국민경제의 파악은 먼저 국민경제의 규모를 측정하는 일부터 시작된다. 국민경제의 규모는 국내총생산으로 측정된다. **국내총생산(GDP)**gross domestic product은 일정기간 동안 한 나라에서 생산된 모든 재화와 서비스의 총가치를 말한다. GDP는 한 나라 경제의 종합적인 척도이며, 여러 해 동안 얼마나 성장 또는 침체하였는지를 판단하는 기준이 되며, 다른 나라와 비교하는 용도로 사용되기도 한다.

개별기업의 총수입(TR)은 '판매가격 × 판매량'(P × Q)으로 계산하듯이, 한 나라의 모든 기업의 총수입(GDP)은 '각 재화와 서비스의 가격 × 각 재화와 서비스의 생산량'으로 계산된다. 경제규모를 키우려면 가격(P)을 올리거나 생산량(Q)을 늘리는 방법이 있다. 가격(물가수준)의 상승은 국민경제 전체의 인플레이션을 의미하므로 오히려 경제의 불확실성을 키우고 불안정적인 경제활동을 유발하므로 바람직하지 못하다. 따라서 물가를 안정시키고 총생산을 늘리는 작업은 거시경제정책의 주된 이슈가 된다.

물가변동분이 포함된 GDP를 **명목GDP**라고 하고, 물가변동분을 제거한 GDP를 **실질GDP**라고 한다. 거시경제학에서 말하는 GDP는 별도의 언급이 없으면 모두 실질GDP를 말한다.

따라서 경제규모를 키우려면 물가변동분을 제거한 실질GDP를 키워야 한다. 그러나 실질GDP는 물가변동분을 제거하더라도 매년 변동된다. 실질GDP의 변동추이는 앞에서 설명한 바와 같이 장기적인 변동(경제성장)과 단기적인 변동(경기변동)으로 나타난다. 장기적인 **경제성장**economic growth은 한 나라의 경제규모를 키우는 것이므로 매우 중요하다. 또한 단기적인 **경기변동**economic fluctuation은 국민들에게 인플레이션 또는 실업이라는 많은 고통을 주므로 최소화하는 것이 매우 중요하다. 한 나라의 경제정책은 경제성장과 경기변동, 두 개를 모두 고려하여야 한다.

---

2 한 나라의 모든 경제주체들이 하나의 큰 틀 안에서 전개하는 일련의 경제활동을 'National Economy'라고 한다. 'National Economy'를 본서에서는 '국민경제' 또는 '국가경제'로 번역하여 같은 의미로 혼용하고자 한다. '국민국가'nation state의 의미로서 '국가'를 해석하여 '국가경제'를 State Economy로 이해하면 안 된다.

(2) 장기적 경제성장과 단기적 경기변동[3]

장기적으로 경제가 성장하기 위해서는 한 나라 경제의 성장 잠재력 또는 잠재적인 성장능력을 키우는 것이 필요하다. 한 나라 경제의 최대생산능력을 **잠재GDP**potential GDP라고 부른다. 잠재GDP는 측정하기 어렵지만, [그림 14.1]에서 실질GDP의 장기추세선이라고 생각하면 이해하기 쉽다. 실제 실질GDP는 항상 최대생산능력인 잠재GDP의 주위에서 맴돌면서 변동한다. 실질GDP가 잠재GDP보다 클 경우 과열이 발생하고, 작을 경우 침체 또는 불황이 찾아온다. 따라서 실질GDP를 키우려면 잠재GDP를 먼저 키워야 한다. 잠재GDP의 성장은 실질GDP 성장의 전제조건이라고 할 수 있다.

[그림 14.1] 경제성장과 경기변동

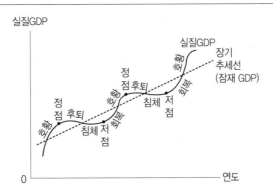

장기적으로 볼 때 잠재GDP는 **총공급**aggregate supply에 의해 결정된다. 총공급은 한 나라 경제 안에 존재하는 모든 기업들이 현재의 기술수준하에서 모든 생산요소를 활용하여 생산한 재화와 서비스의 총합이다. 따라서 잠재GDP를 늘리려면 총공급의 확대가 필요하다. 총공급의 확대를 위하여 장기적으로 생산요소의 양을 늘리거나 기술수준을 향상시키기 위한 정책이 필요하다. 점진적인 인구 증가, 점진적인 자본의 성장, 끊임없는 기술혁신 등이 요구된다.

---

3 Taylor · Weerapana(2010년), 『테일러의 경제학』, Cengage Learning Center.

장기적인 경제성장률을 높이기 위한 경제정책을 **공급 측면의 경제정책**supply-side policy이라고 한다. 공급 측면의 경제정책에는 재정정책과 통화정책이 있다. 점진적인 인구 증가, 점진적인 자본의 성장, 끊임없는 기술혁신 등이 가능하도록 투자유인책을 제공하고, 인적자본을 육성하고 투자의 효율성을 높일 수 있도록 끊임없이 제도를 개선하여야 한다. 이를 **재정정책**fiscal policy이라고 한다.

반면에 **통화정책**monetary policy은 화폐공급과 인플레이션 억제와 관련된 정부정책이다. 낮고 안정적인 인플레이션율이 성장정책의 한 부분이 되는 이유는 인플레이션율과 경제성장률이 음(-)의 상관관계를 갖고 있기 때문이다.[4] 인플레이션율이 낮고 안정적이면, 경제의 불안요소가 제거되므로 경제주체들이 안정된 심리로 경제활동을 하므로 경제성장이 촉진된다.

단기적인 경기변동은 경기확장과 후퇴, 상승국면과 하강국면이 하나의 사이클을 이루면서 순환하는 것을 말한다. 경기후퇴와 실업은 물론, 높은 인플레이션은 국민들에게 많은 고통을 안겨 주므로 적절한 정책이 필요하다.

경기변동이 발생하는 이유는 무엇인가? 경기변동은 재화와 서비스에 대한 수요의 변동으로부터 발생한다는 것이 일반적인 이론이다. 여기서 수요란 개별재화에 대한 수요가 아니라 한 경제 내의 모든 재화와 서비스에 대한 수요를 의미하며, 이를 **총수요**aggregate demand라고 부른다. 총수요란 경제전체를 구성하는 가계, 기업, 정부, 해외부문으로부터 발생하는 수요의 총합이다.

경기후퇴는 실질GDP가 잠재GDP 이하로 감소하는 것을 말하며, 총수요의 감소로부터 발생한다. 경기과열은 실질GDP가 잠재GDP 이상으로 증가하는 경우를 말하며, 총수요의 증가로부터 발생한다.

경기변동의 진폭을 축소시켜 경제성과를 높이는 경제정책을 **수요 측면의 경제정책**demand-side policy 또는 **총수요(관리)정책**이라고 한다. 즉 경기변동이 총수요의 변화로부터 발생하므로 총수요를 조절하는 것을 목표로 하는 정책이 총수요(관리)정책이다. 총수요정책에도 재정정책과 통화정책이 있다.

재정정책은 재정 측면에서 정부가 수요에 영향을 주는 정책으로, 정부지출과 세금을 조정하는 방법이다. 경제가 경기후퇴로 진입하는 징후가 보이면 세금을 삭감하거나 정부지출을 늘려 수요를 증가시키고, 과열기미가 보이면 세금을 늘리거나 정부지출을 줄이는 정책을 사용한다.

---

4 제16장 인플레이션과 실업에서 필립스곡선으로 설명한다.

통화정책은 총수요를 자극하거나 물가상승률(인플레이션율)을 낮고 안정적으로 유지시키기 위하여 중앙은행이 통화량을 조정하거나 이자율을 조정하는 정책이다. 총수요가 잠재생산보다 더 빠르게 증가하여 인플레이션의 징후가 있으면 통화량을 줄이거나 이자율을 인상하고, 경제가 경기후퇴 징후가 보이면 통화량을 늘리거나 이자율을 인하하는 정책을 사용하여 경기를 부양한다. 즉 통화정책은 물가수준을 안정시키는 정책이면서, 총수요를 늘리거나 줄일 필요가 있을 경우 사용하는 정책이다. 금융부문의 통화량과 이자율을 조정하면, 실물부문의 소비나 투자에 영향을 미치기 때문이다.

(3) 거시경제의 분석 틀: 총수요와 총공급

따라서 거시경제의 분석은 총수요와 총공급을 분석하는 일이다. 미시경제학에서 수요 – 공급모형이 적용된다면, 거시경제학에서는 총수요 – 총공급모형이 적용된다. 여기서 미시경제학과 거시경제학의 차이를 간단히 설명하면 다음과 같다.

미시경제학은 가계, 기업, 정부, 해외부문 등 각 경제주체들이 어떻게 합리적인 의사결정을 내리는지 그리고 완전경쟁시장, 독점시장, 생산요소시장 등 개별시장이 어떻게 움직이는지를 분석하고 연구하는 학문이다. 따라서 미시경제학에 적용되는 수요 – 공급모형은 개별재화의 가격과 거래량(수요량, 공급량) 간의 관계를 설명한다.

반면에 거시경제학은 경제주체들이 국민경제라는 큰 틀 안에 포함되어 국민경제가 어떻게 구성되고 어떻게 작동되는지 그리고 경제성장, 인플레이션, 실업 등과 관련된 경제정책이 어떻게 결정되고 환율과 국제수지는 어떻게 움직이는지 등을 연구하는 분야이다. 따라서 거시경제에 적용되는 총수요 – 총공급모형은 한 나라 안에 존재하는 모든 재화의 평균가격(물가수준)과 한 나라 안에서 생산된 모든 최종생산물(국민소득 또는 GDP) 간의 관계를 설명한다.

총수요 – 총공급모형은 가로축에 국민소득을 사용하고 세로축은 물가지수를 사용한다. 물가와 국민소득의 균형과정에서 고용, 임금, 소비, 저축, 투자, 이자율, 환율, 국제수지 등 거시지표들이 변동하면서 상호작용하고, 생산물시장, 생산요소시장, 화폐시장, 금융시장, 외환시장 등 모든 시장들을 통하여 서로 연결된다.[5]

---

5 미시경제학과 거시경제학에서 동일한 용어가 다른 의미로 사용되는 경우가 많다. 기업, 가격, 재고, 생산량, 생산물함수, 생산물시장, 생산요소시장, 노동시장 등이 대표적이다. 차이점은 미시경제학에서는 개별 기업 또는 해당 산업에 적용되는 개념이지만, 거시경제학에서는 국가경제 안에 존재하는 모든 기업, 모든 가격(물가수준), 모든 기업의 생산량 등과 같이 국가경제 전체의 **집계변수**aggregate variables를 말한다.

국가경제를 안정적이면서 지속적으로 성장시키기는 어렵다. "세 마리 토끼를 한꺼번에 잡을 수 없다"라는 말은 한마디로 국가경제 운용의 어려움을 대변한다. 여기서 세 마리 토끼는 성장, 물가, 국제수지를 말한다. 본서에서는 총수요 – 총공급모형을 활용하여 경제성장, 물가안정, 국제수지 균형을 파악하고 거시경제의 작동원리에 대하여 공부하고자 한다.

02 국민경제의 측정

(1) 국민소득 3면 등가의 법칙

국민경제의 작동원리를 파악하기 위하여 제일 먼저 국민경제 전체의 규모를 파악하여야 한다. 국민경제의 규모는 국내총생산(GDP)을 말한다. 국내총생산(GDP)을 측정하는 방법은 크게 세 가지 접근법이 있다.

'일정기간 동안 경제주체들이 얼마나 생산하였는가?'라는 생산 측면(생산국민소득)과 '경제주체들이 생산활동에 참여하여 벌어들인 소득은 얼마인가?'라는 분배 측면(분배국민소득) 그리고 '경제주체들이 벌어들인 소득을 얼마나 지출하였는가?'라는 지출 측면(지출국민소득)이다. 세 가지 방법은 접근하는 방법은 서로 다르지만, 국민경제라는 큰 틀 안에서 이루어지는 경제활동의 순환을 다른 각도에서 접근하였으므로 결국 값은 모두 같다. 이를 **국민소득 3면 등가의 법칙**이라고 한다.

생산접근법production approach은 일정기간 동안 한 나라 안에 존재하는 경제주체들이 생산한 최종 재화와 서비스의 가치를 합산(최종생산물 측정)하거나 각 생산단계의 부가가치를 합산(부가가치 측정)하여 국민경제 규모를 추계하는 방법을 말한다. 이렇게 산출된 생산국민소득을 **국내총생산(GDP)**Gross Domestic Product이라고 하며, 간략히 **총생산** 또는 **총산출**aggregate output이라고도 하며,[6] 총수요 – 총공급모형의 **총공급**aggregate supply에 해당된다. 생산국민소득의 산출방법은 다음 절에서 구체적으로 설명한다.

---

6 총생산 또는 총산출gross output과 국내총생산GDP의 개념은 엄격한 의미에서 다르다. 생산물 또는 산출물 output은 투입물input의 대응되는 용어로서 모든 경제주체들이 생산한 생산물의 합계를 말한다. 반면, 국내 총생산GDP은 총산출에서 생산과정에 투입된 중간생산물을 제거한 것이므로 총생산에서 중간생산물, 자가 소비 등을 제거해야 국내총생산과 일치하게 된다.

소득접근법income approach은 생산국민소득이 생산과정에 참여한 경제주체들에게 소득의 형태로 분배되므로, 분배된 금액을 합산하여 국민경제 규모를 측정하는 방법이다. 이렇게 추계한 분배국민소득을 **국내총소득**(GDI)Gross Domestic Income 또는 간략히 총소득aggregate income이라고 한다.[7] 생산국민소득은 감가상각액, 부가가치세 등을 제외한 금액이 분배되므로 근로자에게 분배되는 근로소득(임금)과 자본의 소유주에게 분배되는 자본소득(이자, 임대료, 이윤 등) 그리고 해외 순요소소득(우리나라 국민이 해외에서 벌어들인 해외소득과 외국인이 국내에서 벌어들인 소득의 차이)의 합으로 계산된다.

[표 14.1] 국민소득의 3가지 측정방법

생산국민소득 (GDP)	국내총생산 = 최종산출액(output) - 중간투입액 = 모든 생산단계의 부가가치(value added)
분배국민소득 (GDI)	국내총소득 = 임금 + 이자 + 임대료 + 이윤 - 해외 순요소소득 + 감가상각 + 간접세 = 근로소득 + 자본소득 - 해외 순요소소득 + 감가상각 + 간접세
지출국민소득 (GDE)	국내총지출 = 소비(C) + 투자(I) + 정부지출(G) + 순수출(X - M)

지출접근법spending approach은 경제주체들이 벌어들인 소득을 지출(소비, 투자, 조세)한 금액을 합산하여 국민경제 규모를 추계하는 방법을 말하며, 이렇게 추계한 국민소득을 지출국민소득, **국내총지출**(GDE)Gross Domestic Expenditure 또는 간략히 총지출aggregate spending이라고 한다. 지출국민소득은 가계, 기업, 정부, 해외부문이 일정기간 동안 재화와 서비스를 구입하기 위하여 지출한 금액의 합계와 동일하다. 가계부문은 소비지출(C), 기업부문은 투자지출(I), 정부부문은 정부지출(G), 해외부문은 순수출(NX, 수출 - 수입)로 지출한다. 지출국민소득은 총수요 - 총공급모형의 **총수요**aggregate demand에 해당된다.

---

7 국내총생산(GDP)과 국민총소득(GNI)는 엄격한 의미에서 계산 결과는 다르다. 왜냐하면 국내총생산은 '한 나라의 영토' 안에서 생산한 최종재의 가치를 의미하고, 국민총소득은 '한 나라의 국민'이 벌어들인 소득의 합계를 의미하기 때문이다. 한 나라의 경제활동을 파악하기 위하여 국민총생산을 사용하고, 한 나라 국민들의 생활수준을 파악하기 위하여 국민총소득을 사용한다.

(2) 국내총생산의 정의

국내총생산(GDP)은 일정기간 동안 한 나라 국경 안에서 생산된 모든 최종생산물의 시장가치의 합계를 말한다. 여기서 '일정기간'은 분기, 반기 또는 1년이라는 특정기간을 지칭하는 유량 개념이다. 유량flow은 손익계산서와 같이 일정한 기간 단위로 측정한 것을 말하며, 재무상태표와 같이 특정시점에 측정한 저량stock의 개념이 아니다.

'한 나라 국경 안에서'는 우리나라 국민이든 외국인이든 우리나라 국경 안에서 생산된 것은 모두 GDP에 포함된다는 의미이다. 국내총생산과 유사한 용어인 **국민총생산(GNP)**Gross National Product은 우리나라 국민이 국내 또는 해외에서 생산한 것을 모두 포함한다. 따라서 국내총생산이 속지주의라면, 국민총생산은 속인주의라고 하겠다. [그림 14.2]에서 실선의 영역이 GDP이며, 점선의 영역이 GNP이다.

[그림 14.2] GDP와 GNP의 비교

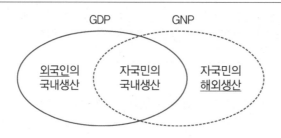

'생산된'은 해당기간 동안 생산된 것만 포함하며 과거에 생산된 중고품, 골동품, 기존 주택 등은 포함되지 않는다. 또한 순수한 금융거래, 정부이전지출(사회보장지출, 복지지출 등),[8] 개인이전지출(자녀에게 선물), 증권시장거래(단순증서의 교환) 등은 생산에 기여하는 부분이 없는 비생산적인 거래이므로 포함되지 않는다.

'최종생산물'은 중간생산물을 GDP 계산에 포함시키지 않는다는 것을 의미한다. 그 이유는 중간생산물을 국내총생산 계산에 포함하면 이중 계산되기 때문이다. '시장

---

8 본서에서는 정부지출과 정부구매의 용어를 구분하지 않고 정부지출이라는 용어를 사용한다. 엄격하게 설명하면, 정부지출(G)government expenditures은 정부구매government purchases, 이전지출transfer payment, 민간대여를 모두 포함하는 개념이다. 국민소득을 계산할 때 모든 생산단계의 부가가치를 합산한 것이므로 정부구매만 포함된다. 왜냐하면 정부의 이전지출은 건강보험, 실업급여 등 사회복지 지출이므로 직접 국민소득을 증가시키지 않으며, 민간대여는 금액이 미미하기 때문이다. 그러나 정부의 재정정책에는 이전지출이 포함된다. 따라서 국민소득에서는 정부구매의 용어를, 정부의 재정정책에서는 정부지출의 용어를 사용하는 것이 바람직하다.

가치'라 함은 원칙적으로 시장에서 거래된 것만을 포함하며 시장에서 거래되지 않는 것은 제외되고, 생산량 개념이 아닌 생산액을 기준으로 한다. 주부들의 가사노동은 시장에서 거래되지 않으므로 국내총생산에 포함되지 않지만, 가사 도우미의 가사노동은 시장에서 거래되므로 포함된다.

(3) 국내총생산 계산방법

국내총생산을 계산하는 방법은 모든 생산물의 합계에서 중간생산물을 제외하는 방법과 모든 생산단계의 부가가치를 합계하는 방법이 있다. 예컨대 씨앗 − 밀 − 밀가루 − 빵의 생산과정을 거치는 제빵 업종의 국내총생산을 계산하여 보자. [표 14.2]은 생산단계별 판매액과 부가가치를 표시한 것이다. 조세, 감가상각, 기타 비용은 없는 것을 가정한다.

[표 14.2] 국내총생산 계산 사례

생산자	종자업자	농민	제분업자	제빵업자	합계
생산물	밀 씨앗	밀	밀가루	빵	
생산물 판매액	50	100	150	250	550만원(a)
중간생산물 가치		50	100	150	300만원(b)
부가가치	50	50	50	100	250만원(c)

국내총생산은 최종생산물인 빵의 시장가치이므로 250만원이다. 이를 다른 방법으로 계산하면, 모든 생산물 판매액(550만원)에서 중간생산물의 가치(300만원)를 제외하면 된다. 중간생산물의 가치 300만원을 제외하는 이유는 이중 계산되기 때문이다. 농민의 밀 생산에는 종자업자의 판매액 50만원이 포함되어 있고, 제분업자의 밀가루 생산에는 농민의 판매액 100만원이 포함되어 있으며, 제빵업자의 빵 생산에는 제분업자의 판매액 150이 포함되어 있다. 따라서 각 생산단계에서 추가되는 부가가치는 생산물 판매액(550)에서 중간생산물 가치(300)를 제거하거나, 각 생산단계에서 신규 창출하는 부가가치(50 + 50 + 50 + 100)를 모두 합하면 된다. 결국 최종생산물인 빵의 시장가치는 각 생산단계의 부가가치 합과 같다.

(4) 명목GDP와 실질GDP

국내총생산(GDP)을 공부할 때 명목GDP와 실질GDP를 구분하는 것이 매우 중요하다. 명목GDP는 그 해의 물가로 계산된 총생산이며, 실질GDP는 기준연도의 가격으로 계산된 총생산을 말한다. 즉 명목GDP는 '당해연도 가격 × 당해연도 수량'으로 계산되며, 실질GDP는 '기준연도 가격 × 당해연도 수량'으로 계산된다. 개념을 정확히 파악을 위하여 [표 14.3] 사례를 통하여 계산하여 보자. 어떤 나라에 X재와 Y재만 존재하고 기준연도를 2015년으로 가정할 때 [표 14.3]은 명목GDP와 실질GDP를 계산한 것이다.

[표 14.3] 명목GDP와 실질GDP 계산 사례   (기준연도: 2015년)

	X재		Y재		명목GDP	실질GDP
	가격	생산량	가격	생산량		
2015년	10,000원	10개	1,000원	150개	250,000	250,000
2016년	10,500원	15개	1,300원	200개	417,500	350,000
2017년	10,800원	20개	1,400원	300개	636,000	500,000

우선 명목GDP를 계산하여 보면, 2015년의 명목GDP는 (X재의 2015년 가격 × 2015년 수량) + (Y재의 2015년 가격 × 2015년 수량)이므로 (10,000원 × 10개) + (1,000원 × 150개) = 250,000원이 되며, 2016년 명목GDP는 (10,500원 × 15개) + (1,300원 × 200개) = 417,500원이 되며, 2017년 명목GDP는 (10,800원 × 20개) + (1,400원 × 300개) = 636,000원이 된다.

이번에는 실질GDP를 계산하여 보면, 2015년 실질GDP는 (X재의 2015년 가격 × 2015년 수량) + (Y재의 2015년 가격 × 2015년 수량)으로 기준연도가 2015년이므로 명목GDP와 동일하다. 2016년 실질GDP는 (X재의 2015년 가격 × 2016년 수량) + (Y재의 2015년 가격 × 2016년 수량)이므로 (10,000원 × 15개) + (1,000원 × 200개) = 350,000원이 되며, 2017년 실질GDP는 (10,000원 × 20개) + (1,000원 × 300개) = 500,000원이 된다.

본서에서 별도의 언급이 없으면, 모두 실질GDP를 지칭한다. 실질GDP를 사용하는 이유는 국민소득의 변동을 정확히 파악하기 위하여 물가의 변동요인을 제거하고 순수하게 생산량의 변동만 반영하는 것이 바람직하기 때문이다.[9]

그러나 기준연도의 가격을 사용하는 경우에도 왜곡현상이 발생할 수 있다. 시간이 흐름에 따라 성장산업과 사양산업이 바뀌기도 하고 산업 간 가격 변동률이 달라 기준연도의 가격이 현실을 반영하지 못하기 때문이다. 예컨대 컴퓨터 가격은 최근 몇 년 동안 급격히 하락하였고 대학 수업료는 상승하였다면, 컴퓨터와 대학 교육서비스의 가치를 측정할 때 10년 전(기준연도)의 가격을 사용한다면 현재의 가치를 올바르게 측정할 수 없다.

따라서 미국은 1995년부터, 우리나라는 2009년부터 **연쇄가중법**chain weighted method이라는 방법을 사용하여 실질GDP를 추계하고 있다.

연쇄가중법은 기준연도부터 당해연도까지 매년 물량 변화를 반영하여 연쇄물량지수를 산출하고 여기에 기준연도의 GDP 금액을 곱하여 산출하는 방법이다. 2010년을 기준연도로 하여 연쇄가중방식으로 추계했을 때 '2010년 연쇄가격기준'GDP valued at chained 2010 year prices이라는 문구를 넣어 준다. 연쇄가중방식은 현실을 반영한다는 장점은 있으나, 매년 연쇄물량지수를 산출해야 하므로 비용이 많이 든다는 단점이 있다.

(5) GDP의 유용성과 한계

국내총생산의 통계는 개별 경제지표와 달리 한 나라 경제전체의 성과를 종합적으로 나타낸다. 따라서 한 국가의 경제규모와 소득수준을 파악하는 지표가 되며,[10] 연도별 경제성장률 측정, 경기상황 판단 등이 가능하여 경제정책을 수립하는 데 기초자료가 된다. 또한 국가 간 경제력을 비교하는 수단이 된다.

그러나 GDP 측정에는 문제점도 많다. 우선 후생수준 척도로서 단점을 가지고 있다. 국민들의 여가 가치가 고려되지 않으며, 환경오염이나 공해, 기타 생산과정에서 발생하는 부정적인 효과와 범죄 등 기타 사회문제의 변화 등을 반영하지 못한다. 그리고 한 국가의 경제규모는 파악되지만 어떻게 분배되는지를 파악할 수 없다.

또한 총생산 척도로서의 단점도 있다. 자가 소비를 위한 생산활동, 가정주부의 가사노동, 자원봉사자의 활동 등 시장에서 거래되지 않는 재화와 서비스는 포함되지 않

---

9   명목GDP와 실질GDP를 사용하여 물가지수를 산출할 수 있다. GDP디플레이터deflator는 명목GDP를 실질 GDP로 나눈 값(GDP deflator(%)= $\frac{당해연도의 명목GDP}{당해연도의 실질GDP}$ ×100)으로 GDP를 추계한 이후 사후적으로 계산된다. GDP를 추계할 때 국내에서 생산되는 모든 재화와 서비스를 대상으로 하므로 GDP디플레이터는 국내 모든 경제활동을 반영하는 종합적인 물가지수라고 할 수 있다. 제16장에서 자세히 설명한다.

10 국민총생산은 한 나라의 경제규모를 파악하는 데 유용한 반면, 1인당 **국민소득**real GDP per capita 또는 1인당 **국민총소득(GNI)**은 국민들의 생활수준을 파악하는 데 유용하다. 특히 국민총소득(GNI)Gross National Income은 우리나라의 국민이 해외에서 벌어들인 소득이 포함되고, 외국인이 국내에서 벌어들인 소득은 제외되므로 국민들의 평균적인 생활수준을 파악하는 데 더 유용하다.

는다. 그리고 재화와 서비스의 품질 변화는 측정되지 못하며, 지하경제의 경제활동도 제외되며, 경제발전 과정에서 가계의 소비품목이 변화하여 기업의 산출물이 변화하는 현상도 제대로 반영하지 못한다.

03 국민소득의 균형

(1) 총수요와 총공급의 균형

국민경제의 분석 툴은 총수요 – 총공급모형을 이용한다. '총수요 = 총공급'일 때 국민소득은 균형을 이룬다. 여기서 총공급은 모든 기업이 생산하여 공급한 총액으로서 생산국민소득이 된다. 총수요는 모든 기업이 생산한 재화와 서비스를 경제주체들의 수요에 의해 팔려 나간 총액을 말하며, 지출국민소득이 된다.

총공급은 생산과정에 참여한 경제주체들에게 소득의 형태로 분배되고 그 소득은 다시 소비(C), 저축(S), 세금(T)의 형태로 처분된다. 따라서 '총공급(Y_s) = C + S + T'라는 항등식을 도출할 수 있다.

그리고 총수요는 가계, 기업, 정부, 해외부문의 재화와 서비스에 대한 수요이므로 소비지출(C), 투자지출(I), 정부지출(G), 순수출(NX)의 합이 된다. 따라서 '총수요(Y_d) = C + I + G + NX'라는 항등식을 도출할 수 있다.

$$Y_s = C + S + T$$
$$Y_d = C + I + G + (X - M)$$
$$Y_s = Y_d \quad \cdots\cdots\cdots\cdots \text{국민소득의 항등식 (식 14.1)}$$

$Y_s < Y_d \rightarrow$ 공급 부족(초과수요) → 기업의 생산 증가, 국민소득 증가
$Y_s < Y_d \rightarrow$ 수요 부족(초과공급) → 기업의 생산 감소, 국민소득 감소
$Y_s = Y_d \rightarrow$ 국민소득 균형

국민소득은 총공급(Y_s)과 총수요(Y_d)가 일치할 때 균형을 이루므로 'C + S + T = C + I + G + NX'라는 항등식이 도출된다. 만약 총수요가 총공급보다 많으면, 공급이 부족하여 초과수요가 발생하므로 기업의 투자가 늘어나고 고용이 증가하여 국민소

득이 증가하게 된다. 그리고 총공급이 총수요보다 많으면, 수요가 부족하여 초과공급이 발생하므로 기업의 재고가 증가하여 생산이 위축되고 실업이 증가하여 국민소득은 감소하게 된다.

실제GDP와 잠재GDP

앞서 국민소득은 생산접근법, 소득접근법, 지출접근법의 세 가지 방법으로 추계할 수 있다고 설명하였는데, 이렇게 산출된 국민소득은 일정기간 동안 한 나라 안에서 실제로 생산된 최종생산물의 시장가치이므로 이를 **실제 실질GDP** actual real GDP(간략히 실제GDP)라고 한다.

반면에 한 나라 안에 존재하는 모든 생산요소를 '정상적'으로 사용하여 생산할 수 있는 최대 생산량의 시장가치를 **잠재 실질GDP** potential real GDP(간략히 잠재GDP)라고 한다. 여기서 '정상적'이라 함은 휴일근무 또는 연장근무를 하지 않고 규정에 따라 정해진 시간 동안 근로한다는 것을 의미한다. 그리고 '모든 생산요소 사용'이라 함은 현재의 기술수준과 부존자원하에서 사용할 수 있는 모든 자원을 최대한 사용한다는 것으로 근로자의 경우 완전고용상태를 가정한 것이다.

또한 완전고용이란 불가피하게 발생하는 마찰적 실업과 계절적 실업을 제외한 자연실업률 수준의 고용상태를 말한다. 자연실업률 수준을 완전고용상태라고 한다. 통상 미국의 자연실업률 수준은 5~6%, 우리나라는 2017년 3.7% 수준인 것으로 알려져 있다.[11] 따라서 잠재GDP(잠재총생산)는 완전고용GDP, 완전고용산출량 full employment output, 자연산출량 natural rate of output, 자연실업률 상태의 GDP 등으로 불린다.

GDP 갭 또는 총생산 갭

케인즈는 1930년대 생산능력은 충분하지만 유효수요 부족으로 대공황이 발생한 것으로 판단하였다. 여기서 유효수요란 구매력이 뒷받침된 수요를 의미한다. 유효수요가 부족하면, 아무리 공급능력이 충분하더라도 팔리지 않으므로 재고만 쌓일 뿐 국민소득이 증가하지 못한다는 논리였다.

그리고 케인즈는 완전고용수준의 유효수요와 실제 유효수요의 차이를 **지출 갭**으로 불렀다. 실제 유효수요가 완전고용수준의 유효수요보다 클 때, 즉 지출 갭 > 0일 때 인플레이션 갭이라고 불렀으며, 유효수요가 부족한 상황, 즉 지출 갭 < 0일 때 디

---

11 우리나라의 자연실업률은 2000년대 중반 3.4% 수준에서 2017년 3.7% 수준인 것으로 알려져 있다. 조귀동, "자연실업률 사상 처음 3% 후반대 진입", 조선비즈(2017.4.30.).

플레이션 갭이라고 불렀다.

그러나 지출 갭의 개념이 확대되어 이제는 완전고용수준의 총생산(잠재GDP)과 실제 총생산(실제GDP)의 차이를 **총생산 갭**(또는 GDP 갭)이라고 한다.

$$\text{GDP 갭} = \text{실제GDP} - \text{잠재GDP} \qquad \text{(식 14.2)}$$

실제GDP > 잠재GDP → GDP 갭 > 0 ⋯ 인플레이션 갭
실제GDP < 잠재GDP → GDP 갭 < 0 ⋯ 경기침체 갭
실제GDP = 잠재GDP → 국민소득 균형

GDP 갭이 0보다 클 때 **인플레이션 갭**inflationary gap 또는 확장 갭expansionary gap이라고 한다. 확장 갭은 앞서 설명한 '정상적인 완전고용'보다 생산요소를 과잉으로 사용하여 생산하는 상태이므로 경기가 과열되어 물가상승압력으로 작용한다. 또한 GDP 갭이 0보다 작을 때 **디플레이션 갭**deflationary gap 또는 경기후퇴 또는 경기침체 갭recessionary gap이라고 한다. 경기침체 갭은 현재 생산요소를 정상적으로 사용하지 못하는 상태, 실업이 존재하는 상태, 경기가 침체된 상태일 때 발생하므로 경기침체 갭이 존재하면 실업률이 상승하고 물가하락압력으로 작용한다.

(2) 누출과 주입의 균형

제4장 경제순환모형에서 누출 – 주입을 설명한 바 있다. 여기서 되새김하여 보자. 국민경제는 '생산 → 분배 → 지출 → 생산 → 분배 → 지출⋯'이라는 순환과정을 거친다. 경제순환과정에서 국민소득이 외부로 빠져나가거나 외부에서 들어오는 부분을 누출과 주입이라고 한다.

누출leakage은 국민경제의 순환과정에서 외부로 빠져나가는, 소득의 흐름을 감소시키는 현상이며, **주입**injection은 외부로부터 국민경제의 순환과정 내부로 추가되는, 소득의 흐름을 확대시키는 현상이다.

경제주체별 누출과 주입을 자세히 살펴보자. 가계부문이 가계소득을 소비하지 않고 저축(S)하거나 조세(T)를 납부하는 부분은 소득순환으로부터 빠져나가는 누출이 되고 저축과 조세만큼 국민소득의 크기를 줄인다. 그러나 저축된 돈은 다시 금융시장을 통하여 기업부문의 투자(I)로 연결되어 소득순환으로 주입이 되며, 투자금액만큼 국민소득의 크기를 증가시킨다. 그리고 정부부문이 가계와 기업으로부터 조세를 받아 정부

지출(G)하면 주입이 되어 국민소득의 크기가 확대된다. 해외부문 역시 수출(X)의 증가는 주입이 되어 국민소득을 증가시키며, 외국으로부터의 수입(M)은 누출이 되어 국민소득을 줄이게 된다.

따라서 저축(S), 조세(T), 수입(M)은 누출이 되고 투자(I), 정부지출(G), 수출(X)은 주입이 된다. 만약 국민소득 순환과정에서 누출과 주입이 전혀 없거나 있더라도 누출 규모와 주입 규모가 같으면, 경제순환은 항상 균형상태equilibrium에 놓여 있으며 아무런 문제가 발생되지 않는 평온한 상태가 된다. 그러나 소득순환과정에서 누출이 주입보다 많으면 수요부족현상이 발생하고, 주입이 누출보다 많으면 공급부족현상이 발생한다. 따라서 국민소득의 순환이 균형상태에 도달하려면 누출 = 주입이 되어야 한다. 'S + T + M = I + G + X'를 누출과 주입의 항등식이라고 부른다.

(누출) S + T + M = I + G + X (주입) … 누출과 주입의 항등식   (식 14.3)

누출 > 주입 → 수요부족 → 국민소득 축소
누출 < 주입 → 공급부족 → 국민소득 확대
누출 = 주입 → 국민소득 균형

누출 − 주입의 항등식은 총수요 − 총공급의 항등식에서 쉽게 도출된다. (식 14.1) 총수요 − 총공급 항등식 'C + S + T = C + I + G + (X − M)'을 조금 변형하면, 'S + T + M = I + G + X'라는 항등식이 나온다. 여기에서 수출입이 없는 폐쇄경제라고 한다면, 'S + T = I + G'가 되며, 개방경제라고 한다면, 'S + T + M = I + G + X'가 된다.

누출 − 주입의 항등식을 정밀하게 들여다보면, 누출(항등식의 왼쪽)은 총공급(총생산) 측면이며, 주입(항등식의 오른쪽)은 총수요(총지출) 측면이라는 것을 알 수 있다. 누출과 주입의 크기가 같으면 '총공급 = 총수요'가 되므로 국민소득은 균형상태를 유지한다.

그러나 누출이 주입보다 크면 '총공급 > 총수요'가 되므로 수요부족으로 팔리지 않는 재화가 재고로 쌓이면서 국민소득은 축소되고 경기침체가 찾아오며, 주입이 누출보다 크면 '총공급 < 총수요'가 되므로 기업들이 생산을 늘리고 고용량을 증대하여 국민소득은 확대되고 호황이 찾아오게 된다. 케인즈는 1930년대 대공황이 유효수요의 부족 때문이라고 한 것도 바로 이 점을 지적하면서 유효수요를 늘리기 위하여 소비지출(C), 투자지출(I), 정부지출(G), 해외지출(X − M) 등 총수요관리정책이 필요하다고 하였다.

(3) 저축과 투자의 균형

국민소득의 균형은 총수요 - 총공급의 항등식이 되고, 이는 누출 - 주입의 항등식으로 연결된다. 누출 - 주입의 항등식은 다시 저축 - 투자의 항등식으로 연결된다. 국민소득의 균형을 저축과 투자의 관점에서 접근하는 것도 매우 흥미로우면서, '저축 = 투자'라는 거시경제의 작동원리를 제공한다는 측면에서 빠뜨릴 수 없는 부분이다.

폐쇄경제에서의 저축 - 투자 항등식

우선 해외부문을 제외한 폐쇄경제(가계, 기업, 정부가 존재하는 경제)에서 저축의 개념을 살펴보자.[12] 가계부문과 기업부문의 저축을 **민간저축**private saving이라고 하고, 정부부문의 저축을 **정부저축**public saving이라고 한다. 민간저축(S_P)과 정부저축(S_G)의 합계를 **총저축** 또는 **국민저축**(S)national savings이라고 한다.

민간저축은 소득에서 소비지출과 조세를 제외한 것이므로 '$S_P = Y - C - T$'이며, 정부저축은 정부의 조세수입에서 정부지출 후 남은 금액이므로 '$S_G = T - G$'로 나타낼 수 있다.[13] 정부저축이 ($+$)이면 조세수입(T)이 정부지출(G)보다 많은 재정흑자를 의미하며, 정부저축이 ($-$)이면 재정적자를 의미한다. 즉 정부저축은 재정수지를 의미한다.

그리고 '국민저축(S) = 민간저축(S_P) + 정부저축(S_G)'에서 $S_P = Y - C - T$, $S_G = T - G$이므로 국민저축은 $S = Y - C - G$가 된다. 그리고 '$Y = C + I + G$'을 대입하면, 'S(저축) = I(투자)'가 된다. 이를 폐쇄경제에서의 저축 - 투자 항등식이라고 한다.

$$\begin{aligned}
\text{국민저축}(S) &= \text{민간저축}(S_P) + \text{정부저축}(S_G) \\
&= (Y - C - T) + (T - G) \\
&= Y - C - G \\
&= (C + I + G) - C - G \\
\Rightarrow S &= I \cdots \text{폐쇄경제에서의 저축 - 투자 항등식 (식 14.4)}
\end{aligned}$$

---

12 제4장 경제순환모형에서 설명한 '저축'의 개념을 다시 살펴보자. 거시경제에서 말하는 저축은 국민경제 전체적으로 처분가능소득 중에서 지출되지 않고 남은 소득(잉여자금)을 말한다. 개인의 저축은 처분가능 소득(소득 - 세금) 중에서 소비지출하고 남은 소득을 말하고, 기업의 저축은 처분가능소득 중에서 경제 주체들에게 분배하고 남은 소득을 말하며, 정부의 저축은 조세수입 중에서 정부지출하고 남은 소득을 말한다. 따라서 총저축은 국민경제를 구성하고 있는 가계, 기업, 정부의 저축을 모두 합한 것을 말한다.

13 정부저축을 정부의 이전지출을 포함하면 S_G(정부저축) = T(조세수입) - G(정부구매) - TR(정부이전지출)이 된다.

폐쇄경제에서의 저축 - 투자 항등식('S = I')은 무엇을 의미하는가? '저축 = 투자'의 개념은 바로 고전학파의 대부자금설과 케인즈의 저축과 투자에 의한 국민소득결정론에서 강조하는 부분이다. 제11장과 제12장에서 공부한 바와 같이 고전학파의 이자율 결정은 대부자금시장에서 이루어진다. 대부자금의 수요는 투자(I)가 되며, 대부자금의 공급은 저축(S)이 된다. 투자가 저축보다 많으면 이자율이 상승하고, 투자가 저축보다 적으면 이자율은 하락한다. 투자와 저축이 같을 때 균형이자율이 도출된다.

반면에 케인즈학파는 이자율은 화폐시장에서 화폐의 수요와 공급에 의해 결정된다는 유동성선호설을 주장하고, 저축과 투자는 국민소득을 결정한다는 이론(저축 - 투자에 의한 국민소득결정론)을 제기하였다. 저축이 투자보다 많으면 유효수요의 부족으로 국민소득은 감소하며, 투자가 저축보다 많으면 국민소득이 증가하고, 저축과 투자가 같을 때 국민소득은 균형을 이룬다고 주장한 것이다.

그리고 대부자금설의 이자율과 유동성선호설의 이자율은 서로 다른 것인가? 제12장 금융시장에서 이미 설명한 바와 같이 대부자금시장의 이자율은 저축 - 투자의 항등식을 통하여 화폐시장의 이자율과 연결된다. 실물부문과 금융부문을 연결하는 고리가 바로 'S = I'이다. 실물부문은 대부자금시장의 대부자금설이며, 금융부문은 화폐시장의 유동성선호설을 말한다. '저축 = 투자'라는 폐쇄경제에서의 저축 - 투자 항등식에 의하여 실물부문과 금융시장이 서로 연결되며, 두 시장에서 적용되는 균형이자율이 결정된다.[14]

개방경제에서의 저축 - 투자 항등식

이번에는 저축 - 투자 항등식을 해외부문을 포함한 개방경제체제로 확장하여 보자. S = Y − C − G에서 Y = C + I + G + (X − M)을 대입하면 'S = I + (X − M)'가 된다. 즉 총저축은 투자와 순수출의 합과 같다. 이를 다시 변형하면, (X − M) = S − I 즉 순수출은 저축과 투자의 차이와 같다. 그리고 총저축은 민간저축과 정부저축의 합이므로 이를 대입하면, '(S_P − I) + (T − G) = (X − M)'이라는 개방경제에서의 저축 - 투자 항등식이 도출된다.

---

14 요약하면, 고전학파는 저축과 투자에 의해 이자율이 결정되며(대부자금설), 케인즈는 저축과 투자에 의해 국민소득이 결정된다(저축 - 투자에 의한 국민소득결정론)고 주장하였다. 이때 고전학파의 대부자금설은 국민소득은 불변이라는 것을 전제로 한 것이며, '저축 = 투자'의 연결고리에 의해 대부자금설과 유동성선호설은 서로 연결된다.

$$S = Y - C - G$$
$$ = (C + I + G + X - M) - C - G$$
$$\Rightarrow S = I + (X - M)$$
$$S - I = (X - M)$$
$$(S_P + S_G) - I = (X - M)$$
$$\Rightarrow \underbrace{(S_P - I)}_{\substack{\text{(저축－투자의)}\\\text{균형}}} + \underbrace{(T - G)}_{\substack{\text{(재정수지)}\\\text{균형}}} = \underbrace{(X - M)}_{\substack{\text{(경상수지)}\\\text{균형}}} \qquad \text{(식 14.5)}$$

$$\underbrace{}_{\text{대내균형}} = \underbrace{}_{\text{대외균형}}$$

개방경제에서의 저축 － 투자 항등식은 거시경제학의 중요한 작동원리를 설명하여 준다. 우선 '개방경제에서의 항등식' 왼쪽은 저축 － 투자의 균형과 재정수지의 균형을 합한 것으로 대내균형을 의미하고, 오른쪽은 경상수지 균형으로 대외균형을 의미한다. 경제가 대내균형을 이루면 대외균형도 이루지만, 대내부문이 불균형상태에 있으면 대외부문도 불균형상태에 이르게 된다는 것을 의미한다.[15]

또한 저축 － 투자가 균형을 이루고 동시에 재정수지가 균형을 이루면, 경상수지도 자동적으로 균형을 이룬다. 만약 투자가 저축보다 많거나 재정지출이 조세수입보다 많으면, 경상수지는 적자를 보이게 된다. 반면에 저축이 투자보다 많거나 조세수입이 재정지출보다 많으면, 경상수지는 흑자가 된다.

예컨대, 재정적자가 발생하였다고 가정하자. 재정적자는 총저축을 감소시켜 대부자금시장의 자금공급이 감소하여 이자율이 상승하고 국내투자를 감소시킨다. 또한 이자율이 상승하면 외국자금이 유입되어 환율이 하락(평가절상)하고, 환율이 하락하면 수출이 감소하고 수입이 증가하므로 경상수지는 적자가 된다. 즉 재정수지 적자와 경상수지 적자가 동시에 발생하게 된다. 1980년대 재정수지 적자와 경상수지 적자라는 쌍둥이 적자를 경험한 미국이 대표적인 사례라고 할 수 있다.

'저축 ＝ 투자' 항등식이 시사하는 바를 찾아보자. 우선 총저축(S)은 기계기구, 공장 그리고 주택 등 투자에 필요한 재원으로 사용된다. 총저축이 많을수록 이자율이 하락하여 기업들이 투자하기 용이하므로 저축의 양이 투자의 양을 결정한다. 따라서 총저축을 늘리는 것이 중요하다. 저축이 투자의 자금줄이 되므로 '저축은 미덕'이 된다.

만약 총저축이 투자규모보다 작을 때는 외자를 조달하여야 한다. 과거 1960~70년

---

15 이지순(2008년), 『거시경제학』, 법문사.

대 우리나라 경제개발시대에 자본부족으로 외자에 의존했던 시절이나, 향후 북한 경제 개발에서 북한의 총저축이 낮아 대부분 외자에 의존할 수밖에 없는 상황이 대표적인 예이다. 그리고 총저축의 지속적인 증가는 그 나라의 자본량을 지속적으로 축적하게 한다. 실물부분에서 자본량이 축적되면, 즉 고속도로, 철도, 전력 등이 잘 구축되어 있으면, 투자하기가 용이하다. 그리고 금융부문에서 자본량이 축적되면, 즉 금융시장에서 자금이 풍부하면 이자율이 낮아 투자하기가 용이하다. 따라서 산업자본이든 금융자본이든 자본이 축적된 나라는 투자하기가 용이하므로 경제는 안정적으로 성장할 수 있다.

저축이 증가하려면 국민소득 자체가 높아야 한다. 소비지출하고 남는 부분을 저축할 만큼 소득수준이 높지 않다면, 저축이 불가능하다. 국민소득이 높아 총지출보다 총저축이 많고 정부지출보다 조세수입이 많다면, 잉여부분은 수출이 되고 경상수지는 흑자가 된다.

그러나 아무리 저축이 많더라도 투자로 유입되지 않으면 아무런 소용이 없다. 저축과 투자를 연결하는 금융시스템이 잘 구축되어 있어 금융시장과 금융기관이 잘 작동되면, 금융거래 비용이 극소화되고 금융부문의 저축이 실물부문의 투자로 잘 연결되므로 경제성장이 촉진된다.

총저축이 많고 잘 작동하는 금융시스템이 구축되어 있더라도 투자 분위기와 투자 대상이 없으면 투자되지 않는다. 투자가 활발히 이루어질 수 있는 투자 분위기는 정부와 정치인의 몫이다. 정치가 안정되어 있고 시장을 지원하는 정부정책이 있으면 그리고 기업인들의 기업가정신이 발휘된다면 선순환의 항해를 하게 된다.

결론적으로 '저축 − 투자' 항등식은 거시경제학의 모든 요소를 연결시켜 주는 중요한 작동원리가 된다. 저축 − 투자 항등식은 제19장 국제수지와 거시경제의 작동원리에서 다시 확장되어 설명된다.

15 총수요 - 총공급모형

01 거시경제의 기본개념

(1) 고전학파와 케인즈학파

고전학파와 신고전학파

고전학파의 국민소득결정이론은 세이의 법칙과 가격변수의 완전신축성이라는 가정하에서 이루어지며, 고전학파의 이분법과 화폐의 중립성으로 요약할 수 있다.

먼저 **세이의 법칙**Say's law을 전제로 한다. 세이의 법칙이란 "공급이 스스로 자신의 수요를 창출한다"Supply creates its own demand라는 것을 말한다. 재화나 서비스가 일단 생산되면 자동적으로 수요가 발생하여 경제전체적으로 수요와 공급은 항상 일치하게 되므로 초과수요나 초과공급은 존재하지 않는다. 즉 고전학파는 공급 측면을 강조한다.

또한 **가격변수의 완전신축성**을 전제로 한다. 가격변수의 완전신축성이란 경제주체들이 가격변수들의 움직임을 완벽하게 예견한다는 것을 의미한다. 예컨대 물가수준(P)이 상승하면 노동자들은 물가상승을 인지하고 매우 짧은 시간 이내에 명목임금(W)의 인상을 요구하여 실질임금 $\left(w = \dfrac{W}{P} \right)$은 변화가 없다는 것이다. 물가, 명목임금, 이자율 등 가격변수들이 신축적으로 움직이면 시장균형도 빠른 속도로 회복된다.

그리고 화폐시장에서 화폐는 단지 교환수단으로만 기능하므로 통화량은 실물부문과 관계없이 물가수준에만 영향을 미친다는 **화폐수량설**quantity theory of money을 주장한다.[16] 화폐 공급량이 증가하면 증가한 만큼 물가수준을 상승시키며 실물부문과는 아무런 관련이 없다는 **화폐의 중립성**neutrality of money을 주장하며, 실물부문과 화폐부문이 완전히 분리되어 있다는 **고전학파의 이분법**classical dichotomy을 제시한다.

이와 같이 고전학파 경제학은 공급 측면을 강조하는 세이의 법칙, 보이지 않는 손, 가격의 신축성 등에 의하여 시장은 초과수요나 초과공급 없이 신속히 균형에 도달한다는 **시장청산**market clearing 기능을 강조하고, 경제는 상당히 빠른 시일 내에 가격이 자동으로 조정되어 언제나 완전고용수준으로 되돌아간다는 **자동조정기능**self-correcting mechanism을 강조한다. 따라서 고전학파 경제학자들은 정부의 경제정책은 필요가 없다고 주장한다.

케인즈학파

케인즈학파의 국민소득결정이론은 총수요에 초점을 맞추고 있다. 케인즈학파는 첫째, 고전학파의 '세이의 법칙'을 부정하고 유효수요이론을 주장한다. **유효수요**effective demand란 구매력이 뒷받침된 수요를 의미한다. 유효수요가 부족하면, 아무리 공급능력이 충분하더라도 팔리지 않으므로 재고만 쌓일 뿐 국민소득이 증가하지 못한다. 1930년대 대공황은 생산능력은 충분하지만 유효수요가 부족하여 발생한 것으로 판단하고 있다.

둘째, 고전학파의 가격 신축성과는 달리 **가격의 경직성**을 주장한다. 케인즈는 불황 국면일 때 물가수준이 바닥이므로 경기가 회복되더라도 즉각적인 물가상승이 없으며, 노동자들은 명목임금과 실질임금을 착각하는 **화폐환상**money illusion [17]을 가지고 있으며, 상승한 임금은 좀처럼 하락하지 않는다는 **명목임금의 하방경직성**downward rigidity of money wages을 주장한다.

---

16 **화폐수량설**quantity theory of money은 통화량과 물가수준이 정비례 관계가 있다는 이론이다. '$M\bar{V}=P\bar{T}$'(M = 통화량, V = 유통속도, P = 물가, T = 거래량)에서 화폐 유통속도(V)와 거래량(T)이 일정하다면, 화폐의 공급은 물가수준에만 영향을 미치며, 화폐공급 증가량만큼 물가수준이 비례적으로 상승한다는 이론이다.

17 **화폐환상**money illusion은 경제주체들이 물가상승을 제대로 인식하지 못하여 명목변수를 기준으로 의사결정한다는 것을 말한다. 예컨대 물가수준이 변화하더라도 본인 소유의 현금이나 예금의 가치는 변화하지 않을 것이라고 착각한다는 것이다. 거시경제에서 가계의 소비 또는 노동자들의 노동공급에서 실질소득을 기준으로 의사 결정하느냐 아니면 명목소득을 기준으로 의사 결정하느냐에 따라 결과가 전혀 다르다.

이에 따라 케인즈학파는 경제는 자동조정되지 않으므로 정부가 통화정책과 재정정책을 통하여 적절히 개입하여야 경제가 안정된다는 **경제안정화정책**stabilization policy을 강조하였다.

통화주의자

통화주의 창시자 프리드먼Milton Friedman은 케인즈학파가 정부정책의 중요성을 강조한 것과는 달리 화폐의 중요성을 강조하면서 1950~60년대 케인즈학파와 통화주의자들의 끝없는 논쟁이 전개되었다.

먼저 프리드먼은 정부의 재정정책은 오히려 민간소비와 투자가 위축시킨다는 '구축효과'crowding-out effects를 주장하면서 케인즈의 '통화는 중요하지 않으며Money does not matter, 유효수요가 중요하다'라는 주장에 대하여 '화폐도 중요했었다'Money did too matter라고 하면서 화폐공급이 일정한 속도로 증가하면 국민총생산도 일정한 속도로 증가할 것이라고 주장하였다.

또한 정부정책에 대하여 재량과 준칙의 논쟁도 시작되었다. **재량**discretions이란 경제상황에 맞게 정부가 적절한 정책을 집행하는 것이며, **준칙**rule은 경제상황에 따라 정부가 인위적으로 개입하면 오히려 부작용이 나타나므로 사전에 정해진 규칙에 따라 정책을 집행하면 자동적으로 경제문제는 해결된다는 것이다.

합리적 기대이론과 공급중시 경제학

1960년대 후반부터 1970년대 케인즈학파는 물러나고 통화주의, 공급중시 경제학, 합리적 기대이론 등 고전학파 경제학자들이 다시 주목을 받았다.

합리적 기대이론은 1961년 뮤스J. Muth에 의해 소개되고 1972년 루카스R. Lucas가 '기대 · 예상'expectations의 개념을 거시경제학에 도입하여 주목받기 시작했다. 모든 사람들은 각자 보유한 정보를 활용하여 합리적인 예견을 하므로 정부의 시장 개입은 효력이 없다고 주장한 것이다.

공급중시 경제학은 레이건 행정부 경제정책의 골격을 지칭하며 흔히 레이거노믹스Reaganomics라고 불린다. 1970년대 말 석유파동, 스태그플레이션 등 미국 경제의 어려움은 공급 측면의 구조적인 취약으로부터 발생된 것이라고 판단하고 조세감면을 통하여 생산과 근로의욕을 자극하여 총공급을 증가시켜야 한다는 것이 주요 내용이다. 특히 래퍼곡선Laffer curve은 세율과 세수의 관계를 나타낸 곡선으로 일반적으로 세율이 높아질수록 세수는 늘어나지만, 일정세율을 넘으면 기업의 의욕 상실로 공급이 증가하지 않아 세수는 오히려 줄어든다는 이론이다.

새고전학파와 새케인즈학파

최근 경제학계는 크게 새고전학파와 새케인즈학파로 양분된다. 새고전학파New Classical school는 합리적 기대이론을 거시경제학에 접목하는 움직임을 말한다. 시장 불균형이 발생하면 신축적인 가격 조정과 합리적 기대에 의하여 즉각적으로 균형상태에 도달하는 '시장청산'이론을 기본으로 한다. 또한 고전학파 이론을 경기변동 관점에서 재해석하여 실물경기변동이론을 제시하였다. '실물경기변동이론'real business cycle theory은 경기변동은 실물부문의 요인, 특히 기술진보와 같은 공급 측면의 변화에 따라 발생하며, 통화량과 같은 명목변수들의 변화에 의해 발생되지 않으며, 따라서 통화량 조정과 같은 총수요정책은 큰 효력이 없다고 주장하는 이론이다.

반면, 새케인즈학파New Keynesian school는 새고전학파의 합리적 기대와 미시경제학적 기초에 바탕을 둔 거시경제이론을 수용하면서 시장청산의 가정을 부정하고 거시경제정책의 유효성을 인정한다는 측면에서 케인즈적 사고를 계승하였다. 새케인즈학파는 가격변수들이 경직적이라는 다양한 근거를 제시하면서 현실적으로 시장구조는 불완전하며, 명목임금과 가격이 경직적이므로 재정정책과 통화정책이 필요하다는 주장을 전개한다.

(2) 수요충격과 공급충격

거시경제는 앞에서 설명한 바와 같이 국민경제라는 큰 틀 속에서 경제가 어떻게 움직이는가를 연구하는 학문이다. 따라서 거시경제학은 하나의 큰 모형을 설정하고 시작한다. 많은 연구소에서 내년도 경제성장률을 예측하는 것도 거시경제모형에서 나온 것이다. 거시경제모형은 수많은 함수들로 구성되어 있는데, 모형 내부에 설정된 변수를 **내생변수**라고 하고 모형 외부에 설정된 변수를 **외생변수**라고 한다.

외생변수가 예상치 못한 변화가 있을 때 이를 거시경제학에서는 충격shock이라고 표현한다. 재화와 서비스의 수요 측면에서 예기하지 못한 변화가 발생할 때 수요충격이라고 하고, 공급 측면에서 예상하지 못한 변화가 발생하는 것을 공급충격이라고 한다.

먼저 **수요충격**demand shock을 살펴보자. 앞서 총수요는 가계의 소비지출, 기업의 투자지출, 정부의 정부지출, 해외부문의 순수출(수출 − 수입)의 합이라고 설명하였다. 총수요에 영향을 미치는 외생변수가 변화할 때 수요충격은 발생한다.

총수요를 증가시키는 외생변수의 변화를 긍정적인 수요충격positive demand shock이라고 하고, 총수요를 감소시키는 외생변수의 변화를 부정적인 수요충격negative demand shock이라고 한다.[18] 예컨대, 정부가 정부지출을 늘리거나 세율을 인하할 때 긍정적인 수요충격이 발생하여 총수요는 증가하고, 정부지출을 줄이거나 세율을 인상할 때 부정적인 수요충격이 발생하여 총수요는 감소한다. 또한 중앙은행이 통화공급량을 늘리거나 이자율을 인하할 때 총수요는 증가하고, 통화공급량을 줄이거나 이자율을 인상할 때 총수요는 감소한다.

이번에는 **공급충격**supply shock을 살펴보자. 공급충격은 가뭄, 홍수, 태풍, 지진 등과 같은 자연재해가 발생하거나 국제유가, 환율이 크게 변동할 때 그리고 기술수준, 노동량, 자본량 등이 변화할 때 발생한다. 공급충격은 통상 재화의 일시적인 공급과잉 또는 공급부족현상을 초래하여 가격이 크게 변화하므로 **가격충격**price shock이라고도 한다.

그리고 갑작스러운 공급 감소를 초래하는 외생변수의 변화를 부정적인 공급충격negative supply shock이라고 하고, 총공급을 증가시기는 외생변수의 변화를 긍정적인 공급충격positive supply shock이라고 한다. 특히 부정적인 공급충격이 발생하여 생산요소의 가격이 상승하면, 재화나 서비스의 가격이 상승하면서 생산량도 줄어드는데, 이를 스태그플레이션stagflation이라고 한다.

(3) 경제주체들의 기대 또는 예상

거시경제 분석에서 경제주체들의 기대 또는 예상expectation은 매우 중요하다. 왜냐하면 경제주체들이 미래에 대한 기대는 그대로 경제행위로 나타나기 때문이다. 예컨대 경제주체들이 향후 중앙은행의 금리 인상을 예상한다면 현재의 소비를 줄이게 되며, 금리 하락을 예상한다면 현재의 소비를 늘리게 되므로 경제에 미치는 영향이 크다.

기대는 크게 완전예견, 정태적 기대, 적응적 기대, 합리적 기대로 구분된다. **완전예견**perfect foresight은 미래의 변화를 완벽하게 예상하는 것[19]으로, 만약 물가수준이 상승하면 경제주체들은 즉각적으로 명목임금 인상을 요구하게 된다. 완전예견은 고전학파 경제학자들이 주장하는 것으로 비현실적이라는 비판을 받는다.

정태적 기대static expectation는 완전예견과는 반대로 현재의 물가수준이 미래에도 지속될 것이라고 예상하는 경우이다.[20] 정태적 기대는 예측의 정확성이 낮고 비합리적이라는 비판을 받는다.

---

18 긍정적인 수요(공급)충격을 양(+)의 수요(공급)충격, 부정적인 수요(공급)충격을 음(−)의 수요(공급)충격이라고도 한다.

19 완전예견에서 향후 t기의 물가수준을 P_t라고 하고, t기의 예상물가수준을 P_t^e라고 한다면, 예상치와 실제치가 완벽하게 일치($P_t^e = P_t$)하게 된다.

20 정태적 기대에서 과거 t−1기의 물가수준을 P_{t-1}이라고 한다면, t기의 물가수준은 t−1기의 물가수준과 동일할 것으로 예상($P_t^e = P_{t-1}$)한다.

적응적 기대adaptive expectation는 경제주체들이 미래를 완벽하게 예상하지는 못하지만, 과거에 잘못 예상했던 것을 수정하면서 미래를 예측한다는 이론이다. 미래의 물가상승률을 예측할 때 과거에 잘못 예상했던 부분을 수정하고, 다시 예측하게 되므로[21] 적응적 기대의 단기 예측은 부정확할 수 있지만, 장기 예측은 정확하게 된다.

합리적 기대rational expectation는 경제주체들이 미래를 예상할 때 과거의 정보 이외에 현재의 상황 그리고 미래의 변화 가능성 등 현재 이용할 수 있는 모든 정보를 활용하여 정확하게 예상한다는 이론이다.[22] 따라서 미래의 예상에 오류가 발생하는 경우는 예상치 못한 충격이 발생한 경우에 국한된다는 것이다. 이는 새고전학파와 새케인즈학파 경제학자들이 많이 이용하는 방법이다.

(4) 가격변수들의 경직성과 신축성

거시경제에서 경제상황이 변화할 때 물가, 임금, 이자율 등 가격변수들이 얼마나 빨리 조정되느냐에 따라 분석결과는 달라진다. 가격변수들의 조정속도에 따라 단기와 장기로 구분하기도 하고 신축성과 경직성으로 구분하기도 한다.

거시경제학에서 단기는 가격변수들이 변화할 수 없는 짧은 기간을 말하며, 장기는 가격변수들이 신축적으로 변화할 수 있는 긴 기간을 말한다. 또한 가격변수들이 신축적이라고 하면 경제여건이 변화할 때 가격변수들이 신속히 조정되어 균형에 도달하는 시간이 매우 짧은 경우를 말하고, 경직적이라고 하면 균형에 도달하는 시간이 상당히 긴 경우를 말한다. 일반적으로 단기에는 가격변수들이 경직적이고 장기에는 신축적이지만, 경제학파에 따라 다르게 가정하기도 한다.

고전학파들은 **가격의 신축성**price flexibility을 주장한다. 가격의 신축성은 경제여건이 변화하여 불균형상태가 되면 가격변수들이 신속하게 조정되어 짧은 시간 내 균형을 회복한다는 내용이다. 예컨대 노동시장에서 물가가 상승하면 노동자들은 물가상승을 즉시 인지하고 명목임금 인상을 요구하게 되고, 명목임금이 즉시 인상되므로 균형에 도달하는 시간이 매우 짧다는 주장이다.

---

21 적응적 기대에서 과거(t−1기)에 예상했던 예상치를 P_{t-1}^e, 실제치를 P_{t-1}, 예상오차를 $P_{t-1} - P_{t-1}^e$, t기의 예상 물가상승률을 P_t^e라고 하였을 때 t기의 예상 물가상승률 $P_t^e = P_{t-1}^e + \alpha(P_{t-1} - P_{t-1}^e)$ (단, $0 < \alpha < 1$)이 된다.

22 합리적 기대에서 예상 물가상승률은 완전한 정보가 제공된다면 실제 물가상승률과 같다.
$P_t^e = E[P_t | I_{t-1}]$

반면, 케인즈학파는 **명목임금의 경직성**sticky wage과 **가격의 비신축성**sticky price을 주장한다. 시장이 불균형상태가 되면 가격변수들이 변화하여 균형에 도달하려면 꽤 많은 시간이 필요하다는 내용이다. 예컨대 물가가 상승할 때 노동자들이 즉시 인지하더라도 노사 간 장기 임금계약 체결, 노동조합의 단체협약, 최저임금제 등으로 단기간 내 명목임금이 변화되지 않는다는 것이다. 명목임금이 경직적인 경우 물가가 상승하더라도 명목임금은 변화되지 않으므로 실질임금이 하락하여 기업은 이윤극대화를 위하여 고용량을 늘리게 되어 균형에 도달하게 된다. 즉 가동률 조정 등 수량 조정을 통하여 균형을 찾아간다는 이론이다.

(5) 승수

탄력성이 미시경제 분석에서 매우 중요한 도구라면, 거시경제에는 승수효과가 매우 중요한 분석 도구이다. 승수multiplier는 곱셈(피승수 × 승수)에서 어떤 수에 곱하는 수를 말하므로 곱하는 수(승수)가 클수록 곱셈의 값은 커지게 된다.

수요의 가격탄력성은 가격이 변화할 때 수요량이 변화하는 정도이므로 '가격 변화 → 수요량 변화'의 한 단계 파급효과가 있다면, 승수효과는 여러 단계의 파급경로를 거치는 다단계 파급효과가 있다. 거시경제에서 다단계 파급효과가 나타나는 이유는 '생산 → 분배 → 소비 → 생산 → 분배 → 소비…'라는 경제순환과정이 반복되기 때문이다.

따라서 거시경제에서 어떤 외부변수가 변화하면, 경제순환과정을 거치면서 연쇄적으로 영향을 미쳐 최종효과는 처음보다 몇 배 이상으로 증가되는데, 그 증가율을 **승수**라고 하고, 최종적으로 몇 배 이상 증폭되는 현상을 **승수효과**라고 한다.

[표 15.1] 승수효과의 사례

	정부지출(신규)	국민소득 증가분	소비지출 증가분
1단계	1조원	1조원	8,000억원
2단계		8,000억원	6,400억원
3단계		6,400억원	5,120억원
.....		.....	.....
합계	1조원	5조원	4조원

예컨대 정부가 새로운 철도 건설에 1조원을 지출하였을 때 국민소득의 최종 증가분은 1조원보다 훨씬 많다. [표 15.1]은 승수효과를 설명한다. 우선 정부지출 1조원이 처음 집행되면, 철도건설 프로젝트 회사에 1조원이 투입되어 1차적으로 국민소득이 1조원 증가하게 된다.

철도회사는 건설과정에 참여하는 건설회사, 근로자, 중간재 공급회사 등에게 소득 형태로 1조원을 분배한다. 단순하게 근로소득으로만 1조원이 분배된다고 가정하자. 근로소득이 증가하면, 소비가 증가하게 되는데, 평균적으로 소득의 80%를 소비한다[23]고 가정할 때 근로소득이 1조원 증가하면, 소비지출은 8,000억원(1조원 × 80%) 증가하게 된다. 소비 8,000억원이 증가하게 되면, 즉시 생산 증가로 이어져 국민소득이 2차적으로 8,000억원 증가한다. 국민소득이 8,000억원 증가하면 다시 소비는 6,400억원(8,000 × 80%) 증가하고, 이는 다시 생산 증가로 이어져 국민소득이 또 증가한다. 이와 같은 과정이 계속되면 최초 정부지출 1조원보다 훨씬 많은 5조원의 국민소득이 증가하게 된다. 이를 계산하면 다음과 같다.

$$국민소득\ 증가분 = 1조원 + 8,000억원 + 6,400억원 + 5,120억원 + \cdots$$
$$= 1조원 + (1조원 \times 0.8) + (1조원 \times 0.8^2) + (1조원 \times 0.8^3) + \cdots$$
$$= 1조원 \times (1 + 0.8 + 0.8^2 + 0.8^3 + \cdots)$$
$$= \frac{1}{1-0.8} \times 1조원 = 5조원[24]$$

이와 같이 정부지출이 증가할 때 국민소득이 몇 배 증가하는 것을 정부지출승수효과라고 하고 $\frac{1}{1-한계소비성향}$을 정부지출승수라고 한다.

승수효과는 거시경제 분석에 다양하게 적용된다. 투자가 일정량 증가하였을 때 국민소득이 얼마나 증가하는가를 설명하는 투자승수가 있고, 정부가 세율을 인하하였을 때 국민소득이 얼마나 증가하는가를 설명하는 조세승수가 있으며, 수출이 증가하였을 때 국민소득이 얼마나 증가하는가를 설명하는 수출승수가 있다. 그 밖에 소비승수, 고용승수, 통화승수 등 다양한 승수는 거시경제의 파급효과를 설명해 준다.

---

23 이를 한계소비성향(MPC)Marginal Propensity to Consume이라고 한다. 소득 1단위 증가할 때 소비가 증가하는 비율을 말한다. 즉 한계소비성향 = $\frac{\triangle 소비}{\triangle 소득}$ 이다.

24 이는 무한등비급수로서 일반적인 수식으로 표현하면 다음과 같다.
$$\Delta Y = \Delta G + (\Delta G \times MPC) + (\Delta G \times MPC^2) + (\Delta G \times MPC^3) + \cdots$$
$$= \Delta G \times (1 + MPC + MPC^2 + MPC^3 + \cdots) = \Delta G \times \left(\frac{1}{1-MPC} \right)$$

02 총수요 – 총공급모형

(1) 기본사항

거시경제를 분석하는 툴은 여러 가지 종류가 있다.[25] 그중에서 가장 대표적인 모형이 총수요 – 총공급모형이다. 총수요 – 총공급모형은 가로축(X축)에 총생산(또는 국민소득), 세로축(Y축)에 물가수준을 두고, 두 변수의 관계를 분석하는 모형이다.

총수요 – 총공급모형 공부에 앞서 유념해야 할 사항이 몇 가지 있다. 첫째는 수요 – 공급보형과의 차이점이다. 수요 – 공급모형에서는 개별변수를 연구하지만, 총수요 – 총공급모형에서는 집계변수aggregate variables를 연구한다. 예컨대 수요 – 공급모형에서는 개별기업의 수요와 공급, 개별기업의 총수입, 개별재화의 가격과 생산량 등을 연구하지만, 총수요 – 총공급모형에서는 한 나라 안에 존재하는 모든 기업을 하나의 기업으로 간주하고, 한 나라 안에 존재하는 모든 재화를 하나의 재화라고 상정한다. 거시경제의 균형과정을 설명할 때 '재화와 서비스 가격이 상승하여 기업의 이윤이 증가하므로…'라는 표현에서 재화와 서비스, 가격 등은 개별기업의 재화와 서비스의 가격이 아니라 경제전체의 가격을 의미한다.[26]

따라서 거시경제에서 총수요와 총공급은 모든 기업들의 수요와 공급의 총합을 말하고, 국민소득은 모든 기업의 총수입을 의미하며, 물가는 모든 재화의 평균 가격을 뜻하고 총생산(또는 총산출)은 모든 기업의 생산량 총합을 말한다. 거시경제에서 사용하는 변수들은 모두 집계변수라고 생각하면 된다.

수요 – 공급모형과의 두 번째 차이점은 경쟁의 대상과 자원배분의 효율성이다. 미시경제에서 경쟁의 대상은 개인 또는 기업 등 경제주체들의 경쟁이며, 경쟁과정에서 '보이지 않는 손'에 의해 자원이 효율적으로 배분된다. 그러나 거시경제에서는 한 나라 경제전체를 하나의 시장으로 보기 때문에 기업 등 경제주체들 간 경쟁이 없으며, 자원배분의 효율성에 따른 자원의 이전도 존재하지 않는다.[27]

세 번째는 명목변수와 실질변수의 개념이다. 수요 – 공급모형에서 가격(Y축)과

---

25 거시경제 분석모형에는 총수요 – 총공급모형 이외에 케인즈학파의 소득 – 지출모형, IS – LM – BP모형, 고전학파의 장기거시모형 등이 있다.

26 실제 거시경제를 공부할 때 한 경제전체의 모든 재화와 서비스, 모든 기업, 모든 가격 등으로 이해하여도 되지만, 대표기업, 대표기업이 생산하여 공급하는 재화와 서비스 등으로 이해하여도 무방하다.

27 거시경제의 영역을 해외부문이 포함되는 개방경제로 확대하면, 국제무역이 존재하므로 해외부문과의 경쟁이 발생하기도 하며, 비교우위분야로 자원이 이전되기도 한다.

생산량 또는 소비량(X축)의 관계를 분석할 때 두 변수는 모두 명목변수이다. 그러나 총수요 – 총공급모형에서 물가(Y축)와 총생산(X축)의 관계를 분석할 때 물가수준은 명목변수이며 총생산은 실질변수(실질GDP)이다. 총수요 – 총공급모형에서 총생산이 실질변수인 이유는 국민경제의 규모를 정확히 파악하기 위하여 물가변동분을 제거하기 때문이다. 본서에서 국민소득을 설명할 때 별도의 언급이 없으면 모두 실질GDP를 말한다.

또한 Y축에 물가지수라는 명목변수를 사용하는 이유는 앞서 설명한 가격변수들의 경직성과 신축성 때문이다. 고전학파는 가격의 신축성을 주장하고 케인즈학파는 경직성 또는 비신축성을 주장한다. 예컨대 물가수준이 상승하면, 모든 경제주체들이 즉시 인지하고 즉시 임금 인상을 요구한다는 것이 가격의 신축성이며, 설사 경제주체들이 물가상승을 인지한다고 하더라도 현실적으로 빠른 시일 내에 임금을 인상한다는 것은 불가능하다는 것이 비신축성의 이론이다. 물론 장기적으로는 모두 신축성을 인정한다. 따라서 물가지수라는 명목변수를 사용할 때 고전학파와 케인즈학파의 이론을 모두 수용할 수 있다. 단기분석할 때는 케인즈학파의 가격의 비신축성을, 장기분석할 때는 고전학파의 신축성을 전제로 하면 되기 때문이다.

따라서 총수요 – 총공급모형은 단기분석 툴이면서 장기분석 툴이 된다. 본서에서는 X축에 총산출(또는 총생산)으로 실질GDP를 사용하고, Y축에 물가 또는 물가지수라는 명목변수를 사용한 총수요 – 총공급모형을 통하여 거시경제 전체를 일관성 있게 분석하고자 한다.

(2) 총수요

총수요 정의

총수요(AD)aggregate demand는 일정기간 동안 가계, 기업, 정부, 해외부문이 국내에서 생산된 최종생산물에 대한 구매, 즉 수요 측면에서 국민소득을 말한다. 가계는 소비를 통하여, 기업은 투자를 통하여, 정부는 정부지출을 통하여, 해외부문은 수출을 통하여 최종생산물을 구매한다. 따라서 총수요(Y_d)는 가계의 소비지출(C) 수요, 기업의 투자지출(I) 수요, 정부의 정부지출(G) 수요, 해외부문의 순수출(NX) 수요[28]의 합계로 계산된다.

---

28 '순수출 = 수출 – 수입'을 포함하는 이유는 국내총생산에 대한 수요를 정확히 측정하기 위함이다. 국내기업이 생산한 재화 중에서 수출품이 있는가 하면, 국내경제주체들이 구매하는 재화 중에서 수입품도 있으므로 수출을 포함하고 수입을 제외해야 '국내에서 생산하는' 국내총생산의 수요를 정확히 파악할 수 있다.

$$\text{총수요} \quad Y_d = C + I + G + NX \qquad (\text{식 } 15.1)$$

총수요는 가계지출이 증가하거나 투자지출이 증가할 때 그리고 정부지출이 증가하거나 순수출이 증가할 때 늘어난다. 총수요가 증가하면, 생산물의 판매량이 증가하므로 추가 생산을 위하여 고용이 증가하고 실업이 감소하여 국민소득이 증가하며 물가가 상승하여 경기가 활성화된다. 총수요가 감소하면, 생산물의 판매량이 감소하므로 고용이 감소하여 실업이 증가하고 국민소득이 감소하며 물가가 하락하고 경기가 침체된다.

총수요곡선은 우하향한다

총수요곡선은 다른 요인들이 일정할 때 물가수준과 국민소득의 수요량 사이에 존재하는 관계를 나타낸다. 일반적으로 물가수준이 상승하면 국민소득에 대한 수요량은 줄어들고, 물가수준이 하락하면 국민소득에 대한 수요량은 늘어나므로 국민소득과 물가수준은 서로 음(−)의 관계가 존재한다. 총수요곡선을 그래프로 나타낼 때 물가수준은 세로(Y)축에, 국민소득은 가로(X)축에 표시한다.

$$\text{총수요곡선} \quad Y_d = f(P) \quad \text{단, } C, \ I, \ G, \ NX \text{ 등은 일정하다.} \qquad (\text{식 } 15.2)$$

총수요곡선이 우하향하는 이유는 무엇인가? 먼저 수요 − 공급모형에서 개별재화의 수요곡선이 우하향하는 이유와 다르다는 점에 유의하여야 한다. 수요 − 공급모형에서 수요곡선은 개별재화의 가격변화에 따라 그 재화의 수요량이 얼마나 변화하는지를 나타낸다. 그러나 총수요곡선은 개별재화의 움직임과는 무관하다. 왜냐하면 총수요곡선은 모든 경제주체들이 일정기간 동안 구매하는 모든 재화와 서비스의 양을 의미하므로, 어떤 재화의 수요량이 감소하더라도 다른 재화의 수요량이 증가하면 총수요량은 변하지 않기 때문이다.

따라서 '$Y_d = C + I + G + NX$'에서 정부지출을 제외한 3개 항목이 복합적으로 작용하여 총수요곡선은 우하향하게 된다. 정부지출을 제외하는 것은 정부지출은 정부의 정책에 따라 독립적으로 결정되기 때문이다.

총수요를 구성하는 3개 항목을 변화시키는 요인은 우선 소비지출에 영향을 미치는 요인으로 자산효과이다. **자산효과**wealth effect는 물가수준이 하락하면 동일한 금액으로 더 많은 재화를 소비할 수 있으므로(화폐의 구매력이 상승하므로) 총수요가 증가하고, 물가수준이 상승하면 화폐의 구매력이 하락하므로 동일한 금액으로 소비할 수 있는 재화량이 감소하는 현상을 말한다.[29]

두 번째는 투자에 영향을 미치는 요인으로 이자율효과이다. **이자율효과**interest rate effect는 물가수준이 하락하면 동일한 재화의 양을 더 적은 금액으로 구입할 수 있으므로 화폐수요가 감소하고 저축이 늘어나 자금공급이 증가하고, 자금공급이 증가하면 이자율이 하락하여 금융비용이 감소하므로 투자가 증가되어 총수요가 증가되는 현상을 말한다. 만약 물가수준이 상승하면 화폐수요가 증가하여 이자율이 상승하고 투자가 감소하므로 총수요는 감소한다.

[표 15.2] 총수요곡선의 우하향 이유

자산효과	물가수준 하락 → 구매력 증가 또는 보유자산의 실질가치 상승 → 총수요량 증가
이자율효과	물가수준 하락 → 더 적은 돈으로 동일한 재화량 구입 가능 → 화폐수요 감소 → 저축 증가 → 자금공급 증가 → 이자율 하락 → 금융비용 감소 → 투자 증가 → 총수요량 증가
국제무역효과	물가수준 하락 → 국내 상품 상대적으로 저렴 → 수출 증가 → 총수요량 증가

세 번째는 순수출에 영향을 미치는 요인으로 국제무역효과이다. **국제무역효과** international trade effect는 국내물가수준이 하락하면 우리나라 재화의 가격이 상대적으로 저렴하여 수출이 증가하여 총수요가 늘어나는 현상을 말한다. 만약 국내물가수준이 상승하면 우리나라 재화의 가격이 상승하므로 경쟁력이 하락하여 수출이 감소하여 총수요가 감소하게 된다.

요컨대, 총수요곡선은 자산효과, 이자율효과, 국제무역효과가 상호 복합적으로 작용하여 우하향하게 되며, 다른 요인들이 일정할 때 총수요곡선은 한 나라 경제의 물가수준과 실질국민소득(실질GDP)의 수요량 사이에 존재하는 음($-$)의 관계를 나타낸다.

총수요곡선의 이동

총수요곡선의 이동은 곡선 상의 이동과 곡선 자체의 이동으로 구분할 수 있다. 곡선 상의 이동은 물가수준이 변화하면 위에서 설명한 세 가지 효과가 복합적으로 작용

---

29 자산효과를 부의 효과wealth effect, 실질잔고효과real balance effect, 피구효과Pigou effect라고도 하며, 이자율효과는 케인즈의 주장이며, 국제무역효과를 경상수지효과, 먼델과 플레밍Mundell Fleming의 환율효과라고도 한다.

하여 실질GDP에 대한 수요량이 변화하는 경우에 발생한다. 위의 세 가지 효과는 총수요곡선이 우하향하는 이유이면서 수요곡선 상의 이동 요인이 된다.

예컨대 [그림 15.1] (a)에서 현재 균형점이 E_0일 때 균형물가수준은 P_0, 균형국민소득은 Y_0이다. 만약 물가수준이 P_0에서 P_1으로 하락하면, 위의 세 가지 효과가 작용하여 총수요량이 증가하고 실질국민소득이 Y_0에서 Y_1로 증가하므로 균형점은 E_1으로 이동하게 된다. 만약 그림 (b)에서 물가수준이 P_0에서 P_2로 상승하면, 위의 세 가지 효과가 작용하여 총수요량이 감소하고 실질국민소득이 Y_0에서 Y_2로 늘어나므로 균형점은 E_2로 이동하게 된다.

[그림 15.1] 총수요곡선

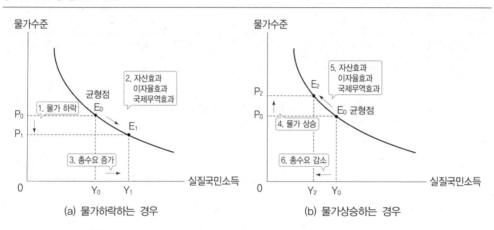

(a) 물가하락하는 경우   (b) 물가상승하는 경우

총수요곡선의 이동은 물가수준 이외에 다른 요인들이 변화하여 소비, 투자, 정부지출, 순수출에 영향을 미칠 때 발생한다.

예컨대 [그림 15.2] (a)에서 경기침체로 정부가 경기를 부양하기 위하여 고속도로 건설 등 정부지출을 증가하면, 총수요가 증가하므로 총수요곡선이 오른쪽으로 이동하여 균형점이 E_0에서 E_1으로 이동하게 된다. 동일한 물가수준하에서 실질국민소득은 Y_0에서 Y_1으로 증가하게 된다. 반대로 그림 (b)에서 정부지출이 감소하면 총수요곡선은 왼쪽으로 이동하여 균형점이 E_0에서 E_2로 이동하게 되어 동일한 물가수준하에서 실질국민소득은 Y_0에서 Y_2로 감소하게 된다.

총수요곡선 상의 이동과 총수요곡선의 이동에서 유념하여야 할 사항이 몇 가지가 있다. 첫째, '총수요량'의 변화와 '총수요'의 변화가 다르다는 점이다. 총수요량의 변화는 물가수준 변화에 따라 실질국민소득에 대한 수요량이 변화하는 것으로 총수요곡선

[그림 15.2] 총수요곡선의 이동

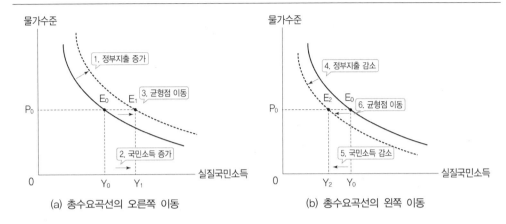

(a) 총수요곡선의 오른쪽 이동   (b) 총수요곡선의 왼쪽 이동

상의 이동을 의미한다. 반면, 총수요의 변화는 동일한 물가수준에서 외부 요인의 변화로 총수요곡선이 이동하여 총수요량이 변화하는 것을 의미한다.

둘째, 곡선 상의 이동과 곡선 자체의 이동을 유발하는 요인이 다르다는 것이다. 총수요곡선 상의 이동은 물가수준의 변화에 따라 자산효과·이자율효과·국제무역효과가 복합적으로 작용하여 실질국민소득의 총수요량이 변화하여 발생한다. 반면에 총수요곡선의 이동은 물가수준 이외의 다른 외부요인들이 변화하여 총수요가 변화할 때 발생한다. 외부의 다른 요인이 변화하여 총수요곡선이 이동하는 것을 **수요충격**이라고 한다.

수요충격은 [표 15.2]와 같이 소비지출, 투자지출, 순수출에 영향을 미치는 요인과 정부정책으로 구분할 수 있다. (식 15.1) ‘$Y_d = C + I + G + NX$’에서 총수요는 소비지출, 투자지출, 정부지출, 순수출로 구성된다. 이들 구성요소에 영향을 미치는 요인들이 변화하면 총수요가 변화하므로 수요충격으로 작용한다. 이들 요인을 좀 더 구체적으로 살펴보자.

소비지출에 영향을 미치는 요인은 재산, 이자율, 소득세, 장래 물가와 소득에 대한 기대, 인구수 등이다. 예컨대 장래 소득 증가가 예상될 때 가계들은 소비를 증가하게 되고 총수요가 증가하므로 총수요곡선은 오른쪽으로 이동하게 된다.

투자지출에 영향을 미치는 요인은 이자율, 기술수준, 법인세, 장래 경기전망 등이다. 예컨대 이자율이 상승하면, 이자비용이 증가하여 투자가 감소하고 총수요가 감소하므로 총수요곡선은 왼쪽으로 이동하게 된다.

순수출에 영향을 미치는 요인은 외국의 국민소득, 환율, 정부 무역정책 등이다. 예컨대 미국정부가 관세를 인상하면, 순수출은 감소하게 되고 총수요가 감소하면 총수요곡선은 왼쪽으로 이동하게 된다.

[표 15.3] 총수요곡선의 이동 요인

소비 변화	재산, 이자율, 소득세, 장래 물가 또는 장래 소득에 대한 기대, 인구수 등이 변화할 때 발생
	(예) 장래 소득 증가 예상 → 소비 증가 → 총수요 증가 → 총수요곡선 오른쪽 이동
투자 변화	이자율, 기술수준, 법인세, 장래 경기에 대한 전망 등이 변화할 때 발생
	(예) 이자율 상승 → 이자비용 증가 → 투자 감소 → 총수요 감소 → 총수요곡선 왼쪽 이동
순수출 변화	외국의 국민소득, 환율, 정부 무역정책 등이 변화할 때 발생
	(예) 미국정부 관세 인상 → 순수출 감소 → 총수요 감소 → 총수요곡선 왼쪽 이동
정부정책 변화	재정정책, 즉 정부구매 또는 세율이 변화할 때 발생
	(예) 도로 건설 → 정부지출 증가 → 총수요 증가 → 총수요곡선 오른쪽 이동
	통화정책, 즉 이자율 또는 통화량이 변화할 때 발생
	(예) 통화량 증가 → 이자율 하락 → 투자 증가 → 총수요 증가 → 총수요곡선 오른쪽 이동

또한 정부정책이 변화할 때도 총수요곡선은 이동한다. 정부정책은 재정정책과 통화정책으로 구분되는데, 재정정책은 정부지출 또는 세율 변경을 말하며, 통화정책은 중앙은행의 통화량 또는 이자율 변경을 말한다. 정부지출이 증가하거나 세율이 낮아지면, 총수요가 증가하므로 총수요곡선은 오른쪽(또는 위쪽)으로 이동하게 된다. 만약 정부지출이 감소하거나 세율이 높아지면, 총수요가 감소하므로 총수요곡선은 왼쪽(또는 아래쪽)으로 이동하게 된다. 통화정책에서도 통화량이 증가하거나 이자율이 하락하면 총수요곡선이 오른쪽으로 이동하고, 통화량이 감소하거나 이자율이 상승하면 총수요곡선은 왼쪽으로 이동하게 된다.

(3) 총공급

(가) 총공급 정의

총공급(AS)aggregate supply이란 한 나라 경제 안에 존재하는 모든 기업들이 일정기간 동안 생산하여 공급한 총생산액, 즉 공급 측면의 국민소득(국내총생산)을 말한다. 한 나라 경제의 총공급은 그 나라 모든 기업의 총체적인 생산능력에 달려 있다. 총공급은 노동(L), 자본(K), 자연자원(N) 등과 같은 생산요소의 양과 기술수준 등에 의해 결정된다.

$$\text{총공급 } Y_S = f(L,\ K,\ N,\ T) \tag{식 15.3}$$

총공급이 증가하면 고용이 증가하고 실업이 감소하여 국민소득이 증가하여 경기가 활성화된다. 반대로 총공급이 감소하면 고용이 감소하고 실업이 증가하여 국민소득이 감소하여 경기가 침체된다.

(나) 단기 총공급곡선(SRAS)

총공급곡선은 단기와 장기로 구분하여 설명된다. 여기서 단기라 함은 생산요소의 가격(임금, 지대, 이자)이 변화하지 않는 짧은 기간을 의미하며, 장기는 생산요소의 가격이 신축적으로 변화할 만큼 긴 기간을 의미한다.

단기 총공급곡선(SRAS)short-run aggregate supply curve은 한 나라 경제의 물가수준과 공급 측면의 국민소득 사이에 존재하는 관계를 나타낸다. 총공급곡선은 다른 요인들이 일정할 때 물가수준과 국민소득 사이에 양(+)의 관계가 존재하므로 우상향하는 형태를 갖는다. 물가수준이 상승할 때 총공급은 증가하고, 물가수준이 하락할 때 총공급은 감소한다.

$$총공급곡선 \quad Y_S = f(P) \quad 단, \; L, \; K, \; N, \; T \; 등은 \; 일정하다. \qquad (식 \; 15.4)$$

[그림 15.3] 총공급곡선

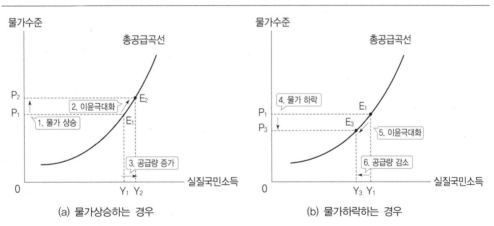

(a) 물가상승하는 경우　　　(b) 물가하락하는 경우

단기 총공급곡선이 우상향하는 이유는 물가수준이 상승하면 재화와 서비스 가격이 상승하여 기업의 이윤이 증가하므로 기업은 이윤극대화원칙에 따라 재화와 서비스를 추가 생산하게 되어 총공급이 증가하여 국민소득이 증가하기 때문이다. 만약 물가수준이 하락하면 재화와 서비스 가격이 하락하여 기업의 이윤이 감소하므로 기업은 재화와 서비스 생산을 줄이게 되어 총공급은 감소하여 국민소득이 감소한다.

단기 총공급곡선이 우상향한다는 것에 대하여 거시경제학계는 대부분 동의한다. 그러나 우상향하는 이유에 대해서는 학파들마다 견해가 서로 조금씩 다르다. 우상향하는 이유는 크게 네 가지로 구분할 수 있다.

첫째, 케인즈의 **임금경직성이론**sticky wage theory이다. 통상 노동자와 경영자는 임금 협상할 때 다년간 임금계약을 체결하므로 단기간 내 명목임금은 변화되기 어렵다. 명목임금이 고정된 상황에서 물가가 상승하면 실질임금이 하락하여 기업의 이윤이 증가하고 기업은 이윤극대화를 위하여 고용량을 늘리게 된다. 따라서 물가수준이 상승하면 총생산이 증가하므로 총공급곡선은 우상향한다.

둘째, 새케인즈학파의 **가격경직성이론**sticky price theory이다. 새케인즈학파는 물가수준이 상승할 때 명목임금뿐 아니라 재화와 서비스의 가격도 즉시 인상되지 못한다고 주장한다. 가격을 인상하려면 얼마를 올려야 하는지 검토 비용, 카탈로그 인쇄비용, 홍보비용 등 가격 변경에 따른 비용이 많이 들기 때문에 물가수준이 상승할 때마다 가격에 반영하기 어렵다. 이러한 가격 조정비용을 메뉴비용menu cost이라고 한다. 메뉴비용 때문에 가격을 조정하지 않을 경우 다른 재화보다 가격이 상대적으로 저렴해지므로 매출이 증가하고 생산량이 늘어나 총공급곡선은 우상향하게 된다.

셋째, 새고전학파의 **불완전정보이론**imperfect information이다. 루카스R. Lucas는 모든 시장에서 가격의 신축성이 존재하고 기업이 합리적인 기대를 하더라도, 기업이 자신이 생산하는 재화의 가격변화에 대해서만 완전한 정보를 갖고, 다른 재화의 가격변화에 대해서는 불완전한 정보를 갖기 때문에 가격이 경직성을 갖는다고 주장하였다. 즉 전반적으로 물가수준이 상승하더라도 다른 생산자의 가격상승은 모르고 자신이 생산하는 재화의 가격만 상승한 것으로 착각하여 생산량을 늘리기 때문에 단기 총공급곡선이 우상향한다는 것이다.

넷째, 통화주의자들의 **노동자오인이론**worker misperception이다. 경영자는 재화의 가격변화에 대하여 완전한 정보를 갖지만, 노동자는 충분한 정보를 갖지 못하여 실질변수가 아니라 명목변수를 기준으로 경제행위를 한다는 것이다. 즉 임금협상의 당사자인 경영자와 노동자 사이에 정보수준의 차이가 존재하여 노동자들은 명목임금의 변화를 실질임금의 변화로 착각하여 명목임금이 상승하면 노동공급을 늘리게 된다. 따라서 물가가 상승할 때 노동공급이 증가하여 총생산이 증가하므로 단기 총공급곡선은 우상향하게 된다.[30]

단기 총공급곡선의 이동

단기 총공급곡선의 이동은 곡선 상의 이동과 곡선 자체의 이동으로 구분된다. 곡선 상의 이동은 물가수준이 변화하여 총공급량이 변화할 때 발생한다. [그림 15.4] (a)에서 물가수준이 하락하면 임금경직성이론 등에 의거 명목임금은 동일하지만 실질임금이 상승하여 기업의 이윤이 하락하므로 총생산이 감소하고 실질GDP는 감소한다. 반대로 물가수준이 상승하면 명목임금은 동일하지만 실질임금은 하락하여 생산비용이 하락하므로 생산량이 증가하고 실질GDP는 증가한다.

[그림 15.4] 총공급곡선의 이동

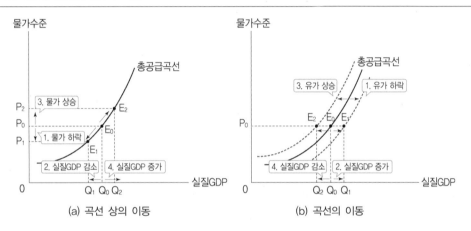

(a) 곡선 상의 이동   (b) 곡선의 이동

총공급곡선 자체의 이동은 물가수준 이외에 외부의 다른 요인이 변화할 때 발생한다. 외부의 다른 요인은 생산요소(노동, 자본)의 가격과 공급량, 기술수준, 미래 물가수준에 대한 예상, 일시적인 생산여건의 변화, 예상치 못한 자연재해 또는 자원 가격의 변화, 원자재와 같은 생산자원 가격의 변화 등이다. 이러한 외부요인의 변화를 **공급충격**supply shock이라고 한다. 예컨대 그림 (b)에서 원유가격이 상승하는 공급충격이 있으면 생산비가 상승하여 기업의 이윤이 하락하고 생산량이 줄어들어 총공급곡선은 왼쪽으로 이동하게 된다.

긍정적 공급충격이 발생할 경우 예컨대, 생산요소의 가격이 하락하거나 공급량이 증가하거나 기술수준이 향상될 때 총공급곡선은 오른쪽으로 이동하게 된다. 반면에 부

---

30 단기 총공급곡선의 우상향에 관한 네 가지 이론은 다음과 같이 분류할 수 있다.

	불완전정보(시장청산)	가격경직(시장 비청산)
노동시장	노동자오인이론(통화주의자)	임금경직성이론(케인즈)
재화시장	불완전정보이론(루카스)	가격경직성이론(새케인즈학파), 메뉴이론(맨큐)

정적 공급충격이 발생할 경우 예컨대, 노동자들의 파업이나 자연재해가 발생하면 생산단가 상승으로 가격이 상승하고 생산량이 줄어들므로 총공급곡선은 왼쪽으로 이동하게 된다.

[표 15.4] 총공급곡선의 이동 요인

생산요소의 양 변화	노동의 양 증가 → 임금 하락 → 총생산 증가 → 총공급곡선 오른쪽 이동
	자본의 양 증가 → 생산성 증가 → 총생산 증가 → 총공급곡선 오른쪽 이동
생산요소의 가격 변화	노동자 파업 또는 자연재해 발생 → 가격상승 → 총생산 감소 → 총공급곡선 왼쪽 이동
원유, 원자재의 가격 변화	원자재 가격하락 → 생산단가 하락 → 총생산 증가 → 총공급곡선 오른쪽 이동
기술수준의 변화	기술수준 발전 → 생산단가 하락 → 총생산 증가 → 총공급곡선 오른쪽 이동

(다) 장기 총공급곡선(LRAS)

장기 총공급곡선 도출

단기 총공급곡선이 우상향한다면, 장기 총공급곡선은 어떤 형태를 갖는가? 장기 총공급곡선(LRAS)long-run aggregate supply curve은 수직의 형태를 갖는다. 단기에서는 임금 및 가격경직성, 불완전정보이론, 노동자오인이론 등으로 임금과 가격이 신축적으로 움직이지 못하므로 물가수준이 상승하더라도 임금(또는 가격변수)이 상승하지 않아 기업의 이윤이 증가하게 되므로 생산량이 늘어나 총공급은 증가한다.

그러나 장기에서는 임금과 가격이 신축적으로 변하므로 물가수준이 상승하면 장기적으로 임금 재협상이 가능하여 임금이 물가상승률만큼 상승하게 되고, 다른 생산요소 가격도 신축적으로 움직여 물가상승률만큼 상승하게 된다.

[그림 15.5]를 통하여 자세히 살펴보자. 현재 균형점 E_1에서 총생산 Y_1, 물가수준 P_1으로 균형을 이루고 있다고 하자. 만약 물가상승으로 기업의 이윤이 증가하여 총생산이 늘어나면 단기 총공급곡선 상의 점 E_2로 균형점이 이동한다. 그러나 장기적으로 임금을 포함하여 모든 가격변수들이 물가상승률만큼 상승하여 생산비용이 증가하므로 단기 총공급곡선은 왼쪽으로 이동하게 되고 총생산은 감소하여 점 E_3에서 장기균형에 도달한다. 결국 총생산은 다시 Y_1으로 복귀하게 되고 물가수준만 상승하게 된다. 따라서 물가수준의 변화는 장기적으로 실질총생산에 아무런 영향을 미치지 못하므로 장기 총공급곡선(LRAS)은 수직선 형태가 된다.

[그림 15.5] 장기 총공급곡선 도출

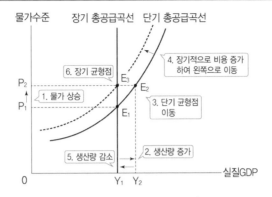

잠재GDP · 완전고용GDP · 자연산출량

장기 총공급곡선이 수직선이라는 것은 무엇을 전제로 하는가? 현재의 총생산 Y_1이 완전고용수준이라는 것을 전제로 한 것이다. 즉 현재 균형점이 완전고용수준일 때 물가수준이 상승하여 총생산이 증가하더라도 인력부족 현상 등이 발생하며, 장기적으로 임금 인상 등 모든 가격변수들이 상승하므로 실질GDP에는 아무런 영향을 미치지 못한다는 것을 의미한다.

따라서 [그림 15.5]에서 Y_1은 현재의 기술수준하에서 주어진 노동, 자본, 자연자원 등 모든 생산요소를 완전 가동하여 생산할 수 있는 최대생산량이라고 할 수 있으며, 이를 **잠재GDP**potential GDP, **완전고용GDP**full employment GDP 또는 **자연산출량**natural rate of output이라고 한다. 현재 총생산이 잠재GDP 수준일 때 물가수준이 상승하더라도 총생산에는 아무런 영향을 미치지 못한다는 것을 의미한다. 이것은 곧 앞에서 설명한 '고전학파의 이분법과 화폐의 중립성'을 의미한다.

그렇다면 잠재GDP 수준을 움직이는 요인은 무엇인가? 완전고용GDP를 움직이는 요인은 생산능력 확충뿐이다. 생산능력 확충은 단기적으로 해결할 수 없으며 장기적으로 해결해야 한다. (식 15.3) $Y_s = f(L, K, N, T)$에서 점진적인 인구(L)의 증가, 점진적인 자본(K)의 확충, 자연자원(N) 개발, 기술수준(T)의 진보 등이 전제되어야 생산능력이 확충된다.

장기 총공급곡선의 이동

실질GDP는 장기적으로 물가수준의 영향을 받지 않으므로 장기 총공급곡선은 물가수준에 관계없이 잠재GDP 수준에서 수직선이다. [그림 15.6]은 장기 총공급곡선의 이동을 설명하여 준다. 그림 (a)에서 물가수준이 상승하면 임금을 포함한 모든 생산요소 가격이 장기에 걸쳐 동일한 비율로 상승하므로 실질GDP는 잠재GDP 수준에서 아무런 변동이 없다. 즉 장기 총공급곡선 상에서 이동하게 된다.

[그림 15.6] 장기 총공급곡선의 이동

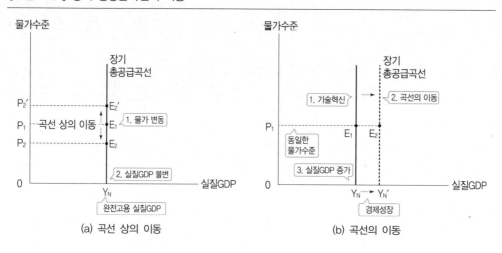

(a) 곡선 상의 이동   (b) 곡선의 이동

장기 총공급곡선의 이동은 어떤 경우에 발생하는가? 앞에서 설명한 잠재GDP 수준을 움직이게 하는 요인과 동일하다. 잠재GDP의 증가는 한 나라 경제의 생산능력 확충을 의미하므로 점진적인 인구(L)의 증가, 점진적인 자본(K)의 확충, 자연자원(N) 개발, 기술수준(T)의 진보 등이 있을 때 가능하다. 장기 총공급곡선의 이동은 곧 경제성장을 의미한다.

(4) 총수요 - 총공급 균형

(가) 단기균형

거시경제의 총수요 – 총공급모형에서 단기균형은 총수요곡선과 단기 총공급곡선이 만나는 점에서 이루어진다. [그림 15.7]은 총수요와 총공급의 균형상태를 설명해 준다. 그림 (a)에서 총수요곡선과 단기 총공급곡선이 만나는 점 E_0에서 균형을 이루며, 균형물가수준은 P_0, 균형국민소득은 Y_0가 된다. 물가수준이 변화할 때 균형점이 어떻게 움직이는지 그림 (b)를 통하여 살펴보자. 만약 물가수준이 P_0에서 P_1으로 상승하면, 일시적으로 총수요량보다 총공급량이 많은 **초과공급**excess supply 또는 **과잉상태**surplus에 놓이게 된다. 초과공급으로 판매되지 않은 재화는 창고에 재고로 쌓이게 된다. 재고의 증가는 가격하락압력으로 작용하여 가격이 하락하고 다시 균형점 E_0로 복귀하게 된다.

또한 물가수준이 P_0에서 P_2로 하락하게 되면, 일시적으로 총수요량이 총공급량보다 많은 **초과수요**excess demand 또는 **부족상태**shortage에 놓이게 된다. 초과수요는 가격상승압력으로 작용하여 가격이 상승하고 다시 균형점으로 복귀하게 된다.

[그림 15.7] 총수요와 총공급의 균형

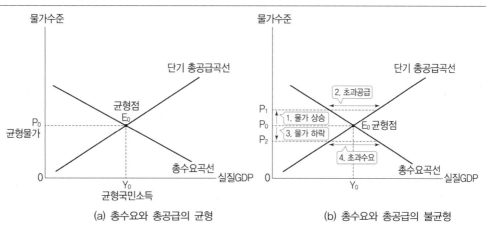

(a) 총수요와 총공급의 균형   (b) 총수요와 총공급의 불균형

이번에는 총수요와 총공급의 관계를 살펴보자. 일반적으로 총공급이 총수요보다 많으면, 재고가 증가하고 생산이 위축되어 실업이 증가하고 국민소득이 감소하고 물가가 하락하여 경기침체압력이 발생한다. 반면에 총수요가 총공급보다 많으면, 재고가 감소하여 생산이 활발하고 고용과 투자가 늘어나 국민소득이 증가하고 물가가 상승하여 인플레이션압력이 발생한다. 총수요와 총공급이 같을 때 국민소득과 물가수준이 결정되며, 경제는 균형상태에 도달하게 된다.

총공급 〉총수요 → 국민소득 감소, 경기침체압력

총공급 = 총수요 → 국민소득 균형

총공급 〈 총수요 → 국민소득 증가, 인플레이션압력

(나) 장기균형: 거시경제균형

국민경제의 장기균형은 총수요곡선과 장기 총공급곡선이 교차하는 점에서 이루어진다. 일반적으로 장기균형을 이룰 때 단기균형도 동시에 이루어지므로 장기균형을 거시경제의 균형이라고 부른다. 그리고 장기균형점에서 총수요곡선과 단기 총공급곡선, 장기 총공급곡선이 모두 교차하게 된다. [그림 15.8] (b)에서 점 E_0는 장기균형점이다. 거시경제균형에서 실질GDP의 수요량과 공급량이 일치하며, 이는 완전고용GDP 수준과 같아진다.

[그림 15.8] 총수요 – 총공급모형의 균형

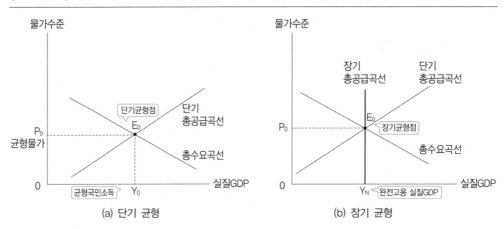

(a) 단기 균형   (b) 장기 균형

거시경제는 총수요 – 총공급모형에서 완전고용수준을 기준으로 할 때 항상 세 가지 상태 중 하나에 놓이게 된다.[31]

[그림 15.9] 그림 (a)는 총수요(AD)곡선과 단기 총공급곡선(SRAS)이 교차하는 점 E_0에서 단기균형을 이루면서 장기 총공급곡선(LRAS)도 교차하여 장기균형을 이루므로 거시경제균형을 이루고 있다. 거시경제균형점은 현재의 GDP와 완전고용GDP가 일치한다.

---

31 Arnold(2012년), 『경제학원론』, 박영사.

그림 (b)는 총수요곡선과 단기 총공급곡선이 교차하는 점 E_1에서 단기균형을 이룬다. 그러나 현재의 총생산 Y_1은 완전고용 GDP(Y_N)보다 큰 상황이므로 인플레이션 갭이 존재하는 일시적인 균형이다. 인플레이션 갭이 존재할 경우 노동시장에서 인력부족 상황이 발생하여 임금수준이 상승하며 향후 물가상승압력으로 작용하게 된다.

그림 (c)는 총수요곡선과 단기 총공급곡선이 교차하는 점 E_2에서 단기균형을 이룬다. 그러나 실제GDP가 완전고용GDP보다 작은 상황이므로 경기침체 갭이 존재하는 일시적인 균형이다. 경기침체 갭에서는 실업률이 증가하게 된다. 임금수준과 원자재 가격 등 생산단가가 하락하는 전반적인 물가하락압력으로 작용하게 된다.

단기균형점에서 장기균형점으로 어떻게 이동하는가? 다음 페이지에서 고전학파와 케인즈학파의 견해 차이를 설명한다.

[그림 15.9] 거시경제의 세 가지 균형상태

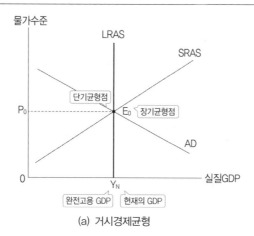

(a) 거시경제균형

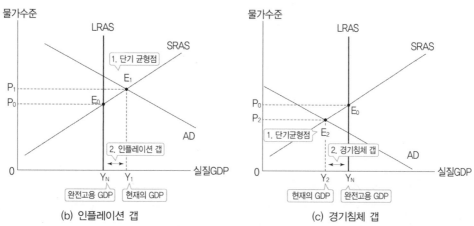

(b) 인플레이션 갭   (c) 경기침체 갭

(다) 거시경제의 자동조정기능과 경제안정화정책

거시경제균형점은 안정적인가? 불안정적인가? 거시경제균형은 자동으로 달성되는가? 아니면 정부정책이 필요한가? 고전학파와 케인즈학파는 이러한 거시경제 이슈에 관하여 갑론을박하면서 서로 대립하고 있다. 고전학파는 자동조정기능이 있다고 주장하는 반면, 케인즈학파는 경제안정화정책이 필요하다고 주장한다.

경제의 자동조정기능

경제가 완전고용상태에 있지 못할 때 임금 조정 등을 통하여 완전고용상태로 복귀하려는 움직임을 경제의 **자동조정기능**self correcting mechanism이라고 한다. 고전학파는 경제가 장기적으로 자동조정기능을 갖고 있다고 주장한다. 단기적으로 총수요충격이 발생하면 단기 총생산에는 영향을 미치지만, 장기 총생산에는 아무런 영향을 미치지 못하며, GDP 갭은 항상 0으로 수렴하는 경향이 있다고 주장한다.

[그림 15.10] (a) 현재 균형점 E_1에서 인플레이션 갭이 존재할 때 노동시장에서 노동력이 부족하여 임금 또는 다른 생산요소 가격이 상승압력을 받게 된다. 생산요소 가격이 상승하면 생산량을 줄이게 되므로 단기 총공급곡선이 왼쪽으로 이동하여 점 E_2에서 장기균형을 이루게 되며, 완전고용상태로 복귀하게 된다.

[그림 15.10] 거시경제의 자동조정기능

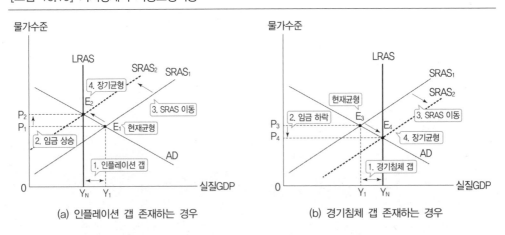

(a) 인플레이션 갭 존재하는 경우   (b) 경기침체 갭 존재하는 경우

또한 그림 (b) 현재 경기침체 갭이 존재하는 균형점 E_3에서 실업이 발생하면, 임금 또는 다른 생산요소 가격이 하락압력을 받게 된다. 생산요소 가격이 하락하면 생산량이 증가하므로 단기 총공급곡선이 오른쪽으로 이동하게 되고 점 E_4에서 장기균형을 이루게 된다.

이와 같은 경제의 자동조정기능은 임금과 다른 생산요소 가격이 신축적이라는 것을 전제로 한다. 상당히 빠른 시일 내에 가격과 물가는 자동조정되어 언제나 완전고용 수준으로 되돌아간다고 주장한다.[32] 따라서 고전학파 경제학자들은 경제가 자동조정되기 때문에 정부의 경제정책은 필요가 없다고 주장한다.

경제안정화정책

그러나 케인즈학파 경제학자들은 경제의 자동조정기능이 불완전할 뿐 아니라 설사 자동조정된다고 하더라도 상당한 기간이 소요된다고 주장한다. 고전학파들은 임금과 물가의 신축성을 주장하지만, 케인즈학파들은 비신축성을 주장한다. 현실적으로 노동시장에서 노동조합과 고용주들은 쉽게 합의에 이르지 못하며, 일단 상승한 물가수준도 쉽게 하락되지 않을 뿐 아니라, 조정되더라도 얼마나 많은 시간이 소요될지 모른다는 것이다. 따라서 케인즈학파들은 정부가 적극 개입하여 총수요에 영향을 미침으로써 경기침체의 폭을 줄이거나 지나친 경기확장을 억제하는 **경제안정화정책**stabilization policy을 적절히 사용하여야 한다고 주장한다.

경제안정화정책에는 재정정책과 통화정책이 있다. 재정정책은 정부지출이나 조세를 변화시키는 정책으로 총수요곡선을 왼쪽 또는 오른쪽으로 이동하게 된다. 통화정책은 중앙은행이 금리 또는 통화량을 변화시켜서 총수요를 움직이는 정책이다. 케인즈학파는 총수요관리정책들을 통하여 경제가 균형에 도달할 수 있도록 해야 한다고 주장한다.

[그림 15.11] 경제안정화정책

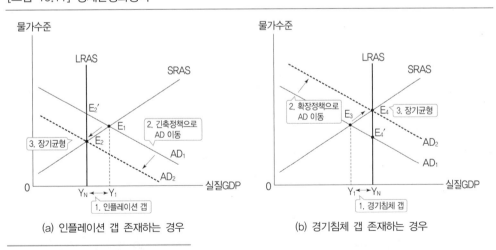

(a) 인플레이션 갭 존재하는 경우   (b) 경기침체 갭 존재하는 경우

---

32 시장의 수요와 공급이 만나 균형을 이루는 상태를 시장청산market clearing이라고 한다. 임금, 물가 등 모든 가격변수들이 신축적으로 조정되어 초과수요나 초과공급 없이 수요량과 공급량이 일치하게 된다. 이때 균형가격을 시장청산가격이라고 한다.

우선 [그림 15.11] (a)와 같이 현재의 GDP가 완전고용-GDP보다 큰 인플레이션 갭이 존재하는 상황이라면, 중앙은행이 금리를 인상하는 긴축정책을 사용하여 총수요곡선을 아래쪽으로 이동시킨다. 그러면 점 E_2에서 장기균형이 달성된다. 고전학파들이 단기 총공급곡선이 왼쪽으로 이동하여 점 E_2'에서 균형을 이룬다고 주장하는 것과 다르다.

또한 그림 (b)와 같이 현재의 GDP가 완전고용-GDP보다 작은 경기침체 갭이 존재하는 상황이라면, 정부는 정부지출을 늘리거나 세율을 낮추는 확장적 재정정책을 사용하여 총수요곡선을 위쪽으로 이동시킨다. 그러면 점 E_4에서 장기균형이 달성된다. 마찬가지로 고전학파들이 단기 총공급곡선이 오른쪽으로 이동하여 점 E_4'에서 균형을 달성한다고 주장하는 것과 다르다.

(5) 총수요 - 총공급모형의 응용

거시경제에서는 경제의 불안정성을 해결하는 방법에 대하여 고전학파 경제학자들과 케인즈학파 경제학자들 간의 논쟁을 수요충격과 공급충격 그리고 이상적인 유형으로 나누어 살펴보자. 분석의 단순화를 위하여 현재 장기균형인 E_1에서 출발하자.

(가) 총수요곡선의 이동: 수요충격

긍정적인 수요충격이 발생한 경우

먼저 긍정적인 수요충격이 발생한 경우 장기적으로 어떻게 자동조정되는지 [그림 15.12] (a)를 통하여 살펴보자. 현재 균형점 E_1에서 긍정적인 수요충격이 발생하면 총수요곡선은 오른쪽으로 이동하여 E_2에서 단기균형을 이루게 된다. 단기균형점 E_2에서

[그림 15.12] 긍정적인 수요충격과 경제정책

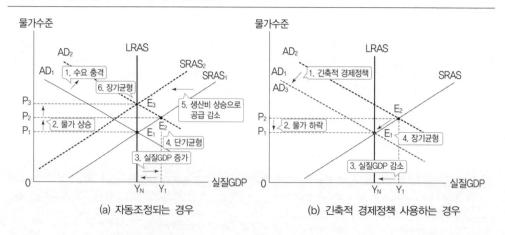

(a) 자동조정되는 경우   (b) 긴축적 경제정책 사용하는 경우

인플레이션 갭이 발생하여 노동시장에서 노동력이 부족하여 임금 등 생산요소 가격이 상승압력을 받게 된다. 생산요소 가격이 상승하면 이윤극대화를 위하여 생산량을 줄이게 되므로 단기 총공급곡선은 왼쪽으로 이동하여 점 E_3에서 장기균형을 이루게 되며, 완전고용상태에 복귀하게 된다. 새로운 장기균형점 E_3는 최초 균형점 E_1보다 물가수준이 높을 뿐 총생산은 동일하다.

이번에는 긍정적인 수요충격이 발생하였을 때 중앙은행이 금리를 인상하는 긴축적 통화정책을 사용한 경우를 살펴보자. 그림 (b)에서 긴축적 통화정책을 사용하면, 총수요곡선은 아래쪽으로 이동하게 되어 원래의 총수요곡선으로 돌아오게 된다. 따라서 총생산과 물가수준은 모두 예전과 동일하게 된다. 정책이 성공한다면 인플레이션 갭이 단기에 해결되고 경제는 곧 안정을 찾게 된다.

자동조정된 경우와 안정화정책을 사용한 경우를 비교하면, 안정화정책은 총생산과 물가수준이 이전과 동일하지만, 자동조정된 경우에는 총생산은 동일하지만 물가수준이 상승하게 된다.

부정적인 수요충격이 발생한 경우

부정적인 수요충격이 발생한 경우 장기적으로 어떻게 자동조정되는지 [그림 15.13] (a)를 통하여 살펴보자. 갑자기 외국정부가 관세를 인상하는 수요충격이 발생하여 순수출이 감소하였다고 상정하자. 순수출의 감소로 총수요곡선이 왼쪽으로 이동하게 되면, 물가수준이 하락하고 총생산이 감소하여 균형점은 현재 E_1에서 E_2으로 이동하게 된다. 단기균형점 E_2에서 경기침체 갭이 발생하고 초과공급으로 기업의 재고가

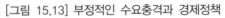
[그림 15.13] 부정적인 수요충격과 경제정책

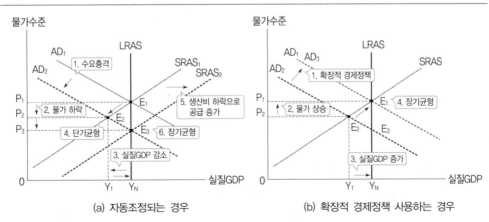

(a) 자동조정되는 경우   (b) 확장적 경제정책 사용하는 경우

늘어나 실업률이 상승하고 임금이 하락하게 된다. 임금 등 생산요소 가격이 하락압력을 받으면, 생산비용이 감소하여 단기 총공급곡선은 오른쪽으로 이동하게 된다. 따라서 완전고용수준인 E_3에서 새로운 장기균형을 이루게 된다. 새로운 장기균형점 E_3는 최초 균형점 E_1보다 물가수준이 낮을 뿐 총생산은 동일하다.

이번에는 부정적인 수요충격이 발생하였을 때 정부가 확장적 경제정책을 사용하였다면 어떻게 되는가? 그림 (b)에서 정부가 정부지출 증가라는 확장적 재정정책을 사용하거나 금리 인하라는 완화적 통화정책을 사용하면, 총수요곡선은 오른쪽으로 이동하게 되고 장기균형점은 최초의 균형점 E_1으로 되돌아오게 된다. 총생산과 물가수준은 모두 예전과 동일하게 된다. 정책이 성공한다면 경기침체 갭이 단기에 해결된다고 볼 수 있다. 정부정책의 강도에 따라 총수요곡선이 얼마나 오른쪽으로 이동하느냐에 따라 물가수준과 국민소득의 변동 폭이 결정된다.

따라서 부정적인 수요충격이 발생할 때 자동조정된 경우와 안정화정책을 사용한 경우를 비교하면, 자동조정된 경우 총생산은 동일하지만 물가수준이 하락하고, 안정화정책을 사용할 경우에는 총생산과 물가수준은 모두 동일하다.

요약하면, 긍정적이든 부정적이든 수요충격이 발생하면, 자동조정되는 경우 장기적으로 총공급곡선이 이동하여 균형을 찾게 되고, 단기적인 안정화정책을 사용하는 경우 총수요곡선을 원래 위치로 되돌려 놓음으로써 수요충격으로부터 벗어날 수 있다는 결론을 도출할 수 있다.

(나) 총공급곡선의 이동: 공급충격

긍정적인 공급충격이 발생한 경우

긍정적인 공급충격이 발생하여 자동조정되는 경우를 [그림 15.14] (a)를 통하여 살펴보자. 현재 균형점 E_1에서 장기균형을 이루고 있는 상황에서 갑자기 석유가격이 하락하였을 때 단기 총공급곡선이 오른쪽으로 이동하면, E_2가 단기균형점이 된다. 단기균형점 E_2에서는 인플레이션 갭이 발생하여 생산요소의 가격이 상승압력을 받게 되어 단기 총공급곡선은 왼쪽으로 이동하게 되어 점 E_3에서 장기균형을 이루게 된다. 새로운 장기균형점 E_3은 최초의 장기균형점 E_1과 동일하므로 총생산과 물가수준이 모두 당초와 동일하다.

이번에는 중앙은행이 금리를 인상한 경우를 그림 (b)를 통하여 살펴보자. 단기균형점 E_2에서 금리를 인상하면 총수요곡선은 아래쪽으로 이동하게 되어 단기 총공급곡선과 만나는 점 E_4에서 장기균형을 이루게 된다. 총생산은 완전고용수준으로 되돌아오지만, 물가수준은 하락하게 된다.

자동조정된 경우와 안정화정책을 사용한 경우를 비교하면, 자동조정되는 경우 총생산과 물가수준이 당초와 동일하지만, 안정화정책을 사용하는 경우에는 총생산은 동일하지만 물가수준이 하락하게 된다. 고용상태는 완전고용수준을 유지하면서 물가수준이 하락하게 되므로 경제는 더욱 탄탄한 모습으로 바뀌게 된다. 총공급곡선을 오른쪽으로 이동시키는 기술개발, 새로운 자원개발 등은 국민경제에 매우 긍정적인 영향을 준다고 할 수 있다.

[그림 15.14] 긍정적인 공급충격과 경제정책

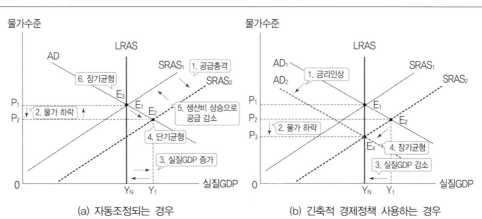

(a) 자동조정되는 경우　　　　　(b) 긴축적 경제정책 사용하는 경우

부정적인 공급충격이 발생한 경우

이번에는 부정적인 공급충격이 발생한 경우 어떻게 자동조정되는지를 [그림 15.15] (a)를 통하여 살펴보자. 현재 완전고용상태인 균형점 E_1에서 장기균형을 이루고 있는 상황에서 갑자기 석유파동이 발생하여 유가가 상승하여 단기 총공급곡선이 왼쪽으로 이동할 경우 점 E_2에서 새로운 단기균형을 이루게 된다. 단기균형점 E_2에서는 경기침체 갭이 발생하고 총생산이 감소하고 물가수준이 상승하게 된다. 경기침체 갭이 발생할 때 기업의 재고가 증가하면서 실업률이 상승하여 임금 등 생산요소 가격이 하락하게 되어 단기 총공급곡선은 오른쪽으로 이동하게 된다. 결국 E_3에서 장기균형을 이루게 된다. 점 E_3는 최초의 장기균형점 E_1과 동일하므로 총생산과 물가수준이 최초와 동일하게 된다.

부정적인 공급충격이 있는 상황에서 중앙은행이 금리 인하정책을 사용할 경우에는 어떻게 되는가? 그림 (b) 단기균형점 E₂에서 금리 인하정책을 사용하면, 총수요곡선을 오른쪽으로 이동(AD₂)하게 되어 점 E₄에서 장기균형을 이루게 된다. 총생산은 완전고용수준으로 되돌아오지만, 물가수준은 더욱 상승하게 된다.

만약 정부가 물가안정 목표를 달성하기 위하여 단기균형점 E₂에서 총수요를 감소시키는 정책을 사용할 경우에는 어떻게 되는가? 금리 인상정책을 사용하면, 총수요곡선은 왼쪽으로 이동(AD₃)하게 되어 점 E₅에서 장기균형을 이루게 된다. 물가수준은 하락하겠지만 총생산은 더욱 감소하여 실업이 추가로 증가하게 된다.

[그림 15.15] 부정적인 공급충격과 경제정책

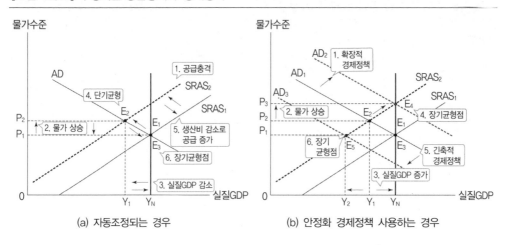

(a) 자동조정되는 경우   (b) 안정화 경제정책 사용하는 경우

요컨대 부정적인 공급충격이 발생할 때 경제안정화정책은 딜레마에 빠지게 된다. 부정적인 공급충격이 발생하여 총생산이 감소하고 물가수준이 상승하는 경기침체국면에 대응하여 확장적 경제정책을 사용하면 인플레이션을 심화시키고, 인플레이션 억제를 위하여 긴축적 경제정책을 사용하면 총생산이 감소하여 실업률이 크게 증가하게 된다. 결국 경제안정화정책은 수요충격을 상쇄하기 위한 단기 경제정책에 불과하며, 부정적인 공급충격이 발생할 경우에는 적절한 정책수단이 되지 못한다고 할 수 있다.

(다) 이상적인 유형: 완만한 인플레이션하의 장기 경제성장[33]

제2차 세계대전 이후 세계적으로 많은 국가들은 장기적으로 꾸준한 경제성장과 완만한 물가상승세를 유지하여 왔다. 이러한 경험은 향후에도 가장 바람직한 경제상황

---

33 McConnell 외(2013년), 『경제학의 이해』, 생능출판사.

이 된다. 따라서 총수요 – 총공급모형을 장기적인 관점에서 살펴보는 것이 필요하다.

우선 제2차 세계대전 직후 어느 나라의 균형점이 E₁이라고 상정하자. 균형물가수준은 P₁, 균형총생산은 Y₁이다. 제2차 세계대전 이후 몇십 년 동안 기술진보로 인하여 장기 총공급곡선이 오른쪽으로 크게 이동하였다. 균형점은 E₂로 이동하여 물가수준은 P₂로 크게 하락하고 총생산은 Y₂로 크게 증가하였다. 장기 총공급곡선이 오른쪽으로 이동한 것은 기술진보 또는 생산성 증가 등 공급 측 요인에 의하여 생산가능곡선이 크게 이동하였기 때문일 것이다.

[그림 15.16] 완만한 인플레이션과 장기 경제성장

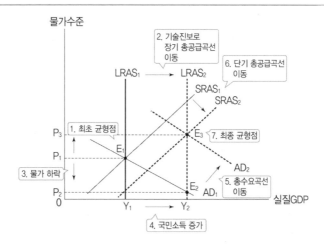

그리고 수십 년 동안 정부의 총수요관리정책과 중앙은행의 안정적인 통화공급정책으로 총수요곡선도 꾸준하게 오른쪽으로 이동하여 왔다. 제2차 세계대전 직후 총수요곡선은 AD₁이었으나 현재 총수요곡선은 AD₂로 이동하여 현재의 균형점은 E₃이다. 당초 균형점 E₁보다 물가수준과 총생산 모두 증가한, 완만한 인플레이션과 지속적인 경제성장이라는 이상적인 모습을 보여 왔다.

향후에도 이와 같은 이상적인 상황을 계속 구현하려면 총수요곡선과 총공급곡선 모두 끊임없이 오른쪽으로 이동하여야 하며, 특히 총공급곡선의 이동 폭보다 총수요곡선의 이동 폭이 조금 더 크면 완만한 인플레이션이 지속될 것이다. 이를 위하여 끊임없는 기술개발과 생산성 향상이 요구되며 적절한 총수요관리정책이 필요하다고 하겠다.

16 인플레이션과 실업

01 물가

가격price이 생산물시장에서 개별재화와 서비스의 가치를 화폐로 환산한 값이라면, 물가prices는 시장에서 거래되는 모든 재화와 서비스의 가치를 화폐로 환산한 평균가격이다. 원래 물가를 계산할 때 한 나라의 모든 재화와 서비스의 가치를 측정하여야 하지만, 측정대상이 너무 많고 거래단위나 거래량이 모두 다르기 때문에 측정하기 어렵다. 따라서 물가지수라는 지표를 만들어 변환하는 과정을 거친다.

물가지수price index는 기준연도의 물가수준을 100으로 했을 때 연도별 물가수준이 어느 정도 변화하였는지를 측정하기 위하여 만든 지수이다. 물가지수는 대표적인 재화와 서비스를 추출하여 재화묶음을 만들고, 재화별 거래량을 감안하여 가중 평균하여 산출한다.

$$물가지수(\%) = \frac{비교연도의\ 물가수준}{기준연도의\ 물가수준} \times 100 \qquad (식\ 16.1)$$

물가지수에는 소비자물가지수, 생산자물가지수, GDP디플레이터 등이 있다. 우리나라 소비자물가지수는 통계청에서 작성하고, 다른 물가지수는 한국은행에서 작성하여 정기적으로 발표하고 있다.

소비자물가지수(CPI)consumer price index는 대표적인 물가지표로서 가계의 생계비나 실질소득을 측정할 때 사용되며 국민연금 등 사회보장 수혜금이나 노사 간 임금 조정 등에 기초자료로 활용된다. 현재 통계청에서는 2015년을 기준연도로 정하고 가계의 소비지출 비중이 높은 재화와 서비스 460개 품목을 선정하여 소비자물가지수를 산출하고 있다.

우리가 흔히 물가상승률이라고 하였을 때 소비자물가지수 상승률을 의미하며, 전년도 물가수준과 금년도 물가수준의 변화율이므로 인플레이션율이라고도 한다. 물가상승률과 물가지수의 차이점은 물가지수는 한 시점에서의 물가수준이지만, 물가상승률은 두 시점의 물가지수의 변화율을 말한다.

$$물가상승률 = \frac{당기의 물가지수 - 전기의 물가지수}{전기의 물가지수} \times 100 \qquad (식\ 16.2)$$

생산자물가지수(PPI)producer price index는 생산을 위하여 기업 간 거래되는 재화와 서비스의 가격을 측정한 물가지수이며, 기업의 생산비 변화나 재화의 수급 동향 등을 파악하는 데 사용된다.

GDP디플레이터deflator는 명목GDP를 실질GDP로 나눈 값으로 사후적으로 계산된다. GDP를 추계할 때 국내에서 생산되는 모든 재화와 서비스를 대상으로 하므로 GDP디플레이터는 국내 모든 경제활동을 반영하는 종합적인 물가지수라고 할 수 있다.

$$GDP\ deflator(\%) = \frac{당해연도의 명목GDP}{당해연도의 실질GDP} \times 100 \qquad (식\ 16.3)$$

소비자물가지수와 GDP디플레이터는 몇 가지 점에서 다르다. 소비자물가지수는 소비자가 구입한 재화와 서비스(수입품 포함) 중에서 소비재 460개 품목의 가격을 측정한 것이며, 재화묶음은 5년에 한 번씩 조정된다. GDP디플레이터는 일정기간 동안 국내에서 생산된 모든 재화와 서비스(수입품 제외)의 가격을 측정하고 매년 가중치를 변경하므로 물가동향을 보다 정확히 반영한다는 장점이 있으나, 실생활에 사용되는 수입품의 가격변화는 반영하지 못한다는 단점이 있다.

소비자물가지수와 유사한 개념으로 근원물가, 생활물가, 체감물가가 있다. 근원물가지수core or underlying inflation는 소비자물가지수의 측정대상인 460개 품목 중에서 천재지변 등 일시적인 외부충격에 취약한 식품류(곡물 제외), 에너지류(도시가스 포함) 등

52개 품목을 제외하고 측정한 지표이다. 52개 품목을 제외하는 이유는 이들 품목들의 가격이 수요나 공급 상황에 따라 급격하게 변화하여 물가수준을 왜곡시키기 때문이다. 따라서 근원물가지수는 장기적인 물가변동 추세를 파악하기 위하여 사용된다.

생활물가지수는 일반 소비자들이 일상생활에서 주로 소비지출하는 생활필수품 141개 품목을 대상으로 한다.[34] 소비자물가지수의 보조지표로서 소비자의 체감물가를 파악하기 위해 통계청에서 1998년 4월부터 도입한 지표이다. 이른바 장바구니물가를 파악하는 지수로 활용되고 있다.

그러나 이러한 물가지수는 체감물가와 괴리가 있다. **체감물가**는 가정주부들의 채소나 과일을 사는 시장바구니, 직장인들의 점심값과 교통비 또는 학생들의 책과 학용품값 등과 같이 소비자 개인들이 피부로 느끼는 물가수준이므로 지수물가와 다르게 느껴진다. 그 이유는 지수물가는 전체 가구의 평균적인 가격 움직임을 반영하는 반면, 체감물가는 소비자 개인별 주관적인 물가수준이므로 사람마다 다르기 때문이다. 또한 지역별 기준시점의 가격이 다르고, 물가지수를 산출할 때 적용되는 가중치와 소비자들이 느끼는 가중치가 다르며, 물가지수의 가중치는 5년마다 변경되므로 실생활을 정확하게 반영하지 못하기 때문이다.

02 인플레이션과 디플레이션

(1) 인플레이션

인플레이션inflation은 물가수준이 지속적으로 상승하는 현상을 말하며, **디플레이션** deflation은 물가수준이 지속적으로 하락하는 현상을 의미한다. 그리고 **디스인플레이션** disinflation은 인플레이션으로 상승한 물가를 일정수준으로 유지하기 위한 정부정책을 말한다. 디플레이션은 물가수준의 하락을 의미하지만 디스인플레이션은 물가상승률의 하락을 목표로 한다. **스태그플레이션**stagflation은 불경기하에서 물가수준이 상승하는 현상을 말하며, **초인플레이션**hyper-inflation은 물가상승률이 월평균 50%를 초과하는 경우를 말한다. **리플레이션**reflation은 경기회복기에 나타나는 점진적인 물가상승을 의미한다.

---

34 통계청은 생활물가지수 이외에 '신선식품지수'도 발표하고 있다. 신선식품지수는 생선, 채소, 과일 등 기상조건이나 계절에 따라 가격변동이 큰 50개 품목을 대상으로 한다.

인플레이션은 유발동기에 따라 수요견인 인플레이션과 비용인상 인플레이션으로 구분된다. **수요견인 인플레이션**demand-pull inflation은 생산물에 대한 총수요가 증가하여 가격이 상승하는 것으로 재화와 서비스의 공급이 충분히 뒷받침되지 못하여 발생하며, 주로 호경기와 함께 나타난다. 대책으로는 총수요억제책이다. 재정정책으로 정부지출을 축소하거나 세율을 높이는 방법이 있으며, 통화정책으로 통화공급량을 줄이거나 이자율을 인상하여 총수요곡선을 왼쪽으로 이동시키면 된다.

비용인상 인플레이션cost-push inflation은 임금, 원자재 가격 등 생산비가 상승하여 물가가 상승하는 것으로 주로 경기침체와 함께 나타난다. 문제는 제15장 [그림 15.15]에서 살펴보았듯이 적절한 경제안정화정책이 없다는 것이다. 음(−)의 공급충격이 있을 경우 기업 자체적으로 기술혁신, 경영혁신 등을 통한 경영 효율성을 제고하거나 임금 인상 억제, 에너지 사용량 축소 등과 같은 비용을 절감하는 방안 밖에 없다.

인플레이션 현상이 발생하면, 경제적·사회적으로 나타나는 영향이 지대하다. 먼저 인플레이션은 화폐의 실질가치, 즉 구매력을 변화시킨다. **구매력**purchasing power은 화폐 1단위로 구매할 수 있는 양을 의미한다. 인플레이션 현상이 발생하면 구매력이 감소하고 화폐의 실질가치가 하락한다. 예컨대 우유의 가격이 1,000원에서 1,200원으로 상승하면, 기존에 1,000원으로 우유 1개를 구입할 수 있었으나, 이제는 $\frac{1,000}{1,200}$ = 0.83개만 살 수 있다. 물가수준이 높을수록 화폐의 실질가치는 더 크게 하락한다.[35] 인플레이션으로 인하여 사람들이 보유한 화폐의 가치가 감소하는 것을 **인플레이션 조세**inflation tax라고 한다.

화폐의 실질가치가 하락하면 재화 간 상대가격이 왜곡되며, 부와 소득의 불공정한 분배가 발생한다. 인플레이션은 실물자산의 가치를 상승시키고 화폐자산의 가치를 하락시킨다. 실물자산 보유자가 유리하고, 화폐자산과 금융자산 보유자, 봉급생활자, 연금생활자, 수출업자 등은 불리하다. 이러한 상대가격의 왜곡 및 분배의 불공정성은 소비자들의 의사결정을 왜곡시키고 결국 자원배분을 왜곡시킨다. 실질소득 감소로 국민들의 근로의욕 상실, 투기 성행 등 건전한 생활이 저해되는 것이다. 국민경제의 안정, 사회안정, 사람들의 심리안정이 저해되어 사람들은 비생산적인 활동에 전념하게 된다.

또한 기업의 설비투자가 위축된다. 인플레이션은 저축 감소로 대출재원이 줄어들게 하므로 금리 상승을 유발하여 기업의 설비투자를 감소하게 한다. 그리고 국내물가 상승으로 수출가격이 상승하면, 수출상품의 가격경쟁력이 저하되어 수출 감소 및 경상수지 악화가 초래된다.

---

35 구매력은 화폐 1단위로 구매할 수 있는 양이며, 물가지수와 음(−)의 관계가 존재하므로 구매력 = 1원의 실질가치 = $\frac{1원}{가격수준}$ 으로 나타낼 수 있다.

한편 경제학자들은 인플레이션의 경제적·사회적 비용을 구두창 비용, 메뉴비용, 계산단위의 비용 등으로 설명한다.

구두창 비용shoe-leather costs은 사람들이 극심한 인플레이션에 대응하기 위하여 가능하면 현금을 적게 보유하려고 하므로 비용이 증가한다는 것이다. 예컨대 경제주체들은 화폐보유를 줄이면 현금이 필요할 때마다 은행을 찾아가야 하므로 구두창이 빨리 닳는다는 것을 은유적으로 표현한 것이다. 실제 고객들이 은행을 찾는 횟수가 많을수록 경제적·사회적 비용이 많이 소요된다. 은행은 창구손님 증가에 따라 종업원 수를 늘려야 하며, 모든 경제주체들이 높은 인플레이션에 대응하여 화폐보유량을 줄이는 방법을 찾고, 다른 대체투자방법을 찾는 과정에서 시간과 노력, 비용이 증가하고 자원배분이 왜곡된다.

메뉴비용menu costs은 가격을 바꿀 때마다 음식점이나 편의점에서 가격표와 카탈로그를 새로 제작하는 비용이 많이 든다는 은유적인 표현이다. 실제 가격을 인상하려면 얼마를 올려야 하는가에 대한 검토, 가격변경 광고, 대리점과 소비자에게 통지하는 비용, 제품의 가격표 변경, 새로운 가격표의 인쇄·배포, 소비자들의 불만, 홍보비용 등 가격 변경에 따른 비용이 많이 든다는 것이다.

계산단위의 비용unit-of-account은 계약과 계산의 기초로서의 화폐의 역할을 강조한 것이다. 높은 인플레이션은 가치척도로서의 화폐에 대한 신뢰성을 떨어뜨리고 실제 계약할 때 각종 요구사항이 많아지는 상황을 초래한다. 또한 인플레이션으로 가격이 상승하면, 실질가치는 변하지 않지만 회계에 가격상승분이 계상되므로 세금이 더 많이 부과되어 기업은 실질가치 측면에서도 손해를 보게 된다.

(2) 디플레이션

인플레이션의 경제적·사회적 비용이 크다면, 물가수준이 지속적으로 하락하는 디플레이션 현상은 우리에게 좋은가? 물가가 하락하면 기업의 생산활동이 위축되어 고용이 줄고 가계의 소득이 감소하여 민간소비도 감소하게 된다. 이는 다시 기업의 판매부진으로 이어져 기업의 생산활동을 더욱 위축하게 만든다. 실제로 1920년대 말 대공황 시기에 전 세계적으로 디플레이션이 나타난 바 있으며, 2009년 글로벌 금융위기로 2010년대 초 경기가 침체되면서 석유 가격하락, 원자재 가격하락 등으로 많은 국가들이 디플레이션으로 고민한 바 있다.

디플레이션은 인플레이션 못지않게 비용이 크다. 왜냐하면 디플레이션은 장기간 지속되는 경향이 있으며, **자기실현적 예언**self-fulfilling prophecy36을 통하여 경제적 악순환이 초래될 뿐 아니라, 디플레이션에 대한 경험과 연구가 많지 않아 대책을 세우기가 매우 난감하기 때문이다.

예컨대 물가하락이 예상되면 경제주체들의 소비와 투자가 위축되고 실업이 증가하여 경기둔화가 유발되고 경기둔화는 다시 물가하락을 초래하게 된다. 이로 인해 디플레이션 현상이 발생하게 되면 장기간 경기침체가 나타나게 된다.

또한 디플레이션은 금융불안을 동반할 가능성이 높다. 담보대출을 받은 경우 담보가치의 하락으로 추가담보 제공을 하거나 대출금을 조기상환하여야 하는 부담이 늘어난다. 금융기관도 담보비율이 하락하면 정상대출금도 부실대출금이 될 수 있으며, 차입자의 대출금 상환 지연 등으로 수익성이 악화될 경우 금융불안이 발생할 가능성이 높아진다.

경기침체에 대한 대응도 난감하다. 통상 경기부양책으로 금리 인하와 정부지출 증가를 많이 사용하지만, 금리가 0에 가까워지면 유동성함정liquidity trap37에 빠지며 경험하지 못한 마이너스(−) 금리의 길을 가기 때문에 두려워진다. 그리고 지난 2008년 리먼 브라더스Lehman Brothers 파산 사태 이후 여러 국가에서 양적 완화정책이 사용되었지만 풍부해진 시중통화량의 부작용이 어떻게 나타날지는 아직 아무도 모른다. 정부지출 증가도 재정 건전성 문제로 지속적으로 추진하기가 어렵다. 그만큼 디플레이션의 비용과 두려움은 크다.

---

36 자기실현적 예언이란 어떤 사건에 대한 사람들의 기대가 그러한 기대에 의해 실제로 실현되는 것을 말한다. 향후 불경기가 닥칠 것으로 예상하면 소비자들은 소비를 줄이고 생산자들은 투자를 유보하여 실제 불경기가 오게 된다. 그만큼 경제에서 심리도 중요하게 작용한다.

37 유동성함정은 케인즈의 유동성선호이론에서 비롯된다. 경기침체시기에 이자율이 매우 낮은 수준에 있을 경우 중앙은행이 이자율을 인하하거나 통화공급량을 증가시키더라도 기업의 투자나 가계의 소비가 늘어나지 않아 마치 경제가 함정에 빠진 것과 같은 상태를 말한다. 따라서 통화정책은 무의미하므로 재정정책이 유효하다. 자세한 내용은 제18장에서 설명한다.

03 실업

실업은 일할 능력과 일할 의사가 있음에도 불구하고 일자리를 구하지 못한 상태를 말한다. 실업의 종류에는 마찰적 실업, 경기적 실업, 구조적 실업, 계절적 실업이 있다.

마찰적 실업frictional unemployment은 근로자들이 직업을 바꾸거나 더 좋은 일자리를 찾는 과정에서 발생하는 일시적인 실업을 말한다. 특히 더 좋은 일자리를 탐색job search하는 과정에서 발생하는 실업이므로 탐색적 실업이라고도 한다.

경기적 실업cyclical unemployment은 불경기에 노동수요가 부족하여 발생하는 실업으로 경기변동과정에서 발생하므로 경기가 회복되면 해소된다. 실업 해소를 위한 정부의 총수요관리정책을 필요로 한다.

구조적 실업structural unemployment은 기술 변화나 산업구조조정 과정에서 기존의 일자리가 사라지고 새로운 일자리가 창출되면서 자격을 갖추지 못한 근로자가 직장을 잃는 실업을 말한다. 새로운 기술이 등장했을 때 새로운 기술이 전혀 없거나 기술수준이 낮은 노동자는 실업자가 될 수밖에 없다. 또한 성장산업과 사양산업이 교차하는 산업구조 재편과정에서 사양산업에 종사하는 근로자들은 실업자가 된다. 이와 같은 구조적 실업은 호경기일 때에도 발생할 수 있다. 따라서 구조적 실업을 해소하기 위하여 기술 재훈련 및 재교육이 필요하며 교육은 장기간 소요될 수 있다.

계절적 실업seasonal unemployment은 계절적 요인에 의하여 특정산업의 노동수요가 감소하면서 발생하는 실업이다. 계절적 요인은 기후의 변화 또는 유행의 변화로부터 발생한다. 기후의 변화는 건설업, 농업, 우산 산업 등과 같이 계절의 변화에 따라 고용수요가 줄어 유휴인력이 발생하여 실업자가 된다. 또한 유행의 변화는 의상 등과 같이 유행에 따라 매출이 변동하거나 밸런타인데이, 크리스마스 등과 같이 시즌에 따라 매출의 영향을 받는 산업에서 발생한다.

마찰적 실업은 근로자 본인이 스스로 더 좋은 직장을 찾는 과정에서 발생한다는 의미에서 **자발적 실업**이라고도 한다. 그리고 경기적 실업, 구조적 실업, 계절적 실업은 본인의 의사와 관계없이 발생한다는 의미에서 **비자발적 실업**이라고 한다. 마찰적 실업을 최소화하기 위하여 취업정보 제공 등 정보시스템 구축이 필요하다.

실업률은 경제활동인구에 대한 실업자 수로 계산된다. 우리나라에서는 총인구 중에서 15세 미만의 인구를 비노동가능인구라고 하고, 15세 이상의 인구를 노동가능인구라고 한다.

[표 16.1] 인구와 실업의 분류와 계산방법

총인구	비노동가능인구		만 15세 미만 인구
	노동가능인구		만 15세 이상 인구(현역군인, 공익근무요원, 전투경찰, 기결수 제외)
	경제활동인구		노동가능인구 중 재화나 용역을 생산하기 위해 노동을 제공할 의사와 능력이 있는 사람
		취업자	조사대상 기간 중 수입을 목적으로 1시간 이상 일한 사람(가족 단위 사업체에서 일한 사람도 일부 포함됨)
		실업자	조사대상 기간 중 수입이 발생하는 일에 전혀 종사하지 못한 사람으로서 적극적으로 구직활동을 하고 있고, 즉시 취업이 가능한 사람
	비경제활동인구		일할 능력이 없거나 일할 능력이 있음에도 일할 의사가 없는 사람(전업주부, 학생, 노약자, 심신장애자, 구직 단념자 등)

* 경제활동인구: 취업인구 + 실업인구
* 경제활동참가율: 15세 이상 인구 중 경제활동인구의 비율
* 생산가능인구: 만 15세부터 64세까지(인구학적인 관점), 만 15세 이상(노동력 관점)

노동가능인구 중에서 노동을 제공할 의사와 능력이 있는 사람을 경제활동인구라고 하며, 일할 능력이 없거나 일할 능력이 있음에도 일할 의사가 없는 사람을 비경제활동인구이라고 한다. 경제활동인구는 조사대상 기간 중 수입을 목적으로 1시간 이상 일한 취업자와 그렇지 않은 실업자로 구분된다. 실망실업자discouraged worker는 오랫동안 일자리를 찾았지만 고용되지 않아 구직활동을 포기한 사람들(구직단념자)을 말하며, 실업률 계산에 포함되지 않는다.

$$실업률(\%) = \frac{실업자 수}{경제활동인구} \times 100$$

자연실업률 = 마찰적 실업률 + 구조적 실업률

실제실업률 = 자연실업률 + 경기적 실업률 + 계절적 실업

경제학에서는 0%의 실업률을 상정하지 않는다. 왜냐하면 마찰적 실업과 구조적 실업은 현실경제에서 항상 존재하기 때문이다. 따라서 마찰적 실업과 구조적 실업만 존재하는 상태를 **자연실업률**이라고 한다. 이러한 의미에서 자연실업률을 **완전고용실업률**이라고 하며, 자연실업률 상태에서의 산출량을 잠재산출량, 잠재GDP, 인플레이션을 유발하지 않고 생산할 수 있는 최대 GDP라고 한다.

또한 자연실업률(NRU)natural rate of unemployment은 물가상승을 자극하지 않는 실업률이라는 의미에서 NAIRUnon-accelerating inflation rate of unemployment라고 한다. 실업률이

NAIRU 이하로 내려가면 노동에 대한 초과수요가 발생하여 임금과 물가의 상승을 초래한다는 의미이다.

미국의 경우 자연실업률은 1950년대 5.3%이었으나, 1970년대 말 6.3%로 상승하였다가 2016년 초 4.0%대로 하락하였다고 한다. 우리나라의 자연실업률은 2000년대 중반 3.4% 수준에서 2017년 3.7% 수준인 것으로 알려져 있다.[38]

한편 실업률과 총생산 갭 간에는 어떠한 관계가 존재하는가? 실업률과 총생산 갭(GDP 갭) 사이에는 양(+)의 관계가 존재한다. GDP 갭이 0(실제GDP = 잠재GDP)일 때 실제실업률은 자연실업률과 같고, 인플레이션 갭이 존재(실제GDP > 잠재GDP)할 때 실업률은 자연실업률보다 낮고, 경기침체 갭이 존재(실제GDP < 잠재GDP)할 때 실업률은 자연실업률보다 높다. 그리고 실업률이 높을수록 GDP 갭은 더욱 커진다.

또한 경제학자 오쿤A. Okun은 경제성장률과 실업률 사이에는 음(−)의 관계가 존재한다는 **오쿤의 법칙**Okun's Law을 발표하였다.[39] 실제실업률과 자연실업률의 차이가 1% 포인트 증가할 때마다 총생산은 약 2.5~3.5%가량 감소하는 것으로 알려져 있다.

[그림 16.1] 오쿤의 법칙

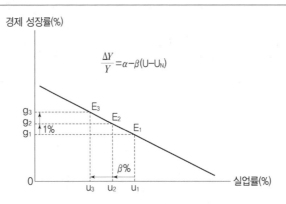

한편 정부에서 공식 발표되는 실업률은 체감실업률보다 낮다. 그 이유는 실업률 산출기준이 매우 엄격하기 때문이다. 즉 지난 1년간 일자리를 구한 적이 있지만, 조사

---

38 조귀동, "자연실업률 사상 처음 3% 후반대 진입", 조선비즈, 2017. 4. 30.

39 오쿤의 법칙은 GDP 갭 $\left(\frac{Y_N - Y}{Y_N}\right)$ 과 실업률 갭$(U - U_N)$의 관계를 말하며, 다음과 같이 설명된다. 잠재 GDP Y_N, 실제GDP Y, 실제GDP의 증가분 $\triangle Y$, 실제실업률을 U, 자연실업률을 U_N이라고 할 때 $\frac{Y_N - Y}{Y_N} = \alpha(U - U_N)$이 된다. 이를 일반화하면, 경제성장률 $\frac{\triangle Y}{Y} = \alpha - \beta(U - U_N)$이 된다. 그리고 β는 '오쿤의 계수'로 경험적 추정치이며 국가별·시기별로 다르게 나타난다.

대상기간 중에 구직의사가 없었던 구직 단념자와 취업 준비자는 비경제활동인구로 분류하고, 임시직 또는 시간제로 일하면서 상용직으로 전환하고자 하는 사람이 1주일에 1시간 이상 수입이 있으면 취업자로 분류되고 있다.

　거시경제학에서 실업과 인플레이션은 해결되어야 할 두 가지 과제로 뽑혀 왔다. 실업의 문제는 특히 실업자의 다양한 개념 때문에 정부의 정책 또한 다양성이 요구된다. 무엇보다 정부의 정책은 실업률과 자연실업률을 구분하여 관리할 필요가 있으며, 실업자 대책도 다르게 수립할 필요가 있다.

　단기정책으로는 경기적 실업률을 낮추는 정책이, 중기정책으로는 직업 재훈련 등을 통하여 실업자에게 새로운 기술과 기능을 습득할 수 있는 기회를 제공하는 정책이, 장기정책으로는 자연실업률을 낮추는 정책이 필요하다. 한 나라 경제가 장기성장세를 지속하기 위하여 잠재GDP를 확충하듯이 실업률 문제는 장기적으로 자연실업률을 낮추는 정책이 필요하다. 자연실업률이 낮아지면, 더 많은 근로자가 고용된다는 의미이므로 더 많은 재화와 서비스가 공급되어 장기 총공급곡선을 오른쪽으로 이동시킨다. 이는 결국 인플레이션율을 낮추고 총생산을 증가시켜 이상적인 모습이 된다.

04 인플레이션과 실업의 관계: 필립스곡선

　영국 경제학자 필립스A. W. Phillips 교수는 1958년 영국의 실업률과 명목임금 변동률에 대한 과거의 통계자료(1861~1957년)를 분석한 결과, 실업률과 명목임금 상승률 간에는 음(−)의 관계가 존재하는 것을 발견하였다. 이후 새뮤얼슨P. Samuelson 교수와 솔로우R. Solow 교수는 미국의 통계자료(1935~1959년)에서 물가상승률과 실업률 간에도 음(−)의 상관관계가 존재한다는 것을 발견하였는데, 이를 **필립스곡선**Phillips curve이라고 한다. 즉 물가상승률을 떨어뜨리면 실업률이 높아지고, 실업률을 낮추면 물가상승률이 올라가는 상호 간에 상충관계가 존재하며, 이른바 "물가안정과 완전고용이라는 두 마리 토끼를 동시에 잡을 수 없다"라는 것을 의미한다.

$$\text{필립스 곡선} \quad \pi = -\alpha(U - U_N) \qquad \text{(식 16.2)}$$
(단, π는 인플레이션율, U는 실제실업률, U_N은 자연실업률을 말한다.)

1967년 프리드먼M. Friedman 교수는 필립스곡선은 단기적으로는 상충관계가 발생하지만, 장기적으로는 그렇지 않는다면서 두 개의 필립스곡선(단기, 장기)이 존재한다고 주장하였다. 그는 또한 장기 필립스곡선은 실업률이 통화량 증가율이나 인플레이션율의 영향을 받지 않고 수직이며, 실업률은 자연실업률 수준으로 돌아간다는 **자연실업률 가설**natural rate hypothesis을 주장했다. 펠프스E. Phelps 교수도 인플레이션율과 실업률의 장기 상충관계를 부인하였다.

단기 필립스곡선[40]

우선 단기 필립스곡선을 살펴보자. 필립스곡선은 기존의 통계를 실증분석하여 도출한 이론이지만, 총수요 – 총공급모형을 통하여 도출할 수도 있다. [그림 16.2]는 단기 필립스곡선의 도출과정을 설명한다. 먼저 그림 (a)에서 우상향하는 단기 총공급곡선이 주어졌을 때 현재 균형점 E_1에서 정부지출 증가로 총수요곡선이 오른쪽으로 이동하면, 물가수준은 P_1에서 P_2로 상승하고 총생산은 Y_1에서 Y_2로 증가한다. 즉 총수요 – 총공급모형에서 총생산과 물가수준 간에는 양(+)의 관계가 존재한다. 이를 실업률과 총생산 사이에는 음(−)의 관계가 존재하는 오쿤의 법칙을 적용하면 실업률과 물가상승률 간의 관계로 바뀌게 된다. 즉 물가상승률이 상승하여 총생산이 증가하면, 오쿤의 법칙에 따라 실업률은 감소하게 된다. 따라서 그림 (b)에서 물가상승률이 상승하면 실업률은 감소한다는 우하향 형태의 단기 필립스곡선을 도출할 수 있다.

이번에는 단기 필립스곡선의 이동에 대하여 살펴보자. 단기 필립스곡선의 이동도 곡선 상의 이동과 곡선 자체의 이동으로 구분할 수 있다. (식 16.2) 필립스 곡선 $\pi = -\alpha(U - U_N)$에서 곡선 상의 이동은 물가상승률의 변화에 따라 실업률이 변화할 때 발생한다. 물가상승률(π)이 상승하면 실업률(U)은 감소하고, 물가상승률(π)이 하락하면 실업률(U)은 증가하게 된다.

그러나 물가상승률 이외의 다른 요인이 발생할 때 곡선 자체의 이동이 나타난다. 곡선 자체의 이동은 크게 두 가지 요인에 의하여 이루어진다. 첫 번째는 물가상승률(인플레이션율) 예상이다. 프리드먼과 펠프스의 분석에 따르면, 실업률은 자연실업률, 실제 인플레이션율과 예상 인플레이션율에 따라 결정된다.[41] 단기적으로 예상 인플레

---

40 Mankiw(2015년), 『맨큐의 경제학』, 한티에듀.

41 필립스곡선에 기대 인플레이션율을 도입할 경우 $\pi = \pi^e - \alpha(U - U_N)$으로 바뀐다. 여기서 π는 실제 인플레이션율, π^e는 기대 인플레이션율, U는 실제실업률, U_N은 자연실업률을 나타낸다.

[그림 16.2] 단기 필립스곡선 도출

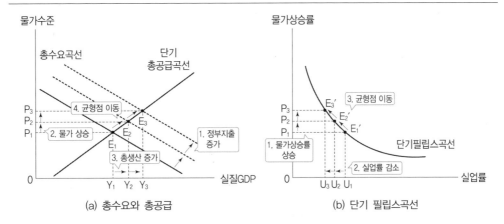

(a) 총수요와 총공급　　　　　(b) 단기 필립스곡선

이선을 정확하게 예상하지 못하므로 물가상승이 발생하면 명목임금은 상승하지 않으므로 실질임금이 하락하여 고용이 늘어나 총생산이 늘어나므로 실업률은 하락한다. 그러나 시간이 흐름에 따라 사람들이 과거의 인플레이션율을 경험함에 따라 점차 향후 인플레이션율을 예상하게 되어 재화의 가격이나 임금을 결정할 때 인플레이션율이 반영하게 되므로 단기 필립스곡선은 위쪽으로 이동하게 된다.

　　두 번째 요인은 공급충격이다. 유가 상승 등과 같은 외부요인이 발생하여 생산비가 변동하게 되면 총공급곡선이 왼쪽 또는 오른쪽으로 이동하게 된다. 생산비가 변동되면 기업의 고용률도 변화하여 실업률에 영향을 미치게 되므로 단기 필립스곡선은 이동하게 된다.

장기 필립스곡선

　　장기 필립스곡선은 단기 필립스곡선과는 달리 수직선의 형태를 갖는다. 왜냐하면 장기 총공급곡선이 수직이므로 총수요가 증가하더라도 총생산은 잠재GDP 수준에서 변화하지 않고 물가만 상승하기 때문이며, 장기적으로 자연실업률 상태로 되돌아오게 되므로 인플레이션율 상승은 실업률에 아무런 영향을 못 미치기 때문이다.

　　[그림 16.3]는 장기 필립스곡선의 도출과정을 설명한다. 현재 그림 (a)에서 총수요곡선과 총공급곡선이 만나는 E_1에서 균형을 이루고 있다. 물가수준은 P_1, 총생산은 잠재GDP 수준인 Y_N인 상황에서 정부지출의 증가로 총수요곡선이 오른쪽 이동하게 되면, 새로운 단기균형점은 E_2가 되어 실질GDP는 Y_N에서 Y_2로 증가하게 되고, 물가수준은 P_1에서 P_2로 상승하게 된다. 그러나 시간이 지남에 따라 물가수준 상승분만큼 명목

임금이 상승하게 되므로 실질임금은 본래의 수준으로 복귀하게 된다. 이에 따라 생산비용이 증가하여 단기 총공급곡선은 왼쪽으로 이동하게 되고 E_3에서 장기균형을 이루게 된다. 결국 장기적으로 실업률은 자연실업률의 수준에 머물면서 물가상승률만 상승하게 된다.

[그림 16.3] 장기 필립스곡선 도출

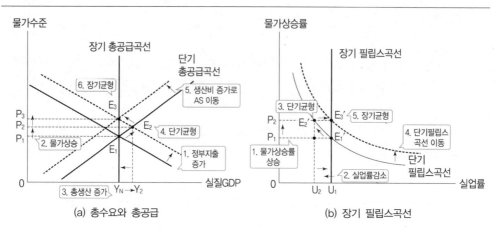

(a) 총수요와 총공급   (b) 장기 필립스곡선

이를 필립스곡선에 응용하여 보자. 그림 (a)에서 정부지출의 증가로 총수요곡선이 오른쪽으로 이동하면, 물가수준과 산출량이 모두 증가하여 단기균형점은 E_2로 이동하게 된다. 그림 (b) 단기 필립스곡선 상에서는 E_1'에서 E_2'로 이동하게 된다. 물가수준 상승으로 오쿤의 법칙에 따라 실업률은 감소하게 된다.

그러나 장기적으로 물가수준 상승은 명목임금 상승에 반영되므로 생산비용이 증가하게 된다. 이에 따라 단기 총공급곡선이 왼쪽으로 이동되므로 단기 필립스곡선은 위쪽으로 이동하게 된다. 따라서 장기균형점은 E_3'로 이동하여 자연실업률 상태로 복귀하게 되고, E_1'과 E_3'를 연결한 수직선이 장기 필립스곡선이 된다. 결국 장기적으로 실업률과 인플레이션율은 아무런 관련이 없다고 할 수 있다.

CHAPTER 17 경기변동과 경제성장

거시경제학은 제14장에서 언급한 바와 같이 단기 변동성과 장기 성장성을 연구하는 학문이다. 제17장에서는 단기 변동성과 장기 성장성에 대하여 설명한다. 이와 관련된 이론은 경기변동이론, 경제성장이론, 경제발전이론이 있다. 3~5년에 걸쳐 호황과 불황이 반복되는 경제현상을 분석하는 이론이 경기변동이론이며, 5년 이상 장기에 걸쳐 경제 규모가 확대되는 현상을 연구하는 이론이 경제성장이론이다. 그리고 경제 규모의 양적 확대뿐만 아니라 질적 향상을 연구하는 이론이 경제발전이론이다.

경기변동이론에서 경제는 실제GDP와 잠재GDP의 차이인 총생산 갭에 따라 호황과 불황을 거듭하는데, 이를 효율적으로 관리하는 정책이 바로 정부의 **경제안정화정책** 또는 **총수요관리정책**demand-side pulling이다. 그리고 수요충격 또는 공급충격으로 총수요곡선 또는 단기 총공급곡선이 왼쪽 또는 오른쪽으로 이동하거나, 실질GDP가 단기적으로 증가하거나 감소하는 것을 연구하는 분야가 **경기변동론**이다.

경제성장이론은 매년 경제성장률의 높낮이를 측정하는 일에 국한되는 것이 아니라 장기적인 관점에서 잠재GDP의 크기를 키우고 잠재GDP의 장기추세선을 따라 실제GDP가 지속적으로 증가할 수 있는 방안을 연구한다. 장기 총공급곡선이 오른쪽으로 이동하여 실질GDP의 증가를 분석하는 분야가 **경제성장론**이며, 장기적 경제성장률을 높이는 경제정책을 **공급 측면의 경제정책**supply-side policy이라고 한다.

경제발전이론은 경제성장의 양적 측면뿐만 아니라 공평한 소득분배, 사회보장, 교육, 보건, 의료, 주거환경의 개선 등 국민 생활수준의 질적 향상을 연구한다.

01 경기변동

경기변동이란?

흔히 우리가 "경기가 좋다, 나쁘다"라고 이야기할 때 이는 단기 변동성을 표현한 것이다. 여기에서 경기란 소비, 생산, 투자, 고용 등 실물부문은 물론 주가, 금리, 환율 등 금융부문 그리고 수출, 수입 등 해외부문을 포함한 경제전체의 움직임 또는 활동상태를 말한다.

따라서 경기변동business fluctuations은 한 나라 경제가 장기추세선을 따라 성장하면서 단기적으로 상승과 하락을 반복하는 경제상태를 말한다. 장기추세선은 한 나라 경제를 설명하는 실질GDP의 성장추세를 나타낸 것이다. 상승과 하락의 반복은 회복기 – 호황기 – 후퇴기 – 침체기의 네 국면을 주기적으로 반복한다는 의미이다. 이런 의미에서 경기변동을 경기순환business cycle이라고도 한다.

[그림 17.1] 경기변동

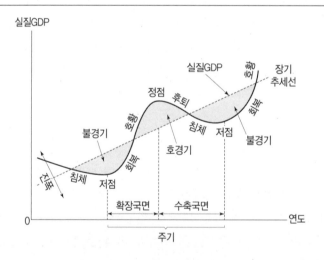

[그림 17.1]은 경기변동을 설명해 주고 있다. 장기추세선 위에 있는 호황기와 후퇴기를 호경기라고 하고, 장기추세선 아래에 있는 침체기와 회복기를 불경기라고 한다. 또한 경기저점trough을 지나 실질GDP가 상승하는 회복기recovery와 호황기boom를 경기확장expansion국면이라고 하며, 경기정점peak 이후 실질GDP가 하락하는 후퇴기와 침체기를 경기수축contraction국면이라고 한다.

특히 수축국면 중에서 연속적으로 2분기 이상 마이너스(−) 성장하는 것을 경기침체recession라고 하고, 심각한 경기침체가 오랜 기간 동안 지속되는 것을 불황depression이라고 한다. 대표적인 예로 2007년 12월부터 2009년 6월까지의 글로벌 금융위기를 경기침체 또는 대침체Great Recession라고 하고, 1929년부터 1933년까지를 대공황Great Depression이라고 한다.

장기추세선 의미

여기서 장기추세선은 어떤 의미를 갖는가? 제4장, 제14장, 제15장에서 설명한 내용을 또다시 되새김하여 보자.

제2차 세계대전 이후 대부분 국가들의 성장추세는 지속되고 있는데, 매년 기록한 경제성장률을 사후적으로 연결한 선이 장기추세선이다. 장기추세선을 살펴보면, 실질 GDP가 장기추세선 안팎으로 움직이는 것을 발견할 수 있다.

실질GDP가 장기추세선보다 위에 있는 경우, 즉 호경기일 때 총수요가 총생산보다 큰 경우이므로 가격이 상승하고 인플레이션이 유발된다. 반면에 실질GDP가 장기추세선보다 아래에 있는 경우, 즉 불경기일 때 총수요가 총생산보다 적은 경우이므로 가격이 하락하고 경기가 침체된다. 장기추세선을 기준으로 경기과열과 경기침체가 발생한다는 것은 장기추세선이 잠재GDP의 추세선이라는 것을 의미한다. 왜냐하면 잠재 GDP는 자연실업률 상태의 완전고용GDP이며, 해당연도의 최대생산능력이기 때문이라고 설명하였다. 따라서 장기추세선을 실질GDP의 평균선 또는 잠재GDP의 연결선이라고 할 수 있다.

경기변동의 요인

그렇다면 경기변동은 왜 발생하는가? 경기변동은 수요, 공급, 금융, 해외, 정부정책, 정치적인 측면 등 다양한 요인에 의해 발생한다.

경기변동은 주로 총수요의 변동으로부터 발생한다. 총수요의 변동은 경제주체들(가계, 기업, 정부, 해외부문)의 지출이 증가하거나 감소할 때 발생한다. 총수요와 총공급이 일치하는 균형상태에서는 실질GDP와 잠재GDP가 같으나, 총수요와 총공급이 일치하지 않는 불균형 상태에서는 실질GDP와 잠재GDP가 같지 않다. 불균형 상태일 때 경기변동이 발생한다. 실질GDP가 잠재GDP보다 클 때 경기는 호황으로 인플레이션이 발생하며, 실질GDP가 잠재GDP보다 작을 때 경기는 불경기로 실업률은 증가하고 디플레이션이 발생한다.

케인즈는 소비자들의 내구 소비재 지출과 기업가들의 야성적 충동animal spirit에 의한 투자는 다소 불안정한 지출이므로 이러한 불안정한 지출이 경기변동의 원인이라면서 승수효과multiplier effect와 가속도원리acceleration principle가 결합된 누적적인 효과를 통하여 해결해야 한다고 설명한다. 내구재 소비 또는 독립적인 투자가 증가하면 승수효과를 일으켜 총생산과 국민소득이 증가하게 된다. 국민소득이 증가하면, 다시 가속도적으로 투자를 유발하게 된다.[42]

또한 경기변동은 총공급의 변동으로부터 발생한다. 이를 실물경기변동이론이라고 한다. 실물경기변동이론(RBC)real business cycle theory은 노동량, 자본량, 기술수준, 생산성 등의 변화 또는 노사분규, 자연자원 발견, 원자재 가격 등 실물요인에 의한 공급충격이 발생할 때 경기변동이 발생한다는 이론이다. 실물요인의 변화들은 총공급곡선을 이동시킨다. 예컨대 대규모 노사분규 발생으로 생산성이 크게 감소하면 장기 총공급곡선은 왼쪽으로 이동하여 실질GDP가 감소하고 물가수준이 상승하게 된다. 실질GDP 감소는 소비와 투자를 감소시키고 화폐수요를 감소시켜 총수요 감소로 이어지고, 총수요곡선은 왼쪽으로 이동하게 된다. 따라서 동일한 물가수준에서 총생산은 감소하게 되어 경기침체현상이 발생한다. 즉 총공급의 변동요인이 먼저 발생하고 나중에 총수요의 위축이 발생한다.

또한 새로운 기술이 개발되어 총공급곡선이 오른쪽으로 이동하면, 실질GDP가 증가하고 물가수준이 하락하게 된다. 실질GDP 증가는 소비와 투자를 증가시키고, 통화수요와 통화공급이 증가되어 총수요곡선이 오른쪽으로 이동하게 된다. 따라서 물가수준이 상승하지 않은 상황에서 총생산은 증가하게 되어 경기호황이 발생한다.

금융 측면도 경기변동의 원인이 된다. 금융기조가 완화되면, 통화공급이 증가하고 대출 등 민간신용이 팽창하면서 인플레이션이 발생하게 된다. 또한 금융기조가 긴축으로 전환되면, 통화공급이 줄어들어 민간신용이 축소되고 이자율이 상승하여 경기후퇴기를 맞이하게 된다.

또한 루카스는 화폐적 경기변동이론(MBC)monetary business cycle theory을 주장하였다. 합리적 기대하에서 경제주체들이 '예상치 못한' 통화량의 변화는 생산자들의 물가수

---

42 새뮤얼슨은 케인즈의 승수이론과 가속도원리를 결합한 '승수 - 가속도원리'로서 설명한다. 새뮤얼슨은 독립적인 투자가 증가하면 승수효과로 국민소득이 증대되고, 국민소득의 증가는 한계소비성향에 의하여 소비지출이 늘어나고, 소비지출의 증가는 가속도원리에 의해 투자가 증폭된다고 주장하였다.

준에 대한 오인을 발생시켜 경기변동을 초래한다고 하였다. 즉 예상치 못한 통화량 증가로 물가수준이 상승하면, 생산자들은 일반적인 물가수준이 상승한 것이 아니라 자사 제품의 가격만 상승(상대가격 상승)한 것으로 오인하게 되고, 노동자들은 자신의 명목임금 상승을 실질임금의 상승으로 오인하여 노동공급을 증가시킴으로써 총생산이 증가하게 된다. 총생산의 증가는 국민소득이 완전고용GDP를 초과하게 만들어 인플레이션을 유발하게 된다. 그러나 장기적으로 경제주체들이 합리적 기대를 통하여 정확하게 물가를 예상하게 되면, GDP는 완전고용GDP수준으로 복귀하게 된다. 따라서 중앙은행의 예상치 못한 통화공급의 변화는 물가상승만 유발하는 경기변동의 요인이라고 하였다.

그리고 해외부문이 경기변동의 요인으로 작용한다. 경제의 글로벌화가 확대되면서 해외경제와의 연관성이 증대되어, 다른 국가의 경기변동이 전이되어 국내 경기변동이 발생하게 된다. 원유, 곡물 등 국제원자재 가격의 변화나 국제이자율의 변화 등이 대표적인 예이다.

또한 많은 국가에서는 정치적 변수가 경기변동의 원인이 되기도 한다. 조세정책, 규제와 인허가정책 등과 같은 정부정책이 변화하면 가계와 기업의 경제행위에 직접적으로 영향을 미친다. 그리고 선거와 같은 정치적 변수가 경기변동을 유발한다. 이를 **정치적 경기순환이론**political business cycle theory이라고 한다. 정치인들이 선거에서 승리하기 위하여 여러 가지 경기부양책을 시행하여 성장률을 높이고 실업률을 낮추며, 선거가 끝나면 선거로 인한 물가상승을 억제하기 위하여 긴축정책을 시행하는 과정에서 선거 주기와 일치하는 경기순환이 발생한다.

경기변동의 예측방법

경기변동은 개인들의 일상생활과 기업의 경영활동에 커다란 영향을 미치고, 정부의 적절한 경제정책 입안 여부에 영향을 미치므로 경기변동을 정확히 파악하는 것이 매우 중요하다.

현재의 경기상황을 진단하거나 앞으로의 경기흐름을 예측하는 방법은 여러 가지가 있다. 첫 번째는 이미 발표된 경제지표를 이용하는 방법이다. 국민소득 통계, 산업생산지수, 수출입통계 등 각종 통계를 활용하여 경기를 진단하고 예측할 수 있다.

둘째, 종합경기지표를 새로 작성하는 방법이 있다. 우리나라 통계청에서 경기 선행지수, 동행지수, 후행지수를 만들어 발표하는 것이 대표적인 예이다. 셋째는 설문조사에 의한 방법이 있다. 기업인들을 대상으로 경기가 어떤가를 설문조사하는 경기전망

조사(BSI), 소비자들을 대상으로 설문조사하는 소비자동향조사(CSI) 등이 있다. 그리고 계량모형에 의한 방법이 있다. 경제이론을 토대로 여러 가지 경기지표를 모델화하여 향후 경제를 예측하는 방법으로 현재 KDI, 금융연구원, 한국은행, 각종 연구소 등에서 매년 여러 차례 발표하고 있다.

경기변동의 유형

경기변동의 주기가 너무 잦거나 경기변동의 진폭이 너무 클 경우 가계나 기업들은 경제적 어려움을 많이 겪는다. 따라서 정부의 적절한 경제정책이 요청되지만, 경우에 따라 경기의 하강 속도가 매우 급격한 경착륙hard landing이 발생할 수도 있고, 경기가 서서히 하강하는 연착륙soft landing을 유도할 수도 있다. 불경기에서 경기가 회복되는 모습은 V자 형, U자 형, L자 형, W자 형 등 여러 형태로 나타난다.

V자 형 회복은 경기가 회복되는 모습이 V자처럼 경기회복 속도가 빠른 형태이며, U자 형 회복은 다소 느린 형태, L자 형 회복은 일본의 '잃어버린 10년'과 같이 장기불황에 빠진 형태이며, 경기가 좋아졌다 나빠졌다를 반복하여 바닥을 두 번 친 경우를 W자 형 회복 또는 더블 딥double dip 형태라고 한다.

장기불황의 유형을 표현할 때 일본형 장기불황과 아르헨티나형 장기불황을 많이 이야기한다. 일본형 장기불황은 1980년대 주가지수, 지가 등 자산가격이 약 4배 폭등한 후 1990년대에는 자산가격이 1/4로 폭락하여 버블이 붕괴되고, 엔화 강세로 산업경쟁력이 약화되면서 장기불황이 10년 이상 지속된 일본의 사례와 같은 경우를 말한다. 아르헨티나형 장기불황은 반시장적 인기영합주의populism 경제정책에 따라 방만한 재정 운용과 만성적인 재정적자 그리고 구조조정의 실패, 정치 불안정 등에 의하여 경기침체가 지속된 아르헨티나의 사례와 같은 경우를 말한다.

경기변동 정책에 대한 견해

거시경제학에서 단기 경기변동은 총수요와 총공급이 일치하지 않을 때 발생한다. 단기 변동성을 축소하기 위한 고전학파의 견해와 케인즈학파의 견해는 다르다.

고전학파들은 **경제의 자동조정기능**self-correcting과 **자동안정화장치**automatic stabilizer를 강조하면서 정부의 적극적인 정책은 필요가 없다고 주장하였다. 먼저 경제의 자동조정기능을 살펴보자. 시장은 가격메커니즘에 의해 자동적으로 시장청산이 이루어지며, 경제주체들은 시장상황에 맞게 가격을 신축적으로 조정하고 생산량을 조절하면서 합리적으로 대처한다. 이러한 경제주체들의 경제활동은 장기적으로 총생산 갭을 해소하여 실제GDP는 잠재GDP 수준으로 복귀하게 된다.

자동안정화장치는 누진적인 조세제도, 실업급여 등과 같이 경기변동에 따라 자동적으로 집행되어 경기변동의 진폭을 줄여 주는 제도를 말한다. 경기침체나 경기호황이 발생할 때 정부가 의도적으로 세율과 이전지출 규모를 변경시키지 않더라도 자동적으로 조세납부액이 조절되거나 이전지출액이 조절되어 경기변동을 완화시켜 주는 제도를 재정의 자동안정화장치라고 한다. 고전학파 경제학자들은 이러한 경제의 자동조정기능과 자동안정화장치를 믿는다.

그러나 케인즈는 '장기적으로 볼 때 우리는 모두 죽는다'라는 말을 던지면서 경기변동에 맞서 적절한 정부정책을 실행하여 총지출에 영향을 미쳐야 한다고 주장한다. 시장은 항상 불완전하고 가격변수들의 비신축성으로 시장은 자동적으로 청산되지 않으므로 정부의 적극적인 개입이 필요하다고 믿는다. 케인즈학파의 단기 변동성에 대한 정책을 경제안정화정책 또는 재량discretionary policy에 의한 정책이라고 한다. 하지만 고전학파는 정책을 활용하더라도 준칙policy rules에 의한 정책을 옹호한다. 이와 같은 내용은 제18장에서 자세히 설명한다.

02 경제성장

경제성장의 중요성

경제성장은 장기간에 걸쳐 이루어지는 실질GDP 또는 1인당 실질소득의 증가를 말한다. 경제가 성장하면 국민소득이 증가되고 새로운 일자리가 창출되어 국민들의 생활수준이 향상되며, 국가경제의 규모가 확대되면서 국가경쟁력이 제고되어 국제적 발언권이 높아진다는 의미에서 매우 중요한 개념이다.

경제성장을 측정하는 방법에는 실질 국내총생산(GDP)이 전년에 비하여 얼마나 증가하였는가를 나타내는 경제성장률과 1인당 실질소득(GNI)의 증가율을 측정하는 방법이 있다.

$$경제성장률(\%) = \frac{금년도\,실질GDP - 전년도\,실질GDP}{전년도\,실질GDP} \times 100 \qquad (식\ 17.1)$$

경제성장이 이루어지면, [그림 17.2]에서 보는 바와 같이 생산함수가 위쪽으로 이동(그림 a)하거나 생산가능곡선이 바깥쪽으로 이동(그림 b)하여 장기 총공급곡선이 오른쪽으로 이동(그림 c)하게 되므로 경제의 잠재적 생산능력이 확대된다.

[그림 17.2] 경제성장

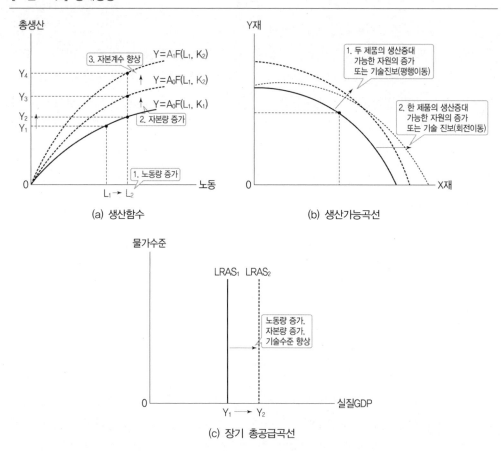

(a) 생산함수

(b) 생산가능곡선

(c) 장기 총공급곡선

생산함수의 이동은 노동량이 증가하여 총생산이 증가하거나, 자본량이 증가하여 총생산이 증가하는 경우, 또는 총생산 증가에 필요한 자본계수가 향상될 때 이루어진다. 또한 생산가능곡선이 오른쪽으로 평행이동 또는 회전이동할 때 경제성장이 이루어진다. 평행이동은 두 제품 모두 생산 증대가 가능한 자원이 늘어나거나 기술진보가 있을 때 나타나며, 회전 이동은 하나의 제품의 생산을 증가시키는 자원이 늘어나거나 기술진보가 있을 때 나타난다. 그리고 장기 총공급곡선의 오른쪽 이동은 노동량 또는 자본량의 증가, 기술수준의 향상이 있을 때 나타난다.

즉 경제가 성장하려면 무엇보다도 잠재GDP의 확대가 필요하다. 왜냐하면 향후 성장추세는 그 나라 잠재GDP의 크기에 의해 좌우되고, 잠재GDP의 크기가 향후 장기 성장추세선이 되기 때문이다. 잠재GDP는 기술개발, 인구증가, 자본축적 등 공급 측면에 의하여 결정된다.

잠재성장률은 인플레이션을 유발하지 않으면서 달성할 수 있는 최대 성장률이다. 실제성장률actual GDP growth rate이 잠재성장률potential growth rate보다 클 경우 경기 과열로 인플레이션이 유발되고, 실제성장률이 잠재성장률보다 작을 경우 경기가 위축되고 실업률이 증가한다. 따라서 잠재성장률이 적정 성장률이라고 할 수 있으며, 잠재성장률이 확대되면, 인플레이션을 유발하지 않으면서 더 높은 성장이 가능하므로 한 나라 경제가 안정적이면서 지속적으로 높은 성장을 할 수 있는 기반을 구축하게 된다. 따라서 잠재성장률을 확대하는 정책이 매우 중요하다.[43]

$$잠재성장률(\%) = \frac{금년도\ 잠재GDP\ -\ 전년도\ 실질GDP}{전년도\ 실질GDP} \times 100 \qquad (식\ 17.2)$$

잠재성장률은 국가별로 또는 국민소득 수준별로 고정되어 있는 것은 아니다. 정책 여하에 따라 잠재성장률이 확대될 수도 있고 축소될 수도 있다. 그러나 잠재성장률을 확대하는 것은 매우 어렵다. 단기간에 해결할 수 없으며 장기간 지속적으로 일관된 정책을 필요로 하며, 가시적으로 잘 나타나지 않으면서 측정하기도 매우 어렵기 때문이다.

경제성장에 미치는 요인

경제성장률에 미치는 요인은 크게 수요요인과 공급요인으로 구분할 수 있다. 먼저 수요요인은 소비, 투자, 정부지출, 순수출 등 경제주체들의 총수요를 변화시켜 총생산을 증가시키는 요인들이다. 정부의 총수요진작책이 대표적인 수요 측면의 정부정책이라고 할 수 있다. 이는 단기적 경기변동을 최소화하고 정부지출과 세금을 통하여 총수

---

43 우리나라 잠재성장률은 2000년대 초반 5% 내외에서 2010년대 초반 3% 초중반, 2016~2020년 2.8~2.9%로 계속 하락할 것으로 추정하고 있다. 김도완·한진현·이은영, "우리 경제의 잠재성장률 추정", 한국은행, 『조사통계월보』, 2017년 8월호.

요를 자극하는 것을 목표로 한다. 또한 통화정책도 총수요에 영향을 미친다. 이자율과 통화량을 조절하면 경제주체들의 경제활동이 자극되어 소비, 투자 등 총수요가 변화하기 때문이다. 총수요관리정책이 단기에 그치지 않고 장기적으로 지속되면, 총공급이 증가하므로 장기적으로 경제성장률에 영향을 미치게 된다.

그러나 경제성장에서는 구조적으로 영향을 미치는 공급요인이 매우 중요하다. 공급요인은 장기적으로 공급 측면에서 생산함수를 위쪽으로 이동하게 하거나 생산가능곡선을 바깥쪽으로 이동하게 하여 잠재GDP를 확대하고 장기 총공급곡선을 오른쪽으로 이동시키기 때문이다.

공급요인은 생산함수에서 찾아볼 수 있다. 생산함수는 노동, 자본, 기술수준 등의 함수이므로 총생산의 증가는 노동 또는 자본의 투입량을 늘리거나 기술진보 등으로부터 발생한다. 기술진보 등은 노동, 자본 등 생산요소의 생산성에 공통적으로 영향을 미친다는 의미에서 **총요소생산성**(TFP)Total Factor Productivity이라고도 한다.[44] 따라서 경제성장률은 노동의 증가율, 자본의 증가율, 총요소생산성의 증가율을 합한 것이 된다.[45]

경제성장률 = 노동의 증가율 + 자본의 증가율 + 총요소생산성의 증가율　　　(식 17.3)

총요소생산성은 기술수준, 자연자원, 축적된 자본량, 지식자본, 기업가정신, 정부정책 등 여러 가지 요인이 복합적으로 작용하여 이루어진다. 따라서 총요소생산성(간략히 생산성)은 국가별 경제성장률의 차이를 만드는 근본적인 요소라고 할 수 있다. 이를 구체적으로 살펴보자.

생산요소 중에서 노동이 제일 중요하다. 노동력을 증가시키기 위하여 인구 증가가 필수적이다. 출산율을 높이거나 여성 또는 노인의 경제활동참가율을 높여야 하며, 해외노동자 유입 등도 매우 필요하다. 그리고 실업률을 낮추거나 노동자들이 더 많은 일을 할 수 있도록 소득세율을 낮추거나 근무시간을 늘리는 방법도 있다. 또한 노사관계와 노동시장의 유연성 제고는 주어진 노동력을 효율적으로 활용하는 데 중요하다. 특

44　보통 생산성이라고 했을 때 노동생산성 = $\frac{산출량}{노동 투입량}$, 자본생산성 = $\frac{산출량}{자본 투입량}$ 등과 같이 생산요소 한 단위가 생산하는 산출량을 말한다. 하나의 생산요소 투입 관점에서 본 생산성이 단일요소생산성이라고 한다면, 생산요소 투입량에 의한 증가분을 제외한 전반적인 생산성을 총요소생산성이라고 한다. 총요소생산성은 단일요소생산성 측정에 포함되지 않는 기술, 노사, 경영체제, 법·제도 등이 반영되기 때문에 경제전체의 기술과 지식수준 등에 의해 결정된다.

45　경제성장률은 크게 노동의 증가율, 자본의 증가율, 기술진보로 구성된다. 세 부분의 상대적 기여도로 구분하여 추정하는 것을 **성장회계**growth accounting formula라고 한다. Taylor · Weerapana(2010년), 『테일러의 경제학』, Cengage Learning Korea.

히 유연한 노동시장은 단기적으로 적재적소의 원칙으로 효율성이 높아지며, 장기적인 측면에서는 노동의 경쟁력을 높이는 데 필수적이다.

다음으로 자본을 살펴보자. 자본은 크게 실물자본과 금융자본으로 구분되지만, 중요성을 감안하여 인적자본, 지식자본을 추가하여 살펴보자. **실물자본**physical capital은 재화와 서비스의 생산에 투입되는 기계, 장비, 설비 등을 말한다. 제11장에서 물고기를 잡는 어부들의 사례에서 보듯이 맨손으로 물고기를 잡느냐, 낚싯대 또는 고기잡이배를 이용하느냐에 따라 어획량은 크게 달라진다. 여기서 낚싯대, 고기잡이배가 자본재에 해당된다. 그리고 도로, 전력 등 사회간접자본의 축적은 물론 인터넷 망, 수자원, 질병통제 등 기본적인 인프라가 잘 구축되어 있느냐에 따라 기업의 경제활동이 더욱 용이해진다. 많은 자본재를 이용할수록, 자본량 축적이 많을수록 생산성은 증가하고, 경제성장률은 높아진다.

금융자본financial capital 형성도 중요하다. 축적된 금융자본이 많을수록 기업의 자금조달이 용이해진다. 또한 잘 구축되고 잘 작동하는 금융시스템은 저축률을 높이고 저축된 돈을 적절한 선별 장치를 통하여 적절한 곳에 적절한 조건으로 배분되어, 금융비용을 낮추고 금융의 효율성을 높이게 된다.

인적자본human capital은 근로자들이 교육, 훈련, 경험을 통해 습득한 지식과 기술을 의미한다. 근로자들이 교육, 훈련, 경험을 통하여 체화된 지식이나 기술이 많을수록 생산성은 증가한다.[46] 노동의 질은 정부의 교육정책, 기업의 근로자 교육, 근로자들의 평생학습 등에 의해 결정된다. 따라서 인적자본 육성을 위한 정부의 교육정책은 매우 중요하다. 유치원, 초등학교 등 학교 교육은 물론, 성인들의 직업훈련, 직무능력 향상교육, 새로운 기술의 등장에 따른 교육 등은 생산성 향상과 함께 구조적 실업률을 줄이는 데도 반드시 필요하다.

루카스Robert Lucas는 개인의 인적자본 축적은 그 사람의 생산성을 끌어올리는 내부효과internal effect와 함께 사회 전체의 생산성을 끌어올리는 외부효과external effect도 있다고 하면서 인적자본의 중요성을 강조하였다.

지식자본knowledge capital과 **기술진보**technological knowledge도 중요한 하나의 축이 된다. 지식자본과 기술은 비경합성non-rivalry과 비배제성non-excludability의 특성이 있다.[47]

---

46 지식은 크게 암묵지tacit knowledge와 형식지explicit knowledge로 구분한다. 암묵지는 '학습과 체험을 통해 개인에게 습득돼 있지만 겉으로 드러나지 않는 상태의 지식'을 말하며, 형식지는 '암묵지가 문서나 매뉴얼처럼 외부로 표출돼 여러 사람이 공유할 수 있는 지식'을 말한다. 암묵지가 고도화되거나 암묵지가 형식지화되어 많은 사람들이 공유하게 되면, 암묵지의 가치는 더욱 상승하게 된다.

47 Taylor·Weerapana(2010년), 『테일러의 경제학』, Cengage Learning Korea.

비경합성은 한 사람이 사용하더라도 다른 사람이 사용할 수 있는 기술의 양을 감소시키지 않는 특성을 말하고, 비배제성은 사용의 대가를 지불하지 않아도 사용할 수 있는 특성을 말한다. 물론 지식자본과 기술 중에서 특허, 저작권, 상표권 등을 취득한 경우 법률적으로 사용의 대가를 지불하지 않으면 사용이 불가능하지만, 일단 지식자본과 기술이 개발되면, 그 지식자본과 기술을 응용한 지식과 기술이 발생하므로 비배제성이 적용된다.

특히 경제학자 로머Paul Romer는 지식자본의 외부효과를 강조한다. 지식자본은 기계기구와 같은 물적 자본과는 달리 비경합적·비배제적 재화이므로 일단 지식이 발견되면 모든 사람들이 이용할 수 있으므로 '자연적인 외부효과'natural externality의 특성으로 양(+)의 외부효과가 나타나 지속적인 경제성장을 가능하게 한다고 주장하였다. 또한 지식자본은 수확체감의 법칙이 적용되는 일반적인 생산함수와는 달리, 수확체증현상이 나타나므로 축적될수록 생산량의 증가폭은 점점 더 많아진다고 하면서 지식자본의 중요성을 강조하였다.

기업가정신 또는 경영능력도 중요한 성장요인이 된다. 제11장에서 설명한 바와 같이 슘페터의 혁신설이든, 나이트의 불확실성이론이든, 기업가를 움직이는 유인은 기업을 끊임없이 발전시키고, 국가경제 나아가서는 세계경제를 성장시키는 원동력이 된다.

마지막으로 정부의 정책도 매우 중요하다. 정부는 단기적인 총수요진작책 이외에 한 나라가 지속적으로 경제성장을 하도록 제도적인 틀을 마련하고 경제운용을 효율적으로 하여야 한다. 재산권, 특허권, 저작권 등 사적 소유권의 확립, 벤처기업이 개발한 신기술에 대한 정당한 대가 지불, 기업의 투자유인정책, 연구개발R&D의 유인제공책, 효율적인 금융시장과 공정 경쟁할 수 있는 기반 조성, 정치적 안정과 좋은 지배구조 확립 등 정부의 역할은 이루 말할 수 없을 정도로 많고 다양하다.

주요 경제성장이론

고전학파는 여러 생산요소 중에서 노동의 투입량에 따라 생산이 달라지며, 저축이 자본축적의 근원이므로 저축률을 제고하는 것이 중요하다고 하였다.

케인즈학파의 경제성장이론은 해로드 – 도마모형Harrod–Domar으로 알려져 있다. 공급능력 확대와 함께 총수요 증대가 경제성장의 원동력이라는 주장이다. 투자는 단기적으로 유효수요를 증가시켜 총수요 증가에 기여하며, 장기적으로는 자본량을 증가시켜 잠재성장능력을 높인다는 투자의 이중성dual character of investment을 주장하였다. 또한 성장률을 자연성장률(노동력을 완전고용할 때 달성할 수 있는 성장률)과 적정 성장률(기업이 보유한 자본을 모두 사용할 때 달성할 수 있는 성장률)로 구분하고, 자연성장률과 적정 성장률이 일치한 상태는 노동과 자본을 동시에 완전히 사용할 때 달성되는 최대 성장률이므로 두 성장률이 일치하는 시대를 **황금시대**golden age라고 표현하였다. 그러나 황금시대는 달성하기도 어렵지만 달성하더라도 마치 칼날 위에 선 것처럼 불안정하고 유지하기 힘들다고 하여 **면도날 균형**knife-edge equilibrium이라고 불렸다.

신고전학파 경제학자 솔로우Robert Solow는 "왜 어떤 나라는 잘 살고, 다른 나라는 못 사는 것인가?", "지속적인 경제성장을 위한 동력은 무엇인가?"라는 두 가지 질문을 던졌다. 첫 번째 질문의 답변으로 지나치게 많은 현재의 소비는 저축을 위축시켜 자본축적 부족으로 미래의 소비를 줄이므로 적정 자본량과 적정 저축량을 유지하면서 1인당 소비를 극대화하여야 최적경제성장을 이룰 수 있다는 **자본축적의 황금률**golden rule을 주장하였다.

또한 두 번째 질문의 답변으로 지속적인 경제성장을 위하여 외생변수인 기술진보가 필요하다는 **외생적 성장이론**exogenous growth model을 주장하였다. 이를 위하여 정부는 황금률 수준의 자본축적과 저축을 유도하여야 하며, 기술진보를 위한 정책이 필요하다고 주장하였다.

이와 같이 외부적인 변수에 의하여 경제성장이 이루어진다는 외생적 성장이론에 반발하면서 나타난 이론이 **내생적 성장이론**endogenous growth model이다. 내생적 성장이론은 각국의 경제성장이 격차를 보이는 것은 외생변수인 기술진보의 차이도 존재하겠지만 자본축적의 차이, 교육수준의 차이, 정부정책의 차이 등 내생변수들의 차이 때문이라는 주장이다.

루카스R. Lucas는 인적자본의 중요성을 강조하였으며, 애로우Arrow는 경험에 의한 학습효과learning by doing가 기술혁신에 영향을 미친다고 주장하였다. 로머P. Romer는 지속적인 연구개발(R&D)이 기술개발과 지식축적을 만들며, 지식자본은 외부효과가 있으며 체증하는 함수라는 점을 강조하였다. 그 밖에 푸트남R. D. Putnam은 사회자본social capital을 "사회구성원들이 상호 간의 이익을 높이기 위해 조정 및 협동을 촉진하는 규범, 신뢰, 네트워크"로 정의하면서 사회자본이 인적자본과 문화자본의 복합체이므로 경제발전의 중요한 요소가 된다고 주장하였다.

18 경제안정화정책

미국의 트루먼 대통령이 "나에게 외팔이 경제학자를 보내 달라. 모든 경제학자들은 한편으로는on the one hand…, 다른 한편으로는on the other hand…이라고 한다"라고 말한 유명한 일화가 있다. 그만큼 경제정책은 어렵고 장단점이 있음을 설명한다.

경제안정화정책이란 단기 경기변동과정에서 나타나는 폐해를 줄이기 위하여 정부가 수행하는 통화정책과 재정정책을 말한다. 정부는 경기가 호황일 때 경기를 안정시키는 정책을 시행하고, 경기가 침체일 때 경기를 부양시키는 정책을 시행하여 경기변동으로부터 빨리 벗어나고자 노력한다.

01 통화정책

(1) 통화정책의 유효성

통화정책이란 중앙은행이 물가안정, 경제성장 등을 위하여 통화공급량 또는 이자율을 변경하는 정책을 말한다. 통화정책에는 완화적(또는 확장적) 통화정책과 긴축적 통화정책이 있으며, 통화정책을 실행하는 방법은 공개시장조작, 재할인율 변경, 지급준비율 변경 등이 있다.

완화적(확장적) 통화정책expansionary monetary policy은 통화공급량을 늘리거나 이자율을 인하하여 총수요곡선을 오른쪽으로 이동시키는 정책을 말한다. 통화공급량을 늘리면, 이자율이 하락하고 가계의 소비와 기업의 투자가 증가하여 총수요가 증가되어 결국 총수요곡선이 오른쪽으로 이동하게 된다. 경기침체기에 사용되며, 경기부양효과가 있다.[48]

긴축적 통화정책contractional monetary policy은 통화공급량을 축소하거나 이자율을 인상하여 총수요곡선을 왼쪽으로 이동시키는 정책을 말한다. 통화공급량을 축소하면, 이자율이 상승하여 가계의 소비와 기업의 투자가 감소하여 총수요가 감소하고 총수요곡선은 왼쪽으로 이동하게 된다. 경기호황기에 사용되며, 경기진정효과가 있다.

이제 통화정책의 유용성에 대하여 단기효과와 장기효과로 나누어 살펴보자.[49] [그림 18.1]은 통화정책의 단기효과를 설명하고 있다. 그림 (a)는 현재 경기침체국면을 가정하고 있다. 현재 균형점은 E_1으로 실질GDP는 완전고용GDP Y_N보다 적은 Y_1이므로 경기침체 갭이 존재한다. 중앙은행이 경기부양책으로 통화공급량을 확대하면 이자율이 하락하여 가계의 소비와 기업의 투자가 증가하므로 총수요곡선이 오른쪽으로 이동하게 된다. 이에 따라 점 E_2가 단기균형점이 된다. 실질GDP는 Y_1에서 Y_N로 증가하고 물가수준은 P_1에서 P_2로 상승하게 된다.

[그림 18.1] 통화정책의 단기효과

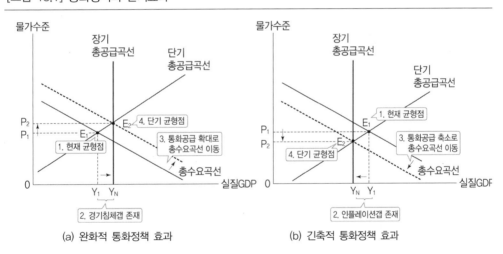

(a) 완화적 통화정책 효과   (b) 긴축적 통화정책 효과

---

48 통화정책을 수행할 때 통화량 지표 또는 이자율 지표를 사용한다. 어느 지표를 사용하느냐에 따라 정책의 파급경로나 효과가 조금 다를 수는 있겠지만, 정책의 작동원리는 거의 동일하므로 여기에서는 통화량 지표를 사용하여 설명한다.

49 Krugman · Wells(2016년), 『크루그먼의 경제학』, 시그마프레스.

그림 (b)는 현재 경기호황국면을 가정하고 있다. 현재 균형점은 E_1으로 실질GDP 는 Y_1로 완전고용GDP보다 많아 인플레이션 갭이 존재한다. 중앙은행이 경기진정책으로 통화공급량을 축소하면 이자율이 상승하여 소비지출과 투자지출이 감소하므로 총수요곡선이 왼쪽으로 이동하게 된다. 이에 따라 새로운 균형점 E_2가 단기균형점이 된다. 실질GDP는 Y_1에서 Y_N으로 감소하고 물가수준은 P_1에서 P_2로 하락하게 된다.

이번에는 [그림 18.2]를 통하여 장기효과에 대하여 살펴보자. 그림 (a)에서 현재 균형점 E_1은 실질GDP가 Y_N으로 잠재GDP 수준이라고 가정하자. 완전고용상황에서 중앙은행이 통화공급량을 증가시키면, 이자율이 하락하고 소비지출과 투자지출이 증가하여 총수요곡선은 오른쪽으로 이동하게 된다. 이에 따라 새로운 균형점 E_2가 단기균형점이 되고 실질GDP와 물가수준이 모두 증가하게 된다.

그러나 단기균형점 E_2에서는 실질GDP는 잠재GDP 수준보다 많아 인플레이션 갭이 존재하므로 시간이 흐름에 따라 명목임금이 상승하여 생산비가 증가하게 되어 단기 총공급곡선은 왼쪽으로 이동한다. 이에 따라 E_3가 장기균형점이 된다. 최초의 균형점 E_1과 비교할 때 물가수준만 상승할 뿐 실질GDP는 잠재GDP 수준으로 다시 돌아온다.

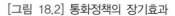

[그림 18.2] 통화정책의 장기효과

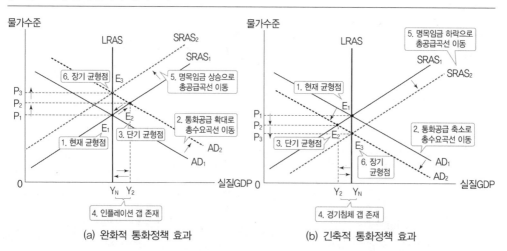

(a) 완화적 통화정책 효과　　　　(b) 긴축적 통화정책 효과

그림 (b)는 현재 균형점이 잠재생산량 수준인 상황에서 긴축적 통화정책을 시행하였다고 가정하자. 현재 균형점 $E_1(Y_N, P_1)$에서 통화공급량을 축소시키면, 이자율이 상승하고 소비지출과 투자지출이 감소하므로 총수요곡선은 왼쪽으로 이동하게 된다. 이에 따라 새로운 균형점 $E_2(Y_2, P_2)$가 단기균형점이 되고, 물가수준과 총생산 모두 감소하게 된다.

그러나 단기균형점 E_2에서는 경기침체 갭이 존재하므로 시간이 흐름에 따라 명목임금이 하락하여 생산비가 감소하게 되어 단기 총공급곡선이 오른쪽으로 이동한다. 따라서 $E_3(Y_N, P_3)$가 장기균형점이 된다. 최초 균형점 E_1과 비교할 때 물가수준만 하락할 뿐 총생산은 잠재생산량 수준으로 다시 돌아온다.

통화정책은 총수요관리정책이므로 총수요곡선을 이동시키는 정책이다. 따라서 통화정책은 단기효과는 있지만, 장기효과는 총생산에는 영향을 미치지 못하고 물가수준에만 영향을 미칠 뿐이다. 즉 통화정책은 총공급을 변동시키지는 못하는 한계가 있다.

(2) 통화정책의 무력성

화폐의 중립성

고전학파는 화폐시장에서 화폐는 단지 교환수단의 기능만 있으므로 통화량은 실물부문에 영향을 미치지 못하고 물가수준에만 영향을 미친다는 **화폐수량설**quantity theory of money을 주장한다. 화폐수량설은 '$M\overline{V} = P\overline{T}$' (M = 통화량, V = 유통속도, P = 물가, T = 거래량)에서 화폐 유통속도(V)와 거래량(T)이 일정하다면, 화폐의 공급(M)은 물가수준(P)에만 영향을 미치며, 화폐공급 증가량만큼 물가수준이 비례적으로 상승한다는 이론이다. 따라서 고전학파는 화폐공급량이 증가하면 증가한 만큼 물가수준을 상승시키며 실물부문과는 아무런 관련이 없다는 **화폐의 중립성**neutrality of money을 주장하는 것이다.

케인즈학파는 장기적으로는 화폐의 중립성을 인정하지만, 단기적으로는 인정하지 않는다. [그림 18.2]에서 설명한 바와 같이 중앙은행의 화폐정책은 단기적으로는 정책의 유효성이 존재한다. 그러나 장기적으로 통화의 공급은 물가수준을 상승시켜 화폐에 대한 수요가 증가하고 이자율이 상승하므로 경기를 활성화시키지 못하고 물가만 상승하게 만든다. 즉 통화공급량의 증가는 장기적으로는 물가수준에만 영향을 미칠 뿐이며 어떤 실질변수에도 영향을 미치지 못한다는 '고전학파의 이분법과 화폐의 중립성'을 케인즈학파는 수용한다.

1990년대 이후 대부분의 국가에서 이와 같은 화폐의 중립성을 인정하고 그동안 채택하였던 '통화량 중심의 화폐정책'에서 '금리 중심의 화폐정책'으로 전환하였으며, 경제학자 테일러는 '테일러의 준칙'을 주장하였다.

테일러의 준칙

경제학자 테일러John Taylor는 장기적으로 화폐의 중립성이 존재하므로 통화정책은 총생산 갭, 인플레이션율을 감안하여 일정한 준칙을 따르는 것이 바람직하다고 주장하였다.

만약 현재 인플레이션율이 목표 인플레이션율보다 높으면 금리를 인상하고, 낮으면 금리를 인하하며, 또한 현재 실질GDP가 잠재GDP보다 크면 금리를 인상하고, 작으면 금리를 인하한다는 논리이다. 즉 테일러 준칙은 인플레이션 갭과 총생산 갭을 결합하여 통화정책을 결정하는 것이 바람직하다는 주장이다.

중앙은행의 장기목표는 물가안정이며, 단기목표는 경기안정이라는 것을 고려하여 물가안정 척도로서 인플레이션 갭을 사용하고, 경기안정 척도로서 총생산 갭을 사용하여 이자율 수준을 결정하는 것이다. 구체적인 산식은 다음과 같다.

목표 명목정책금리 = 실제 명목정책금리 + (α × 인플레이션 갭 + β × 총생산 갭)

인플레이션 갭 = 실제 인플레이션율 − 목표 인플레이션율

$$\text{총생산 갭} = \frac{\text{실제 실질GDP} - \text{잠재 실질GDP}}{\text{잠재 실질GDP}} \times 100$$

테일러의 준칙은 통화주의자들이 주장하는 **통화증가율준칙**monetary growth rule에 대응하여 제시된 것이다. 통화증가율준칙은 경제상황에 관계없이 통화공급을 일정한 비율로 증가시켜야 한다는 내용으로 경제성장률이 장기적으로 평균 3%라면, 통화량도 매년 3% 증가시키는 것이 바람직하다는 주장이다. 그러나 화폐수요가 빈번하게 변화하는 오늘날에는 잘 작동되지 않아 테일러의 준칙이 제기된 것이다.

테일러의 준칙은 다음 절에서 설명하는 유동성함정 상황에서는 활용할 수 없다는 단점이 있다. 왜냐하면, 경기침체시기에는 총생산 갭(실제GDP − 잠재GDP)이 마이너스가 되어 마이너스 정책금리가 산출될 수 있기 때문이다.

유동성함정

통화정책 중에서 경기과열 상황에서 사용되는 긴축적 통화정책은 실제 효과가 큰 것으로 알려져 있다. 그러나 경기침체 상황에서 사용되는 완화적 통화정책은 유동성함정이라는 특수한 상황에서는 효과가 없는 것으로 알려져 있다.

유동성함정liquidity trap은 단기 명목이자율이 0에 가까운 수준으로 하락하여 '통화정책이 더 이상 유효하지 않은 상태'를 말한다. [그림 18.3]에서 점 E_3의 왼쪽 구간은 정상적인 경제상황으로 화폐수요곡선이 우하향하므로 통화공급량이 증가하면 통화공급곡선이 오른쪽으로 이동하여 이자율이 하락하게 된다.

그러나 경기침체 상황에서는 이자율이 0에 가까워지면 더 이상 금리를 낮출 수 없다. 왜냐하면 마이너스(−) 금리는 존재할 수 없기 때문이다.[50] [그림 18.3]에서 이자율이 매우 낮은 r_3 수준이 되면 모든 사람들은 향후 이자율이 상승(채권가격은 하락)할 것으로 예상하여 모든 자산을 화폐로 보유하고자 하므로 화폐수요곡선은 수평선이 된다. 따라서 통화공급이 증가되더라도 이자율은 더 이상 하락할 수 없으므로 통화정책의 효과는 없어지게 된다.

[그림 18.3] 유동성함정

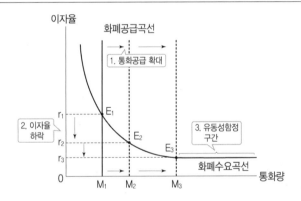

---

50 이자율이 영보다 낮아질 수 없다는 사실을 경제학에서는 '**영의 한계**zero bound'라고 한다. 마이너스 금리 상황에서는 이자를 주면서 돈을 빌려 주는 상황이므로 손해를 보면서 돈을 빌려 주는 사람은 없다.

(3) 비전통적인 통화정책

유동성함정이 존재하면 전통적인 통화정책은 더 이상 사용할 수 없다. 이에 대한 대안으로 케인즈는 적극적인 재정정책을 주장하였으며, 통화론자들은 '양적완화'라는 비전통적인 통화정책을 제시하였다.

비전통적인 통화정책에는 양적완화와 질적완화가 있다. **양적완화**quantitative easing 정책은 시장금리가 0%에 근접하여 더 이상 내릴 수 없는 상황에서 중앙은행이 돈을 풀어 경기를 부양하는 방법이다. 2008년 미국은 리먼 브라더스 파산 사태가 발생하자 양적완화정책을 사용하여 위기에서 벗어난 적이 있다.

중앙은행의 전통적 통화정책은 통상 통화량을 공급할 때 단기 국채를 매입하지만, 양적완화정책은 장기 재무성증권, 상업채권, 주택저당증권 등 장단기 구분 없이 다양한 금융자산을 매입하여 장기 이자율을 낮추어 경기를 부양하는 방법이다.

반면에 **질적완화**qualitative easing정책은 중앙은행이 주식이나 부실 회사채 등 위험성이 높은 자산을 늘려 경기를 부양하는 방법이다. 즉 재무상태표상 포트폴리오의 질적 구성을 변화시키는 방법으로 정책 목표를 달성한다. 위험성이 높은 자산을 매입하면, 상대적으로 리스크가 큰 분야에 유동성이 공급된다. 중국 정부가 중소기업과 농업부문 대출을 주로 취급하는 금융기관의 지급준비율을 낮추는 정책이 대표적인 예이다.

02 재정정책

(1) 재정정책의 유효성

재정정책이란 정부가 물가안정, 경제성장 등 거시경제정책 목표를 달성하기 위하여 세율과 정부지출을 변화시키는 정책을 말한다.[51]

지출국민소득 항등식 'GDP = C + I + G + (X − M)'에서 정부는 재화와 서비스 지출(G)을 확대하여 직접적으로 GDP에 영향을 주거나, 조세와 이전지출을 통하여 간접적으로 소비지출(C)과 투자지출(I)에 영향을 주어 총수요곡선을 이동시킬 수 있다.

재정정책에는 확장적 재정정책과 긴축적 재정정책이 있다. **확장적 재정정책**

---

51 Krugman · Wells(2016년), 『크루그먼의 경제학』, 시그마프레스.

expansionary fiscal policy은 정부의 재화와 서비스 구매 증가, 조세감면, 정부 이전지출 증가를 통하여 재정지출을 확대하는 정책이다.

[그림 18.4] (a)는 재화와 서비스의 구매를 증가시키는 정책을 설명하고 있다. 현재의 상황은 경기침체국면으로 $E_1(Y_1, P_1)$에서 균형을 이루고 있다고 가정하자. 현재 균형점에서는 완전고용GDP 수준인 Y_N보다 실질GDP가 작아 현재 경기침체 갭이 발생하고 있다. 이에 정부가 총수요 증가를 위하여 정부지출을 확대하면, 총수요가 증가하고 총수요곡선이 오른쪽으로 이동하여 새로운 균형점 $E_2(Y_N, P_2)$가 단기균형점이 된다. 실질GDP는 증가하고 물가수준도 상승한다. 단기균형점 E_2는 장기 총공급곡선이 교차하므로 장기 거시경제균형도 달성되는 장기균형점도 된다. 정부지출을 확대하는 방법으로는 도로, 항만, 통신, 운수 등 공공투자사업을 시행하는 방법이 있다.

이번에는 조세를 감면시키는 정책을 살펴보자. 조세감면정책은 위의 정부구매 정책과 동일하다. 그림 (a)에서 현재 균형점 $E_1(Y_1, P_1)$에서 경기침체 갭이 발생하고 있는 상황에서 정부가 세금 감면 또는 세율 인하라는 재정정책을 사용하면, 가계는 가처분소득이 증가하여 소비지출을 늘리게 되고 기업은 투자의 기대수익이 증가하여 투자지출이 늘어나 총수요가 증가한다. 총수요곡선이 오른쪽으로 이동하여 새로운 균형점 $E_2(Y_N, P_2)$에서 균형이 이루어진다. 실질GDP는 증가하고 물가수준도 상승한다.

다음에는 긴축적 재정정책을 살펴보자. **긴축적 재정정책**contractional fiscal policy이란 정부가 재화와 서비스 구매를 축소하거나, 조세 증가 또는 이전지출 축소를 통하여 재정지출을 줄이는 정책이다.

[그림 18.4] (b)는 정부의 재정지출을 축소하는 경우를 설명하고 있다. 현재의 균형점 $E_1(Y_1, P_1)$에서는 인플레이션 갭이 존재하고 있다. 이에 정부가 인플레이션을 억제하기 위하여 총수요 억제책으로 재화와 서비스 구매를 줄이게 되면, 총수요는 감소하여 총수요곡선이 왼쪽으로 이동하게 된다. 이에 따라 $E_2(Y_N, P_2)$에서 새로운 균형을 이루게 된다. 실질GDP는 잠재GDP 수준으로 줄어들고, 물가수준도 하락하게 된다. 새로운 균형점 E_2는 단기균형점이면서 장기균형점이 된다. 정부의 재화와 서비스 구매를 줄이는 방법은 사회간접자본 투자 등 공공투자사업을 축소하거나 시행 시기를 연기하는 방법이 있다.

조세정책도 비슷하다. 그림 (b)에서 현재 균형점 $E_1(Y_1, P_1)$에서 인플레이션 갭이 존재하여 정부가 세금을 신설하거나 기존 세금의 세율을 인상하게 되면, 가계는 가처분소득이 감소하여 소비지출을 줄이고 기업은 투자의 기대수익 감소로 투자지출을 줄이게 되어 총수요가 감소한다. 이에 따라 총수요곡선이 왼쪽으로 이동하고 $E_2(Y_N, P_2)$

[그림 18.4] 재정정책의 효과

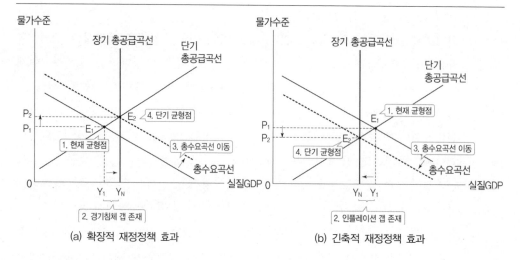

(a) 확장적 재정정책 효과   (b) 긴축적 재정정책 효과

에서 새로운 균형을 이루게 된다. 실질GDP는 잠재GDP 수준으로 줄어들고, 물가수준
도 하락하게 되어 경기는 진정하게 된다.

정부의 재정정책은 위에서 설명한 바와 같이 재화와 서비스 구매, 조세정책, 정부
이전지출 등의 방법이 있다. 정부가 재정정책을 집행할 때 파급경로나 미치는 영향은
비슷하다. 다만 차이점이 있다면 승수효과의 차이이다. 정부구매는 직접적으로 영향을
미치므로 승수효과가 크며, 이전지출이나 조세는 간접적으로 영향을 미치므로 상대적
으로 승수효과가 작다.

이와 같이 재정정책은 정부지출 또는 조세를 조정하여 총수요곡선을 이동시켜 총
수요를 변화시키는 총수요관리정책이므로 앞에서 설명한 통화정책과 마찬가지로 총공
급을 변화시켜야 하는 상황에서는 효력을 발휘하지 못하는 단점이 있다.

(2) 승수효과

재정정책의 대표적인 성공사례는 미국의 뉴딜New Deal정책을 꼽을 수 있다. 1929
년 미국 월가의 주가 대폭락으로부터 출발한 미국 경제의 침체는 이후 1930년대 독일,
영국, 프랑스 등 유럽 전역으로 확대되어 일찍이 경험해 본 적이 없던 세계경제의 대
공황the Great Depression이 되었다.

케인즈는 대공황의 원인으로 유효수요 부족을 지적하고 처방책으로 정부가 적극
적인 재정정책을 활용하여 유효수요를 확대할 것을 주장하였으며, 당시 미국 루즈벨트

대통령이 이를 채택함으로써 해결의 실마리를 찾았다.

　　뉴딜정책의 핵심은 심각한 불황을 타개하기 위해 정부가 경제에 적극적으로 개입하여 재정지출을 확대하고 유효수요를 늘려 불황을 타개하며 고용을 늘리는 정책이었다. 대표적인 사업이 미국 테네시 강 유역의 대규모 댐 건설이었는데 막대한 재정지출을 통하여 유효수요를 창출하고 고용을 늘릴 수 있었다.

　　정부의 재정정책이 효과적인 이유는 승수효과에 있다. 제15장에서 설명한 바와 같이 승수효과는 정부지출의 효과를 크게 만든다. 정부지출은 정부구매, 이전지출, 조세 등의 방법이 있다. 정부구매는 직접적으로 영향을 미치므로 승수효과가 크며, 이전지출이나 조세는 간접적으로 영향을 미치므로 상대적으로 승수효과가 작다.

　　예컨대 정부가 1조원의 새로운 철도를 건설하면, 철도건설 프로젝트 회사에게 1조원이 지급되어 실질 국내총생산이 1단계로 1조원이 증가하게 된다.

[표 18.1] 한계소비성향이 50%인 경우 재정정책의 효과

실질GDP에 대한 효과	정부지출 1조원 증가	이전지출 1조원 증가
1단계	10,000억원	5,000억원
2단계	5,000억원	2,500억원
3단계	2,500억원	1,250억원
…	…	…
총효과	20,000억원	10,000억원

　　2단계로 철도회사가 건설과정에 참여하는 건설회사, 근로자, 중간재 공급회사 등에게 소득 형태로 1조원을 분배하게 된다. 단순하게 근로소득으로만 1조원이 분배되며, 근로자의 한계소비성향이 50%이라고 가정할 때 근로자들은 소득 1조원 중 50%인 5,000억원(1조원 × 50%)을 소비지출하게 된다. 소비 5,000억원이 증가하게 되면, 즉시 생산 증가로 이어져 국민소득이 추가로 5,000억원 증가한다. 국민소득이 5,000억원 증가하면 3단계로 다시 소비는 2,500억원(5,000 × 50%) 증가하고, 이는 다시 생산 증가로 이어져 국민소득이 또 증가한다. 이와 같은 과정이 계속되면 최초 정부지출 1조원보다 훨씬 많은 2조원의 국민소득이 증가하게 된다. 이와 같이 정부지출이 증가할 때 국민소득이 몇 배 증가하는 것을 **정부지출의 승수효과**라고 하고, $\dfrac{1}{1-한계소비성향}$을 **정부지출승수**라고 한다. 위의 사례에서 정부지출승수는 2가 된다.[52]

52　승수 $= \dfrac{실질\ 국내총생산의\ 변화분}{최초총지출\ 변화분} = \dfrac{1}{1-한계소비성향}$　　한계소비성향$(MPC) = \dfrac{\triangle 소비지출}{\triangle 가처분소득}$

$$\text{국민소득 증가분} = \frac{1}{1-0.5} \times 1\text{조원} = 2\text{조원}$$

이번에는 정부 이전지출 1조원이 지급되면, 1단계로 소비지출 5,000억원(1조원 × 50%) 증가하게 된다. 소비 5,000억원이 증가하게 되면, 즉시 생산 증가로 이어져 국민소득이 추가로 5,000억원 증가한다. 국민소득이 5,000억원 증가하면 2단계로 다시 소비는 2,500억원(5,000 × 50%) 증가하고, 이는 다시 생산 증가로 이어져 국민소득이 또 증가한다. 이와 같은 과정이 계속되면 최초 이전지출과 동일하게 1조원의 국민소득이 증가하게 된다.

$$\text{국민소득 증가분} = \frac{1}{1-0.5} \times 5,000\text{억원} = 1\text{조원}$$

조세감면의 효과도 이전지출과 비슷한 규모의 효과를 발생시킨다. 조세감면은 조세감면금액(정액세일 경우)만큼 이전지출하는 것과 동일하기 때문이다. 따라서 정부지출 증가분보다는 작다. 조세감면으로 가계의 가처분소득이 증가하면, 가계는 일부를 저축하고 일부만 소비지출하므로 실질 국내총생산에 미치는 영향은 정부지출보다 작을 수밖에 없다.

(3) 재정정책의 효과와 한계

재정정책의 양면성[53]

재정정책은 정부지출의 증가를 통하여 총수요를 증가시키는 정책이다. 특히 정부지출이 발전소, 고속도로 등 사회간접자본 투자에 해당될 경우 단기적으로 총수요를 자극할 뿐 아니라, 장기적으로도 자본량이 축적되어 향후 잠재성장률을 높이는 긍정적인 효과도 있다. 하지만, 정부지출의 증가로 재정적자가 발생하면, 총저축이 하락하여 이자율이 상승하고, 이자율이 상승하면 민간의 신규 자본재 투자를 감소시켜 성장잠재력이 잠식당하는 부정적인 효과도 동시에 존재한다.

$$\text{정부구매승수} = \frac{\text{실질국내총생산의 변화분}}{\text{정부구매의 변화분}} = \frac{1}{1-\text{한계소비성향}}$$

$$\text{세금승수} = \frac{\text{실질국내총생산의 변화분}}{\text{세금의 변화분}} = \frac{1}{1-\text{한계소비성향}(1-t)}$$

53 Bernanke · Frank(2016년), 『버냉키 · 프랭크 경제학』, 박영사.

재정정책의 종류: 재량적 재정정책과 자동안정화장치

정부의 확장적 또는 긴축적 재정정책을 **재량적 재정정책**discretionary fiscal policy이라고 한다. 재량이란 정책목표를 달성하기 위하여 의도적으로 정부가 개입한다는 의미이다. 케인즈학파는 경기상황에 따라 정부의 개입 규모를 결정할 수 있고, 미세조정도 가능한 한 재량적 재정정책을 적극 주장한다. 그러나 정부지출이나 세율을 변동시켜 국민소득을 변화시키려면 정책 입안단계에서 실제 집행이 이루어지기까지 정부 및 국회의 기나긴 심의과정을 거쳐야 하는 시차문제가 발생하므로 경제상황에 따라 신축적으로 대응할 수 없다는 단점도 존재한다.

이러한 단점을 해소하기 위하여 고전학파는 **자동안정화장치**automatic stabilizers, built-in stabilizers를 주장한다. 누진적인 조세제도, 실업급여 등은 정부가 의도적으로 정부지출과 세율을 변경시키지 않더라도 경제상황에 따라 자동적으로 집행되고 조정되어 경제상황을 긍정적으로 변화시켜 주는 제도이다.

자동안정화장치는 두 가지 경로를 통하여 작동된다. 첫 번째는 조세 경로이다. '조세 = 과표 × 세율'이므로 경제성장률이 높으면 과표가 증가하여 조세수입이 늘어나고, 경기가 침체되면 과표가 감소하여 조세수입이 줄어든다. 또한 세율이 누진적 체계로 이루어져 있으므로 과표가 증가하면, 자동적으로 세율이 높아지고, 과표가 감소하면 자동적으로 세율이 낮아져 조세수입이 변화하게 된다. 즉 호경기에는 과표가 높아지고 세율도 높아져 조세가 늘어나므로 경기를 진정시키는 기능으로 작용한다. 불경기에는 과표가 낮아지고 세율도 낮아져 조세수입이 줄어들므로 경기를 부양하는 기능으로 작용한다.

두 번째 경로는 정부의 이전지출 경로이다. 경기가 불경기가 되면, 실업자가 증가하여 실업급여와 복지지출 등 정부의 이전지출은 자동적으로 늘어나게 된다. 반면에 경기가 호경기가 되면, 실업자가 줄어들어 실업급여와 복지지출 등 정부의 이전지출이 자동적으로 줄어들게 된다. 이는 마치 재량적 재정정책을 확장적 또는 긴축적으로 자동 시행하는 것과 같다.[54]

자동안정화장치는 정책의 경직성을 보여 주는 재량적 재정정책과는 달리 정책의 신축성을 높여 주고 경기변동의 진폭을 자동적으로 줄여 주는 장점을 갖고 있다. 그러나 경기를 부양시킬 만큼 충분한 규모가 되지 못하여, 경기의 침체가 극도로 장기화될 때 "장기적으로 우리는 모두 죽게 되고", 설사 자동적으로 침체기에서 회복기로 전환된

---

54 고전학파는 **자동안정화장치**의 작동과 경제의 **자동조정기능**self-correcting을 주장한다. 자동안정화장치는 경기진폭을 완화시켜 주고, 자동조정기능은 가격변수들이 신축적으로 움직여 단기적으로 거시균형점에서 벗어날 경우 정부의 인위적인 정책이 없더라도 자동조정되어 장기균형점을 찾아간다는 이론이다.

다고 하더라도 회복기에서 호황기로 전환될 때는 전환속도가 매우 늦다는 단점이 있다. 경기가 침체에서 회복국면으로 접어들면 납부세액이 늘어나고 재정지출이 감소하므로 소비지출이 줄어들어 총수요의 증가를 일부 상쇄하여 경기회복을 지연시키기 때문이다.

재정정책의 한계(1): 구축효과

정부지출의 증가는 구축효과로 인하여 당초 의도한 만큼 효과를 발생시키지 못한다. **구축효과**crowding-out effect는 정부가 재정지출을 확대하기 위하여 국채 발행 등을 통하여 자금을 조달하면, 이자율을 상승시켜 오히려 민간소비와 투자활동을 위축시키는 현상을 말하며, **밀어내기 효과**라고도 한다.

[그림 18.5] **구축효과**

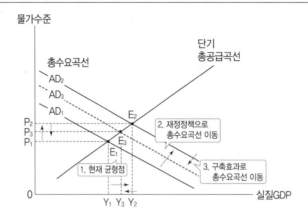

[그림 18.5]에서 현재 균형점이 E_1이라고 하자. 정부가 경기부양을 위하여 재정지출을 확대하면, 승수효과에 의해 가계소비가 증가하고 기업투자가 증가하여 총수요곡선은 AD_1에서 AD_2로 이동하여 실질GDP는 Y_1에서 Y_2로 크게 증가한다.

그러나 정부가 재정지출을 확대하려면, 먼저 재원이 확보되어야 하는데, 재원 마련 방법은 국채 발행, 정부 차입, 세금 증대 등이 있다. 국채 발행 또는 정부 차입은 시중금리를 상승하게 하여 기업의 투자를 위축시키고, 세금 증대는 가계의 처분가능소득을 감소시켜 소비지출이 줄어들어 총수요곡선은 AD_2에서 다시 AD_3로 이동하게 되어 실질GDP는 Y_2에서 Y_3로 줄어든다. 이러한 구축효과는 당초 재정지출 효과를 반감시키게 된다.

민간지출의 구축효과는 경제상황에 따라 다르게 나타난다. 경기침체 상황에서 정부가 국채를 발행하거나 정부 차입을 하게 되면, 대부자금시장에서 이자율 상승폭이 크지 않지만, 경기회복기나 호황기에서 자금조달이 이루어지면 대부자금시장에서 이자율 상승폭이 크므로 구축효과가 크게 나타난다.

그리고 확장적 재정정책을 일시적인 정책으로 사용할 때 구축효과는 적게 나타나지만, 빈번하게 사용하거나 증세와 같이 지속적으로 사용할 경우 구축효과는 더 크게 나타난다. 경제학자 리카도D. Ricardo는 정부가 경기부양책으로 조세를 감면하고 정부재정의 부족을 국채 발행으로 조달할 경우 경제에 아무런 영향을 미출 수 없다는 '리카도 대등'Ricardian equivalence을 주장하였다. 그 이유는 재정적자가 확대되면 향후 증세가 불가피하므로 가계는 이를 예상하고 소비를 줄이고 저축을 늘리기 때문이다. 즉 현재의 재정적자는 미래의 조세와 동등하다는 주장이다.

재정정책의 한계(2): 시차 발생

재정정책의 필요성을 인식하고 재정정책을 실행한 후 실제로 정책효과가 나타나기까지 많은 시간이 소요되어 재정정책의 효과가 크게 줄어든다. 이를 시차time lag라고 한다.

[그림 18.6] 정책시차

정책에 나타나는 시차에는 인식시차, 입법시차, 실행시차, 반응시차 등이 있다. 인식시차recognition lag는 경기변동 상황이 발생하면, 정책 입안자가 경기변동 상황을 파악하고 경기부양 필요성을 인식하기까지 시차를 말한다. 이후 정부가 정책을 입안하고 법률안이 국회에서 승인받을 때까지 몇 달이 소요되는데, 이를 입법시차legislative lag라고 하며, 입법화된 법안이 실제 집행하기까지 실행시차administrative lag가 소요된다. 도로공사 등 사회간접자본의 경우 기초조사, 설계, 입찰과정 등에 많은 시간이 소요된다. 또한 정책이 실행된 후 소기의 경제적 성과가 나타나기까지 반응시차response lag가 필요하다.

물론 통화정책에도 시차가 존재한다. 재정정책이나 통화정책이 얼마나 실효성이 있는가 하는 것은 실물경제에 영향을 미치기까지 걸리는 시차에 달려 있다. 일반적으로 재정정책은 외부시차는 짧지만 매우 오랜 내부시차가 존재하여 짧게는 6개월 길게는 3년이 소요되며, 통화정책은 내부시차는 짧지만 외부시차가 길고 가변적이어서 실제 효과 측면에서 재정정책보다 더 불확실한 것으로 알려져 있다.

03 경제정책의 조합

(1) 준칙인가 재량인가?

거시경제 불안을 해소하기 위하여 정부는 준칙에만 전념해야 하는가? 아니면 불안정을 완화하기 위하여 적극적으로 재량정책을 사용하여야 하는가?

준칙policy rules은 사전에 정해진 규칙에 따라 정책이 집행되면 경제의 불안을 최소화할 수 있다는 통화주의자와 신고전학파 경제학자들의 주장이다. 준칙에는 통화준칙, 테일러준칙과 자동안정화장치가 있다.

통화준칙monetary rule은 매년 통화공급량을 3~5% 정도 일정한 비율로 증가시키는 법칙이다. 중앙은행이 장기 잠재GDP의 증가와 연계하여 화폐공급량을 매년 일정하게 증가시키면 인플레이션이나 디플레이션 없이 안정적으로 성장한다는 프리드먼의 주장이다.

그러나 최근 수십 년간 프리드먼의 통화준칙에 대한 설득력은 점점 약화되고, 통화준칙을 지지하는 경제학자들은 테일러 준칙과 재량정책이라고 할 수 있는 물가안정목표제를 주장하고 있다.

테일러준칙Taylor's rule은 총생산 갭과 인플레이션 갭을 감안하여 금리를 결정하는 준칙이다. 물가안정 척도로서 인플레이션 갭을 사용하고, 경기안정 척도로서 총생산 갭을 사용하여 경제상황에 맞게 금리를 조정하는 것이다. 그러나 유동성함정 상황에서는 활용할 수 없다는 단점이 있다.

자동안정화장치automatic stabilizers는 불경기일 때 재정정책을 확장적으로 만들고, 호경기일 때 긴축적으로 만드는 정부지출과 조세의 체계를 말한다. 경기변동에 따라 정부의 이전지출액과 경제주체들의 납부세액이 자동적으로 조정되어 불경기일 때 재정적자가 증가하고 호경기일 때 재정흑자가 늘어난다.

준칙 옹호론자들은 재량적 재정정책 또는 통화정책에 존재하는 시차를 줄일 수 있으며, **정치적 경기순환**political business cycle을 방지할 수 있음을 강조한다. 정치인들이 선거 승리를 위하여 정치적 목적을 달성하기 위하여 거시경제정책을 사용할 때 발생하는 불안정성을 제거할 수 있다는 것이다. 또한 **정책 무력성 명제**policy ineffectiveness propositions를 방지할 수 있다고 주장한다. 정책 무력성 명제란 정부가 경제안정화를 위하여 재량정책을 사용하더라도 경제주체들이 정부정책의 정보를 파악하고 합리적으로 정책집행 결과를 예상하여 행동한다면, 시장이 즉각적으로 균형에 도달하고 청산되므로 장기적으로는 물론 단기적으로도 실물변수에는 아무런 정책효과도 나타나지 않는다는 이론이다.

반면에 준칙 비판론자들은 재정의 자동안정화장치만으로는 경기침체를 부양시킬 수 없으며, 균형재정은 오히려 경제를 불안정하게 하며, 통화량을 목표로 하는 통화정책은 무의미하므로 통화량을 일정하게 증가시키는 통화준칙도 의미가 없어졌다고 주장하면서 재량적 정책을 주장한다.

재량discretions은 경제상황에 맞게 정부가 정부지출이나 세금을 의도적으로 변화시키는 조치를 말한다. 재량정책 옹호론자들은 경제환경은 매우 불확실하고 미래를 정확히 예측할 수 없으므로 경제상황에 맞게 경제정책을 신축적으로 수립하여야 한다고 주장한다. 물가와 임금 등 가격변수는 비신축적으로 움직여 시장의 비자발적 실업 등이 상당기간 지속될 수 있으므로 경기상황에 맞는 **경기대응적 정책**counter–cyclical policy이 필요하다고 주장한다.

경기대응적 정책은 경기순환에서 나타나는 경기변동을 상쇄시키기 위하여 사용하는 정책을 말한다. 경기순환에 의한 경기변동은 정부지출 또는 세금을 변화시키면 충분히 대응할 수 있다. 경기침체기에 경기를 부양하기 위하여 정부가 조세를 의도적으로 감면하거나 정부지출을 의도적으로 증가시키기 위한 법안을 통과시키는 것이 대표적인 예이다.

재량정책 중에서 통화정책으로는 **물가안정목표제**가 있다. 물가안정목표제는 중앙은행이 일정기간 동안 1~2% 정도의 목표 인플레이션을 정하고 그 목표 달성을 위하여 통화량을 적절하게 조정하는 제도를 말한다. 목표 인플레이션을 설정하고 그 목표를 달성하기 위하여 통화정책을 재량적으로 사용하는 안정화정책의 하나이다.

(2) 경제정책에 대한 논쟁

재정정책에 대한 컨센서스

많은 경제학자들은 재정정책은 총수요곡선을 이동시켜 경제안정화에 기여하며, 특히 경기침체가 심각하여 이자율이 0에 가까운 상황에서는 통화정책이 더 이상 효과가 없으며, 재정정책의 구축효과가 발생할 가능성이 낮으므로 재량적 재정정책이 효과가 크다고 생각한다. 그리고 경제상황에 따라 균형재정을 고집해서는 안 되며, 재정이 자동안정화장치로서 역할을 수행하는 것이 도움이 된다고 생각한다.

통화정책에 대한 컨센서스

많은 경제학자들은 통화정책이 총수요곡선을 이동시키고 경제의 불안정성을 줄이며, 경제가 유동성함정에 빠져 있는 경우를 제외하고는 통화정책이 효과가 있다고 생각한다. 그러나 화폐공급의 변화가 총생산에는 영향을 미치지 못하고 물가에만 영향을 미친다는 고전학파의 견해는 단기적으로는 맞지 않으며, 장기적으로는 맞다고 생각한다.

또한 통화정책의 긴 시차에 대해서도 의견 일치를 보인다. 통화정책은 이자율 변동 이후 금융시장 파급과정과 실물경제 파급과정의 2단계를 거쳐야 하므로 전달경로가 길고 가변적이어서 효과가 불확실하다. 반면에 재정정책은 총수요에 직접 영향을 미치고 조세 역시 소비지출에 직접 영향을 미치므로 효과가 크다는 점에 동의한다.

공급중시 경제학

공급중시 경제학supply-side economics은 총수요보다 총공급의 변화가 인플레이션, 실업, 경제성장을 결정한다고 강조하는 경제학이다. 1970년대 후반부터 래퍼A.Laffer, 펠드스타인M.Feldstein 등이 주장하였으며, 1980년대 레이건 행정부에서 감세, 정부지출 감축, 작은 정부 등을 경제정책기조에 반영하면서 채택되었다. 특히 래퍼곡선Laffer curve이 유명하다. 래퍼곡선은 세율과 조세수입과의 관계를 나타내는 곡선으로서 세율이 0%~m%의 구간에 있을 경우에는 세율이 늘어날수록 조세수입은 늘어나지만, 세율이 m%~100%의 구간에 있을 경우에는 세율이 늘어날수록 오히려 조세수입이 감소한다. 세율이 높으면 근로의욕과 투자의욕을 저해하여 생산과 소득이 줄어들기 때문이다.

일반적으로 조세는 가계소비와 기업투자에 영향을 미치는 총수요 관리정책에 포함되므로 공급중시 경제학에서 조세감면을 언급하는 것을 이상하게 생각할 수도 있다. 그러나 감세정책은 총수요뿐만 아니라 총공급에도 영향을 미친다. 왜냐하면 조세감면은 개인 소득세의 감면으로 노동공급이 증가하고, 법인세의 감면으로 투자가 증대하여 생산능력이 증가하기 때문이다.

[그림 18.7] 래퍼곡선

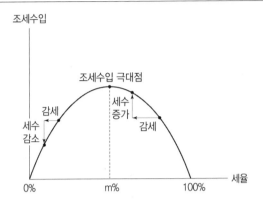

물가안정목표제와 명목GDP목표제

물가안정목표제inflation targeting는 중앙은행이 사전에 인플레이션의 상승률을 정책목표로 설정하고 이 목표를 달성하기 위하여 통화정책을 결정하는 방법을 말한다.[55] 통화정책의 대외적 측면과 정책의 신뢰성을 강조한 정책이다.

명목GDP목표제nominal GDP targeting는 중앙은행이 사전에 명목GDP의 증가율을 정책목표로 설정하고 명목GDP가 목표치보다 높게 상승하면 자동적으로 통화증가율을 감소시키고 명목GDP가 목표치보다 낮게 상승하면 통화증가율을 증대시키는 방법을 말한다. 생산량과 물가의 안정을 목표로 둔다.

(3) 재정정책과 통화정책의 조합

앞에서 설명한 바와 같이 재정정책은 구축효과와 시차 문제가 발생하며, 통화정책은 시차문제와 유동성함정 문제가 발생한다. 또한 정책목표들 간에도 상충문제trade-off 가 발생한다. 예컨대 실업률과 물가상승률은 서로 반대방향으로 움직이는 경향이 있음

---

55 1990년대 이전까지 대부분의 국가에서 통화량 목표제를 채택하였으나, 1990년대 이후 물가안정목표제로 변경하는 국가가 많아졌다. 우리나라도 1998년부터 도입되었다. 그 이유는 1980년대 이후 금융자유화, 금융혁신, 금융글로벌화 등으로 금융상품 간, 국가 간 자금이동이 활발하여 통화량과 실물부문 간 관계가 약화되었기 때문이다.

을 필립스곡선을 통해 살펴본 바 있다. 정부는 가능하면 '두 마리의 토끼'를 한꺼번에 잡고 싶지만, 물가안정과 완전고용은 현실적으로 동시에 잡기 어려운 과제이다. 정부가 실업문제를 해결하기 위해 확장적 경제정책을 시행하면 실업률은 낮출 수 있지만 그 대가로 물가상승이라는 희생을 치르게 되고, 반대로 물가상승을 억제하기 위해 긴축적 경제정책을 펴면 물가상승률은 낮출 수 있겠지만 성장률이 낮아지고 실업자가 증가할 수 있다.

이와 같은 정책목표들 간 상충문제와 정책수단들의 한계 때문에 재정정책과 통화정책의 조합이 요구된다. **정책조합**policy mix이란 보다 효과적인 경제정책 목표를 달성하기 위하여 재정정책과 통화정책, 환율정책을 동시에 시행하는 것을 말한다.

예컨대 경기침체 상황에서 재정을 확대하는 재정정책과 금리를 인하하는 통화정책을 동시에 사용하거나, 호황국면에서는 정부지출을 축소하는 재정정책과 금리를 인상하는 통화정책을 동시에 사용하는 방법이다.

그리고 개방경제체제하에서는 경제정책의 조합이 더욱 필요하다. 네덜란드 경제학자 틴버겐Jan Tinbergen은 **틴버겐 정리**Tinbergen's theorem를 주장하였다. 틴버겐 정리란 일반적으로 n개의 정책목표를 달성하려면, n개의 정책수단이 필요하다는 내용이다. 개방경제체제에서 정책목표는 대내균형(완전고용)과 대외균형(국제수지 균형)의 두 가지가 있으므로 정책수단도 두 가지가 필요하다.

여기서 정책수단에는 재정정책, 통화정책, 환율정책이 있다. 경기가 침체국면이거나 과열국면일 때 그리고 경상수지가 흑자일 때와 적자일 때 각각 적절한 방법과 수단을 선택하여 할당하면 대내외 균형을 동시에 달성할 수 있다.

[그림 18.8] 경제정책의 조합

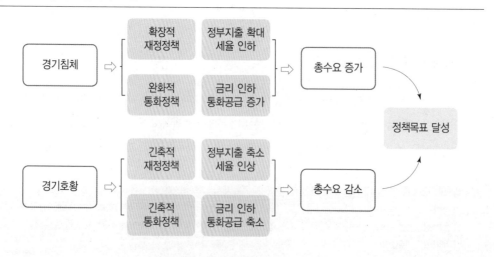

PART

06

개
방 작
경 동
제 원
의 리

CONTENTS

'개방경제는 어떻게 움직이는가?'
제6편에서는 개방경제를 공부한다. 거시경제의 완성은
개방경제의 작동원리를 공부하였을 때 비로소 이루어진
다. 세계경제라는 큰 울타리 속에서 개방경제는 국제수
지와 환율을 매개변수로 국가경제와 연결된다. 제6편에
서 국제수지는 어떻게 구성되고, 경상수지와 경제지표는
어떤 관계가 있는지 그리고 경제정책은 어떻게 움직이는
지를 설명한다.

CHAPTER 19 국제수지와 거시경제의 작동원리

01 국제수지

(1) 국제수지의 구성[1]

최근 글로벌 경제의 비중이 확대되고 대외거래(수출, 수입)가 국내경제에 미치는 영향이 크게 확대되어 대내경제와 대외경제의 관계를 일목요연하게 파악하는 것이 매우 중요하다. 일정기간 동안 거주자(내국민)와 비거주자(외국인) 사이에 발생한 모든 대외거래(외화 수취와 외화 지급)를 체계적으로 집계한 것을 **국제수지**(BOP)Balance of Payments라고 한다.

국제수지표는 경상수지, 자본수지, 금융계정, 오차와 누락으로 구성된다. **경상수지** current account는 상품수지, 서비스수지, 본원소득수지, 이전소득수지로 구분된다. **상품 수지**란 재화의 수출액과 수입액의 차이를 말하며, **서비스수지**는 선박, 건설, 운송, 여행, 유학, 지식재산권 등과 같은 서비스의 수출액과 수입액의 차이를 말한다.[2]

---

[1] 한국은행(2016년), 『우리나라 국제수지 통계의 이해』.

[2] 수출입 통계는 한국은행과 관세청에서 발표한다. 국제수지표의 상품수지, 서비스수지, 이전소득수지는 관세청의 무역수지, 무역외수지, 이전수지와 같은 개념으로 보면 된다. 그러나 국제수지표의 상품수지는 수출입 모두 소유권 변경시점에서 FOB가격으로 기록되지만, 관세청 무역수지는 통관기준이며, 수출은 FOB, 수입은 CIF가격으로 기록된다는 점에서 서로 다르다.

본원소득수지는 우리나라 국민이 해외에서 벌어들인 소득(외화수취)과 외국인이 우리나라에서 벌어들인 소득(외화지급)의 차이를 말한다. 여기에서 소득은 급료, 임금, 배당금, 이자 등을 말한다. **이전소득수지**는 국제기구 출연금, 무상원조, 복권 당첨금 등과 같이 아무런 대가 없이 주고받은 외화수취와 외화지급의 차이를 말한다.

자본수지capital account는 자본이전과 비생산·비금융자산의 취득과 처분으로 구분된다. 자본이전이란 상속세, 증여세, 채무면제 등을 말하며, 비생산·비금융자산은 토지, 지하자원 등 비생산 유형자산과 특허권, 저작권, 상표권 등의 비생산 무형자산을 말한다.[3]

[표 19.1] 국제수지의 구성

국제수지 (종합수지)	경상 수지	상품수지	상품수출과 상품수입의 차이
		서비스수지	서비스 수출과 서비스 수입의 차이 (선박, 건설, 운송, 여행, 유학, 지식재산권 등)
		본원 소득수지	단기체류자의 급료와 임금, 해외투자의 이자와 배당금의 해외수취와 외국지급의 차이
		이전 소득수지	아무런 대가 없이 주고받은 외화의 수취와 지급의 차이 (해외 기부금, 송금, 출연금 등)
	자본수지		자본이전: 해외이주비, 채무면제 등 비생산·비금융자산 거래의 차이
	금융계정		직접투자, 증권투자, 파생금융상품, 기타 투자, 준비자산
	오차 및 누락		

금융계정financial account은 직접투자, 증권투자, 파생금융상품, 기타투자, 준비자산의 거주자와 비거주자 간 모든 금융거래를 포함한다. **직접투자**direct investment는 경영참여 등 기업을 지배하기 위한 투자로 주식 구입이나 자금대여 등을 포함한다. **증권투자** portfolio investment는 투자이익 획득을 목적으로 하는 투자로 주식과 채권 거래 등을 포

---

3 자본수지와 금융계정의 의미를 이해할 때 주의를 요한다. 우선 자본거래 또는 자본수지(자본계정)는 ①
외국환기본법에서 경상거래와 자본거래 ② 자금순환표에서 자본계정과 금융계정 ③ 국제수지표에서 경
상수지, 자본수지, 금융계정 ④ 회계학에서 손익거래와 자본거래 등 여러 곳에서 사용되지만, 의미는 조
금씩 다르다. 그리고 국제수지표는 2010년부터 현재의 체제로 변경되어 작성되고 있다. 기존의 '자본수
지'는 현재의 '금융계정'으로 이해해야 한다. 왜냐하면 기존의 자본수지에 포함되었던 투자수지는 현재의
금융계정에 포함되고 있기 때문이다. 따라서 현재의 자본수지는 상속세, 증여세, 채무면제, 특허권, 상표
권 등만 의미하므로 규모가 미미한 반면, 금융계정은 다른 나라로부터 투자를 받거나 돈을 빌려 오거나
빌려 주는 과정에서 발생하는 금융자산의 거래를 모두 포함한다.

함한다.[4] 파생금융상품은 파생상품거래에서 발생한 손익을 기록하고, 기타투자는 대출 및 차입, 무역신용, 현금 및 예금 등이며, 준비자산은 외환보유액을 말한다.

(2) 국제수지의 균형

국제수지는 복식부기의 원리에 따라 작성된다. 복식부기란 하나의 거래를 장부 좌측(차변)과 우측(대변)에 동일한 금액을 기록하는 것을 말한다. 모든 경상거래는 금융계정의 반대편에 다시 기록된다. 예컨대 상품을 1억 달러 수출하고 수출대금을 받았을 때, 상품수출은 경상거래이므로 경상수지의 대변에 기록하고, 수출대금 수취는 금융거래이므로 금융계정의 차변에 기록한다.

따라서 금융계정은 경상수지와 대칭 관계가 있다. 경상수지가 적자이면 금융계정은 흑자가 되고, 경상수지가 흑자이면 금융계정은 적자가 된다. 경상수지와 금융계정은 정확히 상쇄되므로 '경상수지 + 금융계정 = 0'이 되어 국제수지는 항상 균형을 이루게 된다.[5]

(3) 국제수지 균형의 숨은 의미

국제수지 균형에서 유념해야 할 사항이 몇 가지가 있다. 첫째, 경상수지 적자가 발생하면 금융계정은 흑자가 되어야 한다는 말은 무슨 의미인가? 경상수지 적자를 메우려면, 국내자산을 매각하든지 해외자본을 차입하여 금융계정을 (+)로 만들어야 한다는 뜻이다. 매각할 보유자산이 많거나 국가신용도가 양호하다면 해외차입이 가능하지만, 그렇지 않을 경우 보유자산 또는 외환보유액의 부족으로 금융위기에 봉착하게 된다.

둘째, 수출입 거래에서 경상수지 흑자가 발생하면 경상수지 대변에 기록하고, 동일한 금액을 금융계정 차변에 기록한다. 금융계정 차변에 기록한다는 말은 무슨 의미인가? 우리나라 기업이 미국으로 상품을 수출하고 받는 수출대금(외화)은 금고 보관, 원화 환전, 은행 예금, 해외자산(실물 또는 금융자산) 매입의 형태로 처리된다. 보유형태가 어떻든 실물 또는 금융자산의 취득이므로 차변에 기록된다는 것을 의미한다.[6]

---

4 직접투자와 증권투자의 구분은 투자한 기업의 의결권을 10% 이상 보유하느냐에 따라 구분된다.

5 주로 사용되는 '국제수지 흑자 또는 적자'의 표현은 '경상수지 흑자 또는 적자'의 잘못된 표현이다.

6 외화를 금고에 보관하면 기업의 외화자산 취득이 되며, 원화 환전 또는 은행 예금을 하면 은행의 외화자산 취득이 되며, 실물자산 또는 금융자산 매입은 기업의 외화자산 투자가 된다. 모두 자산은 증가하고,

셋째, '경상수지 + 금융계정 = 0'을 어떻게 해석할 수 있는가? 우리나라가 미국과의 수출입 거래에서 경상수지 흑자가 발생하면, 미국은 경상수지에서 적자가 발생하지만 금융계정에서는 흑자가 발생한다. 우리나라는 경상수지 흑자이므로 '기분 좋은 일'이다. 순수출이 (+)이므로 국민소득이 늘어나고 고용이 확대되며, 기존 외채를 상환하거나 국내 또는 해외자산을 늘릴 수 있기 때문이다. 그러나 미국은 어떠한가? 많은 경제학자들은 미국의 경상수지 적자는 미국에게 반드시 '기분 나쁜 일'이라고 생각하지 않는다. 미국인들은 자동차 등 외국 재화를 수입하고, 금융자산을 수출한, 일종의 거래라고 생각할 뿐이다.[7]

넷째, 금융부문에 대한 생각이 다르다. 우리나라에서는 금융부문의 실물경제 지원 기능을 강조하지만, 미국에서는 제조업 못지않게 부가가치를 창출하는 하나의 산업으로 인식한다. 미국 경제학자들은 실물자산의 수출도 중요하지만, 금융자산의 수출도 중요하다고 생각한다.

다섯째, 경상거래보다 금융거래의 변동성과 변동 폭이 훨씬 크다. 제품의 경쟁력은 하루아침에 무너지지 않아 경상수지는 서서히 변화하지만, 자금의 유출입은 단기에 급속도로 이루어진다. 현재 국제자금의 이동은 수익률을 좇아 매우 활발하게 진행되므로 언제든지 유입과 유출이 발생한다. 따라서 경쟁력이 뒷받침되지 않은 금융부문은 항상 불안정하다. 경상거래에서 경쟁력을 유지하여 경상수지를 흑자로 만들든지, 아니면 미국과 같이 금융산업의 경쟁력을 키워야 한다.

02 거시경제의 작동원리

(1) 경상수지와 거시경제의 관계

경상수지와 국내총생산의 관계

국민소득 항등식 $Y = C + I + G + NX$에서 Y는 국내총생산, $C + I + G$는 국내총지출, NX는 순수출을 의미한다. 순수출(NX)$^{Net Export}$은 재화와 서비스의 수출과 수입

자본은 유출(순자본유출)된다. Mankiw(2015년), 『맨큐의 경제학』, 한티에듀.

7 Acemoglu−Laibson−List(2016년), 『경제학원론』, 시그마프레스.

차이이므로 경상수지와 같다. 따라서 국민소득 항등식은 '국내총생산 = 국내총지출 + 경상수지'가 되고, '경상수지 = 국내총생산 − 국내총지출'이 된다.

$$\text{'국내총생산(Y) = 국내총지출(C+I+G) + 경상수지'} \qquad \text{(식 19.1)}$$
$$\text{국내총생산 > 국내총지출 → 경상수지 흑자}$$
$$\text{국내총생산 < 국내총지출 → 경상수지 적자}$$

국내총생산이 국내총지출보다 많으면, 남는 부분은 순수출이 되어 경상수지는 흑자가 된다. 반대로 국내총지출이 국내총생산보다 많으면, 부족분은 수입을 해야 하므로 경상수지는 적자가 된다.[8] 따라서 경상수지 적자폭을 줄이려면, 국내총지출을 줄이든지, 아니면 국내총생산을 늘려 국내총지출을 흡수(소화)하여야 한다.

경상수지와 저축 − 투자의 관계

제14장에서 저축 − 투자 항등식은 폐쇄경제에서 '총저축(S) = 투자(I)', 개방경제에서 '총저축(S) = 투자(I) + 순수출(NX, 경상수지)'이라고 했다. 개방경제 항등식을 변형하면, '경상수지 = 총저축 − 투자'가 된다. (국내)저축이 (국내)투자보다 많으면 경상수지는 흑자가 되며, 저축이 투자보다 적으면 경상수지는 적자가 된다. 총저축은 민간저축과 정부저축의 합계이므로 경상수지 적자 폭을 줄이려면, 민간저축을 늘리거나(민간소비를 줄이거나) 정부저축을 늘리거나(재정적자를 줄이거나) 투자지출을 줄여야 한다.

$$\text{'총저축(S) = 투자(I) + 순수출(경상수지)'} \qquad \text{(식 19.2)}$$
$$\text{'경상수지 = 총저축(S) − 투자(I)'}$$
$$S > I \rightarrow \text{경상수지 흑자}$$
$$S < I \rightarrow \text{경상수지 적자}$$

또한 개방경제의 저축 − 투자 항등식을 변형하면, '투자 = 총저축 − 경상수지'가 된다. 앞에서 경상수지와 금융계정은 대칭의 관계에 있다고 하였으므로 ' − 경상수지 = + 금융계정 = + 외자조달'이 되어 결국 '투자 = 총저축 + 외자조달'이 된다.

---

8 국제수지 분석방법으로 **업솝션 분석**absorption approach이 있다. 업솝션(A)은 국내총지출액(C + I + G)을 말한다. 따라서 Y = A + NX이므로 NX = Y − A이다. 순수출(경상수지) = 국내총생산 − 국내총지출. 경상수지의 흑자는 국내총생산 가운데 국내총지출에 의해 흡수되지 않은 부분이다.

$$총저축(S) = 투자(I) + 경상수지 \qquad\qquad (식\ 19.3)$$
$$\rightarrow 투자 = 총저축 - 경상수지$$
$$= 총저축 + 외자조달$$
$$\rightarrow 외자조달 = 국내총투자 - 국내총저축$$

국내 투자재원은 국내총저축으로 충당되며, 만약 국내총저축이 부족할 경우 외자조달(순자본유입)로 메우게 된다. 즉 저축이 투자보다 적으면(S < I) 부족분을 해외차입(순자본유입, 금융계정 +)하게 되고, 저축이 투자를 초과하면(S > I) 초과분은 해외대출(순자본유출, 금융계정 −)하게 된다.

경상수지와 재정수지의 관계

'총저축 = 투자 + 경상수지'에서 총저축은 민간저축과 정부저축의 합이며, 정부저축은 재정수지를 의미하므로 '정부저축(재정수지) = (투자 − 민간저축) + 경상수지'로 변형된다. 투자와 민간저축이 일정하다고 가정할 때 재정적자가 커지면 경상수지 적자도 커진다.

$$총저축 = 투자 + 경상수지$$
$$\rightarrow 민간저축 + 정부저축 = 투자 + 경상수지$$
$$\rightarrow 정부저축(재정수지) = (투자 - 민간저축) + 경상수지$$

미국은 1980년대 초반과 2000년대 초반 재정수지 적자와 경상수지 적자가 동시에 발생하였다. 1980년대 초반 레이건 정부는 '미국을 다시 위대하게'Make America Great Again라는 슬로건 아래 경기회복을 위한 감세정책Reaganomics과 국력 강화를 위한 국방비 지출 증가Reagan Doctrine로 재정수지 적자가 발생하였다. 그리고 재정수지 적자를 메우기 위해 국채를 발행하였으나, 미국 이자율이 상승하여 국제자본 유입이 촉진되고 환율이 절상되었다. 환율절상은 순수출을 감소시켜 경상수지 적자가 크게 증가하였다. 이른바 '쌍둥이 적자'twin deficit를 경험한 것이다.

경상수지와 순자본유출의 관계

'총저축(S) = 투자(I) + 순수출(NX)'에서 '순수출 = + 경상수지 = − 금융계정 = 순자본유출'이 된다고 하였다. 따라서 항상 회계적으로 '순수출 = 순자본유출'이 성립한다. 그리고 순자본유출(NCO)^{Net Capital Outflow}은 해외대출 또는 해외자산 매입이 되므로 '순수출 = 순자본유출 = 순해외투자'라는 항등식이 성립한다. 순해외투자(NFI)^{Net Foreign Investment}는 우리나라 기업의 해외자산 매입액과 외국기업의 국내자산 매입액의 차이가 된다.

$$
\begin{aligned}
\text{순수출} &= \text{순자본유출} = \text{순해외 투자} \qquad\qquad\qquad \text{(식 19.4)}\\
\text{국내총저축} &= \text{국내투자} + \text{순수출(NX)}\\
&= \text{국내투자} + \text{순자본유출(NCO)}\\
&= \text{국내투자} + \text{순해외투자(NFI)}\\
&= \text{국내투자} + (\text{내국인의 해외투자} - \text{외국인의 국내투자})
\end{aligned}
$$

요약하면, 수출 증가 → 순수출(+) → 경상수지 흑자 → 총저축(+) → 순자본유출(+) → 순해외투자(+)가 된다. 경상수지 흑자는 순자본유출이 되고 이는 곧 순해외투자가 된다. 우리나라 기업의 해외투자가 외국기업의 국내투자보다 많아지게 된다.

(2) 경상수지의 해석

경상수지 흑자는 좋은 것인가?[9]

경상수지 흑자는 좋고, 경상수지 적자는 나쁜 것인가? 개방경제의 항등식에서 경상수지와 금융계정 사이에는 대칭 관계가 존재하므로 선악을 구별할 수 없다. 그러나 한 나라 경제의 건전한 발전을 위하여 반드시 확인해야 할 사항이 있다.

첫째, 경상수지 자체만 볼 것이 아니라, 경상수지 적자의 원인이 무엇이며, 이로 인한 해외자본의 유입이 국가경제 발전에 도움이 되는가를 확인해야 한다. 경상수지는 국제수지 개념 중에서 대외거래의 건전성을 평가하는 매우 중요한 항목이다. 경상수지 흑자의 원인이 순수출의 증가에 있다면 건실한 대외거래 상태를 반영하기 때문에 클수록 바람직하다. 예컨대, 국내총생산이 국내총지출보다 많아 잉여물량을 수출하거나, 우리나라 상품의 질적 수준이 높아 해외 주문이 많아 수출이 증가한다면, 좋은 신호로 받아들여야 한다. 수출 증가는 국내총생산이 늘어나고 고용이 증가하고 국민소득이 증가하는 성과를 낳는다.

반면에 순수출이 감소하는 것은 국내생산량보다 국내총지출(총사용액)이 많은 고

---

9 이준구·이창용(2015년), 『경제학원론』, 문우사.

지출 경제를 나타낸다. 소득수준보다 총생산이 부족하거나, 소득수준보다 소비량이 많은 경우이다. 아니면, 경상수지 적자는 우리나라 상품의 대외경쟁력 상실을 뜻하기 때문에 적을수록 바람직하다. 적자 증가는 수출산업의 침체를 뜻하고 국민소득과 고용의 감소를 수반한다. 국내상품이 해외상품보다 생산비가 높거나 품질이 낮아 수출산업의 생산성이 하락하고, 대외경쟁력을 상실한 경우에 해당된다.

또한 정부저축이 감소한다(대규모 재정적자 발생)든가, 민간저축이 감소하여(소비지출 증가, 수입 증가) 경상수지 적자가 발생한다면, 총저축률이 낮아져 투자가 줄어들게 된다. 전형적인 저저축 – 고지출 국가가 된다.

재정수지 적자로 인하여 경상수지 적자가 발생한다면 장기적으로 경제성장이 저해되고, 재정수지 흑자가 발생한다면 장기적으로 경제성장이 촉진된다. 왜냐하면 재정수지 흑자는 정부저축 증가로 총저축이 증가하게 되고, 총저축 증가로 대부자금 공급이 증가하면 이자율 하락으로 투자 증가, 자본축적 증가로 연결되어 성장이 촉진되기 때문이다.

또한 경상수지 적자를 메우기 위하여 외국자금을 차입하거나 보유자산을 매각하고 외환보유액을 사용해야 한다면, 경상수지 적자는 바람직하지 못하다. 그러나 경상수지 적자가 국민경제가 건실하게 성장하고 있음을 알리는 징표가 될 수도 있다. 저축보다 투자가 크면(S < I) 장기적으로 자본축적이 증가하여 성장잠재력이 확충되기 때문이다. 그리고 부족자금을 해외로부터 차입한다는 것은 외국인들이 우리나라를 긍정적으로 평가한다고 볼 수도 있기 때문이다.

순자본유출이 좋은가? 순자본유입이 좋은가?[10]

이번에는 순자본유출과 순자본유입 측면에서 살펴보자. 순자본유출이 경상수지 흑자로부터 발생하여 해외투자 증가로 연결된다면 긍정적인 신호라고 할 수 있다. 우리나라 국민들의 해외 보유자산이 많을수록 국력이 신장되기 때문이다.

그렇다면 순자본유입은 좋은 것인가? 순자본유입은 외국인들의 국내투자 증가로 발생한다면 긍정적인 신호로 받아들여도 된다. 수익률이 높을수록 그리고 투자 위험이 낮을수록 외국인들의 투자가 늘어나 우리나라의 저축 양이 증가하여 더 많은 투자와 경제성장이 가능하게 된다.

미국의 사례를 살펴보자. 현재 미국으로의 순자본유입은 크게 증가되고 있으며 이는 미국 자본 형성에 도움이 된다. 외국인들의 미국기업에 대한 대출 증가 또는 미국

---

10 Mankiw(2015년), 『맨큐의 경제학』, 한티에듀.

자산에 대한 투자 증가는 미국의 자본스톡을 증가시킨다. 향후 미국의 생산능력이 급속히 증가하여 실질GDP가 증가한다면, 미국의 해외부채 지불능력을 증대시키고, 필요하다면 외국인들이 투자한 실물자본을 다시 사들이는 데도 기여할 것이다.

그리고 최근 미국의 대규모 경상수지 적자는 대규모 금융계정 흑자로 메워졌다. 이는 미국 유가증권에 대한 외국인들의 투자가 매우 높은 수준이었음을 의미한다. 그만큼 미국의 금융 경쟁력이 높다는 것을 의미한다.

금융부문에서 수수료 수입 등 새로운 부가가치가 창출되거나 새로운 소득이 창출된다면 긍정적인 신호이다. 미국은 국제금융센터로서의 기능을 수행한다. 전 세계 각지에서 미국 금융기관에 돈을 맡긴다. 금융경쟁력이 있기 때문이다.

그러나 순자본유입이 반드시 좋은 것을 의미하지는 않는다. 총저축의 감소나 재정적자, 상품수지 적자로부터 발생한다면 좋지 않은 신호로 받아들여야 한다. 특히 총저축 감소가 상품수지 적자로부터 발생하고 국내투자까지 감소하고 있다면, 좋지 않은 징후로 받아들여야 한다. 다만, 상품수지 적자가 신규 자본재 수입 증가에 기인한다면 괜찮다고 볼 수 있다.

또한 상품수지 적자는 낮은 저축률을 반영한다고 볼 수 있다. 낮은 저축률은 낮은 투자와 장래 자본축적의 축소로 이어질 뿐 아니라, 경상수지 적자와 대외부채의 증가로 이어지며, 순자본유입은 궁극적으로 이자와 함께 상환해야 한다. 해외로부터 유입된 저축이 잘 투자되고 건실한 성장에 도움이 된다면 상환문제는 발생하지 않겠지만, 미국경제의 성장이 둔화된다면 장래에 경제적 부담이 될 것이다. 따라서 유입 자본이 효율적으로 투자되고 있는지 여부가 중요하다.

CHAPTER

20 개방경제의 균형과 경제정책

01 개방경제의 균형

개방경제의 균형은 총수요 – 총공급모형이 적용된다. 기존에 공부하였던 총수요 – 총공급모형에서 해외부문의 변수들을 포함시키면 개방경제모형으로 확장된다. 해외부문이 포함된 총수요곡선과 총공급곡선이 만나는 점에서 개방경제는 균형을 이루게 된다.

우선 경상수지가 환율 변화에 미치는 영향을 살펴보자. 만약 경상수지가 흑자가 되면, 국내총생산이 증가하고 고용이 증가하여 국내경기는 좋아진다. 주가는 상승하고 외환보유액과 외화자산은 늘어난다. 그러나 화폐시장에서 통화량이 증가하여 물가가 상승하며, 외환시장에서 달러 공급이 증가하여 환율은 하락하게 된다.

[표 20.1] 경상수지가 환율 변화에 미치는 영향

경상수지	긍정적인 영향	부정적인 영향
흑자 → 환율하락	• 호경기, 주가 상승 • 국내생산증가로 고용 증가 • 외환보유액 증가, 외화자산 증가	• 통화량 증가로 물가상승 • 무역마찰 우려
적자 → 환율상승	• 통화량 감소로 국내물가안정 • 경상수지 적자로 달러 수요 증가	• 경기침체, 생산 감소 • 국내산업위축으로 실업자 증가 • 외채 증가, 외환보유액 감소

360 PART 06 개방경제의 작동원리

반면에 경상수지가 적자가 되면, 국내총생산이 감소하고 실업률이 증가하여 국내 경기가 침체된다. 주가는 하락하고 외채가 증가한다. 화폐시장에서 통화량 감소로 물가수준은 다소 안정을 찾게 되며, 외환시장에서 달러 수요가 증가하여 환율은 상승하게 된다.

이번에는 다른 나라의 경제상황이 환율에 미치는 영향을 살펴보자. 먼저 만약 미국의 경기가 좋아지면, 미국인들의 소득이 증가하여 우리나라 재화에 대한 수요가 증가하여 대미 수출은 늘어나게 된다. 외환시장에서 외환공급이 증가하여 환율은 하락하게 된다.

미국 경기가 침체되어 미국인들의 소득이 감소하면 우리나라 재화에 대한 수요가 감소하여 우리나라 대미 수출은 감소하게 된다. 외환시장에서는 달러 공급이 감소하여 환율이 상승하게 된다.

이제 환율변동이 총수요 – 총공급에 미치는 영향을 [그림 20.1]을 통하여 살펴보자. 그림 (a)에서 현재 균형점은 E_0이다. 현재 상황에서 환율이 상승하면, 순수출이 증가하여 총수요 증가로 총수요곡선은 오른쪽으로 이동하게 된다. E_1이 새로운 균형점이 된다. 그러나 환율상승은 원자재 가격상승으로 이어지므로 국내기업의 생산비용이 상승하게 되어 생산을 줄이게 되고, 총공급곡선은 왼쪽으로 이동하게 되어 E_2에서 장기 균형을 이루게 된다.

[그림 20.1] 환율 변화와 총수요 – 총공급의 관계

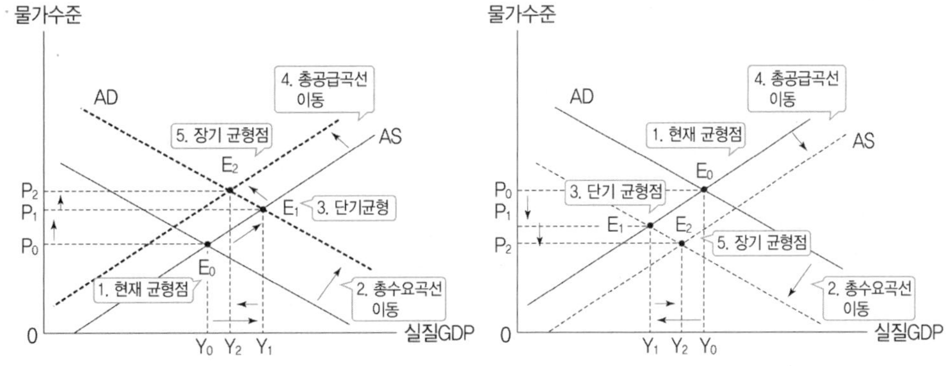

(a) 환율이 상승할 경우   (b) 환율이 하락할 경우

만약 총수요곡선의 이동 폭이 총공급곡선의 이동 폭보다 클 경우 국민소득은 증가하게 되고, 총수요곡선의 이동 폭이 총공급곡선의 이동 폭보다 작을 경우 국민소득

은 감소하게 된다. 일반적으로 환율이 상승하면 총수요 증가효과가 총공급 감소효과보다 크다고 알려져 있다. 따라서 환율이 상승하면 물가수준은 상승하고 총생산도 증가하게 된다.

이번에는 환율이 하락하는 경우를 그림 (b)에서 살펴보자. 현재 E_0에서 균형을 이루고 있는 상황에서 환율이 하락하면, 순수출이 감소하여 총수요는 감소하게 된다. 이에 따라 총수요곡선은 왼쪽으로 이동하게 되어 새로운 균형점은 E_1이 된다. 그러나 환율하락은 원자재 가격하락으로 국내기업의 생산비용이 하락하게 되어 국내생산이 늘어나게 된다. 이에 따라 총공급곡선이 오른쪽으로 이동하게 되어 경제는 E_2에서 장기균형을 이루게 된다. 일반적으로 총수요곡선의 이동 폭이 총공급곡선의 이동 폭보다 크므로 국민소득은 감소하게 된다. 따라서 환율이 하락하면 물가수준은 하락하고 총생산도 감소하게 된다.

02 개방경제에서의 경제정책[11]

(1) 고정환율제도에서의 경제정책

이제 총수요 – 총공급모형을 활용하여 개방경제하에서 환율제도에 따라 경제정책이 어떻게 작동하는지를 살펴보자. [그림 20.2]는 고정환율제도하에서 통화정책의 효과를 설명하고 있다. 먼저 그림 (a)에서 현재 균형점은 $E_0(Y_0, P_0)$이다. 중앙은행이 완화적 통화정책을 사용하면, 화폐공급량이 증가하여 이자율이 하락하므로 총수요는 증가하게 된다. 총수요곡선은 오른쪽으로 이동하여 $E_1(Y_1, P_1)$에서 새로운 균형이 이루어진다. 폐쇄경제일 때 $E_1(Y_1, P_1)$은 장기균형점이 된다.

그러나 개방경제체제로 확장시켜 보면, 이자율 하락으로 다른 나라보다 이자율이 상대적으로 낮으면, 자본유출현상이 나타난다. 이자율이 높은 나라에서 자금을 운용하려 하기 때문에 달러화로 환전하려는 달러 수요가 증가한다. 달러에 대한 수요가 증가하면, 환율상승압력이 발생한다. 고정환율제도하에서 정부가 환율을 일정한 수준에 묶어두기 위하여 중앙은행이 외환시장에 개입하여 달러 공급을 증가시키면 환율은 안정을 찾게 된다.

11 이준구·이창용(2015년), 『경제학원론』, 문우사.

그러나 달러를 공급하는 과정에서 달러를 시장에 매각하면 국내통화를 흡수하게 되어 국내통화량은 감소한다. 국내통화량 감소는 총수요곡선을 왼쪽으로 이동하게 하여 그림 (b)의 $E_2(Y_2, P_2)$에서 장기균형이 이루어진다. 국민소득 증가 폭은 폐쇄경제보다 축소되며, 물가수준 상승 폭도 폐쇄경제보다 줄어들게 된다.

요컨대, 고정환율제도에서는 완화적 통화정책이 개방경제보다는 폐쇄경제에서 더 효과적이라고 할 수 있다.

[그림 20.2] 고정환율제도에서 완화적 통화정책 효과

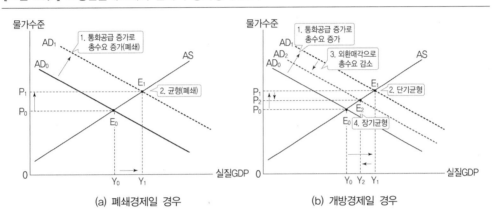

(a) 폐쇄경제일 경우   (b) 개방경제일 경우

이번에는 재정정책의 효과를 [그림 20.3]을 통하여 살펴보자. 그림 (a)에서 현재 균형점은 $E_0(Y_0, P_0)$이다. 정부가 확장적 재정정책을 사용하여 정부지출을 증가시켰을 때 총수요가 증가하여 총수요곡선은 오른쪽으로 이동하게 된다. $E_1(Y_1, P_1)$에서 새로운 균형이 이루어진다.

폐쇄경제일 때 E_1은 장기균형점이 되지만, 개방경제체제일 때 정부지출 증가는 이자율을 상승하게 하여 해외자본이 유입되게 된다. 해외자본의 유입은 달러 공급을 증가시켜 환율하락압력으로 작용하게 된다. 고정환율제도하에서 정부는 환율하락을 방지하기 위하여 중앙은행이 달러를 매입(공급감소)하게 되면, 국내통화량(달러 매각대금)이 증가하게 되어 총수요곡선은 오른쪽으로 이동하여 결국 그림 (b)의 $E_2(Y_2, P_2)$에서 장기균형이 이루어진다. 폐쇄경제일 때보다 물가수준은 더 상승하고 국민소득도 더 증가하게 된다.

요컨대, 고정환율제도에서는 확장적 재정정책이 폐쇄경제보다는 개방경제에서 더 효과적이라고 할 수 있다.

[그림 20.3] 고정환율제도에서 확장적 재정정책 효과

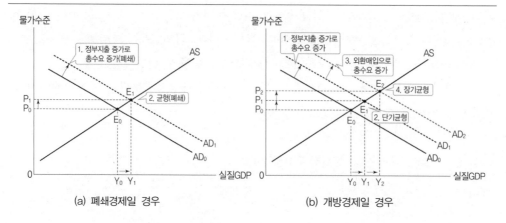

(a) 폐쇄경제일 경우   (b) 개방경제일 경우

(2) 변동환율제도에서의 경제정책

이제부터는 변동환율제도하에서 경제정책의 작동원리에 대하여 살펴보자. [그림 20.4]는 변동환율제도하에서 통화정책의 효과를 설명하고 있다. 현재 균형점이 그림 ⓐ의 $E_0(Y_0, P_0)$인 상황에서 완화적 통화정책을 사용하여 화폐공급량을 증가시키면 이 자율이 하락하여 총수요가 증가하게 되어 총수요곡선은 오른쪽으로 이동하게 된다. 이에 따라 $E_1(Y_1, P_1)$에서 새로운 균형이 이루어진다. 물가는 상승하고 국민소득도 증가하게 된다.

개방경제일 때는 추가적인 변동이 발생한다. 화폐공급량 증가로 이자율이 하락하면 해외로 자본유출 현상이 발생하게 되어 달러 수요가 증가하여 환율이 상승하게 된다. 환율이 상승하면, 순수출이 증가하여 총수요곡선이 오른쪽으로 추가 이동하게 되는 반면, 수입 원자재 가격이 상승하여 총공급곡선은 왼쪽으로 이동하게 된다. 따라서 그림 (b)의 $E_2(Y_2, P_2)$에서 장기균형이 이루어진다. 개방경제하에서 물가는 추가 상승하고 국민소득도 추가 상승하게 된다.

요컨대 변동환율제도하에서 완화적 통화정책을 실시하면, 개방경제체제가 폐쇄경제체제보다 물가수준과 국민소득 모두 추가로 증가하게 되어 정책효과가 더 크게 나타난다.

[그림 20.4] 변동환율제도에서 완화적 통화정책 효과

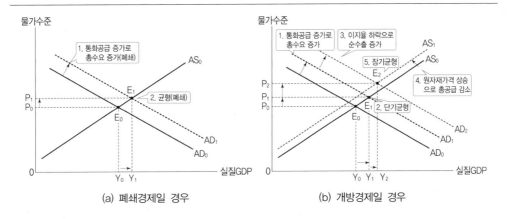

(a) 폐쇄경제일 경우　　　　　　(b) 개방경제일 경우

다음에는 재정정책을 [그림 20.5]을 통하여 살펴보자. 그림 (a)에서 현재 균형점은 $E_0(Y_0, P_0)$이다. 정부가 확장적 재정정책을 사용하면, 정부지출이 증가하여 총수요곡선은 오른쪽으로 이동하게 되어 $E_1(Y_1, P_1)$에서 새로운 균형이 이루어진다.

[그림 20.5] 변동환율제도에서 확장적 재정정책 효과

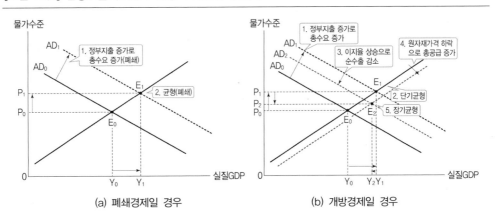

(a) 폐쇄경제일 경우　　　　　　(b) 개방경제일 경우

개방경제일 때는 추가적인 변동사항이 발생한다. 정부지출이 증가하면 자금조달로 구축효과가 발생하여 이자율이 상승하게 된다. 이자율 상승은 개방경제일 때 자본유입을 초래하여 달러 공급이 증가하게 되어 환율이 하락하게 되고 순수출이 감소하게 된다. 총수요곡선은 소폭 왼쪽으로 이동하게 된다. 반면에 환율하락은 수입 원자재가격을 하락시키므로 총공급곡선은 오른쪽으로 이동하게 된다. 결국 그림 (b)의 $E_2(Y_2,$

P_2)에서 장기균형을 이루게 된다. 폐쇄경제의 균형점보다 물가는 하락하고 국민소득도 줄어들게 된다.

요컨대 변동환율제도하에서 확장적 재정정책을 실시하면, 폐쇄경제체제가 개방경제체제보다 물가수준과 국민소득 모두 더 증가하게 되어 정책효과가 더 크게 나타난다.

지금까지 설명한 경제정책을 고정환율제도와 변동환율제도로 구분하여 요약하면 [표 20.2]와 같다. 먼저 고정환율제도를 채택하고 있는 경우에는 폐쇄경제일 때 완화적 통화정책이 더 효과적이며, 개방경제일 때 확장적 재정정책이 더 효과적인 경기조절 수단이 된다.

그리고 변동환율제도를 채택하고 있는 경우에는 폐쇄경제일 때 확장적 재정정책이 더 효과적이며, 개방경제일 때 완화적 통화정책이 더 효과적인 정책수단이 된다.

[표 20.2] 환율제도 종류에 따른 경제정책의 유효성 비교

		통화정책	재정정책
고정환율제도	폐쇄경제	효과가 더 크다	
	개방경제		효과가 더 크다
변동환율제도	폐쇄경제		효과가 더 크다
	개방경제	효과가 더 크다	

참고문헌

김대식·노영기·안국신(2018년), 『현대경제학원론』, 박영사

김동건(2012년), 『비용·편익분석』, 박영사

김영세(2018년), 『게임이론』, 박영사

김홍배(2012년), 『정책평가기법: 비용·편익분석론』, 나남출판

류석춘 외(2008년), 『한국의 사회자본: 역사와 현실』, 백산출판사

이준구·이창용(2015년), 『경제학원론』, 제5판, 도서출판 문우사

이지순(2008년), 『거시경제학』, 제4판, 법문사

조순·정운찬·전성인·김영식(2013년), 『경제학원론』, 제13판, 율곡출판사

최임환 역(2014년), 『국부론』, 사단법인 올재

한국은행(2016년), 『국민계정』

_____(2016년), 『국제수지통계의 이해』

_____(2019년), 『알기 쉬운 경제지표 해설』

_____(2007년), 『우리나라 자금순환계정의 이해』

_____(2013년), 『일반인을 위한 알기 쉬운 경제이야기』

_____(2017년), 『한국의 통화정책』

_____(2018년), 『조사통계연보』

Acemoglu·Laibson·List(2016년), 『경제학원론』, 손광락·권남훈·김원중·박경로·성한경·정
    태훈 옮김, 시그마프레스

Arnold(2012년), 『경제학원론』, 제10판, 이병락 옮김, 박영사

Bernanke·Frank(2016년), 『버냉키·프랭크 경제학』, 제6판, 곽노선·왕규호 공역, 박영사

Boyes·Melvin(2015년), 『경제학』, 제5판, 강태훈·김정수·강남호 옮김, 피앤씨미디어

Hubbard·O'brien(2016년), 『Hubbard의 경제학』, 제5판, 이상규·박원규 옮김, 경문사

Karlan·Morduch(2017년), 『현실을 담은 경제학원론』, 성효용·민세진·윤미경·최숙희·한현옥
    옮김, 맥그로힐 에듀케이션 코리아

Krugman·Wells(2016년), 『크루그먼의 경제학』, 제4판, 김재영·박대근·전병헌 옮김, 시그마프
    레스

Mankiw(2015년), 『맨큐의 경제학』, 제7판, 김경환·김종석 옮김, 한티에듀

McConnell·Brue·Flynn(2013년), 『경제학 이해』(거시경제학, 미시경제학), 제19판, 최광 외 공
    역, 생능출판사

Mishkin(2017년), 『미쉬킨의 화폐와 금융』, 제11판, 이상규 외 번역, 퍼스트북

Samuelson · Nordhaus(2012년), 『새뮤얼슨의 경제학』, 제19판, 김홍식 옮김, 유비온

Taylor · Weerapana(2010년), 『테일러의 경제학』, 제6판, 박원규 · 이상규 · 이명훈 · 김중렬 옮김,
　Cengage Learning Korea

색인_INDEX

저자 소개

김영식

대구청구고등학교 졸업
고려대학교 경제학과 졸업(학사)
고려대학교 경영대학원 졸업(석사)
　　석사논문: 금융중개의 유형별 특성에 관한 연구
연세대학교 대학원 졸업(박사, 경제사회학 전공)
　　졸업논문: 정부계 은행의 차별적 동형화
산업은행에 재직하는 동안 연수기획과장, 기업금융연구센터장, 경영전략팀장, KDB홍콩부사장,
　홍보실장, 기업금융2실장, 기획관리실장(지주회사), Project Finance본부장, 미래통일사업본부장 역임
현재 내일컨설팅 대표
　　연합자산관리(주) 사외이사
　　연세대학교 사회발전연구소 연구원
　　동서울대학교 외래교수

경제학 공부 – 경제는 어떻게 움직이는가?

초판발행　　　2019년 10월 15일
중판발행　　　2019년 11월 25일

지은이　　　　김영식
펴낸이　　　　안종만 · 안상준

편　집　　　　황정원
기획/마케팅　　김한유
표지디자인　　BEN STORY
제　작　　　　우인도 · 고철민

펴낸곳　　　　(주) **박영사**
　　　　　　　서울특별시 종로구 새문안로3길 36, 1601
　　　　　　　등록　1959. 3. 11. 제300-1959-1호(倫)
전　화　　　　02)733-6771
f a x　　　　02)736-4818
e-mail　　　　pys@pybook.co.kr
homepage　　www.pybook.co.kr
I S B N　　　979-11-303-0823-4　93320

정　가　　　　27,000원